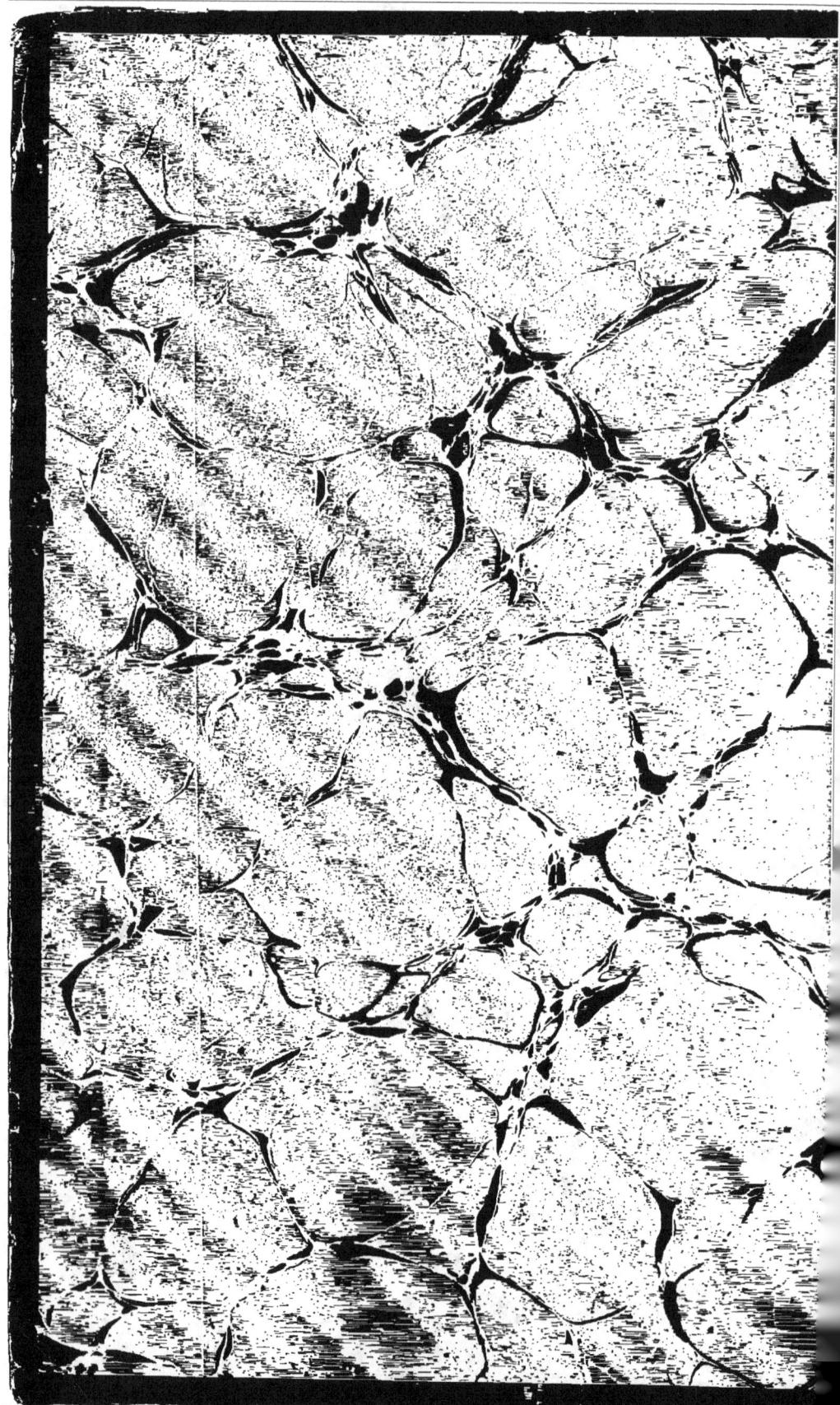

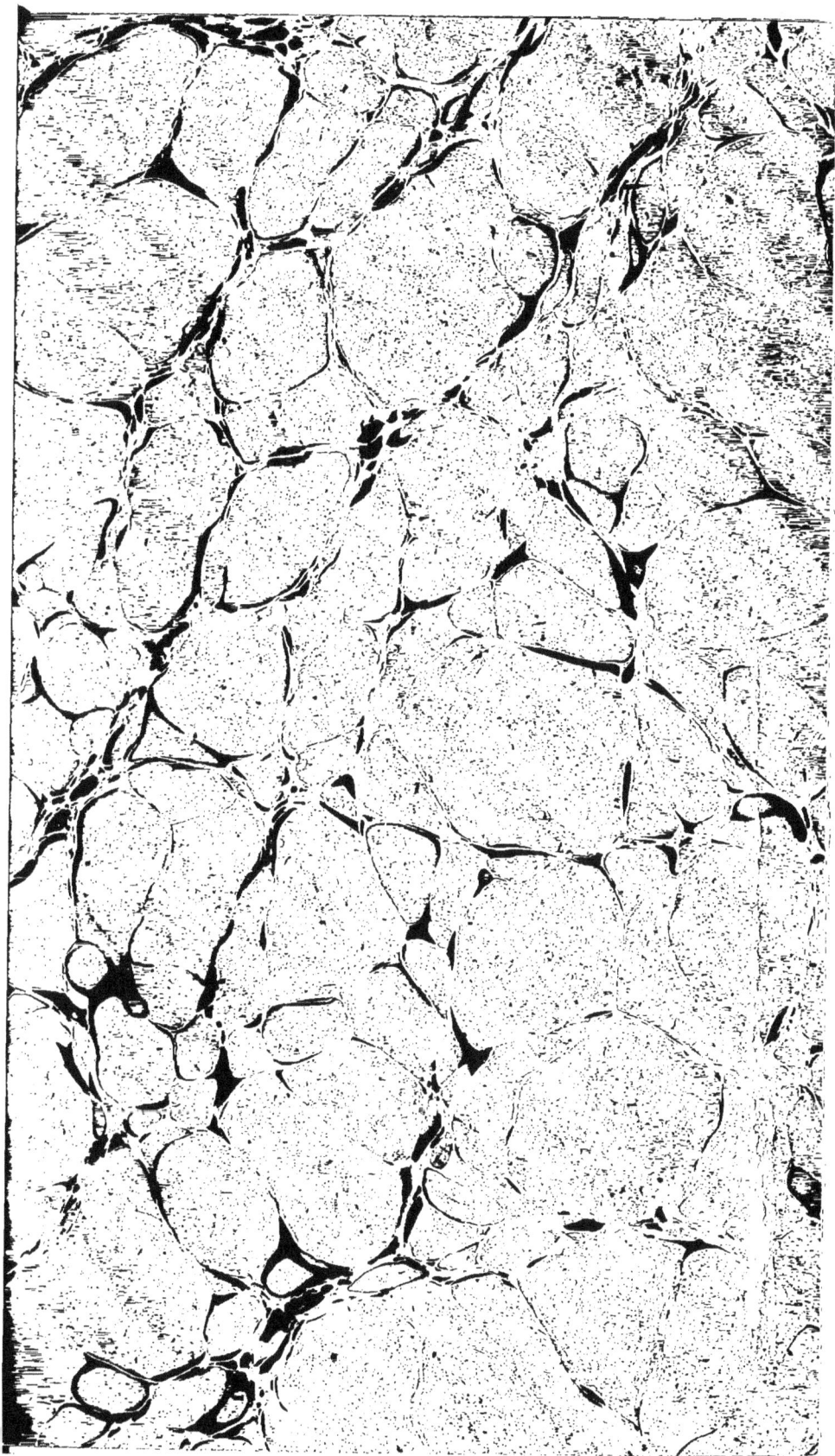

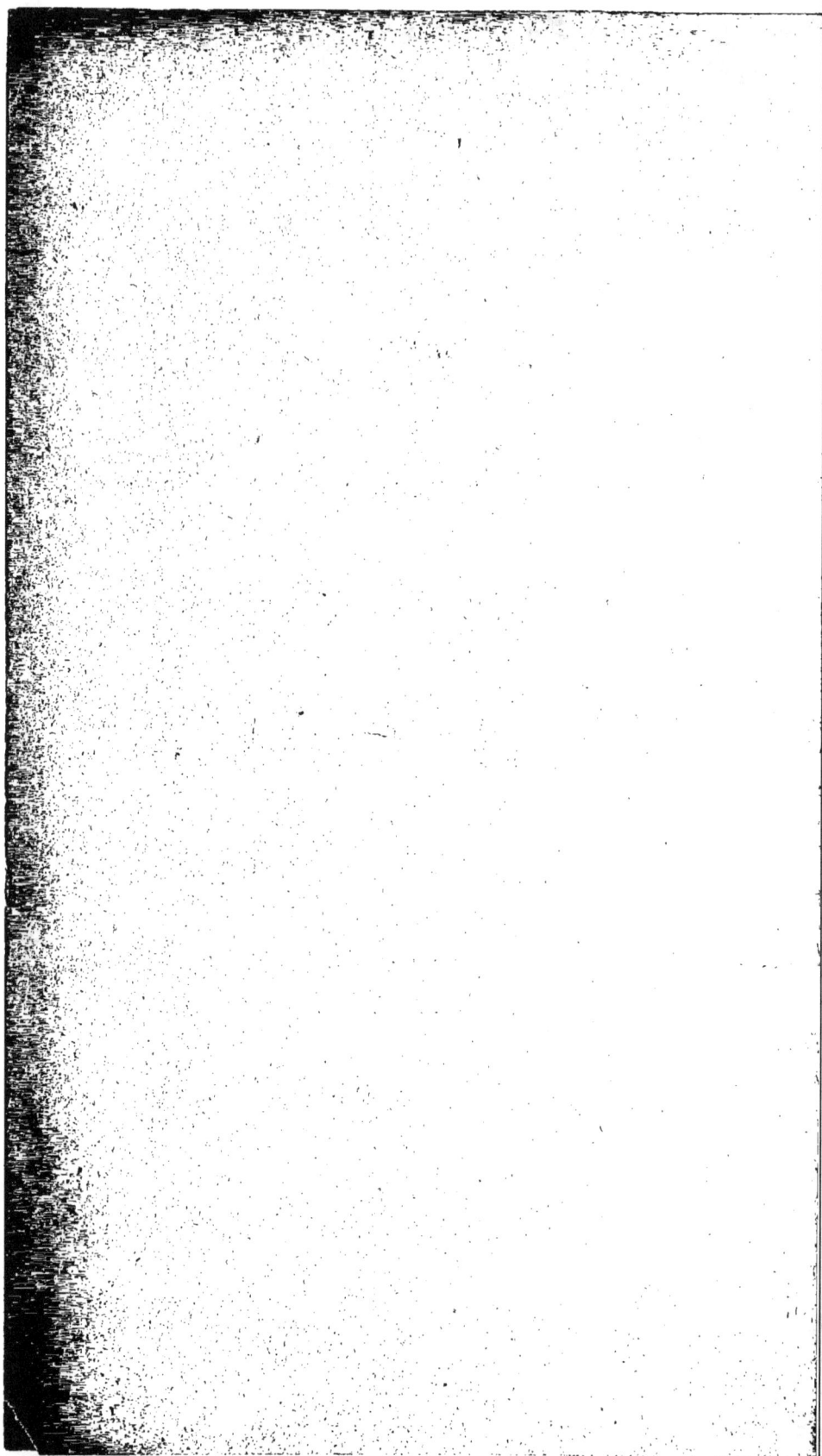

BATAILLES NAVALES

DE

LA FRANCE

ERRATA.

Page 43 ligne 29 au lieu de : Bélanger, lisez : Bellenger.
— 85 — dernière — Primrose, — Primrose.
— 127 — 24 — Nérélde, — Néréide.
— 129 — 30 — Clorinide, — Clorinde.
— 166 Récapitulation.
       au lieu de : Français, 1 frégate prise, lisez : 0.
       — Total 4 — 5.
— 169 ligne 27 au lieu de : Tourneur, lisez : Letourneur (Laurent).
— 185 — 29 — Montcabrié-Cosmao Kerjulien,
       contre-amiral.
       lisez : Moncabrié,
       Cosmao Kerjulien, contre-amiral.
— 227 — 28 — Rosamet, lisez : Rosamel.
— 297 — 16 — obligée, — obligé.
— 310 — 33 ⎫
— 311 — dernière ⎪
— 314 — 14 ⎬ — Penaud, — Pénaud.
— 316 — 31 ⎭
— 322 — 21 — leurs plaintes, — les plaintes.
— 355 — 7 du tabl. — vaisseaux à, — vaisseaux à vapeur.
— 352 — 13 — du campement, — de campement.
— 574 — 16 — d'Hangod, — d'Hango.

Il existe une contradiction dans la relation de la bataille d'Aboukir (tome III) par suite d'une erreur de copiste. Il est dit à la ligne 8 de la page 104 : « Criblé et démâté de ses deux mâts de derrière, il était d'ailleurs assez diffi-cile au *Franklin* de se dégager. » Il faut lire dès lors à la ligne 13 de la page suivante : « Aussi, démâté déjà de son grand mât et de son mât d'artimon, force lui fut d'amener son pavillon ;... »

Afin qu'aucune confusion ne soit possible sur la position hiérarchique des trois contre-amiraux qui se trouvaient à Aboukir, il n'est peut-être pas inutile de dire aussi que le contre-amiral Villeneuve ne devint le commandant en chef de l'escadre, après la mort du vice-amiral Brueys, que par suite de la reddi-tion du *Franklin*. — Vol. III, p. 106, l. 24.

Paris. — Imprimé par E. Thunot et Cᵉ, rue Racine, 26.

BATAILLES NAVALES

DE

LA FRANCE

PAR

O. TROUDE

ANCIEN OFFICIER DE MARINE

publié

PAR P. LEVOT

CONSERVATEUR DE LA BIBLIOTHÈQUE DU PORT DE BREST

Correspondant du ministère de l'instruction publique pour les travaux historiques, etc.

TOME QUATRIÈME

PARIS

CHALLAMEL AÎNÉ, ÉDITEUR

LIBRAIRE COMMISSIONNAIRE POUR LA MARINE, LES COLONIES ET L'ORIENT

27, rue de Bellechasse, et 50, rue des Boulangers

1868

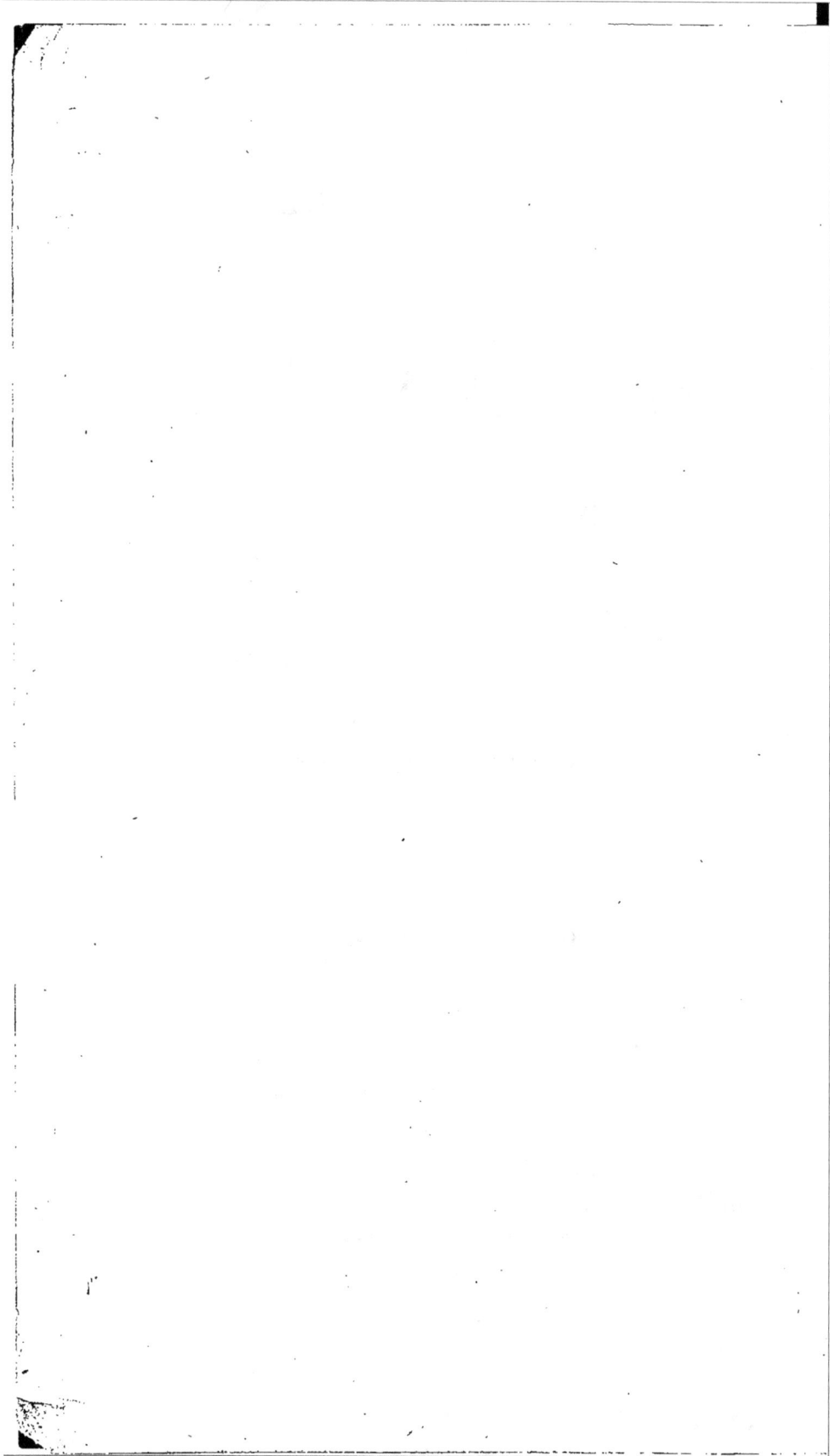

BATAILLES NAVALES

DE

LA FRANCE.

———•o><•o•——

ANNÉE 1809.

——

Quoique le matériel de la marine du Danemark eût été détruit par les Anglais, il restait encore à cette puissance un moyen de coopérer aux entreprises de la marine de l'Empire. La France créait des vaisseaux comme par enchantement, mais elle était loin de les armer avec la même facilité : son personnel était insuffisant ; le Danemark pouvait, en fournissant des matelots, venir en aide à son alliée. Deux vaisseaux d'Anvers, le *Pulstuck* et le *Dantzick*, reçurent des équipages danois, et le commandement de ces vaisseaux fut donné à des officiers de cette nation. Grâce à cette ressource, Anvers put armer une belle escadre cette année, et le vice-amiral Missiessy était, au mois d'avril, sur la rade de Flessingue, avec les vaisseaux ci-après :

IV   1

Canons.

	Charlemagne.	capitaine	Cocault.
			Burgues Missiessy, vice-amiral.
	Commerce-de-Lyon. . . .	capitaine	Willaumez (Étienne).
86	*Anversois*.	—	Soleil.
	César.	—	Moras.
	Ville-de-Berlin.	—	Roquebert (François).
	Pulstuck.	—	Rossenwinge.
	Dantzick.	—	baron Holstein.
	Duguesclin.	—	Saizieu.
82	*Dalmate*.	—	Coudein (Jean).
	Albanais.	—	Levasseur (Louis).

Le port d'Anvers était un sujet d'alarmes continuelles pour l'Angleterre; cet arsenal était à peine créé, que déjà nos voisins projetaient de le détruire. L'Angleterre ne pouvait voir d'un œil tranquille le prodigieux développement que prenait ce port militaire, et elle avait songé de suite à s'en emparer, tout en disant qu'elle n'avait d'autre but que de faire une diversion en faveur de l'Autriche. Et cependant, on restait à Anvers dans une quiétude des plus grandes, et l'on ne songeait même pas à mettre les forts et les batteries de l'Escaut dans un état de défense convenable. L'escadre seule préoccupait le gouvernement, et l'on semblait s'occuper exclusivement de la question de savoir quel était le mouillage qu'elle devrait prendre en cas d'attaque. La marine redoubla de surveillance; elle plaça des bateaux-canonniers dans les divers passages de l'Escaut et à l'entrée des canaux, et fit tout ce qu'il lui était possible de faire dans l'intérêt de sa propre défense.

On n'était toutefois pas sans inquiétudes pour Flessingue; depuis le milieu du mois de mai, 12 vaisseaux anglais et 8 frégates se tenaient en observation devant l'île Walcheren. L'expédition qu'on prévoyait, car les immenses préparatifs qu'on faisait de l'autre côté du détroit n'étaient un mystère pour personne, l'expédition quitta les ports d'Angleterre à la fin du mois de juillet. Elle consistait en 43 vaisseaux, dont 35 étaient armés en flûte, 23 frégates, 33 brigs ou corvettes, 5 bombardes, 23 brigs-canonnières et 120 autres bâtiments légers, en tout 245 bâtiments de guerre qui accompagnaient un grand nombre de transports portant 44,000 hommes de troupes. Lord Chatam commandait l'expédition ; l'armée navale était sous les ordres du contre-amiral sir Richard Strachan. Le but de ce formidable armement était de prendre ou de détruire l'escadre française ; de démolir les cales, les bassins et l'arsenal d'Anvers ; d'agir de même à Flessingue ; enfin, de rendre la navigation de l'Escaut impraticable à l'avenir aux vaisseaux, en obstruant les passes au moyen de corps de grandes dimensions qu'on y coulerait.

Le soir même de son départ, le commandant en chef de la flotte anglaise mouilla sur la rade de West Capel avec le vaisseau de 82° VENERABLE, capitaine sir Home Popham, une frégate et plusieurs avisos. Il fut rallié par la frégate de 48° FISHGARD, capitaine William Bolton, qui était chargé de sonder et de baliser le fleuve. Tous les transports arrivèrent le 29, conduits par le contre-amiral sir Goodwin Keats, sur la frégate de 42° SALSETTE et le contre-amiral Albany Otway, sur le vaisseau de 82° MONARCH.

On ne pouvait surprendre le territoire français dans un moment plus favorable. Il n'avait été fait aucun préparatif de défense dans l'île Walcheren, ni dans les environs. Cette île était, depuis plusieurs années, partagée entre la France et la Hollande. Les Français occupaient la place de Flessingue ; les Hollandais avaient gardé le reste de l'île avec la capitale Middlebourg et les petits forts qui battent l'Escaut oriental. La ville de Flessingue n'avait en ce moment pour la défendre qu'un ramassis d'étrangers sur lesquels il fallait peu compter et, pour toute fortification, cette place présentait une chemise bastionnée, entourée d'un fossé partout guéable. Ses plus fortes batteries regardaient la mer. La garnison hollandaise consistait en quelques centaines de vétérans ; et il n'existait dans l'île ni artillerie attelée ni cavalerie. Dans de pareilles conditions il n'était pas bien difficile de s'emparer de Flessingue et de l'île entière de Walcheren.

La manœuvre de la flotte ennemie jeta d'abord les plus grands doutes sur les projets des Anglais. On crut que leurs démonstrations contre l'île Walcheren avaient pour but d'attirer l'attention de ce côté, mais que leur véritable intention était d'entrer dans l'Escaut et de débarquer à l'île Cadzand. Les incertitudes cessèrent du reste bientôt. Après s'être assuré que l'escadre française était toujours devant Flessingue, l'amiral anglais prit le parti d'entrer dans l'Escaut oriental pour la tourner, au lieu de l'attaquer sous les batteries protectrices de cette place. Et pendant qu'il opérerait ce mouvement, une attaque devait être dirigée contre les îles Walcheren et Cadzand, tandis que les troupes débarquées sur les îles North et Zuid Beveland s'empareraient du fort de Bathz, construit à l'extrémité S.-E. de la dernière, pour empêcher l'escadre française de remonter à Anvers.

L'Escaut, à dix lieues au-dessous d'Anvers, se divise en deux bras : l'un qui, continuant de couler à l'Ouest, débouche dans la mer entre Flessingue et Breskens, et qu'on appelle l'Escaut occidental ; l'autre, qui se détourne au Nord, passe entre Berg-op-Zoom et Zuid Beveland ; ce dernier porte le nom d'Escaut oriental. L'un et l'autre, plus larges et moins profonds que l'Escaut supérieur, composé des deux bras réunis, se rendent à la mer à travers une suite de bas-fonds qui présentent beaucoup d'obstacles à la navigation.

Le 31 juillet, une quinzaine de mille hommes furent débarqués dans le Nord de l'île Walcheren par la division du contre-amiral Otway, mouillée à l'entrée du Weere-Grat. Cette manœuvre dévoila de suite les intentions des Anglais. Le vice-amiral Missiessy comprit qu'il n'avait pas de temps à perdre s'il voulait déjouer leurs projets. Après avoir fait bonne contenance devant Flessingue, il appareilla le 31, remonta le fleuve jusqu'au fort Lillo, et mit l'escadre à l'abri d'une estacade qu'il établit de ce fort à celui de Liefkenshoeck sur la rive opposée. Toutes les bouées qui indiquaient les passes furent enlevées. Les forts hollandais n'opposèrent aucune résistance aux Anglais; la ville de Middlebourg elle-même leur fut livrée par le général hollandais Bruce qui n'avait nulle envie de se faire tuer pour les Français, sentiment que partageaient alors tous ses compatriotes. De Middlebourg, les Anglais se portèrent sur Flessingue. Le reste des troupes de l'expédition fut débarqué dans les îles North et Zuid Beveland. Bien en avait pris au vice-amiral Missiessy de remonter l'Escaut car, le 2 août, les Anglais prenaient possession du fort de Bathz que le général Bruce avait évacué comme il avait abandonné Middlebourg. De ce moment, les Anglais étaient maîtres des deux Escaut. Le roi de Hollande, comme grand connétable de l'Empire, prit la direction de la défense jusqu'à l'arrivée du maréchal Bernadotte, désigné par Napoléon pour conduire cette importante opération.

Le 11 août, entre 6 et 7ʰ du soir, 10 frégates forcèrent le passage entre Flessingue et l'île Cadzand, et remontèrent jusqu'à Helvoët Dyk. Le 12, le contre-amiral Strachan, qui avait porté son pavillon sur le vaisseau de 82ᶜ Santo Domingo, capitaine Charles Gill, mouilla devant Flessingue avec 7 vaisseaux; les bombardes et les canonnières prirent position dans le S.-E. et dans le S.-O. Le général anglais ayant sommé la place, fit agir les batteries qu'il avait construites et celles de mer à la fois; près de 700 bouches à feu de gros calibre ouvrirent leur feu sur la ville. Après vingt-quatre heures d'effroyable canonnade, Flessingue était en feu. Les troupes, sauf les Français qui étaient en fort petit nombre, refusaient le service et n'étaient occupées qu'à piller. C'est dans ces circonstances que le général Monnot signa la reddition de la place le 16 août.

Le vice-amiral Missiessy ne se considéra plus dès lors comme suffisamment à l'abri d'une attaque sous le fort Lillo : l'escadre remonta le fleuve jusqu'à Anvers, à l'exception des vaisseaux le *Dalmate*, le *Dantzick* et le *César* qui restèrent à la Perle. Une seconde estacade fut construite de ce point au fort Philippe. La flottille, mouillée d'abord près de Berland d'où elle n'avait cessé de harceler le fort de Bathz depuis qu'il était au pouvoir des Anglais, la flottille abandonna sa position pour se placer derrière la première estacade ; le capitaine de vaisseau Lhermite (Pierre) la commandait. La flottille hollandaise resta dans l'Escaut oriental. Un bataillon de 800 marins, sous les ordres du capitaine de vaisseau Moras, fut mis à la disposition du commandant en chef de l'armée d'Anvers pour armer les batteries. Toutes les garnisons des vaisseaux, ceux d'avant-garde exceptés, furent aussi envoyées à terre au nombre de 1,000 hommes. La marine déploya une activité prodigieuse dans cette circonstance. La mise en état des forts des deux rives de l'Escaut, la construction et l'établissement des estacades furent presque exclusivement son œuvre. Le prince de Ponte Corvo lui rendit le témoignage le plus flatteur en écrivant à l'Empereur que, sans elle, rien n'eût été fait.

Après une vive contestation entre le commandant en chef de l'expédition et le contre-amiral Strachan, sur la marche qu'il fallait suivre désormais, les Anglais travaillèrent à transporter les troupes et le matériel jusqu'à Bathz. Cette opération, qui demanda dix jours, n'occupa pas exclusivement l'escadre. 13 vaisseaux, 11 frégates, 14 corvettes et 18 bâtiments de flottille avaient dépassé Zuid Beveland ; le reste de la flotte couvrait l'Escaut jusqu'à Flessingue. Une division avancée remonta le fleuve. Le 22, elle canonna et bombarda le fort de Frederick Hendrick et celui de Doel. Afin d'arrêter sa marche, on disposa 10 navires chargés de pierres pour être coulés dans le fleuve (1) ; on arma en outre ce même nombre de brûlots. Les vaisseaux d'avant-garde se replièrent sur Anvers ; la frégate *Friesland* resta seule au fort Sainte-Marie. Cepen-

---

(1) L'Empereur avait expressément recommandé de ne pas recourir à cet expédient.

dant, les troupes et les gardes nationales dirigées sur Anvers n'arrivaient pas aussi vite qu'on l'avait espéré et le besoin de monde se faisait sentir sur tous les points. Par suite d'idées non moins fausses que celles d'après lesquelles on avait agi d'abord, on ne voulut pas considérer les vaisseaux comme le principal moyen de défense du fleuve, et l'on ne cessa de morceler leurs équipages. Sur un effectif de 6,285 hommes, 3,117 étaient à cette époque détachés à l'armée, dans les forts ou sur la flottille.

Si l'on excepte la prise des îles Schowen et Duiveland qui avait eu lieu le 17 août, la capitulation de Flessingue fut, de fait, la fin de cette grande expédition. L'air insalubre des marais de l'île Walcheren et de la Zélande, et le manque d'eau potable, ne tardèrent pas à mettre l'armée anglaise dans la position la plus critique ; les hôpitaux étaient encombrés de malades, et la mortalité y était effrayante. La prédiction de Napoléon se réalisait (1). Le 26, 15,000 hommes étaient atteints de fièvre. Cet état de choses fit hésiter lord Chatam ; il réunit un conseil pour délibérer sur la suite à donner à l'expédition. On examina les chances que présentait une marche sur Anvers : la conclusion fut qu'on ne pouvait, sans folie, s'enfoncer davantage dans le pays. Le Cabinet britannique partagea cette opinion. Le 2 septembre, les Anglais commencèrent leur mouvement rétrograde ; le surlendemain, ils évacuèrent le fort de Bathz et l'île Zuid Beveland, mais en enlevant l'artillerie. Les Français reprirent de suite possession de ce fort, et il fut réarmé par l'escadre. Une douzaine de mille hommes restèrent seuls à Flessingue ; les autres retournèrent en Angleterre. Mais, comme l'eau était la cause principale des maladies, on décida qu'on en enverrait d'Angleterre à la gar-

---

(1) N'allez pas essayer d'en venir aux mains avec les Anglais, avait-il écrit à ses ministres ; il ne faut leur opposer que la fièvre qui bientôt les aura dévorés tous. Dans un mois les Anglais s'en iront couverts de confusion.

nison de Flessingue. Les transports continuèrent pendant
quelque temps ce trajet incessant, apportant de l'eau et
ramenant des malades.

Les Anglais étaient cependant encore maîtres de la navigation de l'Escaut par l'occupation de l'île Walcheren.
Aussi, le maréchal Bessières, duc d'Istrie, qui avait remplacé le prince de Ponte Corvo dans le commandement en
chef, reçut-il l'ordre de reprendre Flessingue; l'attaque
devait avoir lieu simultanément par terre et par mer. Il
fallait pour cela avoir une flottille: un décret impérial ordonna le passage d'une partie de celle de Boulogne au
service d'Anvers. Il y avait bien dans ce dernier port une
division de canonnières arrivées récemment par Ostende
et les canaux, mais elles n'avaient pas d'équipages;
les vaisseaux durent encore leur en fournir. Cette nouvelle contribution mettant ces derniers dans l'impossibilité de faire aucune manœuvre, ils furent entrés dans le
Ruppel sur lequel on construisit des estacades destinées
à les garantir des glaces. Les deux seuls vaisseaux le *Dalmate*, sur lequel le contre-amiral Courand avait son pavillon, et l'*Anversois* restèrent dans le fleuve. Le vice-
amiral Missiessy proposa de faire l'attaque par terre au
passage du Sloo, point de l'île Zuid Beveland le plus rapproché de l'île Walcheren, et l'attaque par mer, simultanément par les deux branches de l'Escaut, dans le nord
de l'île avec la flottille hollandaise, et dans la partie
méridionale avec la flottille française. Les chaloupes-
canonnières se porteraient en même temps sur Flessingue
pour y pénétrer par les deux ports, pendant qu'une autre
démonstration serait faite par les bateaux de deuxième
espèce et ceux de troisième, entre Flessingue et Ramme-
kens, pour arriver aussi par les digues le long de la mer.
Il y avait alors 114 canonnières à Anvers. Elles furent
partagées en quatre divisions sous les ordres des capitaines de vaisseau Étienne, Robin, Lejaulne et Fasting :
ce dernier appartenait à la marine du Danemark. Le

capitaine de frégate Ayreau commandait les bateaux de deuxième espèce ; les péniches étaient sous la direction du capitaine de frégate Poupard. Le capitaine de vaisseau Lhermite prit encore le commandement de cette flottille.

Ces préparatifs furent inutiles ; les Anglais évacuèrent aussi Flessingue, le 24 décembre ; la division du capitaine de vaisseau Robin en prit possession le 26. Il y avait encore sur rade un vaisseau anglais, 3 frégates et 13 autres bâtiments qui s'éloignèrent lorsque la flottille approcha (1). Les Anglais n'évacuèrent pas Flessingue sans y laisser des traces de leur passage. Ils avaient détruit l'écluse du port, démoli les quais, incendié le magasin général ; des ruines seules indiquaient qu'un arsenal avait existé naguère. Toutes les fortifications qui regardaient la terre avaient été conservées en parfait état ; les canons seuls avaient été enlevés. Des 3 bâtiments de guerre qu'ils avaient trouvés sur les chantiers, 2 avaient été détruits ; le troisième avait été démoli et, avec ses pièces, les Anglais construisirent un vaisseau qui reçut le nom de CHATAM.

L'exaspération fut grande de l'autre côté du détroit lorsqu'on connut le résultat de cette dispendieuse expédition (2). L'extrait suivant du journal le *Morning chronicle* en donnera une idée. « Nous ne savons quelles « excuses ni quelles consolations donner à la nation trom- « pée dans ses attentes et dans ses espérances, mais tant « que nous vivrons, nous ne cesserons de demander à

---

(1) Le nombre de 12,863 malades renvoyés en Angleterre du 21 août au 24 décembre, en outre de ceux existant dans les hôpitaux au moment de l'évacuation, montre suffisamment combien la position des Anglais était insoutenable. Voici du reste les chiffres avoués par un historien anglais, chiffres que tout porte à croire être bien en dessous de la réalité. Troupes expéditionnaires 39,219, tués 106, morts de maladie 2061, morts en Angleterre 1899, total 4066. Avant l'évacuation on avait envoyé 11,513 malades en Angleterre. Brenton, *The naval history*, etc.

(2) Le gouvernement prétendit qu'elle n'avait coûté que 200,000 liv. sterl., mais le général Tarleton démontra à la chambre des communes que les dépenses devaient approcher de 3,000,000 de liv. sterl. (75,000,000 fr.).

« haute voix que justice soit faite, sans égard au rang de
« ceux qui étaient chargés de cette malheureuse entre-
« prise. Peu nous importe quels sont les coupables, de
« ceux qui ont conçu ou de ceux qui ont mis à exécution
« le projet de cette expédition. Ce qu'il y a de certain,
« c'est que le blâme doit porter sur quelqu'un et qu'il est
« indispensable d'examiner si c'est sur les ministres ou
« sur les commandants qu'ils ont employés. Nous voyons
« déjà qu'on veut jeter tout l'odieux de l'affaire sur lord
« Chatam; nous ne savons si ces insinuations sont bien
« ou mal fondées; mais la nation doit savoir si les mi-
« nistres ont conçu un projet ridicule et impraticable, ou
« si le général en chef n'a pas eu assez de talents et d'éner-
« gie pour exécuter un plan savamment et judicieusement
« étudié : dans tous les cas, on ne doit pas oublier que ce
« sont eux qui ont choisi leur général; qu'ils ont désigné un
« homme dans lequel la nation et l'armée n'avaient pas
« confiance et qu'ils se sont chargés d'un surcroît de res-
« ponsabilité par un choix qu'ils ont fait seuls et que per-
« sonne n'a approuvé. »

Vingt-six bâtiments anglais s'étaient perdus pendant
l'expédition et dans le nombre on comptait une frégate.
Un vaisseau s'était échoué, mais on avait réussi à le raflouer en coupant sa mâture.

Forcé de renoncer à réunir les divisions des différents
ports à Toulon, l'Empereur avait changé leur destination.
Le 11 mai 1808, il avait donné au contre-amiral Willaumez le commandement de l'escadre de Brest qui était
composée comme il suit :

Canons.		
124	*Océan*	capitaine Rolland (Pierre).
		Willaumez (Jean-Baptiste), contre-amiral.
86	*Foudroyant*	capitaine Henry (Antoine).
		Gourdon, contre-amiral.

85 {
Cassard. . . . . capitaine Faure.
Tonnerre. . . . . — Clément de Laroncière.
Jean-Bart. . . . . — Lebozec (Charles).
Régulus. . . . . — Lucas.
Tourville. . . . . — Lacaille.
Aquilon. . . . . — Maingon.
Ulysse. . . . . — Larue.

Frégates : *Indienne, Hermione, Hortense.*
Brig : *Nisus.*
Goélette : *Magpie.*

L'*Hermione*, capitaine Desrotours, se perdit sur les roches appelées les Trépieds, dans un des appareillages de l'escadre.

Les vaisseaux de 82ᵉ le *Courageux*, le *d'Hautpoult* et le *Polonais*, les frégates l'*Italienne*, la *Calypso*, la *Cybèle* et deux autres frégates armées en flûte, la *Furieuse* et la *Félicité*, placés sous le commandement du capitaine de vaisseau Troude, attendaient un ordre de départ à Lorient.

Le contre-amiral L'hermitte (Jean) avait pris le commandement d'une nouvelle division réunie sur la rade de l'île d'Aix, et composée des vaisseaux de 82ᵉ la *Ville de Varsovie*, le *Jemmapes*, le *Patriote* et le *Calcutta* de 54, armé en flûte; des frégates la *Pallas* et l'*Elbe*.

Les colonies des Antilles manquaient de vivres. Ce n'é-taient pas les quelques barils de farine que leur apportaient des bâtiments isolés, quand encore ils arrivaient à leur destination, qui pouvaient faire cesser cet état précaire. L'Empereur songea à employer les divisions de Lorient et de Rochefort à approvisionner la Martinique et la Guade-loupe. Mais ces divisions étaient bloquées par des forces supérieures, et il fallait rendre le passage libre. Voici la combinaison à laquelle il s'arrêta. Le contre-amiral Wil-laumez reçut l'ordre de sortir de Brest ; de se présenter devant Lorient et Rochefort et, après avoir débloqué ces ports, de conduire les divisions qui s'y trouvaient, ou l'une des deux, à la Guadeloupe. Il lui était enjoint de se rendre ensuite à Toulon. Dans le cas où ni l'une ni l'autre de ces divisions ne pourrait le rallier, il devait faire route de suite pour ce dernier port. De son côté, le commandant Troude avait ordre de mettre sous voiles dès que l'escadre de Brest serait signalée, ou au moins, de faire appareiller les frégates si l'état de la marée ne permettait pas aux vaisseaux de sortir. Dans le cas où ceux-ci n'auraient pas pu prendre la mer, il devait profiter de la première marée pour se rendre avec eux devant Rochefort, où il arriverait probablement assez à temps pour rejoindre le contre-amiral Willaumez. Si l'escadre de Brest et la division de Rochefort étaient parties, il lui était recommandé de rester sur la rade de l'île d'Aix, à moins qu'il ne crût pouvoir les rejoindre, ou que les deux frégates armées en flûtes, et qui étaient chargées de vivres, ne fussent au nombre des bâtiments partis en même temps que lui; dans cette dernière hypothèse, il devait absolument faire route pour les Antilles. Les instructions du contre-amiral L'hermitte étaient les mêmes que celles du commandant de la division de Lorient. Seulement, prévenu par la ligne télégraphique de l'approche de l'escadre de Brest, il devait appareiller, et attaquer la division ennemie qui se tenait devant l'île d'Aix, puisqu'il était certain d'être bientôt soutenu.

Le 21 février de grand matin, 8 vaisseaux — l'*Ulysse* resta au mouillage — 2 frégates et 3 avisos sortirent de la rade de Brest avec une jolie brise de Nord, et donnèrent dans le raz de Sein. Vers 9ʰ, lorsque le premier vaisseau se trouva en dehors de ce passage, l'escadre fut aperçue par le vaisseau anglais de 82ᵉ REVENGE; celui-ci se dirigea de suite sur les Glenans pour prévenir le capitaine John Boer Beresford qui se tenait devant Lorient avec trois vaisseaux. A midi, le contre-amiral Willaumez expédia le *Nisus* et la *Magpie* au commandant Troude, et il renvoya la *Mouche* nᵒ 13, capitaine Detchevery, qui était sortie pour éclairer la marche de l'escadre; cet aviso fut pris, le 8 mars, par la corvette anglaise REINDEER. Les vaisseaux du capitaine Beresford ayant été signalés à

4ʰ 30ᵐ, le contre-amiral Gourdon reçut l'ordre de leur donner la chasse avec sa division; à 6ʰ, on ne voyait plus l'ennemi. La brise avait beaucoup molli dans l'après-midi, et
le soleil était couché depuis deux heures (1) lorsque le
contre-amiral Willaumez arriva à la hauteur de l'île de
Groix. Il fit calme toute la nuit. Le lendemain, la brise
était faible du S.-E. au large; le calme continua sur la
rade de Lorient : la division du commandant Troude ne
put sortir. Renonçant à la voir paraître, le contre-amiral
Willaumez continua sa route à la nuit, et se dirigea en dedans de Belle-Isle dans l'espoir de surprendre la division
anglaise qui se tenait devant l'île d'Aix; mais il fut aperçu
par une frégate et, le 24, le contre-amiral Stopford avait lui-
même connaissance de son apparition dans ces parages. Cet
officier général détacha de suite une frégate pour prévenir
l'amiral Gambier qui commandait devant Ouessant. Peu de
temps après, cette frégate signalait trois voiles suspectes
dans le N.-O. Laissant à deux autres frégates le soin de surveiller l'escadre de Brest, le contre-amiral Stopford se dirigea de leur côté, sans s'inquiéter davantage des vaisseaux du contre-amiral Willaumez, lesquels louvoyaient
dans le Pertuis d'Antioche avec des vents d'E.-S.-E., en
attendant l'*Hortense* envoyée en avant au commandant de
la division de Rochefort. Celle-ci était alors sous les ordres du capitaine de vaisseau Bergeret; des raisons de
santé avaient obligé le contre-amiral L'hermitte à se dé-
mettre du commandement. A 10ʰ du matin, le contre-
amiral Willaumez fit à la division de Rochefort le signal
d'appareiller immédiatement. Cet ordre ne fut pas exécuté. Il régnait à bord de quelques-uns des vaisseaux une
épidémie qui en avait réduit les équipages au point de
rendre l'appareillage, sinon impossible, du moins fort difficile. En outre, le commandant Bergeret avait tout d'abord

---

(1) Il était conséquemment 7ʰ 30ᵐ.

pris les vaisseaux de Brest pour des ennemis, et il avait fait faire le branle-bas de combat. Le contre-amiral Willaumez qui ignorait ces particularités, attendit la division de Rochefort pendant huit heures sous voiles ; perdant enfin l'espoir de pouvoir remplir la deuxième partie de sa mission, il laissa tomber l'ancre à $1^h 30^m$ de l'après-midi, à cinq milles de l'île d'Aix. Les vaisseaux du commandant Bergeret le rallièrent à ce mouillage ; ils y étaient tous rendus à 8^h du soir.

Après avoir combattu, ainsi que je le dirai plus loin, trois frégates sorties de Lorient, le contre-amiral Stopford retourna devant l'île d'Aix où il fut rallié, le lendemain 25, par la division du capitaine Beresford. Cette circonstance détermina le contre-amiral Willaumez à ne pas donner suite aux dernières prescriptions de ses instructions. Estimant que les vaisseaux de Rochefort étaient incapables de prendre la mer et, à plus forte raison, de soutenir un combat qu'il faudrait probablement livrer dès qu'on serait sous voiles, il ne crut pas devoir continuer sa route avec les seuls vaisseaux de Brest, et il alla mouiller, le 26, sur la rade de l'île d'Aix. En faisant ce mouvement, le *Jean Bart* se jeta sur les Palles et ne put en être retiré.

L'Empereur, mécontent de la manière dont le contre-amiral Willaumez avait interprété et exécuté les ordres qui lui avaient été donnés, ordonna une enquête à la suite de laquelle le vice-amiral Allemand (Zacharie) fut nommé au commandement de l'escadre. L'enquête qui motiva cette décision disait que si, le 21 février, jour de la sortie de Brest, le contre-amiral Willaumez n'était pas resté en panne pendant deux heures dans la baie d'Audierne, la division de Lorient eût pu sortir et le rallier ce jour-là même, puisque le vent était favorable ; tandis que, par suite de cette perte de temps, il ne fut signalé à Lorient qu'à $5^h 15^m$, heure trop avancée pour que la sortie pût être tentée. Le rapport ajoutait qu'en mouillant sur la rade de l'île d'Aix, sans y avoir été autorisé, le commandant en chef de l'escadre de Brest ne s'était pas conformé à la partie de ses instructions qui lui prescrivait de se rendre à Toulon, dans le cas où aucune des divisions de Lorient et de Rochefort ne le rallierait (1).

———

Le vice-amiral Ganteaume commandait encore l'armée navale de Toulon qui, cette année, atteignit le chiffre de 17 vaisseaux.

Canons.

124	*Majestueux.*	capitaine	Violette.
		Ganteaume (Honoré), vice-amiral.	
	Austerlitz.	capitaine	Guien.
114	*Commerce-de-Paris.* . . .	—	Brouard.
86		Cosmao Kerjulien, contre-amiral.	
	Robuste.	capitaine	Legras.
		Baudin (André), contre-amiral.	
82	*Borée.*	capitaine	Senez.
	Ulm.	—	Martin (Jean).
	Breslaw.	—	Allemand (Joseph).
	Magnanime.	—	Jugan.
	Ajax.	—	Petit.
	Donawert.	—	Infernet.
	Lion.	—	Bonamy.
	Annibal.	—	Lamare Lameillerie.
	Danube.	—	Henry (Antoine).
	Génois.	—	Montalan.
	Suffren.	—	Louvel.
82	*Saint-Pierre.*	} vaisseaux russes.	
	Moskwa.		

Frégates : *Pomone, Amélie, Adrienne, Incorruptible, Pénélope, Proserpine, Thémis, Pauline.*

Corvette : *Victorieuse.*

Les mouvements de la rade de Toulon étaient observés par une escadre anglaise. Plusieurs fois le vice-amiral Ganteaume demanda à sortir et à aller la combattre : il ne put l'obtenir. Il arriva cependant un moment où les idées du gouvernement se modifièrent. Mais, pressé à son tour par le ministre de mettre son projet à exécution,

———

(1) MM. Viaud et Fleury, *Histoire de Rochefort*, et M. le comte Pouget, *Précis sur la vie et les campagnes du vice-amiral Martin*, attribuent le remplacement du contre-amiral Willaumez et le débarquement du capitaine de vaisseau Bergeret à des difficultés survenues entre ces deux officiers.

le commandant de l'armée navale donna toujours une réponse évasive. Au mois d'octobre, il fut remplacé par le vice-amiral Allemand qui laissa l'escadre de Rochefort dans la Charente, pour arborer son pavillon sur l'*Austerlitz*.

On a vu qu'après avoir attendu la division de Lorient au large de l'île de Groix pendant vingt-quatre heures, c'est-à-dire, jusqu'au 22 février au soir, le contre-amiral Willaumez avait continué sa route vers le Sud (1). Le lendemain 23, une légère fraîcheur s'étant élevée du N.-O., le commandant Troude fit, vers 7ʰ du matin, signal à la division de Lorient d'appareiller. Les frégates de 44ᵉ l'*Italienne*, capitaine Jurien, la *Calypso*, capitaine Jacob, et la *Cybèle*, capitaine Cocault, parvinrent seules à franchir les passes; la faiblesse de la brise et le renversement de la marée s'opposèrent à la sortie des vaisseaux et des frégates armées en flûte. Rendu sous l'île de Groix, et n'apercevant pas l'escadre de Brest, laquelle avait quitté ces parages depuis douze heures, le capitaine de vaisseau Jurien, auquel son ancienneté donnait le commandement des trois frégates, se dirigea sur Rochefort où, suivant ses instructions, il devait se ranger sous le pavillon du contre-amiral Willaumez. Alors que les frégates donnaient dans le passage de Belle-Isle, deux bâtiments anglais mouillés dans la baie de Quiberon mirent sous voiles, et l'un d'eux, le brig de 18ᵉ DOTTEREL, prit les eaux des frégates et se tint à portée de les observer. Le sémaphore de Belle-Isle signalait alors cinq vaisseaux anglais et une frégate se dirigeant du côté de Lorient; ces vaisseaux étaient ceux du capitaine Beresford : cet officier supérieur venait reprendre la position que

---

(1) M. James fait erreur en disant que le contre-amiral Willaumez fit route le 25 au matin. *The naval history*, etc. Les documents officiels constatent que ce fut le 22 à la nuit.

l'escadre de Brest lui avait fait momentanément abandonner. Soit qu'il n'eût pas aperçu les frégates françaises, soit qu'il craignît, en s'écartant encore, de laisser le passage libre aux vaisseaux que la marée avait retenus dans le port, il continua sa route sans les poursuivre ; la frégate de 48° AMELIA, capitaine honorable Paul Irby, se détacha seule pour les observer. La nuit fut très-belle, quoique fort obscure ; les frégates se tinrent à portée de voix l'une de l'autre, masquant leurs feux, et évitant toute manœuvre qui pouvait attirer l'attention de l'ennemi ; elles passèrent en dedans de l'île d'Yeu. L'AMELIA et le DOTTEREL qui avaient un grand avantage de marche sur elles, ne les perdirent pas de vue malgré l'obscurité. Le 24 au point du jour, on aperçut la tour de la Baleine ; mais les vents qui avaient été N.-E. pendant la nuit passèrent au S.-E. et devinrent directement contraires pour atteindre la rade de l'île d'Aix. Dans la matinée, les frégates eurent connaissance de la division du contre-amiral Stopford qui, on doit se le rappeler, averti par les signaux de la NAIAD, se dirigeait vers elles sous toutes voiles. Cette division était composée des vaisseaux

Canons.		
80	CÆSAR. . . . . capitaine Richardson.	
	sir Robert Stopford, contre-amiral.	
82	{ DEFIANCE. . . . . capitaine Henry Hotham.	
	{ DONEGAL. . . . . — Peters Heywood.	

Dès que le commandant Jurien eut reconnu en eux des bâtiments ennemis, il fit signal à ses frégates de prendre la bordée du N.-E. Ce bord les conduisant du côté des deux bâtiments qui les avaient observés pendant la nuit, ceux-ci laissèrent arriver ; mais, s'apercevant que la *Cybèle* qui marchait moins bien que les deux autres frégates restait à une assez grande distance de l'arrière de ses compagnes, le capitaine de l'AMELIA revint brusquement sur bâbord, gouverna de manière à couper la route de cette frégate, et se porta audacieusement sur elle, dans l'espoir que les deux autres n'oseraient pas changer la leur en présence des forces supérieures qui les chassaient. Le résultat de cette manœuvre hardie devait être la prise de la *Cybèle* que les vaisseaux n'eussent pas tardé à atteindre. Le capitaine de l'*Italienne* eut à peine aperçu le mouvement de l'AMELIA que, rendant sa manœuvre indépendante, il vira de bord pour aller soutenir la *Cybèle* qui avait déjà engagé la canonnade ; à son approche, la frégate anglaise s'éloigna, et l'*Italienne* reprit les mêmes amures que la *Calypso* et la *Cybèle*. Cependant les vaisseaux ennemis approchaient rapidement, serrant la terre de très-près avec le dessein bien apparent de rejeter les frégates françaises au large. Le commandant Jurien eut la pensée d'aller chercher un refuge dans la Loire ; mais la mauvaise marche des frégates lui fit craindre de ne pouvoir entrer dans ce fleuve avant d'être atteint. Cette route pouvait d'ailleurs lui faire rencontrer la division qui avait été signalée la veille par Belle-Isle. Il prit alors le parti d'aller mouiller aux Sables d'Olonne, mouillage entouré de roches et de hauts-fonds où il pensait que l'ennemi n'oserait pas le suivre. Les frégates continuèrent donc leur route au plus près, et donnèrent dans la passe connue sous le nom de Grand chenal, que laissent entre eux les deux plateaux de roches appelés le Noura et le Nouch. L'*Italienne*, en voulant reprendre la tête de la ligne, talonna légèrement, mais sans être arrêtée. La *Calypso* mouilla la première à $10^h 30^m$. Peu de temps après, l'*Italienne* passant sous le vent de cette frégate, jeta l'ancre à moins de deux encâblures de terre. Exposée par sa position à couvrir le feu de l'*Italienne*, la *Calypso* fila son câble par le bout et laissa tomber une seconde ancre ; en culant, elle appuya son talon sur l'extrémité du banc qui prolonge la pointe de la Chaume et se trouva ainsi naturellement embossée, mais masquant presque entièrement la batterie Saint-Nicolas. Elle démonta son gouvernail en touchant. Le capitaine de la *Cybèle* gouverna de manière à prendre poste derrière l'*Italienne*, dans l'intervalle qui existait entre cette frégate et la *Calypso*. Comme il avait conservé trop de vitesse, son câble, probablement échauffé, cassa; mais, grâce à une autre ancre mouillée de suite, sa frégate se trouva à peu près dans la position qu'il avait choisie. La ligne d'embossage des frégates était loin d'être régulière ; elle promettait cependant une bonne concentration de feux. Elle avait en outre l'avantage de retirer à l'ennemi la possibilité de passer entre elle et la terre. Les trois frégates venaient de terminer leurs dispositions, quand le capitaine Guiné, du lougre le *Rapace*, alors dans le port des Sables d'Olonne, se rendit à bord de l'*Italienne*. Le commandant Jurien l'invita à retourner à terre pour aviser aux moyens de faire seconder les frégates par les batteries de la côte. Malheureusement, des deux batteries qui protègent le mouillage, celle de Saint-Nicolas, construite à la naissance de la jetée du Nord, se trouvait masquée par la *Calypso*, et celle de l'Aiguille, élevée dans le Nord de la première, vu son éloignement, ne pouvait prêter aux frégates qu'un appui pour ainsi dire moral. Du reste, ces batteries étaient loin d'être en bon état; elles manquaient de munitions, et il fallut en envoyer chercher à bord du *Rapace*. Mais ce qui diminuait surtout l'efficacité du secours qu'on pouvait en attendre, c'était l'inhabileté des canonniers, espèce de milice fort inexpérimentée, dont l'assistance se montra, en cette occasion, plus dangereuse qu'utile. Les premiers coups qui furent tirés par la batterie Saint-Nicolas atteignirent la *Calypso*, et cette frégate se vit obligée, pour faire taire ce malencontreux auxiliaire, de lui tirer plusieurs coups de canon à boulet. Les batteries, sur la protection desquelles le commandant Jurien avait un instant compté, n'eurent donc aucune influence réelle sur le résultat du combat.

L'énorme disproportion des forces de l'ennemi aurait pu me dispenser d'insister sur ce point, si les relations publiées en Angleterre et le rapport du contre-amiral Stopford n'eussent exagéré, peut-être à dessein, la valeur de l'assistance prêtée par ces batteries aux frégates que la

division anglaise eut à combattre. Les batteries des Sables
d'Olonne, qui ne protégent qu'une rade foraine, fréquen-
tée seulement par des caboteurs, n'ont jamais été des
batteries formidables, *powerful batteries*, ainsi que les appelle M. James, l'historien de la marine anglaise; et la
part qu'elles prirent à cette affaire est suffisamment indiquée par la phrase suivante, extraite de la relation qu'il a
publiée : « *The loss, if any, that was sustained on shore,
does not appear in the French account.* » *Les pertes suppor-
tées par les batteries de terre, si toutefois elles en supportè-
rent, ne sont point mentionnées dans le rapport français.*
C'est qu'en effet il n'y eut de blessé dans ces batteries
que le capitaine de frégate Guiné, frappé à la tête par une
motte de terre que détacha un des boulets de la *Calypso*.
Les capitaines anglais étaient trop avisés pour perdre leur
temps à tirer sur des batteries qui ne les inquiétaient pas,
quand ils avaient à riposter à des frégates qui leur oppo-
saient une sérieuse résistance.

Poussé par une jolie brise de S.-E., l'ennemi était à
portée de canon lorsque les frégates eurent fini de s'embosser. Les vaisseaux anglais prolongèrent la côte et laissèrent au large les plateaux de roches entre lesquels
avaient passé les frégates françaises. Le Defiance, qui tenait la tête de la ligne, mit le cap sur l'*Italienne* avec l'intention apparente de l'aborder; mais le feu des frégates,
et la crainte probable d'une brusque diminution de fond,
forcèrent le capitaine Hotham à renoncer à son projet; il
vint au vent en carguant ses voiles, et mouilla par le bossoir de tribord de l'*Italienne*, à portée de pistolet. Le
contre-amiral Stopford qui trouva la manœuvre du Defiance imprudente, voulut que le Cæsar et le Donegal
combattissent sous voiles; tous deux mirent en panne,
le premier par le travers de la *Cybèle*, l'autre à côté de la
Calypso; la frégate et le brig se tinrent au large ; l'Amelia
seule joignit son feu à celui des vaisseaux, une demi-heure
après que le Defiance eut commencé le sien. Le capitaine

de ce vaisseau avait pris un parti vigoureux, et il est probable
que si ses coups eussent été bien dirigés, il eût promptement coulé ou réduit les frégates, ou au moins celle
qui était par son travers ; mais la plupart de ses boulets
portèrent trop haut et ne firent que hacher le grément et
cribler la mâture de l'*Italienne* Bon nombre de boulets
frappèrent cependant dans la coque de la frégate et, des
porte-haubans de misaine au bossoir, on en comptait 18
qui, après avoir traversé les deux murailles, avaient presque tous ricoché sur la *Cybèle*. Le plus grand avantage
que tira le capitaine du DEFIANCE de la position qu'il
avait prise, fut de diriger un feu plongeant de mousqueterie sur les gaillards de la frégate. Ses valets mirent même
le feu à bord de celle-ci, mais il fut facilement éteint. Le
CÆSAR et le DONEGAL continuèrent à combattre sous voiles,
et leurs projectiles, tirés de plus loin que ceux du DE-
FIANCE, portaient moins haut et faisaient plus de ravages.
A 11ʰ 50ᵐ, les câbles de l'*Italienne* et ceux de la *Cybèle*
furent coupés par les boulets de l'ennemi et ces deux frégates s'échouèrent à la plage, mais fort heureusement,
dans une position assez favorable pour que leur feu ne fût
pas ralenti par cet accident. Aussitôt que le jusant commença, le contre-amiral Stopford fit le signal de se retirer : il était midi. Le DEFIANCE se disposa à appareiller ; pour abattre au large, il lui fallut filer son embossure et, pendant quelques minutes, il présenta l'arrière
aux frégates. Libres de concentrer leur feu sur lui, celles-ci eurent bientôt pratiqué une large ouverture dans
sa poupe. En ce moment, le feu du vaisseau anglais cessa :
le pavillon ne flottait plus à la corne ; la brigantine avait
été traversée par plus de vingt boulets, et l'un d'eux avait
probablement coupé la drisse du pavillon. Dans l'ivresse
du combat, les équipages français ne doutèrent pas que le
vaisseau n'eût amené, et les cris de *Vive l'Empereur!* re-
tentirent spontanément à bord des trois frégates. Un canot
de l'*Italienne* fut expédié pour aller amariner le DEFIANCE

et conduire son capitaine à terre. On sentait bien que l'ennemi pouvait encore anéantir les frégates, et s'opposer à
la prise de possession du DEFIANCE; on voulait du moins,
en enlevant le capitaine de ce vaisseau, établir d'une façon
incontestable le succès inespéré obtenu dans une première attaque. Le DEFIANCE avait hissé son petit hunier tout
en lambeaux; un boulet en coupa l'itague et la vergue retomba sur le chouque. Ce fut pour ce vaisseau un moment
critique; le CÆSAR, le DONEGAL et l'AMELIA étaient alors à
environ deux milles dans le Sud et, par conséquent, hors
de portée de lui prêter un secours efficace. Si ce vaisseau
eût abattu du côté de terre, il est probable qu'il se fût
échoué; et comme la mer baissait rapidement, il fût in-
failliblement resté au pouvoir des Français. Mais son abattée
au large était déjà décidée et, laissant tomber sa misaine,
il envoya à la *Calypso* une bordée qui fut la plus meurtrière de celles que cette frégate avait reçues. La division
anglaise qui avait viré pour se rapprocher du DEFIANCE
salua les frégates françaises d'une bordée qui termina le
combat; il était midi et demi.

Les trois frégates étaient échouées, mais la mer était
belle; elles appuyaient sur un fond de sable fin sans se
faire aucun mal. Elles avaient cependant beaucoup souffert
pendant le combat et avaient éprouvé des pertes assez considérables. Du côté des Anglais, le DEFIANCE était naturellement le plus maltraité; les avaries des deux autres vaisseaux n'avaient porté que dans la mâture.

Dès que la division ennemie se fut éloignée, les capitaines
français s'occupèrent de remettre leurs frégates à flot; le
soir même à 10ʰ, elles étaient relevées toutes les trois;
toutefois, l'état de leurs mâtures ne permettant pas l'appareillage immédiat, le commandant Jurien prescrivit les
mesures nécessaires pour repousser toute attaque qui pourrait être dirigée contre elles. Au lever du soleil, on aperçut
encore l'ennemi au large, en moindre force il est vrai,
mais en force suffisante pour mettre obstacle à l'appareil-

lage des frégates. Il fallait cependant prendre un parti, car
la rade des Sables n'est pas tenable avec des vents de la partie de l'Ouest. Les trois capitaines furent d'avis que le moyen
qui offrait le plus de chances de sauver les frégates était de
les faire entrer dans le port ; bien qu'asséchant à chaque marée, ce bassin pouvait les recevoir entièrement léges, et
l'on attendrait ainsi qu'une circonstance favorable permît
de les conduire à Rochefort. Dans ce but, on mit en réqui-
sition toutes les embarcations du pays, et l'on débarqua les
vivres, l'artillerie, les munitions de guerre et les objets
d'armement et de rechanges. Pendant qu'on y travaillait,
les vents passèrent au S.-O. et la mer devint grosse ; les
frégates furent de nouveau portées au plain. On put encore
une fois les remettre à flot et, le cinquième jour après le
combat, la *Calypso* et l'*Italienne* entrèrent dans la darse et
furent béquillées. Quant à la *Cybèle* qui était un vieux bâtiment, elle ne put être relevée ; son petit fond se détacha
d'abord, et un coup de vent acheva de la démolir. Les équipages des trois frégates furent dirigés sur Nantes et sur Lorient.

Près d'une année s'était écoulée depuis le combat des
Sables d'Olonne, lorsque des ordres furent donnés pour
que l'*Italienne* et la *Calypso* fussent conduites à Rochefort.
Mais dès que les Anglais eurent connaissance des dispositions qu'elles faisaient, ils les surveillèrent de telle sorte
qu'on renonça à les faire sortir. Elles furent vendues au
commerce.

La division qui était à Lorient, sous les ordres du capitaine de vaisseau Troude, était composée des vaisseaux

Canons.			
82	*Courageux.* . . .	capitaine	Troude (Aimable).
	Polonais.	—	Méquet (Hugues).
	D'Hautpoult. . .	—	Le Duc.
des frégates de 44ᶜ	*Italienne.*	—	Jurien.
	Calypso.	—	Jacob.
	Cybèle.	—	Cocault.
des frégates en flûtes	*Furieuse.*	—	Lemarant Kordaniel (Gabriel).
	Félicité.	—	Bagot.

On doit se rappeler qu'il était 5ʰ 15ᵐ du soir, c'est-à-dire qu'il faisait nuit close lorsque, le 21 février, l'escadre du contre-amiral Willaumez fut signalée à Lorient. Quant au brig le *Nisus* et à la goëlette la *Magpie* qui avaient été expédiés en avant par cet officier général, pour prévenir le commandant Troude de la sortie de l'escadre, ils furent, comme l'escadre elle-même, contrariés par la faiblesse de la brise, et il était minuit lorsque les capitaines de ces avisos montèrent à bord du *Courageux*. Les côtes de France n'étaient pas éclairées, à cette époque, comme elles le sont aujourd'hui; et, quoique le vent fût favorable, bien que très-faible, on eût vainement cherché un pilote qui consentît à sortir 3 vaisseaux et 5 frégates à voiles de la rade de Lorient à pareille heure. Le commandant Troude dut donc attendre le jour; mais, au jour, il faisait calme plat, et cet état de choses dura toute la journée, bien qu'au large on ressentît une petite fraîcheur de S.-E. Alors même que cette faible brise eût pénétré en rade, il eût encore été impossible de sortir. Il ne faut pas oublier que lorsqu'on parle de vents de S.-E., on ne tient nul compte de la variation de l'aiguille aimantée. Le vent dit de S.-E. soufflait donc réellement du S.-S.-E. Le mouillage de Penmané, où les vaisseaux étaient à l'ancre, est situé, on le sait, à l'entrée de la rivière le Blavet. Pour atteindre le passage entre la roche Pengarne et le plateau des Sœurs, il faut faire le S.-O. du monde, et ensuite le S.-S -O. pour élonger l'île Saint-Michel et passer dans l'Ouest du banc du Turc. Ce banc doublé, on doit gouverner au S. 1/4 S.-E. jusqu'à Port-Louis, et après avoir dépassé la citadelle, on fait le S. 1/4 S.-O., le S -S.-O. ou le S.-O., suivant la direction qu'on compte prendre une fois en dehors des passes. Or toutes ces passes sont tellement entourées de récifs, qu'on ne saurait, sans une grande imprudence, s'aventurer dans ces parages sans avoir vent sous vergues, et surtout sans avoir la possibilité de distinguer les points qui peuvent indiquer si l'on s'est maintenu dans la bonne route (1). Le 23 au matin, une petite fraîcheur s'éleva du N.-O. au N.-N.-O. Quelques feux, supposés appartenir à des bâtiments de l'escadre de Brest, se voyaient encore au large de l'île de Groix. A 7ʰ, le commandant Troude fit le signal d'appareiller ; les trois frégates parvinrent à sortir en se faisant remorquer par leurs embarcations ; les flûtes ne purent y réussir. Peu s'en fallut même que la *Furieuse* ne fût jetée sur l'île Saint-Michel, et son capitaine dut laisser tomber une ancre dans le chenal. Cette manœuvre força la *Félicité* à reprendre son mouillage. La brise fraîchit un peu vers 9ʰ, mais pas assez pour que les vaisseaux pussent mettre sous voiles ; et la conduite des flûtes étant le but principal de la mission du commandant Troude, cet officier supérieur crut devoir attendre une circonstance plus favorable de vent et de marée pour faire appareiller ces deux transports. A 2ʰ, les vigies signalèrent quatre vaisseaux anglais et une frégate. L'apparition de ces bâtiments suffisait pour mettre fin à toute hésitation, si le commandant de la division de Lorient en eût éprouvé encore.

On a vu comment ces contrariétés donnèrent aux capitaines des trois frégates l'occasion de combattre d'une manière si glorieuse la division du contre-amiral anglais Stopford.

Le calme et les vents contraires retinrent les vaisseaux et les flûtes jusqu'au 26 février sur la rade de Lorient. Le vent ayant passé à l'Est ce jour-là, le commandant Troude profita de l'éloignement des croiseurs anglais pour mettre à la voile, et il réussit à traverser inaperçu la zone habituelle de leur station. Vaisseaux et flûtes por-

---

(1) Ces développements hydrographiques m'ont paru nécessaires pour bien établir la situation. La prolongation de séjour de la division de Lorient sur la rade du Port-Louis et la détermination prise par le commandant de l'escadre de Brest de mouiller sur celle de l'île d'Aix ont eu des conséquences telles, qu'il m'a semblé utile de donner au lecteur la possibilité de bien asseoir son jugement.

taient des soldats, des vivres et des munitions de guerre, ainsi que le prescrivaient les instructions que voici :

« Monsieur le commandant,

« Je vous adresse la lettre ci-jointe dont l'Empereur vous honore. Elle vous fait connaître ses intentions sur la destination de la division que vous commandez et qui se compose du *Courageux*, du d'*Hautpoult*, du *Polonais*, des frégates l'*Italienne*, la *Calypso*, la *Cybèle* et des frégates-flûtes la *Furieuse* et la *Félicité*. Sa Majesté sait que vous avez autant de zèle que de courage.

« Recevez, etc.   *Signé* : DECRÈS. »

Saint-Cloud, 24 octobre 1808.

« Monsieur le capitaine Troude,

« Vous partirez le plus tôt possible avec le *Courageux*, le d'*Hautpoult*, le *Polonais* et avec trois frégates armées en guerre, des meilleures qui sont à Lorient, et que mon ministre de la marine désignera. Vous partirez avec six mois de vivres, farines et salaisons. Vous aurez sous votre escorte deux flûtes de la force des frégates chargées de vivres. Vous placerez également des vivres sur vos vaisseaux et frégates, mais de manière à ne pas vous encombrer. Vous embarquerez 8 à 900 soldats et les munitions de guerre que notre ministre de la marine vous désignera. Vous partirez d'abord pour la Martinique; vous y ferez entrer une de vos flûtes et une de vos frégates, et vous y laisserez les 2 à 300 soldats embarqués sur ces bâtiments. Les vivres apportés par la flûte serviront au ravitaillement de la colonie, et les hommes qui seront sur la frégate et sur la flûte serviront à recruter la garnison. Et de suite, sans mouiller, vous vous rendrez avec le reste de votre escadre à la Guadeloupe. Vous y débarquerez tous les vivres que vous aurez à bord et le reste de vos soldats. Après cela, vous croiserez où vous jugerez convenable pour consommer vos vivres, et vous chercherez à opérer votre retour dans la Méditerranée, soit à la Spezzia, soit à Gênes, soit à Toulon. Le capitaine général de la Guadeloupe profitera sans doute des cinq jours que vous serez là pour reprendre les Saintes et Marie-Galante. Vous pourrez prendre sous votre croisière ceux de nos brigs ou frégates que vous trouverez dans la colonie. Je vous préviens qu'une expédition part en même temps de Rochefort sous les ordres du contre-amiral L'hermitte. Si vous vous rencontriez, je verrais avec plaisir que mes deux escadres se réunissent. Je désire aussi que vous prévoyiez le cas d'une séparation, afin qu'aucun de mes vaisseaux ne soit exposé à arriver seul devant le Fort-Royal de la Martinique où je présume que l'ennemi tient au moins un ou deux vaisseaux. Notre ministre de la marine est chargé de vous transmettre les instructions de détail relatives à votre mission. Nous comptons que vous ne négligerez rien pour la bien remplir et pour faire le plus de mal possible à nos ennemis, et nous nous reposons pour cela sur votre courage, vos talents et votre zèle pour notre service (1).

« *Signé* : NAPOLÉON. »

Le commandant Troude apprit pendant la traversée que la Martinique était tombée au pouvoir des Anglais et que la Guadeloupe était sévèrement bloquée. On sait que la Basse-Terre et la Pointe-à-Pître, les seuls mouillages de cette île pour les bâtiments d'un fort tonnage, n'ont point de port. Au lieu de chercher à forcer le blocus, ce qui en cas de réussite ne lui aurait pas donné la possibilité de mettre ses vaisseaux à l'abri d'une attaque et probablement d'une destruction complète, le commandant de la division préféra entrer aux Saintes. Le 29 mars, il mouilla sur cette rade, et il envoya de suite une pirogue annoncer son ar-

---

(1) La dernière partie de ces instructions fut modifiée plus tard.

rivée au capitaine général de la Guadeloupe. En attendant
le retour de cette embarcation, et afin de pouvoir remettre
sous voiles le plus tôt possible, il fit débarquer les passa-
gers, ainsi que les vivres et les munitions placés sur les
vaisseaux. Mais la division française avait été aperçue et,
vers 10^h du matin, un grand nombre de voiles furent signalées. C'était le contre-amiral Cochrane qui, averti par
ses découvertes, arrivait avec les vaisseaux :

Canons.

108	NEPTUNE. . . . . capitaine Charles Dilkes.	
	honor. Alexander Cochrane, contre-amiral.	
	YORK.. . . . . capitaine Robert Barton.	
82	POMPÉE. . . . . — Charles Fabie.	
	CAPTAIN. . . . . — Athol Wood.	
74	POLYPHEMUS. . . . . — Pryce Comby.	

5 frégates, 13 corvettes, brigs ou autres avisos.

Cet officier général divisa immédiatement son escadre
de manière à fermer toutes les passes.

Les Saintes, îles françaises du groupe des Antilles, entre
la Guadeloupe au Nord et la Dominique au Sud, offrent
deux bons mouillages connus sous le nom de rade intérieure et de rade extérieure. La rade intérieure est comprise entre l'île dite Terre d'en Haut, qui a la forme d'un
arc de cercle dont la concavité est tournée vers l'Ouest, et
qui est la plus orientale du groupe, et l'îlet Cabris placé
sur le parallèle de la pointe Nord de l'autre. La rade extérieure qui, à proprement parler, n'est que le prolongement
de la première du côté de l'Ouest, est limitée par la Terre
d'en Bas, la plus occidentale de ces îles. Deux autres petites îles, dites le Grand îlet et l'îlet la Coche, complètent
le groupe au Sud. Le village des Saintes est situé au milieu de la partie occidentale de la Terre d'en Haut; c'est
devant lui que se trouve le mouillage habituel. Trois entrées conduisent au bassin des Saintes. La passe de la
Baleine ou du Nord, large d'environ 400 mètres, et qui emprunte son nom à la roche appelée la Baleine placée droit
à son milieu, est comprise entre la Terre d'en Haut et l'îlet
Cabris. Au Sud, se trouve la passe du Pain de Sucre, entre la

Terre d'en Haut et celle d'en Bas. Ce passage n'est pas plus large que le premier, mais il ne s'y trouve aucun danger. On ne le voit pas du mouillage ordinaire; il est alors masqué par un gros bloc de rocher, nommé le Pain de Sucre, qui s'avance quelque peu dans la rade et ne tient à la Terre d'en Haut que par une petite langue de terre. La troisième passe est comprise entre l'îlet Cabris et le petit îlot dit le Pâté qui est très-rapproché de la Terre d'en Bas. Ce passage, qui pourrait être nommé passe du N.-O., et qui a plusieurs fois la largeur des autres, est l'accès naturel de la rade extérieure, quand on vient du Nord. Avec les vents régnants de l'Est au N.-E., la passe de la Baleine conduit seule directement à la rade intérieure; il faut louvoyer pour atteindre ce mouillage lorsqu'on entre par les deux autres. Toutefois le parcours n'est pas long, car il n'y a pas plus d'un mille du village à la passe du Pain de Sucre. La rade des Saintes n'offrait aucune ressource au point de vue de la défense. L'ennemi pouvait entrer par les trois passes à la fois, et attaquer les vaisseaux français de tous les bords. Le commandant de la division dut prévoir toutes les éventualités. Son premier soin fut d'embosser les vaisseaux sur une ligne adossée à la partie de la Terre d'en Haut qui court à l'Ouest et de les appuyer sur le Pain de Sucre. Il s'occupa ensuite d'établir une batterie sur le morne des Mamelles qui domine la position qu'il occupait. Cette opération nécessita d'abord l'ouverture d'un sentier par lequel les canons pourraient être conduits sur cette hauteur.

Le contre-amiral Cochrane ne tarda pas à comprendre qu'il ne lui serait pas possible de bloquer avec efficacité une rade à trois issues, et il songea, sinon à détruire la division française au mouillage, du moins à l'y attaquer pour l'obliger à sortir. Environ 3,000 hommes de troupes lui arrivèrent sur des transports qui jetèrent l'ancre à l'entrée de la passe du Pain de Sucre, et les débarquèrent, le 14 avril, dans les anses de Vanovre et de Crawen, sur la côte Sud de la Terre d'en Haut et près de la passe. Ces troupes s'empa-

rèrent facilement des points importants de cette île, et
notamment du morne des Mamelles qui n'était pas encore
fortifié et sur lequel l'ennemi plaça deux canons. Les soldats
et les milices coloniales qui devaient défendre ces diverses
positions n'opposèrent pas de résistance et se replièrent
sur le village. Le but de ce débarquement fut facilement
saisi par le commandant de la division française. Il acquit la conviction que les vaisseaux anglais n'entreraient
pas dans la rade, et qu'il allait être attaqué par un ennemi
qu'il ne pourrait atteindre; il prévit en un mot un bombardement. Aussi ne crut-il pas devoir en attendre l'effet, et
il préféra la chance d'être coulé en combattant, à celle, à
peu près certaine, de voir sa division détruite sans pouvoir opposer aucune résistance. A 4ʰ de l'après-midi,
il fit connaître ses intentions aux capitaines. Les trois
vaisseaux durent être prêts à mettre sous voiles de 9 à
10ʰ du soir; les deux flûtes reçurent l'ordre de débarquer les troupes, les vivres et les munitions qu'elles portaient, et de profiter, pour appareiller, de la dispersion
de l'ennemi qui ne manquerait pas de poursuivre les
vaisseaux dès qu'il aurait connaissance de leur sortie. Le
Courageux devait prendre la tête de la colonne. Une fois
en dehors de la passe, les vaisseaux se rangeraient en
ordre de front, le *Polonais* à droite, le *d'Hautpoult* à
gauche. Le commandant Troude prévint que s'il était
serré de trop près par l'ennemi, il irait s'embosser dans
la baie Deshayes, sur la côte Sud de la Guadeloupe, afin
de pouvoir, comme moyen extrême, détruire ses vaisseaux plutôt que de les laisser capturer. Il ajouta qu'il
ne comptait prendre ce parti que dans un cas désespéré. A 6ʰ 45ᵐ, deux bombardes mouillées dans la passe
du Pain de Sucre commencèrent à lancer des bombes;
plusieurs frégates joignirent leur feu à celui de ces bâtiments en se présentant à l'ouvert des passes. Ce soir-là
même, le commandant Troude reçut une réponse de la
Guadeloupe. Le capitaine général le laissait libre de dis-

poser des vaisseaux comme il l'entendrait, et lui enjoignait de diriger les deux flûtes sur la Guadeloupe. Le capitaine Lemarant Kerdaniel, le plus ancien des deux capitaines, reçut des instructions en conséquence. A 9ʰ 30ᵐ, les trois vaisseaux appareillèrent et sortirent par la passe de la Baleine ; le *Courageux* était en tête, le *d'Hautpoult* suivait et le *Polonais* fermait la marche. Il ventait joli frais de l'Est. Les vaisseaux français avaient à peine appareillé leurs voiles, qu'un grand nombre d'embarcations postées à l'entrée de la passe de la Baleine lancèrent des fusées. Ce signal fut répété de tous côtés ; le canon tira et les troupes qui étaient à terre firent des décharges de mousqueterie.

Avant d'aller plus loin, je crois juste de payer au pilote Gaignault, dit Callot, natif de Quimper, le tribut d'éloges que lui mérita la part qu'il prit à la sortie de la division française. La nuit était fort obscure et le ciel très-chargé. La sortie par la passe du Nord, toujours difficile à cause de la roche qui se trouve à son milieu, nécessitait la coopération d'un homme pratique. Le pilote Callot s'offrit pour remplir cette mission, rendue périlleuse par la présence des croiseurs ennemis. Dès que les vaisseaux furent dehors, il se jeta à la mer pour regagner sa pirogue ou la terre, car l'amarre de son embarcation ayant cassé, il ne voulut pas retarder la marche de la division en faisant amener un canot pour le transporter à terre (1).

Les vaisseaux français avaient à peine doublé la Baleine qu'ils furent aperçus par les croiseurs ennemis ; à 10ʰ, le Pompée passa à contre-bord et envoya sa bordée au *Polonais* qui ne riposta pas. Les français firent route au S.-O. Bientôt le *d'Hautpoult*, que son infériorité de marche laissait de l'arrière, fut canonné par le brig de 18ᵉ Recruit,

---

(1) J'ajoute avec tristesse que le capitaine de vaisseau Troude (François), fils du commandant de la division française, et alors enseigne de vaisseau sur le *Courageux*, a tenté de vaines démarches, et à des époques différentes, pour faire obtenir à Callot la récompense que méritaient son courage et son dévouement.

capitaine Charles Napier. Le 15 au jour, trois vaisseaux, dont un à trois ponts, quatre frégates ou corvettes chassaient la division, mais les boulets du RECRUIT l'atteignaient seuls. A 7ʰ 30ᵐ, le *Courageux* vint sur bâbord pour se rapprocher du d'*Hautpoult* qui était un peu distancé; le capitaine de ce vaisseau ne comprenant probablement pas le motif de cette manœuvre, imita ce mouvement; le *Courageux* reprit alors sa route. Les vaisseaux tiraient en retraite sur le RECRUIT qui continuait à harceler le d'*Hautpoult*. A 3ʰ de l'après-midi, le capitaine Le Duc passa de l'aile gauche à l'aile droite, sans y avoir été autorisé. Le brig anglais le suivit. Cette détermination, qui mit le d'*Hautpoult* encore plus de l'arrière, obligea les deux autres vaisseaux à diminuer de voiles. Sans gagner d'une manière sensible, quelques-uns des bâtiments ennemis s'étaient rapprochés. Il y avait à choisir entre deux partis. Régler la marche des vaisseaux sur celle du d'*Hautpoult* et sur les appréciations de son capitaine et, par suite, s'exposer à une lutte désavantageuse dont la conséquence pouvait être la prise de la division entière; ou bien, autoriser le capitaine Le Duc à agir comme il l'entendrait dans l'intérêt de son vaisseau, et ne pas perdre davantage de temps en subordonnant, non-seulement la marche, mais encore les mouvements du *Courageux* et du *Polonais* à ceux du d'*Hautpoult*. Ce dernier parti, qui n'impliquait nullement une idée arrêtée d'abandonner le d'*Hautpoult*, fut celui qui sembla présenter le plus de chances de réussite et auquel s'arrêta le commandant Troude. A 4ʰ, il signala la route au O.-N.-O. pour 8ʰ du soir, et rendit la manœuvre du d'*Hautpoult* indépendante à cette heure. Soit que les horloges ne fussent pas d'accord, soit que le capitaine Le Duc fût impatient de jouir de la liberté qui allait lui être laissée ou qu'il eût mal interprété le signal, à 7ʰ il changea de route et gouverna plus au Nord; deux heures après, son vaisseau était hors de vue. Le *Polonais* suivit le *Courageux*; **le lendemain ils n'apercevaient plus un seul bâtiment en-**

nemi. Le York, le Polyphemus, le Captain et plusieurs frégates les avaient d'abord suivis, mais ils avaient été perdus de vue pendant la nuit. Le 23 mai, les deux vaisseaux français, alors à 42 milles dans le S.-O. des Penmarcks, avec une petite brise de S.-E., furent chassés par une division anglaise dans laquelle il fut facile de distinguer trois vaisseaux ; la nuit les déroba à leur poursuite. Mais signalé désormais dans ces parages, le commandant Troude jugea prudent de se porter dans le Nord de l'Irlande. Quatre jours après, il entra dans la Manche avec une grande brise de N.-O. et, le 29, le *Courageux* et le *Polonais* mouillèrent sur la rade de Cherbourg. Ils avaient détruit sept navires pendant la traversée.

Lorsque le d'*Hautpoult* se sépara du *Courageux* et du *Polonais*, il fut suivi par le Pompée et par le Neptune. Au jour, le premier était à trois milles et l'autre plus encore de l'arrière ; au loin se voyaient les frégates Latona de 48°, capitaine Hugh Pigot et Castor de 40°, capitaine William Roberts. Le 17, à 2ʰ 45ᵐ du matin, cette dernière frégate commença à envoyer des boulets au d'*Hautpoult*. Celui-ci embardant pour la découvrir ralentit sa marche et, à 4ʰ, il fut atteint par le Pompée qui le combattit par le travers de bâbord, à portée de pistolet, tandis que la Latona le canonnait par la hanche de tribord. Un quart d'heure plus tard, alors que le capitaine Le Duc lançait sur bâbord pour aborder le vaisseau anglais, le d'*Hautpoult* reçut un boulet qui se logea entre le gouvernail et l'étambot, et empêcha le jeu de la barre. Le capitaine du Pompée s'aperçut bientôt de la difficulté avec laquelle le vaisseau français gouvernait, et il en profita pour lui envoyer une bordée d'écharpe qui fut désastreuse. Le jour se faisait ; 10 bâtiments étaient en vue et, sur ce nombre, deux nouveaux vaisseaux. Les voiles et le gréement du d'*Hautpoult* étaient hachés ; ses vergues ne tenaient plus que sur leurs bosses ; le mât d'artimon et les mâts de hune, percés de part en part. menaçaient de s'abattre ; sa coque était criblée. A 5ʰ 30ᵐ

du matin, le pavillon fut amené. Ce combat, commencé en
fait dans le S.-O. du Vieux fort de la Guadeloupe, le
14 avril à 10ʰ du soir, finit à 18 milles dans le S.-O. du
cap Roxo de Porto-Rico, le 17 au matin.

Le d'*Hautpoult* prit le nom d'Abercombry dans la marine
anglaise.

Cependant le nombre des bâtiments anglais qui croisaient
devant la Charente augmentait sans cesse (1). Prévenu que
les vaisseaux qu'il avait mission de tenir enfermés dans la
rade de Brest se trouvaient à l'ancre sur celle de l'île
d'Aix, l'amiral Gambier était allé lui-même s'établir devant cette île. Le 17 mars, jour où le vice-amiral Allemand,
nommé au commandement des escadres de Brest et de
Rochefort réunies, arbora son pavillon sur l'*Océan*, 13
vaisseaux, 6 frégates et 5 corvettes étaient au mouillage
sur la rade des Basques. Une attaque pouvait être prévue. Le vice-amiral Allemand rapprocha ses vaisseaux
de l'île d'Aix afin de les faire mieux appuyer par les fortifications de cette île et, dans la prévision que des
machines incendiaires pourraient être employées pour
les détruire, il les affourcha N.-O. et S.-E., sur deux
lignes endentées N. 1/4 N.-O. et S. 1/4 S.-E., distantes
de 243 mètres, laissant entre chaque vaisseau un intervalle
de 195 mètres. Le premier était mouillé à deux encâblures
de l'île. Cette disposition, si elle n'était pas la plus convenable pour repousser une attaque de vive force, sembla
au commandant en chef être celle qui exposait le moins
ses vaisseaux à l'effet des courants, et par suite, celle qui
offrait le moins de chances de réussite à une attaque avec
des brûlots. Il estimait que, le vaisseau de chaque tête de
ligne dépassé, les brûlots ne rencontrant aucun obstacle,
câble ni bâtiment, devaient naturellement s'en aller à la
côte en passant, soit au large des lignes d'embossage, soit

----

(1) Page 14.

entre elles. Voici, à partir du Nord, l'ordre dans lequel se trouvaient les vaisseaux et les frégates :

Indienne, Hortense, Pallas.

Foudroyant, Ville de Varsovie, Océan, Régulus, Cassard, Calcutta.

Tonnerre,   Patriote, Jemmapes, Aquilon, Tourville, Elbe.

Une estacade de 1558 mètres, placée à 720 mètres en avant de la ligne des frégates, et appuyée sur les roches de l'île d'Aix, protégeait l'escadre. Cette estacade consistait en 9 grelins passés dans l'œil de 9 aussières étalinguées sur le même nombre d'ancres à jet de vaisseaux. Des espars tenaient les grelins flottés à la surface de la mer (1).

Le 3 avril, le capitaine Cochrane arriva à la croisière, porteur de l'ordre sollicité par l'amiral Gambier d'anéantir l'escadre française avec des brûlots. En attendant l'arrivée des engins de destruction qui lui étaient annoncés, l'amiral anglais fit transformer 12 grands navires en machines incendiaires ou explosibles. D'autres brûlots et un grand approvisionnement de fusées à la Congrève furent promptement envoyés d'Angleterre ; l'inventeur de ces fusées arriva lui-même pour en diriger l'emploi. Le moment de l'attaque approchait évidemment. Le 10, le vice-amiral

---

(1) On a dit que le commandant en chef avait eu l'intention d'établir une seconde estacade, mais que le port de Rochefort n'avait pu lui fournir assez à temps les matériaux nécessaires. M. le comte Pouget prétend que ce fut le vice-amiral Allemand lui-même qui négligea de l'établir. Cette assertion de l'auteur de la *Vie et des campagnes du vice-amiral Martin*, empruntée, peut-être, à l'*Histoire de Rochefort* de MM. Viaud et Fleury, ne me semble pas détruire la possibilité de l'exactitude de la version d'après laquelle le port n'aurait pas fourni à temps les matériaux demandés pour confectionner une deuxième estacade. Il reste acquis, d'après les documents cités par ces écrivains, que si le vice-amiral Martin, préfet maritime à Rochefort, était partisan de l'idée d'établir une ou plusieurs estacades en avant de l'escadre, quelques-uns des chefs de service du port suscitèrent au commandant en chef de cette escadre des difficultés qui retardèrent l'établissement de la première et qui purent bien, malgré les ordres précis du préfet maritime, empêcher la confection de la seconde. Je dirai cependant, dans l'intérêt de la vérité, et pour répondre aux versions plus ou moins accréditées, que dans son rapport à l'Empereur, le vice-amiral Allemand ne dit pas un mot qui puisse faire supposer qu'il ait eu l'intention d'établir une seconde estacade.

Allemand fit dépasser les mâts de perroquet, câler le grand
et le petit mât de hune, et donna l'ordre de mettre en soutes
toutes les voiles qui n'étaient pas indispensables; les frégates d'avant-garde conservèrent seules leurs mâts hauts
et leurs voiles enverguées. Les embarcations armées en
guerre furent partagées en cinq divisions destinées à détourner et à couler les brûlots.

Voici maintenant, sans y comprendre les brûlots et les
autres machines incendiaires, l'énumération des forces contre lesquelles l'escadre française allait avoir à se défendre :

Canons.

Canons	Navire		Commandant
120	CALEDONIA.	capitaine	sir Henry Neale.
			lord James Gambier, amiral.
80	COESAR.	capitaine	Charles Richardson.
			honorable Robert Stopford, contre-amiral.
	GIBRALTAR.	capitaine	Lidgbird Ball.
82	HERO.	—	Newman Newman.
	DONEGAL.	—	Pulteney Malcolm.
	RESOLUTION.	—	George Burlton.
	THESEUS.	—	Poer Beresford.
	VALIANT.	—	John Blight.
	ILLUSTRIOUS.	—	Robert Brougton.
	BELLONA.	—	Stair Douglas.
	REVENGE.	—	Robert Keer.
48	IMPÉRIEUSE.	—	lord Cochrane.
46	INDEFATIGABLE.	—	Tremayne Rodd.
42	AIGLE.	—	George Wolfe.
	EMERALD.	—	Lewis Maitland.
40	UNICORN.	—	Lucius Hardyman.
	PALLAS.	—	Francis Seymour.
18	BEAGLE.	—	Francis Newcombe.
	DOTTEREL.	—	Anthony Abdy.
	FOXHOUND.	—	Barnaby Greene.
14	INSOLENT.	—	Row Morris.
12	ENCOUNTER.	—	Hugh Talbot.
	CONFLICT.	—	Joseph Batt.
	CONTEST.	—	John Gregory.
	FERVENT.	—	Edward Hare.
	GROWLER.	—	Richard Crossman.
10	LYRA.	—	William Bevians.
	REDPOLE.	—	John Joyce.
Bom-bardes	THUNDER.	—	James Coulfield.
	ÆTNA.	—	William Godfrey.

Goëlette : WHITING.
Cutters : NIMROD, KING GEORGE.

Le 11 avril, l'IMPÉRIEUSE mouilla dans le N.-O. de l'*Indienne*, à une portée et demie de canon de l'estacade;

l'Aigle, l'Unicorn, la Pallas jetèrent l'ancre auprès d'elle
pour recevoir les équipages des brûlots et les canots qui les
conduisaient; le Whiting et le King George, destinés à
lancer des fusées, mouillèrent près du banc Boyard.
L'Œtna, l'Indefatigable et le Foxhound se placèrent au
Nord de l'estacade; l'Emerald, le Beagle, le Dotterel, le
Conflict, le Growler laissèrent tomber l'ancre dans l'Est et
le Redpole dans le N.-O. de l'île d'Aix; le dernier et la Lyra
qui fut placé près du Boyard, devaient servir de direction
aux brûlots. Les vaisseaux mirent d'abord sous voiles; la
violence du courant les força de reprendre leur mouillage.
Les batteries de l'île d'Aix et celles de Saumonard essayèrent de contrarier les dispositions de l'escadre anglaise,
mais elles cessèrent bientôt de tirer, leurs boulets n'attei-
gnant pas les bâtiments les plus rapprochés.

On nomme rade de Rochefort ou, plus exactement, rade
de l'île d'Aix, l'espace peu étendu et entouré d'écueils,
compris entre l'île d'Aix et l'île d'Oleron; toutefois, le
banc Boyard qui longe la partie occidentale de cette dernière île, peut être considéré comme sa limite réelle de ce
côté. La rade est ouverte au N.-O. Plus au large se trouve
la rade des Basques qui emprunte son nom à une roche située à environ deux milles dans le Nord. La pointe de l'embouchure de la Charente qui se prolonge à peu près dans
le N.-O. jusqu'à celle de l'Aiguille, n'est séparée de la
petite île d'Enette que par un plateau de roches. A quelques
centaines de mètres, dans la même direction, se trouve l'île
d'Aix qui est comme le prolongement interrompu de la terre
de Fouras. De l'autre côté, à la pointe Sud de l'embouchure
de la rivière, se voit la petite île Madame, entourée dans
tous les sens, le Sud excepté, par les Palles, plateau
de roches qui en a plusieurs fois la surface; et, bien qu'il
y ait un passage d'embarcations entre l'île Madame et la
terre, cette île et son plateau forment en réalité la limite
méridionale de l'embouchure. Pour entrer en rivière, il
faut donc passer entre les Palles et Fouras, passage ré-

duit aux proportions d'un chenal étroit par un haut-fond
de vase qui le borde des deux côtés.

Il ne pouvait plus y avoir de doutes : l'amiral anglais prenait ses dernières dispositions ; le commandant en chef de
l'escadre française fit de même. Il prescrivit d'envoyer deux
divisions de canots à l'estacade, et de les y tenir de 8ʰ du
soir à 2ʰ du matin ; mais le courant était trop fort et la
brise trop fraîche du N.-O. pour que ces ordres pussent être
exécutés par des embarcations qu'on avait surchargées
d'artillerie ; bon nombre ne purent atteindre leur poste
et relâchèrent le long de quelque vaisseau. A l'entrée de
la nuit, les Anglais hissèrent des feux, tirèrent des coups
de canon et, à 8ʰ 30ᵐ, ils lancèrent les brûlots sur
l'escadre française ; le flot était alors dans toute sa force.
Le reste des embarcations reçut l'ordre de se porter en
avant. Une heure après, une forte explosion eut lieu à
l'estacade : elle fut instantanément suivie de plusieurs
autres (1). L'estacade fut rompue et le front de l'escadre française fut bientôt couvert de navires embrasés
qui accrochèrent les vaisseaux ou en passèrent tellement
près que, pour les éviter, presque tous les capitaines coupèrent leurs câbles. Dans cette lutte sans honneur, les capitaines français pensèrent que leur premier devoir était
de conserver les vaisseaux dont le commandement leur
avait été confié ; et s'aidant des quelques voiles qui étaient
encore en vergue, ils se dirigèrent vers la rivière. Mais
leurs tentatives pour trouver le chenal furent vaines. En
plein jour et avec des circonstances favorables de vent et de
marée, entrer un vaisseau complétement armé dans la Charente est une opération délicate ; de nuit, cette opération

---

(1) Les bâtiments d'explosion contenaient 1,500 barils de poudre dans des
pièces de deux — 500 litres — liées entre elles par de forts amarrages. Du sable
mouillé avait ensuite été placé entre ces pièces qui formaient ainsi une masse
solide de l'avant à l'arrière ; 400 bombes chargées et 3,000 grenades complé-
taient ces formidables machines de destruction.

était en quelque sorte impossible, à cause de la nécessité
dans laquelle se trouvaient les vaisseaux de venir tantôt
d'un bord, tantôt de l'autre pour éviter, soit les bâtiments,
soit les brûlots qu'on rencontrait partout. On ne saurait
dire tout ce qu'il y eut de nobles dévouements de la part des
officiers et des marins qui furent employés dans les canots
à détourner les machines incendiaires pendant cette nuit
horrible. Maint capitaine oublia la position critique de son
propre vaisseau pour envoyer ses embarcations à un autre
plus exposé que lui et qui n'en avait pas, car, drossés par
le vent et le courant, beaucoup de canots n'avaient pu rejoindre leurs bords respectifs, et plusieurs vaisseaux se
trouvèrent sans une seule embarcation. Tous les bâtiments
qui tentèrent d'entrer dans la rivière s'échouèrent et se
trouvèrent ainsi dans une position généralement fort difficile. Le jour éclaira ce désastreux tableau dont je ne puis
donner qu'une faible esquisse. L'escadre anglaise occupait
les mêmes positions que la veille. L'*Océan* était échoué à
une encâblure dans le N.-E. des Palles. Non loin de lui et
sur le même plateau se trouvaient le *Régulus*, le *Jemmapes*, la *Ville de Varsovie*, le *Calcutta*, l'*Aquilon*, le *Tonnerre*
et le *Tourville*. Le *Patriote*, l'*Hortense*, l'*Elbe* et la *Pallas*
étaient échoués plus en dedans; l'*Indienne* était sur les
vases de l'île d'Enette. Deux vaisseaux, le *Foudroyant* et
le *Cassard* n'avaient pas quitté leur mouillage; et, de tous
côtés, sur les bancs, à la côte et jusque dans la rivière, on
apercevait des brûlots en pleine combustion. Voyons comment chaque bâtiment se trouva dans la position qui vient
d'être indiquée, position qui n'était peut-être pas assez
critique pour enlever au vice-amiral Allemand tout espoir
de repousser une attaque directe de l'ennemi, mais qui,
par suite de la consternation et du découragement dont,
à très-peu d'exceptions près, on resta saisi à bord des vaisseaux français, eût permis à l'amiral Gambier d'achever
facilement l'œuvre des brûlots, s'il n'avait eu une confiance aussi absolue dans ses opérations de la veille. La

lenteur qu'il mit à les compléter sauva l'escadre française d'une destruction entière.

Le capitaine Lebigot, de la *Pallas*, mouillé à l'extrémité Sud de la ligne des frégates, se vit forcé de faire le sacrifice de ses câbles de bonne heure, pour se mettre hors de l'atteinte des boulets que les vaisseaux français lancèrent aux brûlots dès qu'ils approchèrent de l'estacade. La *Pallas* aborda un des vaisseaux de la seconde ligne et ne se dégagea que pour aller s'échouer, à 3ʰ du matin, sous le fort de l'île Madame. Le capitaine Lebigot plaça de suite ses basses vergues en béquilles et prit ses dispositions pour remettre sa frégate à flot.

Le motif qui avait fait appareiller la *Pallas* détermina également le capitaine Halgan, de l'*Hortense*, à prendre le même parti. A 10ʰ 30ᵐ, cette frégate toucha en dedans de l'île Madame. Ses mâts furent calés et on la béquilla.

Le capitaine Proteau, de l'*Indienne*, fit la même manœuvre que ses deux collègues de l'avant-garde. La confusion était déjà si grande dans la rade, qu'obligé de changer de route à chaque instant pour éviter les abordages et les brûlots, il s'échoua, à 10ʰ 30ᵐ, auprès de l'île d'Énette.

Le *Calcutta*, qui était placé à l'extrémité Sud de la première ligne, fut bientôt entouré de brûlots. Le capitaine Lafond coupa son câble du N.-O. à 10ʰ 30ᵐ et celui du S.-E. une demi-heure plus tard. Il se dirigea alors vers la rivière et s'échoua sur la partie Ouest des Palles.

Le capitaine Faure, du *Cassard*, coupa aussi ses câbles pour éviter les brûlots, mais il laissa tomber une ancre dès que son vaisseau fut hors de danger, ce qui eut lieu promptement, car toutes les machines incendiaires avaient été lancées en même temps. Il guinda de suite ses mâts de hune, mit les vergues en croix, et resta au mouillage toute la nuit sans être inquiété davantage.

Le *Régulus* fut accroché un des premiers par un brûlot, grand brig en pleine combustion qui s'engagea sous son beaupré. Pour s'en débarrasser, le capitaine Lucas se défit de ses câbles, détermination qui n'eut d'autre résultat que de le faire tomber sur l'*Océan*. Le feu se communiqua promptement au *Régulus*, et une demi-heure s'écoula avant qu'on eût pu éloigner le brûlot et se rendre maître de l'incendie. Pendant qu'on y travaillait, le vaisseau fut porté sur les Palles et mouilla. Il flotta à la pleine mer; mais avant qu'on eût élongé une ancre, il toucha de nouveau et se coucha sur le côté.

L'*Océan* aussi fut promptement accroché par les brûlots. Il en avait deux sous son beaupré, lorsque le *Régulus*, cherchant lui-même à se débarrasser d'un brûlot qui l'avait abordé, tomba sur lui (1). Le vaisseau amiral fila d'abord son câble de flot et mit son perroquet de fougue sur le mât. Cela ne fut pas suffisant, et le capitaine de frégate Lissilour qui en avait le commandement provisoire (2), fut obligé de le faire couper. L'*Océan* vint alors à l'appel de son câble du S.-E., en passant entre le *Patriote* et le *Jemmapes*. Parvenu à se dégager, l'*Océan* fut de nouveau accroché sous le bossoir par un grand transport tout en feu. C'en était fait du vaisseau amiral sans le dévouement de son état-major et de son équipage, et sans le courage de l'enseigne de vaisseau Allary qui remorqua le brûlot au large avec un canot du *Tonnerre*. Grâce à ce concours heureux, l'*Océan* fut préservé d'un incendie complet; son capitaine coupa son second câble, laissa arriver à l'aide d'un foc et de la misaine et se

---

(1) Le capitaine Lucas a déclaré que le *Régulus* n'avait abordé personne. Cette assertion est très-admissible, en ce qui concerne l'*Océan*, car il est difficile de comprendre comment le *Régulus*, placé au Sud de l'amiral, put aborder ce vaisseau qui n'avait pas encore coupé ses câbles, avec des vents de N.-O. et un courant de flot portant au S.-E. Après cette opération l'abordage était possible; avant il ne l'était pas. Le rapport du vice-amiral Allemand à l'Empereur dit cependant que le câble de flot fut filé par suite de l'abordage du *Régulus*.

(2) Le capitaine Rolland avait débarqué en même temps que le contre-amiral Willaumez.

dirigea sur la rivière. Cette faible voilure étant insuffisante pour maîtriser le courant, le vaisseau amiral fut porté sur les Palles : il toucha à 10ʰ; presque au même instant, un brûlot s'engagea sous sa poupe. Pendant qu'on travaillait à le décrocher, le *Patriote* et le *Tonnerre* tombèrent sur l'*Océan*. La position parut tellement désespérée que l'ordre fût donné de noyer les poudres. L'*Océan* en sortit cependant; le brûlot fut éloigné et les deux vaisseaux se dégagèrent. La mer montait. Le capitaine Lissilour laissa tomber une ancre afin de ne pas être porté plus avant sur les roches, et il fit immédiatement travailler à retirer l'*Océan* de cette position.

Le capitaine Cuvillier, de la *Ville de Varsovie*, coupa ses câbles à 9ʰ 45ᵐ et, lorsqu'il se crut débarrassé des brûlots, il mouilla auprès des Palles; mais il se vit bientôt dans la nécessité de sacrifier ce nouveau câble pour éviter un navire en feu qui arrivait sur lui. Cette manœuvre réussit complétement et le capitaine Cuvillier laissa tomber une autre ancre. Il guinda de suite ses mâts de hune, mit ses vergues en place et appareilla à 2ʰ du matin pour s'éloigner du récif. Au moment où le vaisseau prenait de l'erre, il toucha et resta échoué.

Le *Foudroyant*, à bord duquel flottait le pavillon du contre-amiral Gourdon, eut la chance de ne pas être accroché et ne bougea pas. Ce vaisseau ne fut aucunement inquiété à son mouillage. ·

Afin d'éviter l'*Océan* qui culait, le capitaine Clément de Laroncière, du *Tonnerre*, coupa son câble du N.-O. vers 10ʰ 45ᵐ; et, bientôt après s'être défait de celui du S.-E. pour se dégager du *Patriote* qui était tombé sur lui, le *Tonnerre* aborda l'*Océan*. A 11ʰ, ce vaisseau était échoué sur la partie N.-E. des Palles, sans avoir une seule embarcation pour élonger une ancre et il ne put réussir, à l'aide des quelques voiles qui lui restaient, à se retirer des roches sur lesquelles il avait été entraîné.

En voyant l'*Océan* dériver sur le *Patriote* qui ne put

éviter d'être abordé, le capitaine Mahé avait fait couper son câble du large et s'était vu bientôt dans la nécessité de sacrifier celui du S.-E. pour se dégager d'un brûlot qui l'avait accroché sous le beaupré. Culant alors d'autant plus promptement que le perroquet de fougue avait été mis sur le mât, le *Patriote* aborda le *Tonnerre*. Ayant talonné, peu de temps après, le capitaine Mahé laissa tomber une ancre; son vaisseau étala, se dégagea du brûlot et du *Tonnerre*; et s'apercevant que le *Patriote* n'était pas échoué, il sortit de cette position à l'aide du petit foc, aborda l'*Océan*, et encore une fois le *Tonnerre*, et finit par passer entre ces deux vaisseaux en sillonnant la vase; le courant le porta sur les Palles.

Le capitaine Fauveau, du *Jemmapes*, crut aussi devoir se priver de ses câbles pour éviter les brûlots, et il laissa tomber une ancre dès qu'il estima n'avoir plus à les redouter. Ayant plus tard essayé d'entrer dans la rivière, il échoua son vaisseau vers $5^h 45^m$ du matin. Lorsque la mer perdit, le *Jemmapes* inclina sur tribord.

Pour éviter le *Régulus* qui, accroché par un brûlot, était porté sur l'*Aquilon*, le capitaine Maingon fit le sacrifice de ses amarres. Entraîné par le courant, il fut drossé sur la pointe N.-O. des Palles et mouilla une ancre. L'*Aquilon* flotta et appareilla à 2^h du matin; quelques minutes plus tard il était encore échoué.

Le *Tourville* coupa ses câbles pour éviter la *Pallas* et le *Régulus;* la frégate l'aborda. Parvenu à se dégager, ce vaisseau toucha, à 11^h, dans la partie N.-E. des Palles.

Menacé d'être abordé par la *Pallas*, le capitaine Bellanger, de l'*Elbe*, qui était à l'extrémité Sud de la seconde ligne, agit comme les autres; à 10^h, il échoua sur le banc dit la Mouclière. Une heure plus tard, allégée de ses canons et de ses boulets qui avaient été jetés à la mer, la frégate flotta et appareilla ses voiles : elle échoua encore au port des Barques.

Voyons maintenant le parti que l'amiral Gambier tira

de la confusion occasionnée dans l'escadre française par
son genre d'attaque. Il était 10ʰ 45ᵐ du matin lorsque,
le 12, cet officier général fit appareiller ses vaisseaux ;
mais craignant probablement de les exposer dans la rade
par un aussi grand vent que celui qui soufflait alors, il signala de jeter l'ancre de nouveau dans le Nord de l'île d'Aix,
et se borna à faire inquiéter les vaisseaux échoués par une
bombarde et quelques brigs. Le capitaine Bligh reçut cependant l'ordre de les soutenir au besoin avec les vaisseaux
Valiant, Bellona, Revenge, les frégates et les corvettes. Le
lendemain, dans la matinée, les capitaines de l'Ætna, du
Beagle, du Contest, de l'Encounter, du Fervent, du
Growler, du Nimrod et du King George prirent des positions plus convenables pour canonner les vaisseaux français.

Le capitaine Lebigot ne parvint à remettre la *Pallas* à
flot que le 13 dans l'après-midi, et encore lui fallut-il faire
le sacrifice de la batterie des gaillards. Sur l'ordre qui lui
en fut donné par le contre-amiral Gourdon, il mouilla dans
le chenal, afin de pouvoir, au besoin, se porter en aide au
Foudroyant. Le 14, la *Pallas* entra en rivière.

Le 12, une partie de l'artillerie de l'*Hortense* fut jetée par
dessus le bord ; les approvisionnements et les rechanges furent descendus sur l'île Madame. Le lendemain matin, la
frégate flotta et elle alla mouiller en rivière devant le port
des Barques.

L'*Indienne* était un des bâtiments dont la chaloupe avait
été envoyée à l'estacade. Privé de cette ressource, le capitaine Proteau fut réduit à faire élonger une ancre à jet :
cette ancre ne tint pas. Quoique presque tous les canons
eussent déjà été jetés à la mer, il allégea encore sa frégate
en prenant le même parti pour les vivres, et en faisant porter
les rechanges à terre par des embarcations du pays. L'*Indienne* resta toute la journée du 12 dans cette situation ;
rien ne fut fait pour l'en retirer. Le jour suivant, elle fut
canonnée par plusieurs bâtiments ennemis. Le capitaine

Proteau fut loin d'obtenir le résultat qu'il voulait atteindre
en faisant le sacrifice de son matériel et de ses vivres.
Mouillée sur une ancre trop faible, la frégate chassa et s'en-
vasa de plus en plus. Une moitié de l'équipage fut débarquée sur la pointe de l'Aiguille pour servir deux pièces de
campagne qui avaient été amenées à cet endroit, et porter
à Fouras les objets mis à terre. Le 15, on vira sur l'ancre
à jet. Intacte en quelque sorte et flottant à chaque marée,
l'*Indienne* marcha un peu : le reste de l'artillerie fut sa-
crifié. Mais au jour, le vent souffla vivement du O.-N.-O.
et la frégate chassa. Entièrement lège alors, elle franchit
les vases qui l'avaient arrêtée jusque-là, et elle fut portée
sur les roches : elle s'y défonça, et sa mâture s'abattit.
Le capitaine Proteau assembla l'état-major de l'*Indienne*
en conseil : il fut décidé qu'on abandonnerait la frégate.
A 10ʰ, elle fut livrée aux flammes. Il n'y avait plus un
seul bâtiment ennemi sur la rade.

Dès que le *Calcutta* fut échoué, le capitaine Lafond laissa
tomber une ancre qu'il leva à 1ʰ, parce que le vaisseau
flottait. Le courant l'ayant de suite entraîné sur la vase, il
mouilla de nouveau, mais cette ancre ne tint pas; et
comme on avait déjà allégé le vaisseau, il fut porté sur les
roches. Quoique le *Calcutta* eût ses embarcations le long
du bord, le capitaine Lafond ne jugea pas devoir essayer
de sortir de cette position critique en portant une amarre
au large; ce fut le *Foudroyant* qui fit ce travail pour lui.
On vira sans succès sur cette ancre. Le 12 dans l'après-
midi, le *Calcutta* fut canonné par les frégates INDEFATIGABLE
et IMPÉRIEUSE qui étaient venues se placer à petite distance
derrière lui, et par les vaisseaux VALIANT et REVENGE. Il
leur riposta, tout en essayant, mais vainement, de franchir
les roches à l'aide de ses voiles. Le capitaine Lafond, estimant alors qu'il lui serait impossible de sauver son vaisseau, donna l'ordre de l'évacuer, et y mit le feu. Il l'abandonna lui-même, à 3ʰ 30ᵐ, sans faire amener le pavillon
qui flottait à la corne, et laissant à bord une trentaine

d'hommes ; ceux-ci furent recueillis par des canots appartenant à d'autres vaisseaux. La précaution du capitaine Lafond de mettre le feu au *Calcutta* n'empêcha pas les Anglais
de prendre possession de ce vaisseau.

Le capitaine Faure, du *Cassard*, ne mit sous voiles que le
lendemain à 1ʰ de l'après-midi, lorsque le commandant en
chef l'eut rendu libre de sa manœuvre, et que l'amiral anglais eut fait entrer quelques bâtiments en rade. Il s'é-
choua en dedans de l'*Océan* en cherchant à pénétrer dans
la rivière. Le capitaine Faure fit de suite jeter à la mer les
vivres, les poudres et les boulets. Le 13, la seconde batterie et celle des gaillards eurent le même sort : on ne
conserva que trois canons de chaque côté de l'arrière. Le
troisième jour après avoir quitté son mouillage, le *Cassard*
entra en rivière et s'échoua sur les vases du fort Lupin.

On avait essayé en vain de retirer le *Régulus* de dessus
les Palles. La presque totalité de son artillerie, les vivres et
toutes les munitions furent successivement jetés à l'eau. Le
vaisseau ayant flotté dans la journée du lendemain, les
mâts de hune furent guindés, les vergues hissées et le
vaisseau fut dirigé vers le chenal de la Charente. A 2ʰ,
il échoua à la hauteur de Fouras, auprès de l'*Océan*. Il
soutint avec ce dernier la canonnade de l'ennemi le 13
et le 14. Cinq jours s'écoulèrent ensuite sans que le *Régulus*, resté seul en dehors de la rivière, fût inquiété par les
Anglais que la force du vent retenait probablement au
large ; mais on était dans les mortes eaux et il ne fut pas
possible de le remettre à flot. Le 30, une bombarde, quatre
brigs et une goëlette le canonnèrent pendant cinq heures ;
il leur riposta avec ses canons de retraite. Quatre jours
plus tard, l'ennemi tenta un débarquement sur la petite île d'Enette, et fut repoussé par les embarcations de
l'escadre qui, dès le 13, avaient été placées sous les ordres
du capitaine de frégate Marchand, premier adjudant du
contre-amiral Gourdon, pour porter des secours aux vaisseaux échoués. En même temps que cette tentative de coup

de main avait lieu, deux bombardes, les brigs et la goëlette engageaient une nouvelle canonnade avec le *Régulus ;* le capitaine Lucas augmenta ses moyens de défense en pratiquant quelques ouvertures de l'arrière. Mais l'ébranlement occasionné par un tir prolongé fracassa entièrement cette partie du vaisseau que les boulets de l'ennemi battaient en brèche avec avantage. Le soir, vingt bateaux-canonniers se joignirent aux embarcations, mises déjà à la disposition de son capitaine. Aucune autre attaque n'eut lieu : les Anglais se retirèrent. Le lendemain 29, après dix-sept jours de travaux que le feu de l'ennemi ou la violence du vent avaient seuls interrompus, le *Régulus* fut remis à flot et entra en rivière.

L'*Océan* qui était échoué le plus au large, fut attaqué le premier par ceux des bâtiments anglais qui s'étaient avancés dans la rade et, tout en travaillant à se raflouer, ce vaisseau riposta avec ses canons de retraite, les seuls qui pussent découvrir l'ennemi. Cette canonnade continua toute la journée du 13. Le lendemain, il fallut se déterminer à se défaire d'une partie des vivres pour alléger le vaisseau. Cette opération fut contrariée par la canonnade des bâtiments anglais, canonnade qui dura pendant une grande partie de l'après-midi, et à laquelle le vaisseau amiral répondit, comme la veille, avec six canons de retraite. Enfin, le 15, après avoir encore jeté la batterie des gaillards et quelques pièces de 18 et de 24 par dessus le bord, l'*Océan* flotta et il fut conduit au port des Barques avant la nuit.

Dès que le vaisseau la *Ville de Varsovie* fut échoué pour la seconde fois, le capitaine Cuvillier fit vider toute la cale et sacrifia une partie des canons et des boulets. A 1ʰ de l'après-midi, le 12, il signala qu'il désespérait de remettre son vaisseau à flot, et demanda des moyens pour l'évacuer. Les vaisseaux anglais Valiant et Revenge, les frégates Emerald et Aigle joignirent leur feu à celui de la petite division avancée qui canonnait déjà la *Ville de Var-*

sovie et déterminèrent son capitaine à mettre son équipage à terre. Cette opération commença à 3ʰ45ᵐ; à 5ʰ, les canots n'étaient pas encore de retour. Le côté de bâbord du vaisseau était entièrement criblé et sa voûte était démolie. Perdant tout espoir de recevoir les secours qu'il avait demandés, et craignant que son vaisseau ne finît par être incendié, événement qui aurait occasionné la perte du reste de l'équipage puisque les canots ne revenaient pas, le capitaine Cuvillier fit amener le pavillon.

Le *Foudroyant* ne quitta son mouillage que le 12, à 1ʰ de l'après-midi, lorsque les mouvements de l'escadre ennemie durent faire croire à une attaque; le signal d'indépendance de manœuvre lui avait d'ailleurs été fait à midi. A 2ʰ, il était échoué en dedans de l'*Océan*. Le lendemain, le capitaine Henry fit débarquer la batterie des gaillards; ce jour-là même, le *Foudroyant* fut canonné par la division avancée ennemie. Les efforts pour remettre le vaisseau à flot étant inutiles, la majeure partie de l'artillerie fut jetée à la mer le 15. Enfin, le 27, le *Foudroyant* entra en rivière.

A 6ʰ du matin, le 12, la chaloupe du *Tonnerre*, une de celles qui avaient dû se rendre à l'estacade, ayant rallié le vaisseau, une ancre fut portée dans le N.-E., et l'on jeta à l'eau les canons et les objets de grand poids. Dès qu'il fit jour, le commandant en chef se rendit le long de son bord et il laissa le capitaine Clément de Laroncière entièrement libre de sa manœuvre. Les basses vergues placées en béquilles n'empêchèrent pas le vaisseau de se coucher sur tribord lorsque la mer descendit, et comme il avait fortement talonné, il faisait beaucoup d'eau; dans cette position, les pompes étaient sans effet. Le grand mât fut coupé. Le *Tonnerre* se releva avec le flot, mais pour retomber sur l'autre bord au jusant, et il se défonça entièrement. Plusieurs bâtiments ennemis s'avançaient. A 5ʰ30ᵐ, le capitaine Clément de Laroncière demanda à abandonner son vaisseau. Ne recevant pas de réponse, il débarqua l'équipage sur l'île Madame et, une demi-heure plus tard, il mit le feu au *Tonnerre* qui sauta à 7ʰ.

Le capitaine Mahé fit le sacrifice de son artillerie dès que le *Patriote* eut touché sur les Palles. Le 12, ce vaisseau fut canonné par les bâtiments ennemis qui s'étaient avancés dans la rade. Vers 6ʰ du soir, prévoyant le cas où, pour une cause quelconque, l'évacuation précipitée serait nécessaire, le capitaine Mahé débarqua les malades, les mousses, les novices et une partie du détachement sur l'île Madame ; il envoya ensuite par dessus le bord tout ce qui pouvait alléger le vaisseau. Le *Patriote* flotta pendant la nuit du 13 et fut échoué dans la rivière vis-à-vis le fort Lupin.

L'artillerie du *Jemmapes* eut le sort de celle des autres vaisseaux ; à 10ʰ.40ᵐ, celui-ci flotta. Le capitaine Fauveau mit immédiatement à la voile et alla s'échouer devant Fouras. Des canons, des poudres, des vivres furent encore jetés par dessus le bord et le 15, le vaisseau entra en rivière. Quelques bombes lui avaient été lancées la veille.

Les basses vergues de l'*Aquilon* furent placées en béquilles et, dès que ce vaisseau fut sur les Palles, la batterie haute rejoignit les nombreux canons qui se trouvaient déjà sur ce plateau. Vers 2ʰ de l'après-midi, le 12, l'*Aquilon* dut soutenir le feu des bâtiments ennemis qui étaient entrés en rade ; et lorsque le *Calcutta* et le *Tonnerre* eurent cessé de leur répondre ; que la *Ville de Varsovie* eut amené, il devint le but principal de l'attaque des Anglais auxquels il ne pouvait riposter qu'avec ses canons de retraite. A 4ʰ.30ᵐ, le capitaine Maingon perdant tout espoir de relever l'*Aquilon* demanda à l'abandonner : liberté de manœuvre lui fut accordée. Il fit embarquer dans les canots tous les hommes qu'ils purent contenir et, lorsqu'ils furent débordés, il amena le pavillon ; il restait encore 300 hommes à bord. Une embarcation anglaise prit possession de l'*Aquilon* à 7ʰ. Au moment où il quittait le

IV   1

vaisseau pour être conduit sur un bâtiment anglais, le
capitaine Maingon reçut une blessure dont il mourut le
lendemain.

Le capitaine Lacaille laissa tomber une ancre dès que le
Tourville toucha et fit de suite jeter à la mer une partie de
l'artillerie, les boulets et divers autres objets pesants.
Tous les moyens employés pour le raflouer pendant la
journée du 12 ayant été inutiles, il mit à terre, à la nuit,
les hommes qui ne pouvaient lui être d'aucun secours. Le
lendemain vers 3ʰ du matin, prévenu qu'on voyait au
vent deux brûlots sur lesquels tirait l'Océan, le capitaine
Lacaille, d'accord avec son état-major, se décida à abandonner momentanément son vaisseau, et à s'en tenir à
petite distance, afin de pouvoir retourner à bord s'il n'était
pas accroché par quelque machine incendiaire. Cette mesure fut mise immédiatement à exécution, et avec tant de
précipitation que les voiles restèrent déferlées. Mais au
lieu de rester auprès du Tourville, ainsi que cela avait
été décidé, la chaloupe et une autre embarcation dans
laquelle se trouvait le capitaine se dirigèrent vers le
port des Barques, malgré les difficultés que présentait ce
trajet avec le jusant. Rendu à terre, cet officier apprit
que le Tourville était toujours à la même place, et il reconnut que les navires embrasés pris d'abord pour des
brûlots, étaient deux vaisseaux qui brûlaient : c'étaient en
effet la Ville de Varsovie et l'Aquilon que l'amiral anglais
avait donné l'ordre de détruire et sur lesquels l'Océan, se
méprenant lui-même, avait un moment dirigé ses coups.
Le capitaine Lacaille se rembarqua alors avec une partie
des officiers pour retourner à bord, et il donna à la chaloupe, qui n'était pas encore arrivée à la terre, l'ordre de
le suivre. Il était 5ʰ moins un quart du matin. Lorsque le
Tourville avait été abandonné, quatre marins étaient restés
à bord ; un d'eux prétendit y être demeuré volontairement ;
les trois autres furent trouvés endormis dans différentes
parties du vaisseau. Peu de temps après le départ des em-

barcations, le premier, nommé Romain Bourgeois, deuxième maître de timonerie, ayant aperçu un canot qu'il supposait anglais s'approcher du *Tourville*, lui tira quelques coups de fusil qui suffirent pour le faire s'éloigner. Une embarcation du vaisseau, envoyée à bord de l'amiral avant l'évacuation avec l'aspirant de première classe Marinier, revint à bord à 4ʰ 15ᵐ et deux autres canots, sous les ordres des aspirants de deuxième classe Marchand et Rousseau, rallièrent également. Rassemblés sur le gaillard d'arrière, ces aspirants et les marins des trois embarcations convinrent de n'abandonner le *Tourville* qu'à la dernière extrémité, et ils firent leurs dispositions de défense : bientôt, deux canots anglais furent repoussés. Les choses étaient dans cet état lorsque, à 6ʰ 30ᵐ, le capitaine Lacaille remonta à bord du *Tourville* avec environ 200 hommes. On travailla avec ardeur à relever le vaisseau et, quoiqu'il eût eu à soutenir le feu de l'ennemi pendant la journée du 13, ces efforts furent couronnés de succès : le *Tourville* flotta pendant la nuit. Le lendemain, il s'échoua encore devant Fouras, mais trois jours après il entra en rivière.

A peine échouée sur les vases du port des Barques, l'*Elbe* fut accrochée par un brûlot dont elle parvint à se débarrasser. Le jour suivant, le capitaine Bellenger remonta plus haut dans la rivière.

Ainsi donc, grâce aux efforts des officiers généraux et des capitaines, mais surtout, grâce au dévouement des officiers et des équipages, la majeure partie de l'escadre était sauvée ; et, des préparatifs immenses qui avaient été faits pour la détruire, les Anglais ne retiraient d'autre fruit que la destruction de la *Ville de Varsovie*, de l'*Aquilon*, du *Calcutta*, du *Tonnerre* et de l'*Indienne*, et encore, les deux derniers vaisseaux et la frégate avaient-ils été incendiés par leurs propres équipages. Il ne m'est pas possible de donner le chiffre des pertes éprouvées pendant cette nuit affreuse et les journées qui la suivirent ; 650 hom-

mes furent faits prisonniers à bord de la *Ville de Varsovie*
et de l'*Aquilon.*

L'amiral Gambier retourna en Angleterre le 29 avril,
laissant 4 vaisseaux, 8 corvettes ou brigs et une frégate
devant Rochefort. Le départ du commandant en chef de
l'escadre anglaise ne rassura pas entièrement les esprits.
Le résultat de l'attaque au moyen de brûlots avait été si
incomplet, qu'on s'attendait à une autre démonstration.
Les vaisseaux et les frégates qui avaient échappé à la
destruction furent remontés dans la Charente et placés
dans la position de défense la plus convenable, depuis le
fort Lupin, jusques en dedans du coude que la rivière forme
plus haut, et une estacade en chaînes fut établie en dedans du port des Barques, de Saint-Nazaire au fort de la
Pointe. Le courant ayant rompu plusieurs fois ce barrage,
on y renonça.

L'affaire du 11 avril souleva de nombreux griefs. On
reprocha au vice-amiral Allemand d'avoir tellement rapproché les vaisseaux, qu'il était en quelque sorte impossible qu'un brûlot pût passer entre eux sans en accrocher
un ; — d'avoir placé les frégates d'avant-garde de telle
sorte, que les vaisseaux ne pouvaient tirer dans la direction de l'estacade sans exposer ces frégates à recevoir
leurs boulets ; — d'avoir employé toutes les embarcations
à la formation d'une flottille, et de les avoir rendues im-
propres au service auquel on les avait affectées, en les
surchargeant d'artillerie ; — d'avoir pris une partie des
ancres et des amarres des vaisseaux pour former l'estacade ;
— d'avoir enlevé aux vaisseaux leur principale ressource,
en faisant caler les mâts de hune et déverguer les voiles ;
— d'avoir embossé l'escadre devant l'entrée de la rivière,
c'est-à-dire, précisément dans la partie de la rade où le
courant est le plus fort, et d'avoir affourché les vaisseaux
N.-O. et S.-E., dans la direction même de ce courant, au
lieu de mouiller leurs ancres N.-E. et S.-O. Il en était
naturellement résulté que, ayant une ancre de l'avant et

une de l'arrière, en filant ou coupant le câble du large, les vaisseaux avaient culé sans s'effacer ; — enfin et surtout, d'avoir abdiqué les hautes fonctions du commandement, en laissant chaque capitaine libre de sa manœuvre, dans le moment où il était le plus nécessaire de donner une direction.

Je livre ces observations à la critique éclairée des hommes spéciaux ; je me suis assez étendu sur cette désastreuse affaire pour qu'ils puissent se former une opinion. Assez de récriminations ont été faites. Dans cette circonstance, comme dans toutes celles de ce genre, chacun rejeta les torts sur son voisin et s'attribua tout ou partie du succès. On cita tel capitaine dont la conduite inconsidérée mérita de justes reproches, qui ne furent cependant peut-être pas en rapport avec ses torts. Les hommes sont ainsi faits. Laissons à chacun la part de louanges et de blâme qui lui revient. L'histoire impartiale doit juger sans esprit de parti et n'enregistrer qu'avec une extrême réserve ces exemples de petites rivalités derrière lesquelles on cherche souvent à abriter des fautes. Quant à moi, je suis plus disposé à croire au concours spontané et entier de tous ceux qui doivent prendre part à une œuvre d'utilité générale, qu'à l'abstention par dénigrement ou dans le but de contrarier la réussite. Tout en restant dans le rôle que je me suis tracé, je crois devoir dire que si quelques-uns des reproches qui ont été adressés au vice-amiral Allemand ont pu être mérités, tous ne l'étaient certainement pas. Ainsi, il y a eu injustice à lui imputer d'avoir employé une partie des ancres et des grelins des vaisseaux à construire une estacade. Ceux-là qui lui ont fait ce reproche ignoraient probablement que, dès le 22 mars, il annonçait l'intention dans laquelle il était de demander au port des ancres, des grelins et des bois flottants ; et que ce fut seulement le 1er avril que, renonçant à obtenir ces objets dont l'arsenal de Rochefort était peut-être dépourvu après les nombreux armements qu'il venait de faire, le commandant en chef s'était décidé à employer les ancres et les grelins de ses propres vaisseaux (1).

Mais l'imputation la plus injuste est celle d'après laquelle le vice-amiral Allemand aurait abdiqué les attributions du commandement, en laissant chaque capitaine agir comme il l'entendait. Le rapport du commandant en chef à l'Empereur, les rapports des capitaines et les ordres de l'escadre, établissent surabondamment que cette assertion est erronée, et que les personnes qui ont tenu ce langage, comme les écrivains qui l'ont répété, se sont faits l'écho de ces manifestations hostiles dont je parlais à l'instant. Il résulte en effet de ces divers documents, que le signal d'indépendance de manœuvre ne fut fait, le 12, à midi et à 1ʰ, qu'aux deux vaisseaux qui n'avaient pas quitté leur mouillage ; — que le même jour, dans l'après-midi, le capitaine de la *Ville de Varsovie* demanda à évacuer son vaisseau, demande qui prouve que sa manœuvre n'avait pas été rendue indépendante ; — que ce jour-là encore, le commandant en chef se rendit le long du *Tonnerre*, afin de juger par lui-même de la situation de ce vaisseau, et qu'il laissa alors le capitaine libre de sa manœuvre ; — que, le 13, il donna l'ordre d'organiser un service d'embarcations pour la sûreté des vaisseaux échoués ; — que, le 15, il se rendit à bord du *Foudroyant* pour diriger les travaux ; — qu'enfin, il ne cessa de s'occuper du *Régulus* (2).

Je terminerai en disant que l'enquête qui fut faite sur cette affaire constata que, loin d'augmenter les chances de sauvetage, les capitaines avaient généralement rendu cette opération plus difficile, en se hâtant trop de jeter à la mer tout ou partie de leur matériel d'armement pour alléger leurs bâtiments.

---

(1) *Rapport du vice-amiral Allemand à l'Empereur.*
(2) Je n'ai nullement l'intention de faire ici le panégyrique du vice-amiral Allemand, ni de chercher à prouver qu'il ne commit pas de fautes. Mais, s'il en commit, n'en augmentons pas le nombre et ne lui imputons pas des faits dont, les rapports à la main, il est si facile de constater l'inexactitude.

Le 8 septembre, un conseil de guerre présidé par le contre-amiral Bedout, examina la conduite des capitaines qui avaient amené leur pavillon et de ceux qui avaient détruit ou abandonné leurs vaisseaux.

Le capitaine Clément de Laroncière, du *Tonnerre*, fut acquitté à la majorité de huit voix contre une ;

Le capitaine Proteau, de l'*Indienne*, fut déchargé, à l'unanimité, de la prévention dont il était l'objet. Toutefois, cet officier supérieur fut condamné, à la majorité de cinq voix contre quatre, à trois mois d'arrêts simples, comme peine de discipline, pour avoir mis avec trop de précipitation, et sans ordre, le feu à la frégate dont le commandement lui était confié ;

Considérant que le capitaine Lacaille, du *Tourville*, n'avait pas perdu le vaisseau dont il avait le commandement — qu'il l'avait défendu contre l'ennemi et l'avait ramené au port, mais après l'avoir momentanément abandonné, le conseil de guerre le condamna, à la majorité de six voix contre trois, à deux ans de détention, à être rayé de la liste des officiers, et à être dégradé de la légion d'honneur ;

Le capitaine Lafond, du *Calcutta*, reconnu coupable, à la majorité de cinq voix contre quatre, d'avoir abandonné son vaisseau en présence de l'ennemi, fut condamné à la peine de mort. Ce jugement reçut son exécution à bord du vaisseau l'*Océan*, le lendemain 9 septembre (1).

(1) MM. Viaud et Fleury font erreur en disant que, *par ordre du ministre, tous les papiers relatifs à l'affaire des brûlots et surtout au procès malheureux qui en fut la suite, ont été enlevés des archives pour aller, sans doute, disparaître entre les mains des intéressés à leur anéantissement*. M. le comte Pouget se trompe aussi en écrivant, qu'*une lacune regrettable existe dans les archives du ministère de la marine*. Le récit détaillé et le jugement qu'on vient de lire prouvent que j'ai été plus heureux dans mes recherches que les auteurs de l'*Histoire de Rochefort* et l'auteur de la *Vie et des campagnes du vice-amiral Martin*. J'ai écrit ayant sous les yeux : 1° le rapport du vice-amiral Allemand à l'Empereur ; 2° les notes du capitaine Lucas sur ce rapport ; 3° la correspondance échangée entre cet officier supérieur et le commandant en chef au sujet de cette affaire ; 4° les rapports des capitaines. — La lecture de ces documents eût puissamment contribué, je n'en doute pas, à modifier l'opinion de ces honorables écrivains, sur une affaire qu'ils ont traitée d'un point de vue qu'ils n'auraient peut-être pas adopté s'ils eussent connu leur existence.

Le 24 octobre, le contre-amiral Baudin (André) sortit de Toulon avec les vaisseaux le *Robuste* de 86°, le *Lion* et le *Borée* de 82, capitaines Legras, Bonamy et Senez, et les frégates la *Pauline* et l'*Amélie*, capitaines Montfort (François-Gilles) et Meynard Lafargue, pour escorter un convoi qui se rendait à Barcelone. Le surlendemain matin, à la hauteur du cap Saint-Sébastien, 5 voiles furent signalées dans l'Ouest ; la brise était faible de l'Est. Dans le but d'attirer ces bâtiments, et de détourner leur attention du convoi auquel il signala d'entrer dans la baie de Roses, le contre-amiral Baudin fit prendre de suite les amures à bâbord : à midi, on pouvait compter 14 bâtiments sous pavillon anglais. Le vent ayant hâlé le S.-E. dans la soirée, la division vira de nouveau de bord ; il fraîchit beaucoup et la mer devint grosse pendant la nuit : il fallut prendre le bas ris. Cette manœuvre, faite avec des équipages peu exercés et nullement habitués au mauvais temps, fut fort longue et, le 24 au jour, la division se trouva affalée sur la côte. A 7ʰ 30ᵐ, le commandant en chef ordonna de mouiller : la sonde accusait 16 mètres ; il prévint qu'il avait l'intention de remettre promptement sous voiles et d'aller au besoin s'embosser devant Cette.

Les voiles signalées formaient l'escadre du vice-amiral anglais Collingwood. Informé du projet de ravitaillement de Barcelone, cet officier général avait quitté la station du cap Sicié et, avec 15 vaisseaux et 5 frégates, il était allé s'établir en croisière devant le cap Saint-Sébastien, ne laissant devant Toulon que 2 frégates par lesquelles il avait été prévenu de la sortie de la division française. Dès qu'il l'aperçut, il la fit chasser par les vaisseaux :

Canons.			
80	CANOPUS.	capitaine	Charles Inglis.
			George Martin, contre-amiral.
	RENOWN.	capitaine	Charles Durham.
	TIGRE.	—	Benjamin Hallowell.
82	SULTAN.	—	Edwards Griffiths.
	LEVIATHAN.	—	John Harvey.
	CUMBERLAND.	—	honorable Philip Wodehouse.

La division française appareilla le 25, à 5ʰ du matin, et
gouverna à l'Ouest en prolongeant la côte; la brise était
redevenue faible, toujours de la partie de l'Est. Les vaisseaux anglais, qui s'étaient tenus en observation, reprirent
alors la chasse et, favorisés par la brise qui était fraîche
au large, ils gagnèrent les Français d'une manière sensible. La *Pauline* reçut l'ordre de forcer de voiles, d'entrer
à Cette et d'armer au besoin les batteries de ce port avec
son équipage. Cependant, le vent hâlait le Sud et à11ʰ30ᵐ,
la sonde qui avait constamment marqué de 7 à 10 bras-
ses, n'en donna tout à coup que 5; les vaisseaux talon-
nèrent presque au même instant. Liberté de manœuvre
fut laissée à chaque capitaine. Le *Borée* réussit à atteindre
des eaux plus profondes; les deux autres vaisseaux restèrent échoués sur un fond de sable dur et de roches, le
Lion dans l'Est du *Robuste*. L'ennemi était hors de la
portée du canon; le TIGRE et le LEVIATHAN poursuivirent
le *Borée* et la *Pauline* et échangèrent avec eux quelques
boulets. Le capitaine Senez faisait ses dispositions pour
s'embosser devant Cette, lorsque l'enseigne de vaisseau
Vallat, qui commandait l'aviso la *Provençale* stationné dans
ces parages, vint lui offrir d'entrer le *Borée* dans le port.
Cette proposition fut acceptée, et cet officier réussit à
mettre le vaisseau à l'abri des atteintes de l'ennemi. Le
capitaine de la *Pauline* eut l'heureuse fortune de pouvoir
imiter cette manœuvre. Le premier soin du contre-amiral
Baudin fut de prendre des dispositions pour repousser une
attaque; mais la mer étant grosse, l'ennemi jugea prudent
de se tenir au large. Le *Robuste* et le *Lion* fatiguaient
beaucoup; ils talonnaient avec force, et l'eau ayant envahi
la cale, les soutes à poudre ne tardèrent pas à être noyées;
les mâts avaient été calés et les vergues amenées. Aucune
chance de relever les deux vaisseaux en présence de l'ennemi ne semblait exister désormais car, si celui-ci ne les
inquiétait pas, il ne cessait pas de les observer. Dans la
matinée du 26, le contre-amiral Baudin ordonna de les

évacuer et de les livrer aux flammes. Cet ordre fut exécuté ; une double détonation annonça, au milieu de la nuit, l'entière destruction du *Robuste* et du *Lion*.

L'*Amélie* qui était restée sous voiles avait craqué son beaupré ; cette frégate jeta l'ancre sur la rade de Marseille, et rentra à Toulon le 3 novembre. Le 19 du même mois, le *Borée* et la *Pauline* y arrivèrent aussi.

La gabare la *Lamproie*, capitaine Labretesche (Jacques), qui faisait partie du convoi, avait mouillé dans la baie de Roses avec les navires du commerce, en même temps que l'aviso la *Victoire*, capitaine Garibou. Le 1er octobre au point du jour, les embarcations des vaisseaux Tigre et Cumberland, des frégates Apollo, Topaze, et Volontaire, des corvettes Scout, Philomel et Tuscan abordèrent la *Lamproie*, et l'enlevèrent malgré une résistance opiniâtre et le feu de l'aviso, sur lequel huit embarcations se dirigèrent ensuite. Cette attaque fut moins heureuse que la première : trois fois l'ennemi fut repoussé. Cet échec ne put empêcher les Anglais d'incendier 9 navires ; ce fut aussi le sort de la *Lamproie* : ils n'emmenèrent toutefois que 3 navires.

Le 16 janvier, jour de son atterrage sur l'île de Saint-Domingue où il se rendait, le capitaine Deslandes, du brig de 3e le *Colibri*, aperçut devant lui un bâtiment qui courait au plus près bâbord amures. Trompé par le désordre de la mâture de ce bâtiment, le capitaine Deslandes continua sa route sans se préoccuper de ce qu'il pouvait être. Il eut bientôt lieu de s'en repentir, car dès que cet inconnu jugea que le brig ne saurait lui échapper, il laissa arriver et, se couvrant de voiles, il approcha promptement : le capitaine Deslandes reconnut alors une frégate à la corne de laquelle flottait le pavillon de la Grande-Bretagne : c'était la Melampus de 48e, capitaine Edward Gawker. Les boulets du *Colibri* ne purent arrêter la frégate anglaise ; mais le capitaine Deslandes n'amena qu'après avoir épuisé, un peu tardivement peut-être, tous les moyens de salut que lui suggéra son expérience.

La prise de la frégate anglaise LAUREL ne supendit que pendant fort peu de temps le blocus de l'île de France; les vaisseaux REASONABLE et LEOPARD, la corvette HARRIER, le brig OTTER et le cutter OLYMPIA arrivèrent successsivement devant l'île. Malgré la surveillance active qu'ils exerçaient, la frégate de 48° la *Canonnière*, capitaine Bourayne, sortit le 21 octobre 1808 avec la *Laurel* dont le commandement avait été donné au lieutenant de vaisseau Bourgoin, pour aller croiser sur la côte de la Cochinchine. Le 18 janvier 1809, dans les environs de l'île Pulo Aor, la *Canonnière* fit amener la corvette anglaise DISCOVERY qui avait à son bord l'équipage de la frégate GREYHOUND récemment naufragée à Manille. Les deux frégates rentrèrent à l'île de France au mois de mai; elles avaient alors besoin de grandes réparations. Les ressources de la colonie ne permettant pas d'entreprendre ces travaux, elles furent cédées au commerce.

Le 12 avril 1810, la *Laurel*, qui avait pris le nom d'*Espérance* depuis qu'elle avait cessé de faire partie de la flotte, se rendant en France, armée de 12 canons, fut capturée, à l'entrée du golfe de Gascogne, par la frégate anglaise de 40° UNICORN, capitaine Robert Kerr. Elle rentra dans le cadre des frégates de la marine de la Grande-Bretagne sous le nom de LAURESTINUS (1).

La frégate de 44° la *Topaze*, capitaine Lahalle, partie de Brest avec des vivres pour Cayenne, démâta de ses mâts de

---

(1) Je ne cite cette affaire que pour bien établir que la prise de l'UNICORN n'était pas un bâtiment de guerre.

hune pendant la nuit même de sa sortie, et le lendemain matin, 8 décembre 1808, avant que les mâts de rechange fussent guindés, elle fut chassée par la frégate anglaise de 50ᵉ LOIRE, capitaine Wilmot Schomberg qui l'atteignit à 7ʰ. Après un engagement d'une demi-heure bord à bord, la frégate ennemie s'éloigna, laissant la *Topaze* achever son opération et réparer ses avaries sans l'inquiéter davantage.

A son arrivée devant Cayenne, le 13 janvier 1809, le capitaine Lahalle trouva ce port bloqué. Chassé par un vaisseau, il prit le large, se dirigea sur les Antilles, et atterrit sur la Guadeloupe pendant la nuit du 21. Au jour, la *Topaze* était entourée par quatre bâtiments anglais, la frégate de 48ᵉ JASON, capitaine William Maude, la frégate de 40 CLEOPATRA, capitaine John Pechell, la corvette de 22ᵉ HAZARD, capitaine Hugh Cameron et la corvette CHERUB. Le capitaine Lahalle alla s'embosser sous la batterie de trois canons de la pointe Noire. Malheureusement, l'appui sur lequel il comptait lui fit défaut : deux des canons de cette batterie étaient hors de service. La CLEOPATRA commença le combat la première, à 4ʰ de l'après-midi. L'embossure ayant été coupée, la *Topaze* présenta l'avant à la frégate ennemie et, de ce moment, la moitié de ses canons fut paralysée. Son feu fut aussi nourri que possible pendant trois quarts d'heure ; mais la JASON et la HAZARD arrivèrent alors, et cette dernière frégate prit poste par la hanche de tribord de la *Topaze*, tandis que la corvette s'avançant plus à terre l'attaqua par l'arrière. Le résultat de la lutte ne pouvait être douteux ; aussi, après une nouvelle demi-heure de résistance, le capitaine Lahalle ordonna-t-il d'évacuer la *Topaze*. Cette opération, faite sous le feu des bâtiments ennemis, ne put être terminée faute d'embarcations ; lorsque le pavillon fut amené, il restait encore 159 hommes à bord de la frégate française. La *Topaze* fut emmenée au large, accompagnée par les boulets du canon de la batterie de la pointe Noire qui lui avait prêté toute l'assistance dont elle était capable. Elle fut classée parmi les frégates de la marine anglaise sous le nom d'ALCMENE.

———

La corvette de 22° l'*Iris*, capitaine Méquet (Charles), partie de Dunkerque pour la Martinique avec un chargement de farines, fut chassée, le 3 février, à la hauteur de Dieppe, par la frégate anglaise de 40° AIMABLE, capitaine lord George Stuart; le capitaine Méquet gouverna vent arrière. La brise était faible du N.-O., mais la mer était grosse : la corvette démâta de son grand mât de hune. De sa première volée, envoyée à midi, la frégate anglaise lui abattit son mât de perroquet de fougue : vingt minutes plus tard, la corvette amena son pavillon. L'*Iris* prit rang, sous le nom de RAIMBOW, parmi les corvettes de la marine anglaise; mais ses 22 caronades de 24 furent remplacées par 20 autres de 32, 6 de 18 et 2 canons de 6, et elle devint, par suite, corvette de 28 canons.

———

La corvette de 20° l'*Hébé*, qui portait des vivres à Santo Domingo, fut chassée, le 5 février, sur la côte du Portugal, par la frégate anglaise de 50° LOIRE, capitaine Wilmot Schomberg. Le capitaine Labretonnière laissa d'abord arriver grand largue, puis il tint le vent bâbord amures, après avoir vainement espéré obtenir une augmentation de sillage en jetant une partie de son chargement à la mer. A 9ʰ du soir, il fit carguer ses basses voiles. L'obscurité ne permettant pas d'apprécier la cause de cette manœuvre, le capitaine anglais interpella l'*Hébé*; la volée envoyée en réponse fut le signal du combat. Cinquante minutes après, la corvette était entièrement dégréée : le capitaine Labretonnière cria qu'il amenait. L'*Hébé* prit rang dans la marine anglaise sous le nom de GANYMEDES; mais les 18 canons de 24 et les 2 canons de 12 qu'elle

avait opposés aux 50 canons de la LOIRE furent remplacés
par 2 canons de 6, 10 caronades de 18 et 22 de 32.

La frégate de 44° la *Junon*, capitaine Rousseau (Augustin), partie de Cherbourg au mois de novembre 1808,
était arrivée aux Saintes sans autre événement qu'un court
engagement de nuit avec la corvette anglaise SAINT CHRIS-
TOPHE, la veille de son atterrage. La crainte de se souventer avait empêché le capitaine Rousseau de poursuivre
cette corvette lorsqu'elle avait pris chasse. La *Junon* avait
été de suite bloquée aux Saintes. Cependant, quinze jours
après son entrée dans cette rade, le 7 février, son capitaine put profiter d'une circonstance favorable pour appareiller et faire route avec un chargement de denrées
coloniales pris en échange des vivres qu'il avait apportés. Le lendemain, la *Junon* fut aperçue par les brigs
anglais ASP de 16° et la SUPÉRIEURE de 14 qui la suivirent
en tirant du canon. Le capitaine de la SUPÉRIEURE s'étant
indiscrètement un peu trop approché, reçut une volée
qui le fit se tenir à distance. Le 10, l'ASP n'était plus en
vue; mais un ennemi autrement redoutable, la frégate de
48° LATONA, capitaine Hugh Pigot, avait été attiré par les
décharges d'artillerie des deux brigs. Un peu plus tard, la
frégate de 48° HORATIO, capitaine George Scott, et la corvette de 20 DRIVER, capitaine Charles Claridge, furent
également signalées. Tous gagnèrent la *Junon* en vitesse et,
à 1ʰ de l'après-midi, celle-ci engagea le combat en tirant
sa bordée de tribord à l'HORATIO qui coupait sa route à
contre-bord. La frégate anglaise n'y répondit pas, mais
elle laissa arriver pour passer derrière la *Junon* : cette dernière arrivant de son côté, lui présenta son travers de bâbord; le capitaine Scott continua alors son évolution vent
arrière. Ce mouvement ayant aussi été imité par la frégate
française, les deux adversaires se trouvèrent au plus près
tribord amures et combattirent dans cette position. A 1ʰ 20ᵐ,

le capitaine Rousseau reçût en pleine poitrine une balle qui le força de remettre le commandement au lieutenant de vaisseau Émeric. Le capitaine anglais, blessé lui-même, avait également été remplacé par son premier lieutenant. L'Horatio était déjà bien maltraitée; bientôt, elle fut démâtée de son mât de perroquet de fougue et ensuite de son grand mât. La *Junon* n'avait perdu que sa vergue de grand hunier. Cependant, quelque ardeur qu'eût mise l'équipage français à combattre, il ne put réduire la frégate ennemie avant l'arrivée des autres bâtiments. A 2ʰ 40ᵐ, la *Junon* fut attaquée par derrière par la Driver et par la Supérieure, car le capitaine William Ferrie de ce brig n'avait pas voulu abandonner l'entreprise qu'il avait si judicieusement et si audacieusement commencée. Une demi-heure plus tard, la Latona vint ajouter aux embarras de la frégate française en l'attaquant par bâbord. Cette partie du combat fut terrible, et les trois adversaires de la *Junon* ne tardèrent pas à porter des marques nombreuses de la précision de son feu. A 3ʰ 55ᵐ, le grand mât de la frégate française s'abattit sur bâbord. La défense avait été assez honorable pour que, devenue désormais inutile, le lieutenant Émeric crût ne pas devoir la prolonger davantage. Il fit amener le pavillon qui fut salué par la chute du mât de misaine et, presque instantanément, par celle du mât d'artimon. Le capitaine Rousseau mourut le lendemain.

———

La flûte de 22ᶜ le *Var*, partie de Corfou pour aller prendre des grains à Brindisi, fut chassée, le 14 février, par la frégate anglaise de 48ᶜ Belle Poule, capitaine James Brisbane, qui fit prendre au capitaine Paulin la détermination d'aller demander protection aux batteries de Valone, devant lesquelles il mouilla pendant la nuit. Le pacha lui donna de suite l'assurance qu'il saurait faire respecter la neutralité du pavillon sous la sauvegarde duquel il se

plaçait. La frégate anglaise entra dans le golfe le lendemain, laissa tomber l'ancre auprès du *Var* et, cinq minutes
après, elle ouvrit son feu sur la flûte qui y répondit seule
car, malgré les promesses du pacha, les forts ne tirèrent
pas. Le capitaine Paulin ordonna alors d'évacuer son bâtiment et, restant à bord avec deux aspirants qui revendi-
quèrent l'honneur de ne pas le quitter, il amena le pavillon.
Le *Var* prit le nom de CHICHESTER dans la marine anglaise.

Traduit devant un conseil de guerre, le capitaine de frégate Paulin fut acquitté honorablement.

Le 17 février, les capitaines Dubourdieu et Montfort
(François-Gilles), des frégates de 44° la *Pénélope* et la
Pauline, mirent à la voile pour donner la chasse à la frégate anglaise de 40° PROSERPINE, capitaine Charles Otter,
qui était chargée d'observer les mouvements de l'escadre
de Toulon. Ces deux frégates étaient à peine retournées
à leur mouillage après une poursuite infructueuse, que
la PROSERPINE vint reprendre son rôle d'observatrice. Les
capitaines de la *Pénélope* et de la *Pauline* reçurent l'ordre
d'appareiller dès que l'obscurité leur permettrait de le faire
sans être aperçus : à 7ʰ, ces frégates étaient dehors; le
contre-amiral Baudin sortit avec deux vaisseaux pour les
appuyer au besoin. La brise étant très-faible de l'E.-N.-E.,
la PROSERPINE ne put être atteinte que le lendemain à 4ʰ
du matin, à 12 milles au large du cap Sicié; elle courait
bâbord amures. La *Pénélope*, arrivée la première, avait à
peine ouvert son feu par la hanche du vent de la PROSER-
PINE que la *Pauline* prenait la même position à tribord.
La frégate anglaise fut écrasée sous un déluge de fer et de
feu; elle perdit sa vergue de grand hunier et eut son mât
de misaine à moitié coupé à trois mètres au-dessus du
pont : à 5ʰ 15ᵐ elle amena son pavillon. Les avaries des
frégates françaises n'avaient porté que dans les voiles et
dans le grément.

Le 12 mars, les frégates de 40ᵉ la *Flore* et la *Danaé*, capitaines Péridier et Villon, en croisière devant les îles Ioniennes, échangèrent quelques bordées avec la frégate anglaise de 44ᵉ Topaze, capitaine John Griffiths, et la corvette de 18ᵉ Kingfisher, capitaine Ewell Tritton. Désespérant de pouvoir engager un combat sérieux avec ces bâtiments qui étaient au vent, les capitaines français rentrèrent à Corfou.

Le 5 avril, le capitaine Dupotet, de la frégate de 44ᵉ la *Nièmen*, se rendant à l'île de France avec des vivres et des approvisionnements, alors à 146 milles de la tour de Cordouan, aperçut dans le sud une frégate qui lui fit prendre le plus près tribord amures ; la brise était fraîche de l'E.-N.-E. Une seconde frégate, apparue non loin de la première, décida bientôt le capitaine Dupotet à changer de bord. Toutes deux étaient anglaises ; c'étaient l'Amethyst de 46ᵉ, capitaine Michael Seymour et l'Emerald de 42ᵉ, capitaine Lewis Maitland. La nuit fut à grains, mais l'obscurité ne resta pas assez grande pour que le capitaine de la *Nièmen* pût réussir à se faire perdre de vue. Après une courte canonnade de chasse et de retraite, à 11ʰ 45ᵐ, il combattait l'Amethyst sous le vent. Plusieurs fois les deux capitaines changèrent de position suivant l'intérêt qu'ils croyaient y voir. Vers 2ʰ du matin, l'Amethyst ayant laissé arriver en travers sur l'avant de la frégate française, celle-ci lança subitement dans le vent et, passant à poupe de son adversaire, elle lui envoya une volée à bout portant. Cette arrivée de la frégate anglaise la mit de l'autre côté de la *Nièmen*, bien que celle-ci eût laissé arriver aussitôt qu'elle eût été dépassée. Il y avait à peine une demi-heure que le combat continuait dans cette nouvelle position, lorsque le mât d'artimon de la frégate française s'abattit et que le feu prit à son bastingage. Ces deux circonstances ralentirent un moment la vivacité de son tir ; mais dès qu'on fut maître de l'incendie et qu'on

IV   5

se fut débarrassé du mât d'artimon, il reprit une nouvelle vigueur. A 3ʰ 15ᵐ, le grand mât et le mât d'artimon de l'AMETHYST tombèrent sur bâbord; n'obéissant plus à son gouvernail, la frégate anglaise arriva vent arrière avec sa misaine pour toute voilure et, arrêtée dans sa marche par sa mâture qui était à la traîne, elle reçut plusieurs bordées en poupe: quinze minutes plus tard, elle cria qu'elle amenait (1). Mais pendant qu'on se disposait à aller l'amariner, une autre frégate, l'ARETHUSA de 48ᵉ, capitaine Robert Mends, arriva à son secours. La *Niémen* recommença le combat avec ce nouvel adversaire qui, libre de ses mouvements, la canonna tantôt d'un côté, tantôt de l'autre; la mâture de la frégate française était en trop mauvais état pour qu'on pût empêcher le capitaine anglais de choisir sa position. Pour comble de contrariétés, à 4ʰ 30ᵐ, le feu se déclara avec violence dans la grande hune de la *Niémen;* peu de temps après, le grand mât s'abattit: le capitaine Dupotet fit amener le pavillon. Les pertes de la frégate française étaient considérables; son mât de misaine tomba le lendemain.

La *Niémen*	avait	28	canons	de	18,
		8	—	de	8
	et	8	caronades	de	36.
L'AMETHYST	portait	26	canons	de	18,
		2	—	de	9
	et	18	caronades	de	32.
L'ARETHUSA	—	28	canons	de	18
	et	20	caronades	de	32.

---

(1) La version anglaise diffère quelque peu, dans les détails, du rapport du capitaine Dupotet. M. W. James dit que la *Niémen* avait perdu son grand mât avant l'arrivée de l'ARETHUSA. Il ajoute que les signaux de cette dernière frégate ayant annoncé sa très-prochaine coopération, on ne peut admettre que le capitaine Seymour ait eu la pensée de se rendre dans un pareil moment. D'après la même version, la frégate française se serait bornée à tirer un coup de canon à l'ARETHUSA qui, en échange lui aurait envoyé sept ou huit boulets. — W. James, *The naval history*, etc.

Le 9 février, la frégate la *Caroline* appareilla de l'île de France pour entreprendre une nouvelle croisière, mais cette fois, sous le commandement du lieutenant de vaisseau Férétier ; le capitaine de vaisseau Billard (Jean-Baptiste) était resté malade à terre. A la fin de cette croisière, pendant laquelle il avait fait quelques riches captures, le capitaine Férétier eut connaissance, le 3 mai, dans le golfe du Bengale, de trois vaisseaux anglais de la Compagnie, séparés d'un convoi sorti du Gange sous l'escorte de la corvette VICTOR. Malgré la disproportion des forces, l'attaque fut résolue. Le combat commença à portée de pistolet et fut conduit avec tant d'habileté et de vigueur du côté des Français, qu'un vaisseau fut réduit et amariné en deux heures ; un deuxième, alors complétement désemparé, ne tarda pas à amener. Le dernier jugea prudent de s'éloigner, et il parvint à échapper à la frégate qui avait trop d'avaries pour l'atteindre. Les vaisseaux capturés étaient le STREATHAM et l'EUROPA, armés chacun de 36 canons de 18. La *Caroline* conduisit ses prises à Saint-Paul de l'île de la Réunion, où elle arriva le 2 juillet.

On sait avec quel soin les Anglais surveillaient les côtes de France ; leurs attaques contre les navires marchands étaient très-fréquentes. Le 13 mai, deux vaisseaux détachés de l'escadre de la Méditerranée entrèrent dans la baie de Roses où s'était réfugié un convoi d'approvisionnements pour l'armée de Catalogne. A 1^h 30^m de l'après-midi, les embarcations de ces vaisseaux attaquèrent le brig de 18^c la *Tactique*, capitaine Hurtel, qui était chargé de l'escorte. Elles furent forcées de renoncer à leur entreprise et de retourner à leur bord, après avoir éprouvé de grandes pertes.

L'Angleterre faisait à cette époque des préparatifs d'expédition qui nécessitèrent le réarmement d'une partie de la flottille de Boulogne. Une ligne d'embossage fut établie en avant du port, et en outre, 16 prames, 111 bateaux-canonniers de première espèce, 70 de seconde, 2 bombardes, 2 caïques, 2 avisos, 7 péniches et 90 transports furent tenus prêts à prendre la mer. Le bruit s'étant répandu que cette expédition allait se porter sur les côtes de la Hollande, ordre fut donné d'envoyer 11 bateaux de deuxième espèce dans l'Escaut; on était au 15 mai. Chassés par des croiseurs ennemis, ces bateaux se réfugièrent à Ambleteuse. Trois seulement qui avaient déjà dépassé ce port continuèrent leur route; mais pressés par l'ennemi, ils se jetèrent au plain sous le cap Gris Nez. Plusieurs péniches anglaises profitant de l'obscurité profonde qui enveloppait l'horizon, s'en approchèrent pendant la nuit et parvinrent à en enlever 2 malgré le feu de mousqueterie que les équipages dirigèrent sur elles du rivage. Une nouvelle tentative fut faite, plus tard, sur le troisième bateau; mais le jour qui commençait à poindre permettait de mieux diriger les coups, et les Anglais furent repoussés.

———

A la suite d'une croisière pénible, mais fructueuse, dans le golfe de Gascogne, la corvette de 16° la *Mouche*, capitaine Allègre, fut chassée, le 17 mai, par un lougre et le brig anglais de 10° GOLDFINCH, capitaine George Skinner. Le lendemain, le lougre n'étant plus en vue, le capitaine Allègre diminua de voiles pour attendre le brig. Un combat long et opiniâtre commença à 2ʰ. La corvette perdit son petit mât de hune et son mât de grand perroquet. Après un temps de repos employé à réparer les avaries, les deux bâtiments se rapprochèrent et un second engagement eut lieu; il fut aussi acharné que le premier. Profitant bientôt de la supériorité de sa marche, le GOLDFINCH se retira; la *Mouche* le poursuivit vainement. Les avaries de la corvette décidèrent le capitaine Allègre à relâcher à Santander. Au moment d'y entrer, le 21, il canonna le lougre de 12° BLACK JOKE, capitaine Moses Cannadey, qui prit la fuite à la première bordée.

La *Mouche* entra à Santander, précisément au moment où l'insurrection des Espagnols y devenait menaçante. Le 8 juin, ceux-ci établirent des batteries sur plusieurs points de la rade ; le capitaine Allègre n'en reçut pas moins, du commandant de la place, l'ordre de rester au mouillage. Cependant le 10, la garnison française ayant réussi à se frayer un passage au milieu des assaillants, et les batteries de terre ayant alors dirigé leurs coups sur la *Mouche*, le capitaine Allègre mit à la voile en leur répondant. Toutefois, il n'échappait à ce danger que pour se trouver en face d'un nouvel ennemi ; les frégates anglaises de 48ᵉ Amelia et Statira, qui croisaient au large, chassèrent la corvette ; elle amena aux premiers boulets qui lui furent tirés.

Après le départ du *Courageux*, du *Polonais* et du d'*Hautpoult*, les frégates-flûtes la *Félicité* et la *Furieuse* que ces vaisseaux avaient accompagnées aux Saintes (1), restèrent à ce mouillage, exposées au feu des bombardes et à celui de la batterie que les Anglais avaient établie sur les Mamelles. Lorsque le jour se fit, un brig et une goëlette étaient seuls en vue. Il n'y avait pas à hésiter : le moment de se conformer aux instructions du commandant Troude était arrivé. Le capitaine Lemarant Kerdaniel attendit cependant au lendemain 15 avril pour appareiller avec les deux flûtes. Malheureusement il n'avait pas songé à faire explorer toutes les parties de l'horizon, et le vaisseau de 72ᵉ Intrepid, capitaine Warwick Lake et une frégate étaient revenus à leur poste, après avoir poursuivi les vaisseaux et se trouvaient cachés par la Terre d'en Bas ; ils suivirent les bâtiments français. Appareillée la première, la *Félicité*, capitaine Bagot, reçut les premiers boulets du vaisseau au moment où elle contournait la pointe du Vieux fort de la Guadeloupe ; après une canonnade d'une heure, l'Intrepid abandonna la

---

(1) T. 3, page 454.

poursuite. Les deux transports mouillèrent sur la rade de la
Basse-Terre. La *Furieuse* et la *Félicité* y furent un objet de
continuelle convoitise pour les Anglais; mais toutes leurs
attaques furent infructueuses. Modifiant leur tactique, le
31 mai, ils lancèrent contre elles un fort navire converti en
machine incendiaire. La surveillance qu'on exerçait à bord
des Français détourna le coup qui les menaçait. Ce brûlot,
criblé par leurs boulets, dévia de sa route, et 9ʰ du soir son-
naient à l'église de la Basse-Terre lorsqu'il fit explosion,
à une demi-encâblure des flûtes qui n'en éprouvèrent aucun dommage. Cette tentative avait été appuyée par le feu
de l'ennemi. Le 14 juin, à l'entrée de la nuit, la *Félicité*
et la *Furieuse* purent mettre à la voile avec un chargement
de denrées coloniales. Mais elles avaient encore été aperçues, et plusieurs bâtiments les poursuivirent en les accompagnant de leurs boulets; un violent orage les déroba
à leur vue. Deux jours plus tard, elles furent chassées par
la frégate anglaise de 48ᵉ LATONA, capitaine Hugh Pigot,
et la corvette de 18ᵉ CHERUB, capitaine Tudor Tucker;
elles se séparèrent : la *Furieuse* fut suivie par la corvette à
laquelle elle parvint à faire perdre ses traces. Le 18 au
matin, la LATONA était assez près de la *Félicité* pour échanger avec elle des boulets de chasse et de retraite; quelques bordées sans effet furent ensuite tirées en embardant
d'un bord et de l'autre. Enfin, à 8ʰ 40ᵐ, après un combat
de vingt minutes, bord à bord, le pavillon de la *Félicité* fut
amené.

Traduit devant un conseil de guerre, le capitaine Bagot
fut acquitté honorablement.

La *Félicité* portait 14 canons de 12,
La LATONA avait 28 canons   de 18
              et 20 caronades de 32.

Après s'être séparé de la *Félicité*, le capitaine Lemarant
Kerdaniel (Gabriel) continuait sa route vers la France

lorsque, le 5 juillet, à 110 lieues de l'île Corvo des Açores, la frégate-flûte la *Furieuse* fut chassée par la corvette anglaise de 20° BONNE CITOYENNE, capitaine William Maunsey; elle engagea le combat avec elle le lendemain à 9ʰ 25ᵐ du matin. Les décharges précipitées de la corvette anglaise eurent bientôt mis la *Furieuse* dans un état qui permit au capitaine Maunsey de la contourner dans tous les sens et de la combattre tantôt par une hanche, tantôt par une autre. Cependant, malgré la faiblesse de son équipage, la flûte répondait vaillamment à cet adversaire acharné. A 3ʰ 30ᵐ de l'après-midi, le capitaine Lemarant reçut une balle dans la poitrine et fut remplacé dans le commandement par le lieutenant Riouffe; depuis une heure, il n'y avait plus de gargousses préparées et, à défaut de boulets, les gueuses étaient les seuls projectiles qu'on envoyait, ou plutôt, qu'on essayait d'envoyer à l'ennemi, car elles n'arrivaient pas jusqu'à lui. Le nouveau capitaine de la *Furieuse* ne tarda pas à être prévenu que le lest volant était lui-même épuisé et qu'il ne restait plus qu'un petit nombre de charges de poudre dans la soute. Un abordage pouvait seul sortir la *Furieuse* de la position désespérée dans laquelle elle se trouvait; il fut tenté, mais sans succès. Alors, pour utiliser le reste de la poudre, ordre fut donné de mettre dans les canons des clous, des épissoirs, des pinces, en un mot, tout ce qui pouvait servir de mitraille. Les dernières munitions furent promptement consommées, et la BONNE CITOYENNE ne paraissait pas disposée à abandonner le champ de bataille. Afin d'acquérir la certitude que la corvette anglaise n'était pas dans le même embarras que la *Furieuse*, le lieutenant Riouffe ne fit amener le pavillon qu'après avoir reçu deux nouvelles bordées; il était 4ʰ 30ᵐ. Le petit mât de hune de la *Furieuse* était abattu et le reste de sa mâture était haché; sa voilure consistait en un lambeau de perroquet de fougue. Elle avait 1ᵐ.5 d'eau dans la cale. La BONNE CITOYENNE, partie récemment d'Angleterre pour Québec avec un convoi dont elle avait été sé-

parée, n'avait pas été, à beaucoup près, aussi maltraitée
que la flûte française; elle n'avait perdu que son mât de
perroquet de fougue. Aussi put-elle donner la remorque à
sa prise dont le grand mât et le mât d'artimon s'abattirent peu de temps après.

La *Furieuse* avait 12 caronades de 36
       et 2 canons de 18.
La BONNE CITOYENNE — 18 caronades de 32
       et 2 canons de 9.

J'ai dit que par suite de l'impossibilité de subvenir aux
dépenses qu'occasionneraient les réparations de la *Sémillante*, le gouverneur général de l'île de France s'était vu
dans la nécessité de céder cette frégate au commerce. Elle
était partie pour France commandée par le célèbre corsaire Surcouf qui, pendant son séjour dans la mer des
Indes, avait puissamment contribué à alimenter la colonie
au moyen de ses prises. Le *Revenant*, de 18 canons, que le
capitaine Surcouf commandait, avait été acheté par le gouverneur général, et sous le nom de *Iéna*, ce brig avait été
de suite envoyé en croisière, commandé par le lieutenant
de vaisseau Morice. Le brig de 12° l'*Entreprenant*, également acheté à des particuliers, appareilla aussi avec le
lieutenant de vaisseau Bouvet (Pierre). Après avoir signalé
sa présence dans les mers des Indes par la prise de plusieurs navires anglais de la Compagnie, le capitaine Bouvet
avait reçu la mission de se rendre à Manille pour s'en-
quérir de la *Mouche* n° 6 qui y avait été envoyée quelques
mois auparavant, et dont on n'avait plus entendu parler
depuis lors. Le capitaine Bouvet arriva le 28 août devant
Manille; il y apprit qu'en se déclarant pour Ferdinand VII,
le gouvernement de Bornéo avait proclamé la paix avec
l'Angleterre, et que la *Mouche* n° 6 avait été arrêtée et son
équipage mis en prison. Le brig anglais de 14° ANTELOPE
se trouvait en ce moment à Cavite. Le capitaine de l'*En-*

treprenant expédia un officier au gouverneur pour réclamer l'équipage de l'aviso, et il se tint au large avec un pavillon de parlementaire. Cet officier avait reçu la recommandation expresse de revenir de suite après avoir rempli son message. Cependant, la soirée et la nuit se passèrent sans que le canot reparût : quelques mouvements faisant pressentir des projets hostiles, le capitaine Bouvet voulut donner au gouverneur le moyen de violer ostensiblement le caractère dont il était revêtu : il mouilla l'*Entreprenant* à l'entrée de la rade. Les voiles étaient à peine ramassées, que le brig anglais et toutes les batteries de terre firent feu sur lui. Appareiller fut l'affaire d'un instant : l'*Entreprenant* ne reçut qu'un boulet. La guerre était déclarée et la mission du capitaine français changeait de caractère. Il alla s'établir en croisière devant l'île du Corrégidor, et intercepta le cabotage de Manille en arrêtant tous les navires qui se présentaient ; et lorsque le nombre des prisonniers eut atteint un chiffre élevé, il les renvoya, en leur faisant signer un cartel d'échange par lequel ils s'engageaient à ne pas reprendre la mer, avant que l'équipage de la *Mouche* n° 6 et l'armement du canot du brig eussent été renvoyés. A cette pièce, le capitaine Bouvet joignit une sommation portant que, si le lendemain 4 septembre, les conditions du cartel d'échange n'étaient pas remplies, il ravagerait tout le littoral de l'île. Les Français détenus à Manille furent renvoyés à bord de l'*Entreprenant*.

Le 20 octobre, une vingtaine de voiles escortées par une frégate anglaise furent aperçues dans le N.-O. de l'île Pulo Aor ; et, dans le S.-O., un navire isolé vers lequel l'*Entreprenant* se dirigea en passant dans le Nord des îles Romanies, par le détroit compris entre ces îles et la grande terre. A 11ʰ du soir, le navire chassé se trouva sous le beaupré du brig ; une volée suffit pour lui faire carguer et amener toutes ses voiles. Ce navire, qui fut de suite amariné, était l'OVIDOR et appartenait à la Compagnie des Indes hollandaises ; il était armé de 18 canons et, en outre,

d'un riche chargement de marchandises de Chine, il portait
230,000 piastres. L'*Entreprenant* retourna à l'île de France
avec sa prise qui prit rang et a longtemps servi comme
gabare, sous le nom de la *Loire*, parmi les navires de
charge de la flotte.

Le 29 octobre, qui était le lendemain de sa sortie de la
Loire, la corvette le *Milan*, capitaine Touffet, fut chassée
par les frégates anglaises de 42ᵉ Surveillante et Seine, et
amena son pavillon sans avoir tiré un coup de canon. Il
ventait grand frais et la mer était très-grosse.

Le capitaine Croquet Deshauteurs, du brig de 16ᵉ le
Fanfaron, parti de Brest depuis deux jours avec des vivres pour la Guadeloupe, fut chassé, pendant la nuit du
5 novembre, par un bâtiment dont la grande apparence le
détermina à laisser arriver vent arrière. Aux coups de canon isolés qui lui furent d'abord tirés, succédèrent bientôt des bordées entières, car le jet à la mer du chargement,
des dromes et des embarcations n'empêcha pas le bâtiment
étranger d'approcher d'une manière sensible. Le *Fanfaron*
vint alors sur bâbord, et lui envoya une volée à double pro-
jectile ; le chasseur ayant imité ce mouvement, on put reconnaître en lui une frégate. Une entreprise audacieuse pouvait
seule sauver le *Fanfaron* ; la charge fut battue et l'abordage ordonné. Mais pendant qu'on manœuvrait pour
l'exécuter, les boulets de la frégate coupèrent le grand mât
au-dessous de la hune. Les ravages de cette volée sur le personnel furent désastreux : le *Fanfaron* se rendit à la frégate
anglaise de 42ᵉ Emerald, capitaine Maitland. Il était 8ʰ 30ᵐ.
Ce brig, jugé incapable de porter des caronades de 24,
n'avait que du 16 anglais.

Le conseil de guerre devant lequel le capitaine de frégate Croquet Deshauteurs fut traduit déclara que la con-

duite de cet officier supérieur était non-seulement irréprochable, mais qu'elle était digne des plus grands éloges.

Parti de Bayonne pour la Guadeloupe en même temps que le *Béarnais*, le capitaine Maillard Liscourt, du brig de 16ᵉ le *Basque*, voulut profiter d'un calme plat pour changer son grand mât de hune dans le haut duquel une avarie venait d'être signalée; un bâtiment dont on ne pouvait reconnaître la force était à toute vue à l'horizon : c'était la frégate anglaise DRUID, capitaine sir William Bolton. La distance n'arrêta pas le capitaine anglais; il dirigea ses embarcations sur le *Basque*. Celui-ci les accueillit par un feu de mitraille et de mousqueterie tellement soutenu, qu'elles ne purent réussir à arriver jusqu'à lui; deux furent coulées, et les autres retournèrent à leur bord avec perte de 60 hommes. Le capitaine Bolton n'accepta pas la responsabilité de cet échec. Il prétendit avoir envoyé ses canots pour observer la force des brigs, avec injonction formelle de ne pas les attaquer si c'étaient des bâtiments de guerre.

Le *Basque* reprit le travail interrompu par les embarcations anglaises, et il continua sa route à la faveur d'une petite brise qui s'éleva le soir. Le capitaine anglais profita de cette circonstance heureuse pour le poursuivre; il l'atteignit après soixante heures de chasse, et l'obligea d'amener son pavillon. Le *Béarnais* qui avait pris une autre route, avait été perdu de vue pendant la nuit.

Le lieutenant de vaisseau Maillard Liscourt fut traduit devant un conseil de guerre qui l'acquitta honorablement.

Au mois d'avril, les frégates de 44ᵉ la *Vénus*, capitaine Hamelin (Jacques), qui était arrivée depuis un mois à l'île de France, la *Manche*, capitaine Dornaldeguy, et la goëlette la *Créole*, capitaine Ripault, furent envoyées en croisière dans le golfe du Bengale, où elles se séparèrent ; quelques semaines plus tard, ces bâtiments se retrouvèrent aux îles Nicobar : la *Vénus* avait capturé un navire de la Compagnie anglaise. La croisière fut continuée avec des succès divers dans le N. de l'île Sumatra. En octobre, la *Créole* détruisit l'établissement anglais de Tannapooly de l'île Pongchong-cacul, sur la côte occidentale de la première. Les deux frégates et la goëlette retournèrent ensuite dans le golfe du Bengale. Le 8 novembre, elles firent amener, après une lutte très-opiniâtre, les vaisseaux de la Compagnie anglaise des Indes CHARLTON, UNITED KINGDOM et WINDHAM armés chacun de 26 canons. En se rendant à l'île de France, les frégates et leurs prises furent assaillies par un ouragan pendant lequel la *Vénus* démâta de ses trois mâts de hune et de son beaupré ; séparée de ses deux compagnes, elle parvint à atteindre la rivière Noire. La *Manche* entra au Port Nord-Ouest avec la *Créole* et les deux vaisseaux capturés ; le WINDHAM, qui avait aussi été séparé pendant la tempête, fut repris par les Anglais. La frégate la *Bellone* mouilla en même temps que la *Manche* sur la rade du Port Nord-Ouest.

Après un séjour de trois mois à l'île de France, la frégate de 44° la *Bellone* était sortie, au milieu du mois d'août, pour aller croiser dans le golfe du Bengale. Le 2 novembre suivant, devant l'embouchure du Gange, le capitaine Duperré rencontra le brig anglais de 20° VICTOR (1), capitaine Edward Stopford, qui amena son pavillon après une courte, mais vive résistance.

Le 22 du même mois de novembre, la *Bellone* chassa la frégate portugaise de 48° MINERVA, capitaine Pinto, qui avait été aperçue au vent, faisant route pour le Brésil. Renonçant à l'atteindre avant la nuit, le capitaine Du-

---

(1) L'ancien brig francais le *Iéna*.

perré se tint par son travers, et se borna à lui envoyer de loin des boulets pendant une couple d'heures. Le lendemain, à 9ʰ du matin, la *Bellone* était en position d'engager le combat, à portée de pistolet, par la hanche du vent; mais le capitaine de la Minerva comprit bientôt qu'il ne saurait lutter longtemps ainsi et, moins d'un quart d'heure après, il vira lof pour lof; la *Bellone* imita ce mouvement en envoyant une bordée d'enfilade à la frégate portugaise. A peine orienté à l'autre bord, le capitaine Pinto recommença la même manœuvre, et fut encore imité par la *Bellone* qui lui tira une nouvelle volée en poupe; puis enfin, la Minerva arriva vent arrière. Le capitaine Duperré se plaça par la hanche de bâbord et ne discontinua son feu que, quand criblée dans toutes ses parties, la frégate ennemie eut amené son pavillon, après une heure quarante-cinq minutes de combat. Les avaries de la *Bellone*, la réduction de son équipage, et aussi le nombre de ses prisonniers qui s'élevait à plus de 500, obligèrent le capitaine Duperré à lever la croisière et à retourner à l'île de France. Chemin faisant, il rencontra la frégate la *Manche* qui s'y rendait aussi, et le 2 janvier 1810, les frégates arrivèrent à leur destination.

Le capitaine Le Nétrel, du brig de 16° le *Nisus*, parti de France avec des vivres pour la Guadeloupe, sachant avec quel soin les Anglais bloquaient la Basse-Terre, était entré dans la baie Deshayes, le 1ᵉʳ décembre, et s'y était embossé auprès de la batterie de trois canons qui protégeait ce mouillage. Cinq jours après, son chargement était à terre, et il était prêt à mettre sous voiles avec un approvisionnement de sucre et de café qu'il avait reçu en échange. Mais le contre-amiral anglais Cochrane avait été informé de son arrivée, et le *Nisus* était observé. Plusieurs fois des embarcations anglaises essayèrent de l'enlever : elles furent toujours repoussées. L'ennemi changea alors

de tactique. Le 12, il effectua un débarquement, s'empara
de la batterie et dirigea les coups de ses trois pièces sur
le *Nisus*, pendant que la frégate de 40ᵉ THETIS, capitaine
George Miller, les brigs PULSTUCK de 16ᵉ, ACHATES de 10,
le brig-canonnière ATTENTIVE et la goëlette BACCHUS entraient dans la baie. Incapable de résister à une pareille
attaque, mais ne voulant pas livrer le *Nisus* aux Anglais, le
capitaine Le Nétrel fit pratiquer de nombreuses ouvertures
dans les flancs du brig et donna l'ordre à l'équipage de
descendre à terre. Un dernier voyage d'embarcations restait à faire pour que l'évacuation fût complète; il ne put
avoir lieu : le capitaine du *Nisus* dut faire amener le
pavillon, après avoir soutenu une canonnade qui avait
duré de 10ʰ du matin à 5ʰ du soir. Les moyens de destruction employés par le capitaine Le Nétrel furent, paraît-il,
insuffisants, car on trouve le *Nisus* classé parmi les brigs
de la marine anglaise sous le nom de GUADELOUPE.

———

Le 13 décembre, les frégates de 44ᵉ la *Renommée* et la
Clorinde, capitaines Roquebert (Dominique) et Saint-Cricq,
les flûtes de 20 la *Seine* et la *Loire*, capitaines Vincent et
Lenormand Kergré, parties de Nantes avec des troupes et
des vivres pour la Guadeloupe, eurent connaissance, à
70 milles de l'île la Désirade, d'une frégate et d'un brig
qui, se méprenant sur leur nationalité ou leur force,
laissèrent arriver sur elles. Ces bâtiments étaient la frégate anglaise de 48ᵉ JUNON, capitaine John Shortland, et le
brig de 16 OBSERVATEUR, capitaine Augustin Weatherall.
Lorsqu'ils furent à portée de canon, les frégates françaises
prirent le plus près bâbord amures sous les huniers; les
deux flûtes se placèrent par leur travers de dessous le vent.
Il était alors 5ʰ 30ᵐ de l'après-midi. La brise, ainsi que cela
a lieu d'ordinaire dans ces parages, était fraîche de la
partie de l'Est. Bientôt les frégates françaises purent envoyer une volée à la JUNON qui était aussi sous les huniers;

celle-ci après avoir riposté, laissa arriver vent arrière pour
passer entre elles. La *Renommée* et la *Clorinde* évitèrent la
bordée d'enfilade à laquelle elles allaient se trouver exposées en imitant la manœuvre de leur adversaire ; et pendant que la première, qui n'avait pas arrêté assez tôt son
mouvement d'arrivée, tombait sur la Junon à tribord, la
seconde, qui avait quelque peu tardé à suivre son chef
de file, l'abordait de l'autre bord. Les trois frégates ne
restèrent toutefois pas accrochées, et la Junon amura
de suite sa misaine. La canonnade continua sous cette
allure, mais la *Renommée* dut bientôt interrompre la
sienne : la frégate anglaise avait encore été abordée, cette
fois sérieusement et avec intention, par la *Clorinde*, dont
l'équipage avait de suite sauté à bord. Ne voulant pas
rester spectateur de cette lutte, et afin d'en hâter le dénouement, le capitaine Roquebert prit le parti d'aborder
la Junon de l'autre bord : la frégate anglaise amena son
pavillon au moment où les marins de la *Renommée* allaient
se porter en aide à ceux de la *Clorinde*. Le combat avait
duré quarante minutes. Les avaries des frégates françaises
étaient nombreuses ; les flûtes n'avaient ni tiré ni reçu un
coup de canon. Quant à la Junon, elle avait été mise dans
un état si déplorable, que le capitaine Roquebert la livra
aux flammes. Le capitaine Shortland avait reçu une blessure mortelle. L'Observateur s'était retiré après avoir
envoyé une volée aux frégates ; la nuit favorisa sa fuite (1).

---

(1) M. W. James, *The naval history of Great Britain*, attribue la manœuvre de la Junon à un subterfuge dont aurait usé le capitaine Roquebert. Il prétend que la *Renommée* et ses consorts hissèrent le pavillon espagnol, et que
cette frégate ayant répondu avec une parfaite précision à un signal espagnol
fait par la Junon, le capitaine Shortland continua de s'approcher sans crainte.
Cet officier ne fut désabusé qu'à 5ʰ 50ᵐ, alors qu'arrivé à un quart de mille des
Français, ceux-ci remplacèrent le pavillon espagnol par celui de la France, et
que la *Renommée* envoya sa bordée à la Junon. On peut admettre que tout cela
n'a pas été arrangé dans le but de couvrir l'imprudence du capitaine Shortland. Je dois dire cependant que les documents très-authentiques auxquels
j'ai emprunté mon récit, ne parlent pas plus de la ruse à laquelle le capitaine
Roquebert aurait eu recours, que de la coopération active de la *Seine* et de la
Loire qui, d'après l'historien de la Grande-Bretagne, auraient canonné la Junon,
l'une par l'avant et l'autre par l'arrière.

Le capitaine Weatherall se dirigea sur la Guadeloupe et, arrivé en vue de la Basse-Terre, dans l'après-midi du 15, il signala les bâtiments français à la frégate de 48° BLONDE, capitaine Vashon Ballard, et fit de suite route pour la Martinique afin de prévenir le commandant en chef de la division anglaise. Le capitaine Ballard s'établit en observation, à l'entrée du canal qui sépare la Guadeloupe des Saintes, avec la frégate THETIS et les corvettes de 18° HAZARD et CYGNET; il fut rallié plus tard par la frégate de 40° CASTOR et les brigs de 18° SCORPION et RINGDOVE. Le jour même où elles étaient signalées, les frégates françaises aperçurent plusieurs bâtiments qu'elles perdirent de vue après une course de deux heures au Nord; elles gouvernèrent alors à l'Ouest. Pendant la nuit, elles eurent connaissance de trois autres voiles. La terre ayant aussi été aperçue de l'avant, les frégates et les flûtes serrèrent le vent tribord amures; cette route leur faisait élonger la côte de l'île d'Antigues à une distance qu'on estimait être de cinq à six milles. Le temps était à grains, et la brise fraîche de l'E.-N.-E. A 11ʰ, les frégates touchèrent et restèrent échouées; les capitaines des transports s'en aperçurent assez à temps pour éviter le même sort en prenant la bordée du Sud. La *Renommée* flotta à 1ʰ 30ᵐ du matin : elle avait perdu son gouvernail et jeté 19 canons à la mer. La *Clorinde* ayant également réussi à se raflouer en sacrifiant 11 canons et une partie de ses boulets, et n'ayant à déplorer, en fait d'avaries, que la rupture de quelques ferrures de son gouvernail, les deux frégates se dirigèrent vers le S.-E., après avoir vainement interrogé toutes les parties de l'horizon pour découvrir les flûtes. La mission du capitaine Roquebert était de les escorter. Ne les voyant plus, et supposant qu'elles avaient fait route pour leur destination, il jugea inutile de se rendre à la Guadeloupe, et il reprit le chemin de la France. Les deux frégates mouillèrent à Brest le 23 janvier 1810.

Les choses s'étaient effectivement passées comme le ca-

pitaine Roquebert l'avait supposé. Au moment où les frégates avaient été remises à flot, l'horizon s'était chargé,
et le capitaine Vincent, de la *Seine*, les avait perdues de
vue. Au jour, il rallia la *Loire;* et après avoir inutilement
cherché la *Renommée* et la *Clorinde*, il se décida à se diriger sur la Guadeloupe. Le 17, il aperçut plusieurs bâtiments qui lui firent prendre la détermination d'aller jeter
l'ancre dans l'anse à la Barque; la *Loire* y entra aussi. Les
deux flûtes s'embossèrent tribord au large, le beaupré de
la *Seine* appuyé sur la poupe de sa compagne. On travailla de suite à mettre le chargement à terre. Cette
opération allait être terminée lorsque, le lendemain, un
grand nombre de bâtiments furent aperçus se dirigeant vers
l'anse à la Barque. A 3ʰ, les frégates anglaises BLONDE et
THETIS mouillèrent, et ouvrirent leur feu à portée de fusil;
les flûtes et la batterie Coupard, armée de quatre canons, y
répondirent. Peu de temps après, le vaisseau de 82ᶜ SCEPTRE
et la frégate de 44ᶜ FREJA vinrent soutenir l'attaque. La
lutte était trop inégale pour être prolongée. Le capitaine
Vincent fit couper la mâture de la *Seine*, et l'eau n'entrant
pas assez vite par les robinets qui avaient été ouverts, il
donna l'ordre de tirer quelques coups de canon dans la
cale. Cette mesure produisit un effet autre que celui sur
lequel il comptait : le feu se déclara dans la soute aux voiles
avec une violence telle, que l'évacuation immédiate devint
urgente. La *Seine* ne tarda pas à faire explosion. L'incendie se communiqua à la *Loire*, et ce transport fut également évacué sous les boulets de l'ennemi; il devint la
proie des flammes. Pendant que la division anglaise attaquait les flûtes, un détachement avait essayé d'enlever la
batterie; il avait été repoussé. Lorsque les embarcations
eurent rallié leurs bâtiments, la division ennemie prit le
large.

———

Le 11 novembre, après s'être séparé du *Basque*, en
compagnie duquel il se rendait à la Guadeloupe, le

brig de 16ᵉ le *Béarnais*, capitaine Montbazin, avait continué sa route. Le 14 du mois suivant, et alors qu'il touchait au terme de son voyage, il fut chassé par la frégate de 42ᵉ MELAMPUS, capitaine Edward Hawker, qui l'atteignit après dix-huit heures. Quelques boulets lui firent amener son pavillon.

Ce brig prit le nom de CURIEUX dans la marine anglaise.

———

La prise du brig de 16ᵉ le *Papillon*, capitaine Bougainville, qui portait des munitions et des vivres à la Guadeloupe, termina l'année 1809. Chassé entre cette île et celle de Montserrat par la corvette anglaise de 26ᵉ ROSAMOND, capitaine Benjamin Walker, il amena son pavillon après trente-huit heures de poursuite, et sans opposer la plus légère résistance.

———

L'année 1809 fut désastreuse pour les colonies de la France. Dans les Antilles, l'attitude imposante de la Guadeloupe et de la Martinique avait seule fait différer l'attaque de ces deux îles, mais le tour de la dernière était arrivé. Une forte escadre anglaise, sous les ordres du contre-amiral sir Alexander Cochrane, accompagnée de transports qui portaient 10,000 hommes de troupes, se présenta, le 29 janvier, devant la Martinique. Cette agression était prévue ; mais les forces dont disposait le capitaine général Villaret Joyeuse, étaient trop réduites, pour qu'il lui fût possible de s'opposer à un débarquement opéré sur plusieurs points à la fois. D'après ses ordres, les bâtiments mouillés sur les diverses rades de l'île furent détruits dès que l'ennemi mit pied à terre. Le brig la *Carnation* fut brûlé au Marin ; le *Favori*, à Saint-Pierre. Quelques jours plus tard, l'*Amphitrite* devint la proie des flammes au Fort-Royal, et le capitaine Denis de Trobriand, qui commandait cette frégate, se replia avec son équipage dans le fort Bourbon où il fut tué par une bombe. La corvette la *Diligente* seule fut capturée et devint la SAINT PIERRE. Le capitaine général capitula le 24 février, après un bombardement de vingt-sept jours.

La colonie de Cayenne avait été prise, le 12 du mois de janvier, par une expédition anglo-portugaise.

Sur la côte d'Afrique, l'occupation de Saint-Louis du Sénégal par les Anglais retira à l'Empire la dernière colonie qu'il possédait sur ce continent.

Au mois de septembre, le commodore anglais Josias Rowley arriva devant l'île de la Réunion avec un vaisseau, trois frégates, une corvette et une goëlette et, le 21, il fit un débarquement au lieu dit la Grande Chaloupe, à sept milles de la ville de Saint-Paul sur laquelle il dirigea ses troupes. Pendant qu'elles faisaient ce mouvement, la division alla jeter l'ancre sur la rade; la frégate la *Caroline* et les deux vaisseaux de Compagnie qu'elle avait capturés s'y trouvaient alors. La ville de Saint-Paul capitula de suite. Pris entre deux feux, les bâtiments français se jetèrent au plain. Les Anglais détruisirent les batteries et les magasins de Saint-Paul et, après avoir remis la *Caroline* à flot, ils prirent le large en emmenant cette frégate qu'ils baptisèrent du nom de la BOURBONNAISE.

BATIMENTS PRIS, DÉTRUITS OU NAUFRAGÉS
pendant l'année 1809.

ANGLAIS.

Canons.		
72	AGAMEMNON.	Naufragé dans la Plata.
48	JUNON *.	Prises chacune par deux frégates.
	PROSERPINE.	
40	ALCMENE.	Naufragée sur la côte de France.
	GREYHOUND.	— à Manille.
	SOLEBAY.	— à la côte d'Afrique.
20	VICTOR *.	Pris par une frégate.
18	LARK.	Sombrés.
	FOXHOUND.	
	MAGNET.	Naufragé dans la Baltique.
	PRIMROSE.	— sur la côte d'Angleterre.

16	Curieux *.	— aux Antilles.
	Fama *.	— dans la Baltique.
	Glomnen.	— à la Barbade.
14	Dominica..	Sombré.
	Thunder.	Pris par un corsaire.
12	Bustler.	Naufragé sur la côte de France.
	Contest.	Sombré.
	Defender.	Naufragé sur la côte d'Angleterre.
	Morne Fortuné *.	— aux Antilles.
	Pelter..	Sombré.
	Unique *.	Incendié.
10	Claudia.	Naufragé sur la côte de Norwége.
	Saloman.	— dans la Baltique.
4	Carrier.	— sur la côte de France.
	Haddeck.	Pris par un brig.
	Pigeon.	Naufragé sur la côte d'Angleterre.
	Sealark.	— dans la mer du Nord.
Corvette : Discovery.		Prise par une frégate.
Bombarde : Proselyte.		— dans la Baltique.

FRANÇAIS.

Canons.		
86	Robuste.	Détruits à la côte.
82	Lion.	Détruits à la côte.
	D'Hautpoult.	Pris par une division.
	Jean Bart.	Naufragé à Rochefort.
	Aquilon.	
	Tonnerre.	Détruits sur la rade de Rochefort.
	Varsovie.	
54	Calcutta.	
44	Cybèle.	Naufragée aux Sables d'Olonne.
	Junon.	Prise par une division.
40	Caroline.	— à la Réunion.
	Amphitrite.	Détruite à la Martinique.
	Indienne.	— sur rade de Rochefort
	Niémen.	Prise par deux frégates.
	Topaze.	Prises chacune par une frégate.
14	Furieuse. . . . } frégates	Prise par une corvette.
	Félicité. . . . } en flûtes.	
22	Iris..	— par une frégate.
20	Loire.	Détruites à la Guadeloupe.
	Seine.	
	Lamproie. . . } flûtes.	Détruite à Roses.
	Var.	Prises chacune par une frégate.
	Hébé. . . . . }	
18	Carnation *.	Détruite à la Martinique.
16	Mouche.	Pris chacun par une frégate.
	Basque..	
	Béarnais..	
	Fanfaron.	
	Nisus.	— par une division.
	Papillon..	— par une corvette.
	Favori..	Détruit à la Martinique.
3	Colibri.	Pris par une frégate.
Corvette : Milan.		— par deux frégates.

* L'astérisque indique un bâtiment pris à l'ennemi.

RÉCAPITULATION.

	Pris.	Détruits ou naufragés.	Incendiés.	TOTAL.
ANGLAIS... Vaisseaux.........	»	1	»	1
Frégates........	2	3	»	5
Bâtiments de rangs inférieurs........	4	20	»	24
FRANÇAIS.. Vaisseaux........	1	7	»	8
Frégates........	6	3	»	9
Bâtiments de rangs inférieurs........	11	5	»	16

ANNÉE 1810.

A part de rares exceptions, la mer des Indes est le seul théâtre sur lequel la marine de l'Empire fut appelée à jouer un rôle quelque peu important pendant l'année 1810. C'est que là seulement, la France avait alors des intérêts à défendre ; faute de ports de relâche et de ravitaillement, sa marine était, pour ainsi dire, exclue des autres mers. On a vu comment ses colonies de l'Océan lui avaient été successivement enlevées.

Deux escadres furent tenues en permanence, l'une sur la rade d'Anvers, l'autre sur la rade de Toulon. Les bâtiments qui se trouvaient à Cherbourg, à Brest, à Lorient et à Rochefort, ne pouvaient causer aucune inquiétude, et le gouvernement anglais se borna à les faire observer par quelques croiseurs. Il ne pouvait en être ainsi dans la mer du Nord. Huit vaisseaux sortis du Ruppel et mouillés à Hoog Plat, attiraient d'autant plus l'attention des Anglais que, chaque jour, le vice-amiral Missiessy en faisait appareiller quelques-uns, autant pour exercer les équipages que pour étudier les passages dans lesquels il pouvait être nécessaire de s'engager un jour. Aussi, une forte escadre anglaise, commandée par le contre-amiral sir Richard Strachan, se tenait-elle dans ces parages.

A Toulon, le vice-amiral Allemand avait 11 vaisseaux et 5 frégates sous ses ordres. Aucun combat ne signala l'existence de cette escadre, car on ne saurait donner ce nom aux escarmouches qui eurent lieu parfois lorsque, surprise par le calme ou par un changement de vent, l'escadre ou l'une de ses divisions, appareillée pour couvrir l'entrée ou la sortie d'un convoi, échangeait quelques boulets avec l'escadre de l'amiral anglais sir Charles Cotton qui commandait alors les forces navales de l'Angleterre dans la Méditerranée. Une fois, c'était le 20 juillet, l'escadre anglaise avait été souventée à la suite de grandes brises de N.-O., et il ne restait devant Toulon que 3 vaisseaux, une frégate et un brig. Cette division s'étant mise à la poursuite d'un convoi de caboteurs qui put atteindre le port de Bandol, 6 vaisseaux et 4 frégates, appareillés pour protéger sa sortie, échangèrent plusieurs volées à grande distance et sans se faire d'avaries avec l'ennemi, et le convoi entra à Toulon.

Quelques semaines plus tard, dans les derniers jours du mois d'août, 3 flûtes chassées par des vaisseaux anglais donnèrent au contre-amiral Baudin (André) l'occasion d'exercer ses canonniers.

A la fin du mois d'octobre, ce fut le tour du contre-amiral Cosmao qui était sorti avec 3 vaisseaux et 4 frégates.

Tel fut le rôle de l'escadre de Toulon pendant l'année 1810 : donner une protection continuelle au commerce en favorisant les convois ; soutenir la sortie et la rentrée des transports et des frégates qui avaient reçu une mission. Lorsque des occasions de se rendre utile ne lui étaient pas offertes, le vice-amiral Allemand la faisait appareiller en totalité ou par fractions pour évoluer en dehors de la rade. Toutefois, l'état réel de cette escadre n'était pas ce qu'il paraissait être. Le commandant en chef ne cessait de se plaindre de la mauvaise qualité des matériaux qui lui étaient fournis par le port, et chaque sortie occasionnait des avaries qui épuisaient les ressources de l'arsenal. Ces plaintes réitérées durent rendre le gouvernement très-circonspect à l'égard de l'emploi des vaisseaux, et contribuer à les faire maintenir sur la rade.

———

Quoique la flûte de 20e la *Nécessité*, capitaine Bonnie, qui portait des vivres et des approvisionnements à l'île de France, eût été prise par la frégate anglaise de 48e Horatio, le 21 février, les frégates la *Bellone* de 44e, la *Minerve* de 52 et la corvette de 18 le *Victor* purent être mises en état de reprendre la mer et sortir sous le commandement supérieur du capitaine de vaisseau Duperré. Les caronades de l'ancienne Minerva avaient été remplacées par des canons de 18 courts, et le commandement de cette frégate avait été donné au lieutenant de vaisseau Bouvet (Pierre). Le lieutenant de vaisseau Morice avait repris possession du *Victor*. Le commandant Duperré alla d'abord s'établir en croisière dans le S.-O. de l'île de France, sur le passage des navires venant de la Chine et du Bengale; à la fin du mois de juin, il se dirigea sur le canal de Mozambique. Le 3 juillet au point du jour, à 36 milles environ de l'île Mayotte, trois vaisseaux anglais de la Compagnie des Indes furent aperçus dans le O.-S.-O.; il ventait bon frais du S.-S.-E. Le commandant Duperré donna l'ordre de chasser ces bâtiments: à 3^h de l'après-midi, la *Minerve* et le *Victor* les avaient atteints. Le capitaine Bouvet diminua alors de voiles pour attendre la *Bellone;* mais, désireux d'en finir avant la nuit, le commandant de la division lui fit signal d'attaquer de suite l'ennemi. Les vaisseaux anglais s'étaient formés en bataille, bâbord amures, sous les huniers. La *Minerve* ouvrit son feu sur le serre-file, au vent et à portée de pistolet et, après une demi-heure, elle le força de se mettre à l'abri de son matelot d'avant. Ce-

lui-ci résista davantage; il tint bravement le travers de la
frégate, pendant plus d'une heure. Laissant alors arriver
sur son avant, et traversant sous le beaupré du premier
vaisseau qu'il avait combattu, le capitaine Bouvet tira à
celui-ci une bordée d'autant plus meurtrière que, craignant
d'être abordé, ce bâtiment avait son équipage entier sur
le pont. En passant derrière le chef de file, la *Minerve* lui
avait aussi envoyé une volée. Cette manœuvre coûta à
celle-ci son grand mât de hune et le mât du perroquet de
fougue. Pendant ce temps, le capitaine Morice avait tiré
le meilleur parti possible de la faible artillerie du *Victor*.
La *Bellone* arriva sur ces entrefaites; elle doubla la *Minerve* qui travaillait à se débarrasser des débris de sa
mâture, et ouvrit son feu sur le vaisseau du centre. Les
Anglais avaient rétabli leur ligne de bataille et ils étaient
assez rapprochés les uns des autres pour que la frégate
pût les canonner tous les trois. Bientôt, le vaisseau de
tête serra le vent et se plaça par le travers de bâbord
de son serre-file qui se trouva ainsi exposé à la presque
totalité des coups de la *Bellone* : celui-ci héla qu'il amenait. Le premier vira alors vent arrière, passa derrière la
frégate qui imita son mouvement et l'engagea bord à bord :
il se rendit à la deuxième volée. L'abandonnant alors à la
Minerve et au *Victor*, le commandant Duperré se porta sur
le dernier qui amena aussi. Il était 7ʰ 25ᵐ. Profitant de
l'obscurité et de l'abandon dans lequel on le laissait, le
vaisseau qui s'était rendu le second fit route, et disparut
bientôt sans que sa manœuvre eût attiré les soupçons des
compagnons de la *Bellone;* il se nommait l'Astell. Le
commandant Duperré mit le *Victor* à sa poursuite : on ne
put l'apercevoir. Les deux autres étaient le Windham et
le Ceylon, capitaines Stewart et Meriton. Ces vaisseaux
de Compagnie avaient chacun 30 canons et portaient 250
hommes de troupes, en outre de leur propre équipage de
120 hommes; ils se rendaient du Cap de Bonne-Espérance
à Madras. Le lieutenant de vaisseau Moulac, de la *Minerve*,

fut désigné pour prendre le commandement du Ceylon et l'enseigne de vaisseau d'Arod, celui du Windham. Le commandant Duperré fit route le lendemain pour l'île d'Anjouan avec ses prises et, le 17 juillet, il se dirigea sur l'île de France.

———

Cependant le nombre des bâtiments anglais qui se tenaient devant l'île de France augmentait tous les jours, et les entreprises de ces bâtiments contre les possessions françaises indiquaient suffisamment des projets plus vastes et plus décisifs. A la fin du mois d'avril, le capitaine Willoughby, de la frégate Nereids, eut l'occasion de canonner la frégate de 44ᵉ l'*Astrée*, capitaine Lemarant (René), qui arrivait d'Europe, et qui était entrée dans la rivière Noire (1). Cet officier fit aussi une entreprise heureuse sur le bourg Jacottet. De son côté, le commodore Josias Rowley, commandant supérieur de la division anglaise, s'empara de l'île Rodrigues, et dirigea une attaque contre la Réunion.

Immédiatement après la prise de cette île qui, on le verra plus loin, eut lieu dans les premiers jours du mois de juillet, les frégates Sirius, Iphigenia, Nereids et le brig Staunch retournèrent devant l'île de France. La Nereids avait à bord un détachement de troupes destinées à l'attaque de l'île de la Passe, située à l'entrée de la rade du Grand Port. Le but de cette expédition était de permettre au capitaine de cette frégate de répandre des proclamations pour engager les habitants de la colonie à livrer l'île aux Anglais. Laissant l'Iphigenia devant le Port Nord-Ouest, le capitaine Pym arriva le 10 août, devant le Grand Port avec sa frégate la Sirius, la Nereids et le Staunch; il ne put opérer son débarquement et les bâtiments anglais s'éloi-

———

(1) La rivière Noire se trouve sur la côte Ouest de l'île de France, et le bourg Jacottet sur la côte Sud.

gnèrent. Le 13, il reparut seul. Le soir même de ce jour, les circonstances se présentèrent on ne peut plus favorables pour tenter un coup de main; la brise était faible, la mer belle et la nuit promettait d'être des plus obscures. Le capitaine Pym n'attendit pas les autres bâtiments; il expédia ses canots avec 250 hommes (1). Après une courte résistance, l'île de la Passe se rendit à discrétion. La Sirius fit route pour le Nord lorsque la Nereids et le Staunch eurent rallié. Le capitaine de la Nereids attaqua et détruisit la batterie de la pointe du Diable qui défend la passe Nord de la rade; il poussa ensuite des reconnaissances dans la baie, et répandit les proclamations. Le 20, il fut troublé dans sa promenade militaire par l'apparition de cinq bâtiments qui se dirigeaient sur la petite passe. Les couleurs françaises furent de suite arborées par la Nereids et sur l'île qui signala : « l'ennemi croise au Coin de mire (2). » Les bâtiments en vue n'étaient autres que ceux du commandant Duperré, la *Bellone*, la *Minerve*, le *Windham*, le *Ceylan* (3) et le *Victor*. On attendait à cette époque à l'île de France la *Sémillante*, ou plutôt le *Charles*, ainsi qu'on appelait cette frégate depuis qu'elle avait été cédée au commerce.

Chacun, à bord des bâtiments français, crut la reconnaître dans la Nereids, et l'on expliquait ainsi le silence de ce navire à l'égard des signaux secrets qui lui étaient faits. L'avertissement de la vigie de l'île de la Passe décida le commandant Duperré à entrer. Il signala l'ordre de convoi, le *Victor* en avant pour indiquer le chenal; la brise était fraîche du S.-E. A 1ʰ 30ᵐ de l'après-midi, le *Victor* s'engagea dans la passe, sous les huniers. Lorsqu'il fut à la hauteur de la Nereids, qui était mouillée en dedans de l'île, cette frégate hissa le pavillon anglais, et lui en-

---

(1) M. W. James, *The naval history*, etc., dit 71.
(2) Le Coin de Mire est un rocher situé à la pointe Nord de l'île de France.
(5) Nom donné au vaisseau anglais de Compagnie Ceylon.

voya une bordée qui le fit amener ses voiles et laisser
tomber une ancre au fond. La première pensée du commandant Duperré fut de croire que toute cette partie de
l'île était au pouvoir de l'ennemi; il ordonna de suite
de serrer le vent. Cet ordre ne pouvait plus être exécuté que partiellement : la *Minerve* était trop avancée
dans le chenal pour revenir sur ses pas, et la batterie
de l'île de la Passe ouvrit presque aussitôt son feu sur
elle. Le capitaine Bouvet ne fut du reste pas pris au
dépourvu; il avait promptement fait ses dispositions de
combat, et lorsqu'il se trouva par le travers de la frégate
anglaise, il put lui répondre ainsi qu'à la batterie de l'île.
Poussés par une brise fraîche de l'arrière, la *Minerve* et
le *Ceylan* qui l'avait suivie eurent bientôt franchi le passage critique, et ils laissèrent tomber l'ancre à l'embran-
chement des deux passes. En passant auprès du *Victor*, le
capitaine Bouvet avait ordonné au capitaine Morice de
couper son câble et de le suivre, ce que cet officier avait
exécuté. Il n'y avait pas d'indécision possible : lorsqu'il vit
la *Minerve* engagée, le commandant Duperré signala d'i-
miter sa manœuvre, et il gouverna sur la petite passe ; en
doublant l'île, la *Bellone* échangea une bordée avec la frégate anglaise. Le capitaine Willoughby expédia de suite
une embarcation au commandant de sa division, pour le
prévenir de l'arrivée des bâtiments français. Le *Windham*,
qui avait exécuté le signal de serrer le vent, ne put suivre
la *Bellone;* et plus tard, ne voulant pas s'engager isolément dans la passe, l'enseigne de vaisseau d'Arod fit
route pour la rivière Noire devant laquelle il arriva à la
nuit, et dont les batteries le repoussèrent. Le lendemain,
le *Windham* fut rencontré par la frégate Sirius, et il
amena son pavillon sans essayer de résister à un pareil
adversaire. Le capitaine Pym l'expédia à la Réunion et
se dirigea sur le Grand Port; il rencontra, en chemin, le
canot de la Nereids.

Le Grand Port, ou rade du bourg Mahé, connu aussi

sous les noms de Port Impérial et de Port Sud-Est, à cause
de sa position sur la côte Sud-Est de l'île de France, est
une vaste baie parsemée de bancs et de récifs qui s'étendent à environ quatre milles au large, laissant entre eux
plusieurs passages dont deux, dits grande passe et petite
passe, servent à y accéder, le premier par le Nord, l'autre
par le Sud-Est; ce dernier regarde directement le large.
Pour entrer dans la rade par le petit chenal, il faut ranger
presque à toucher l'île de la Passe qui se trouve à la
limite extrême du banc, et sur laquelle une batterie était
établie. La rade proprement dite est à l'intersection des
deux passes, à mi-distance de cette île et du fond de la
baie; mais il existe d'autres mouillages, tous d'un accès assez difficile, entre les bancs, et ce fut un de ceux-ci
que le commandant Duperré choisit pour ses bâtiments en
avant de l'île aux Singes, devant l'embouchure de la rivière de Champagne, dans la partie N.-O. de la baie. Le
commandant de la division fut en effet bientôt fixé sur la
situation de l'île de France, car le pavillon national flottait partout, sauf sur l'île de la Passe. Toutefois, comme
il ne pouvait avoir de doutes sur les intentions ultérieures
des Anglais, il prescrivit de faire de suite les dispositions de
combat. Il embossa sa division sur une ligne Ouest et Est,
l'avant tourné du côté du bourg Mahé, laissant une longueur de navire entre chaque bâtiment. Le *Victor* était en
tête de la ligne, à côté de la *Bellone;* venait ensuite la *Minerve;* le *Ceylan* était à l'extrémité orientale. Ainsi placée,
la division présentait le côté de bâbord au large. Dès que la
Bellone fut mouillée, le capitaine de la NEREIDS, sous
prétexte que le *Victor* avait amené son pavillon, mais
vraisemblablement plutôt dans un but d'observation que
pour obtenir satisfaction, envoya un officier au commandant Duperré pour réclamer ce brig. Celui-ci répondit
qu'il en référerait au gouverneur général. La réclamation
du capitaine anglais fut repoussée comme non fondée.
Dans l'après-midi du 22, la SIRIUS parut au large. Le

capitaine Pym entra, dans la rade, sans hésiter, mais il échoua sa frégate sur le haut-fond du Sud et il ne put la remettre à flot que le lendemain. Ce jour-là, 23 août, la MAGICIENNE et l'IPHIGENIA rallièrent aussi, et les quatre frégates anglaises se dirigèrent, sous leurs voiles d'étai, vers le mouillage que le capitaine Pym leur avait assigné dans son plan d'attaque ; elles devaient s'établir sur une ligne parallèle à celle des bâtiments français et au large. A 5ʰ 30ᵐ, ces derniers commencèrent le feu. Il n'est pas hors de propos de rappeler la force des deux divisions qui étaient en présence.

DIVISION FRANÇAISE.

Canons.

Frégates de. . . . . { 52   *Minerve* . . . capitaine Bouvet (Pierre).
{ 44   *Bellone*. . . .   —   Duperré.
Vaisseau de Compagnie   30   *Ceylan*. . . .   —   Moulac.
Corvette de.   18   *Victor* . . . .   —   Moisson (Henri) (1).

DIVISION ANGLAISE.

Canons.

Frégates de. . . . . { 48   IPHIGENIA, . . capitaine Henry Lambert.
{   { SIRIUS . . . .   —   Samuel Pym.
{ 42 { NEREIDS. . . .   —   Josiah Willoughby.
{   { MAGICIENNE. .   —   Lucius Curtis.

La NEREIDS franchit le haut-fond derrière lequel la division française était placée et mouilla, en s'embossant, par le bossoir de bâbord et à portée de pistolet de la *Bellone*. Cette détermination hardie mit le commandant Duperré dans la nécessité de changer la position de sa frégate et de porter son avant vers le O.-N.-O. La SIRIUS s'échoua sur le haut-fond intérieur du Nord le plus éloigné, et resta l'avant exposé au feu des Français, à la distance d'une portée de canon. La MAGICIENNE s'échoua aussi du même côté, mais plus en dedans, à portée de fusil, et l'avant tourné vers le fond de la baie. Le capitaine de l'IPHIGENIA n'osa pas continuer sa route, probablement dans

---

(1) Le capitaine Morice, envoyé en mission auprès du gouverneur général, s'était cassé une jambe et n'avait pu retourner à son bord.

la crainte d'avoir le même sort que ses compagnons ; il
laissa tomber une ancre, à demi-portée de canon, sur l'accore du récif du Sud et présenta le côté de tribord. Le
combat ainsi engagé se maintint vif et serré, sans interrup-
tion jusqu'à la nuit; la scène changea alors. A 6ʰ 30ᵐ les
amarres du *Ceylan* et de la *Minerve* furent coupées et,
obéissant à l'impulsion du vent, ces deux bâtiments furent
portés en dedans de la *Bellone* sur le haut-fond qui entoure
l'île aux Singes. Dans cette nouvelle position, cette dernière frégate seule présentait le travers à l'ennemi ; masquée par elle et par le *Victor*, la *Minerve* ne put désormais
se servir que de 4 pièces de l'arrière de la batterie et de
5 des gaillards, et le *Ceylan*, de 9 pièces. Par un heureux
hasard, dont toutefois on n'eut connaissance qu'au jour,
l'IPHIGENIA se trouvait aussi entièrement masquée par la
NEREIDS. Le capitaine Willoughby avait été blessé dès le
commencement du combat et, à cette heure, les pertes de
sa frégate étaient considérables ; la mâture et la coque
étaient criblées. A 10ʰ, il ordonna de ne plus tirer et mit
l'équipage à l'abri dans les parties basses du bâtiment.
Cela fait, il envoya prévenir le capitaine Pym de l'état
dans lequel était la frégate : il reçut l'ordre de l'évacuer et
de se rendre à bord de la SIRIUS avec son équipage. Le
capitaine Willoughby préféra rester à son bord. Bien
qu'ayant cessé de combattre, la NEREIDS reçut encore quelques boulets, parce que le feu de l'IPHIGENIA, en se projetant dans sa mâture, fit croire pendant quelque temps
qu'elle combattait toujours. Il était 11ʰ lorsque la *Bellone*
discontinua de tirer sur elle. Depuis une demi-heure déjà,
c'est-à-dire à 10ʰ 30ᵐ, le commandant Duperré avait été
blessé à la tête par une mitraille et renversé du pont dans
la batterie ; il avait été enlevé sans connaissance. Prévenu
de cet événement, le capitaine Bouvet s'était rendu à bord
de la *Bellone*, et avait pris le commandement supérieur,
laissant la *Minerve* au lieutenant de vaisseau Roussin. Les
coups de la MAGICIENNE étaient plus particulièrement di-

rigés sur cette frégate et sur le *Ceylan* et, depuis l'é-
chouage de ces deux bâtiments, le *Ceylan* seul ripostait.
Débarrassée de la, Nereids, la *Bellone* s'occupa de lui
répondre. Le bastingage du passe-avant fut enlevé à bâbord et, au moyen de fortes crampes en fer, clouées à l'extérieur, une batterie à barbette fut improvisée sur cette
partie. A 1ʰ 50ᵐ, la Magicienne et l'Iphigenia cessèrent de
tirer. On travailla immédiatement à remettre la *Minerve*
et le *Ceylan* à flot : on ne put y réussir pendant la nuit.

Le jour en se faisant, le 24, éclaira le triomphe de la
division française. La Nereids, démâtée de son grand mât,
était sans pavillon. La Sirius, demeurée dans la position
où elle se trouvait la veille, était en quelque sorte en
dehors de la portée du canon. La Magicienne, également
échouée, ne pouvait se servir que d'un nombre de pièces fort
restreint; elle lançait encore, de temps à autre, quelques
boulets. L'Iphigenia se hâlait au large; tout le feu des Français fut dirigé sur elle. La journée fut employée à prendre
possession de la Nereids, à transborder son équipage, et à
remettre les bâtiments français à flot. A 5ʰ du soir, la Magicienne fut abandonnée et livrée aux flammes : elle sauta
à 11ʰ. De son côté, le capitaine de la Sirius cherchait à faire
flotter sa frégate, et il envoyait, en pure perte, aux bâtiments français, des projectiles qui n'arrivaient pas jusqu'à
eux; aussi avait-il été défendu de lui répondre. Le capitaine Pym ne put relever son bâtiment et il l'incendia le
lendemain : les équipages des deux frégates détruites furent
recueillis par l'Iphigenia qui avait repris son mouillage à
l'île de la Passe. Une embarcation fut expédiée à l'île de la
Réunion pour informer le commodore Rowley du résultat
du combat qui venait d'être livré.

Tous les bâtiments français avaient été remis à flot, et ils
étaient en état de poursuivre leur triomphe lorsque, le 26,
trois frégates parurent au large : c'étaient la *Vénus*, l'*Astrée*
et la *Manche*, expédiées par le gouverneur général pour
soutenir la division du commandant Duperré. Contrarié

par le vent, le commandant Hamelin n'avait pu arriver plus tôt. La situation lui était connue. Son premier soin fut de sommer le capitaine de l'IPHIGENIA de rendre à discrétion l'île et la frégate. Le capitaine Lambert y consentit ; toutefois, il fut convenu que, dans l'espace d'un mois, les Anglais, retenus prisonniers sur parole, seraient transportés dans quelque colonie anglaise. Le pavillon français devait être arboré sur l'île, le lendemain à 10ʰ. Ces conditions étaient acceptées lorsque le gouverneur général qui l'ignorait encore, envoya une sommation au capitaine anglais. Cette seconde démarche ne fit rien changer à ce qui avait été arrêté. La question de savoir comment serait traité le capitaine Willoughby fut agitée. Bien qu'ayant répandu des proclamations dans le but de soulever les habitants de l'île de France, cet officier ayant été pris après un combat honorable, il fut décidé qu'il serait traité comme prisonnier de guerre.

Le combat qui vient d'être relaté prit le nom de combat du Grand Port.

La division française avait fait de grandes pertes et elle avait éprouvé de sérieuses avaries. Ces pertes étaient cependant minimes en comparaison de celles de l'ennemi.

Dans le trajet du Port Nord-Ouest au Grand Port, le capitaine Hamelin avait fait une prise importante : il s'était emparé du transport anglais RANGER, qui était chargé de vivres, de mâts et de vergues de frégate.

Le commodore Rowley apprit par le WINDHAM, arrivé le 22 août à Saint-Paul, le projet d'attaque du capitaine Pym contre la division française qui se trouvait au Grand Port. Un bataillon d'infanterie fut embarqué sur la BOADICEA et le transport BOMBAY, ainsi que des vivres pour l'île de la Passe. Ces dispositions prises, il mit à la voile ; mais il fut contrarié par des brises variables et, le 27, il rencontra le canot qui lui avait été expédié pour lui annoncer le résultat de cette attaque. Le 29 au jour, le commodore Rowley eut connaissance de l'île de la

Passe et, en même temps, il aperçut la *Vénus* et la *Manche* qui retournaient au Port Nord-Ouest avec l'équipage de l'IPHIGENIA et la garnison de l'île. Dans l'ignorance où il était de la prise de cette frégate, le commodore anglais continua sa route; mais ses doutes, s'il en avait, furent bientôt dissipés lorsque, se couvrant de voiles, les frégates françaises se mirent à sa poursuite. La supériorité de marche de la BOADICEA la sauva. La *Vénus* et la *Manche* entrèrent au Port Nord-Ouest où elles trouvèrent l'*Astrée* et l'*Entreprenant*. Cette dernière frégate avait été envoyée à la recherche du STAUNCH; elle ne l'avait pas trouvé, mais elle s'était emparée de la *Mouche* n° 23 que les Anglais avaient capturée au mois de juin.

Après une traversée longue et pénible pendant laquelle les soutes avaient été inondées et les poudres noyées, le capitaine Lamouroux, de la *Mouche* n° 27 aperçut, le 5 janvier, devant le Port Nord-Ouest de l'île de France, une frégate sous pavillon français. Alors que cette goëlette n'était plus qu'à deux milles de terre, trois embarcations à la poupe desquelles flottait aussi le drapeau aux trois couleurs se dirigèrent sur elle. Le capitaine Lamouroux les laissa approcher sans défiance, mais il eut bientôt à s'en repentir car, dès qu'elles furent près de lui, elles arborèrent le pavillon anglais, et commencèrent une fusillade à laquelle la *Mouche* n° 27 ne put répondre faute de poudre. La frégate avait suivi ses canots. Aucun espoir de lui échapper ne restant au capitaine Lamouroux, qui n'avait plus d'ailleurs que pour six jours de vivres, la *Mouche* n° 27 amena ses couleurs.

La *Mouche* n° 26, capitaine Fleury, en croisière dans le golfe de Gascogne, fut chassée, le 8 janvier, par la frégate anglaise INDEFATIGABLE, capitaine Bucker, et amena son pa-

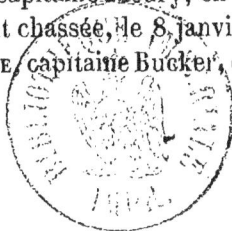

villon aux premiers coups de canon qui lui furent tirés. Quatre jours après, cette goëlette toucha sur les roches de l'île Mona, près de Penmarck, et s'y brisa. Le capitaine Fleury qui avait été laissé à bord, perdit la vie dans ce naufrage.

Espérant passer inaperçu, à la faveur de l'obscurité, à travers la croisière anglaise, le capitaine Mousnier, du brig de 16° l'*Oreste*, appareilla de la rade de la Basse-Terre de la Guadeloupe, le 12 janvier à la nuit. Son espoir fut promptement déçu et, chassé par plusieurs bâtiments, il fut atteint par la corvette de 18° Scorpion, capitaine Francis Stanfell. Le combat commença de suite. Peu de temps après, une seconde corvette vint prêter assistance à la première (1). Placés très-près de terre, les combattants en ressentirent l'influence; ils étaient tantôt en calme, et tantôt ballottés par de folles brises qui les faisaient abattre les uns d'un bord, ceux-là de l'autre côté. Les deux corvettes mirent leurs embarcations à la mer et, avec leur aide, elles réussirent à tenir le brig par leur travers. Le succès de leur attaque devint dès lors certain; après deux heures et demie de lutte, le pavillon de l'*Oreste* fut amené.

L'*Oreste* prit le nom de Wellington dans la marine anglaise.

L'*Oreste* portait   14 caronades de 24
                et 2 canons   de 6.
La Scorpion avait 16 caronades de 32
                et 2 canons   de 6.

Je ne saurais dire quelle était la force de l'autre corvette.

Partie de Saint-Servan pour la Guadeloupe où elle por-

(1) M. W. James, *The naval history*, dit que c'était une embarcation de frégate.

tait des vivres, la frégate de 44° la *Néréide* arriva, pendant la nuit du 9 février, à la hauteur de la baie Deshayes de cette île. Avant de se rendre au mouillage, le capitaine Lemaresquier envoya un canot à terre pour avoir des renseignements sur la situation de la colonie. Au jour, il aperçut un grand nombre de bâtiments devant la Basse-Terre et, chassé par un vaisseau anglais, trois frégates et une corvette, il gouverna vent arrière et réussit à perdre les chasseurs de vue. La présence d'un pareil nombre de bâtiments ennemis sur la rade de la Basse-Terre fit présumer au capitaine Lemaresquier que la Guadeloupe était au pouvoir des Anglais, et il prit le parti de retourner en France. Le 14 au jour, dans l'Ouest de Saint-Domingue, la *Néréide* fut poursuivie par une corvette et par un brig anglais qui se détachèrent d'un groupe de navires ; à 1ʰ heure de l'après-midi, la corvette de 28° RAINBOW, capitaine James Wooldbridge, était en position d'échanger des boulets avec la frégate. Le vent était à l'Est, et le cap Dame Marie restait à 18 milles dans le N.-E. En prenant chasse devant un brig et une corvette qu'il croyait être une frégate, le capitaine Lemaresquier avait pour but de diviser les forces de l'ennemi. A 3ʰ, les deux bâtiments anglais étant suffisamment éloignés l'un de l'autre, la *Néréide* mit le perroquet de fougue sur le mât. Cette manœuvre ne déconcerta pas le capitaine Wooldbridge qui plaça audacieusement la RAINBOW par le travers du vent de la frégate et engagea le combat avec vigueur ; il put toutefois voir bientôt qu'il avait trop présumé de ses forces, et l'état dans lequel la corvette fut mise dut lui donner des craintes sérieuses sur le résultat de la lutte. Mais le compagnon de la RAINBOW n'avait pas renoncé à lui prêter sa coopération, et cet auxiliaire, qui était le brig de 18° AVON, capitaine Tillieux Fraser, lui arriva résolument en aide. N'ayant plus rien à redouter de la corvette qui avait été trop maltraitée pour prendre désormais une grande part au combat, le capitaine Lemaresquier se porta sur ce nouvel et intrépide adversaire. L'AVON fit bonne contenance pendant une demi-heure, puis il s'éloigna. Les avaries de la *Néréide* la rendirent incapable de l'atteindre et de l'empêcher de rallier la RAINBOW. Le capitaine français continua sa route et, le 30 mars, il mouilla sur la rade de Brest.

La RAINBOW n'était pas une frégate comme le capitaine Lemaresquier l'écrivit dans son rapport ; c'était, ainsi que je l'ai dit en son lieu, l'ancienne corvette française l'*Iris*, capturée par la frégate AIMABLE, le 3 février 1809. Seulement, en prenant rang dans la marine anglaise sous le nom de RAINBOW, cette corvette avait échangé ses 22 caronades de 24 contre

20 caronades de 32,
4   —   de 18
et   2 canons   de   6.
L'AVON portait   16 caronades de 32
et   2 canons   de   6.
La *Néréide* avait 28 canons   de 18,
8   —   de   8
et   8 caronades de 36.

Les communications par mer, tant avec les ports de France qu'avec ceux des autres pays, devenaient de jour en jour plus difficiles ; la navigation au cabotage était fort gênée, et les bâtiments légers qui faisaient le service de convoyeurs avaient fréquemment à défendre leurs convois contre les attaques de l'ennemi.

Le 1er mai, une embarcation anglaise enleva un navire faisant partie d'un convoi de caboteurs qui se rendait de Verdon à Rochefort. L'aspirant Porteau poursuivit ce navire avec la péniche de la corvette la *Dédaigneuse*, le reprit et le ramena au port sous le feu d'une corvette à laquelle appartenait cette embarcation.

Quelques jours plus tard, cet aspirant donna de nouvelles preuves de détermination en combattant deux péni-

ches anglaises dont il n'abandonna la poursuite que lorsqu'elles furent couvertes par le feu de plusieurs bâtiments.

Le 3 mai, 11 embarcations anglaises attaquèrent un convoi en relâche à Aro. L'enseigne de vaisseau Button qui
l'escortait avec deux péniches, monta, ainsi que les hommes
des péniches, à bord du plus fort des navires ; il fut bientôt
entouré et abordé de tous les côtés. Pris au corps personnellement, il tua un Anglais ; mais il reçut une balle, un
coup de sabre, un coup de crosse à la tête et deux coups de
baïonnette dans le corps. Il n'en continua pas moins à donner des ordres ; et lorsque, repoussés et renonçant à leur
entreprise, les Anglais se retirèrent, il envoya ses marins à
la pointe du Fier, d'où les embarcations ennemies furent
foudroyées. Cette défense énergique ne put malheureusement sauver tous les navires : cinq avaient été livrés aux
flammes.

Le 23 du même mois, la péniche du *Rapace*, montée par
le capitaine Guinée, s'empara d'une chaloupe anglaise
portant un canon et une espingole.

Dans la nuit du 27, les Anglais firent une descente à
l'entrée de la rivière de Crac, et se rendirent maîtres des
batteries de Kernavest et de Beaumer, pendant que cinq canots entraient dans la rivière pour enlever les navires qui
s'y trouvaient. La défense vigoureuse de l'enseigne de
vaisseau Belotte, du dogre l'*Oreste*, fit échouer cette expédition.

Le 10 mai, à 12 milles de Penerf, le capitaine Ruinet,
de la canonnière n° 176, qui escortait un convoi de 10 navires, aperçut une goëlette anglaise au-devant de laquelle
il se porta, et qu'il attaqua. La canonnière fut bientôt entièrement désemparée et son capitaine paya de sa vie son
noble dévouement. L'enseigne de vaisseau Demerdieu qui
lui succéda, atteint par un boulet à la cuisse, fut remplacé
par l'aspirant Sorteval ; peu après, ce dernier eut lui-même
une jambe emportée. La résistance devenait impossible.
Au moment où un canot de la goëlette accostait la canon-

nière, l'agent comptable Leray s'embarqua avec l'équipage dans une embarcation qui parvint à atteindre Penerf ; le convoi y avait déjà trouvé un refuge.

Chassé, le 2 juin, par la frégate anglaise NEREIDS, capitaine Josiah Willoughby, pendant une traversée de la Réunion à l'île de France, le capitaine Massieur, de la *Mouche* n° 23, mouilla en dedans des récifs de la baie du Cap. Le capitaine anglais fit attaquer la goëlette par deux embarcations qui l'enlevèrent après une demi-heure de combat.

Le 8 septembre dans l'après-midi, une corvette anglaise ayant été aperçue sur la côte, le lieutenant de vaisseau Fougeray (Thomas) sortit de Cancale avec quatre canonnières et trois péniches pour aller l'attaquer. Vers 3^h, cette petite division laissa arriver sur la corvette, en ligne serrée, les amures à tribord ; le vent soufflait du S.-E. Le capitaine anglais ne voulant probablement pas combattre sous le vent, vira de bord ; et lorsqu'il se trouva dans la position qu'il désirait, il se rapprocha, les basses voiles carguées. Les canonnières l'attendirent en panne, à six milles dans le Nord de la pointe de Cancale. Après une demi-heure de canonnade à grande distance, la corvette s'éloigna.

Pris de calme à la hauteur du cap Saint-André, dans la matinée du 11 septembre, alors qu'il se rendait de Gênes en Corse, le capitaine Lebas, du brig de 16° l'*Adonis*, vit six embarcations se détacher d'un vaisseau anglais qui était lui-même en calme à grande distance. L'*Adonis* ouvrit son feu sur elles à 10^h, et bientôt les décharges d'artillerie et de mousqueterie se succédèrent avec rapidité des deux côtés. Après deux heures de tentatives inutiles pour aborder le brig, ces canots rejoignirent leur vaisseau, mais non sans avoir éprouvé de grandes pertes.

———

Ce même jour, 11 septembre, à deux milles dans le S.-O. de l'île Ronde, la *Mouche* n° 23, capitaine Massieur, fut chassée par la frégate anglaise de 48° AFRICAINE; capitaine Robert Corbett, qui mit l'officier français dans la nécessité de jeter sa goëlette au plain dans une petite anse de la côte de la Poudre d'Or. Le capitaine anglais expédia deux canots pour s'en emparer; mais après avoir vainement essayé d'éteindre le feu de mousqueterie dirigé de la plage par l'équipage de la goëlette, l'officier qui commandait l'expédition se vit forcé de renoncer à son entreprise et de retourner à son bord avec une grande partie de ses hommes hors de combat. La frégate s'éloigna, et la *Mouche* n° 23 put être remise à flot.

———

Le capitaine Bouvet qui avait pris une part si grande au combat du Grand Port, fut désigné pour commander l'ex-frégate anglaise de 48° IPHIGENIA dont le nom avait été changé en celui d'*Iphigénie;* et dès que cette frégate fut en état d'aller à la mer, elle fut placée, ainsi que la corvette de 18° le *Victor* et le brig l'*Entreprenant,* sous les ordres du commandant Lemarant (René), de la frégate de 44° l'*Astrée.* Cet officier avait mission d'intercepter un convoi anglais qui portait des troupes destinées à une expédition contre l'île de France. Le capitaine Robert Corbett, de la frégate de 48° AFRICAINE, avait en effet apporté au gouverneur-général de l'Inde l'ordre d'attaquer de suite les colonies de l'île de France et de la Réunion; on a vu que cet ordre avait reçu, par anticipation, un commencement d'exécution. La petite division française mit sous voiles dans les premiers jours du mois de septembre. La précipitation avec laquelle ce départ eut lieu ne permit pas à l'*Iphigénie* de prendre toutes les munitions qui lui étaient nécessaires. Le *Victor* fut chargé de les lui apporter dans le Nord de la Réunion ; mais cette corvette ne vint pas au rendez-vous, et l'*Entre-prenant* y fut laissé pour faire connaître à son capitaine la nouvelle direction prise par les frégates.

Le 12 septembre, l'AFRICAINE, la frégate BOADICEA, la corvette OTTER et le brig STAUNCH, qui se tenaient devant Saint-Paul, aperçurent les frégates françaises et se diri-gèrent de leur côté. La lutte avec ces quatre bâtiments était trop inégale pour que le commandant Lemarant continuât la route qu'il suivait ; il songea à diviser ses adversaires pour les combattre isolément et, dans ce but, il prit chasse au N.-O. ; la brise était fraîche du S.-E. Cette tactique réussit parfaitement. L'AFRICAINE prit beaucoup d'avance : au coucher du soleil, elle était à environ six milles en avant de la BOADICEA. Les frégates françaises ralentirent alors leur marche et, à 2ʰ 20ᵐ du matin, l'*Astrée* put ouvrir son feu sur l'AFRICAINE, alors à une portée de fusil par son travers de tribord ou du vent. Le capitaine Corbett fut blessé mor-tellement à la seconde bordée, et remplacé par le premier lieutenant. Une demi-heure plus tard, les voiles de la fré-gate française étaient en lambeaux ; ses manœuvres cou-rantes étant presque toutes coupées, le capitaine Lema-rant se plaça sous le vent de l'*Iphigénie* qui était devant lui. L'AFRICAINE se porta sans hésiter sur cette dernière et, lors-que son beaupré toucha le couronnement de la frégate française, elle lança dans le vent et lui envoya une bordée ; ce mouvement ayant été imité par l'*Iphigénie*, les deux frégates commencèrent, vergues à vergues, un combat des plus meurtriers. Plusieurs fois l'AFRICAINE essaya d'abor-der l'*Iphigénie*, mais ses tentatives furent toujours vaines. La vigueur du feu de mousqueterie de la frégate anglaise dénotait la présence d'un personnel trop considérable pour que le capitaine Bouvet acceptât bénévolement un combat corps à corps. L'AFRICAINE perdit son petit mât de hune et bientôt après son mât de perroquet de fougue. A partir de ce moment, son feu diminua graduellement.

L'*Astrée* ayant alors réparé ses avaries, se rapprocha et canonna de nouveau l'AFRICAINE ; celle-ci ne lui riposta pas : elle venait d'amener. Il était $4^h 30^m$. Le capitaine Lemarant, qui ignorait cette circonstance, manœuvra pour mettre la frégate anglaise entre deux feux ; il l'aborda même, et tomba avec elle sur l'*Iphigénie*. Cet événement pouvait avoir des conséquences funestes ; mais les frégates eurent fort heureusement le temps de se dégager avant l'arrivée des autres bâtiments ennemis. L'AFRICAINE était criblée dans toutes ses parties. Ses pertes, en tués et blessés, s'élevaient à plus des trois quarts de son équipage. Tous les officiers de l'état-major et ceux de l'armée de terre embarqués volontairement pour prendre part à un combat naval, avaient succombé ou étaient plus ou moins grièvement blessés. Le major Barry, secrétaire général du gouverneur anglais de la Réunion, passager à bord de la frégate, était le seul officier qui n'eût pas reçu de blessure.

Le combat de l'AFRICAINE était une espèce de croisade dans laquelle la présomption anglaise avait été, une fois encore, humiliée et punie. L'arrivée du capitaine Corbett avait excité un vif enthousiasme parmi la garnison de Saint-Paul. Dans un banquet qui lui fut donné, on porta un toast aux succès du capitaine qui ralliait la division du commodore Rowley pour combattre les frégates françaises. Un toast fut aussi porté au capitaine Bouvet, dans l'espoir que le capitaine Corbett procurerait prochainement aux convives le plaisir de faire la connaissance de cet officier. L'exaltation n'avait pas tardé à arriver à son comble, et chacun s'était empressé de solliciter du gouverneur la permission d'embarquer à bord de l'AFRICAINE pour coopérer à la prise des frégates françaises. Entraîné par le mouvement général, le gouverneur avait donné son consentement, et avait en outre autorisé l'embarquement de 100 grenadiers qui avaient demandé à faire partie des volontaires (1). De tout

(1) *Rapport du capitaine Bouvet.* M. W. James, *The naval history of*, etc.,

ce brillant état-major, je l'ai dit, un seul officier était resté debout ; des 100 grenadiers volontaires, 98 avaient été mis hors de combat ; de tout l'équipage enfin, il ne resta que 69 hommes valides (1).

Le jour, en se faisant, le 13 septembre, permit aux capitaines français d'apercevoir la BOADICEA à grande portée de canon. Après un court examen du champ de bataille, examen à la suite duquel il ne put lui rester d'incertitude sur le résultat du combat de la nuit, puisque le pavillon français flottait sur l'AFRICAINE, le commodore Rowley rallia l'OTTER et le STAUNCH. L'Astrée lui donna la chasse pendant une heure, revint amariner l'AFRICAINE, et la prit à la remorque. Les ponts de la frégate anglaise étaient couverts de débris et de cadavres. Elle n'avait perdu que son mât de perroquet de fougue et ses mâts de perroquet ; mais les autres, percés de toutes parts, n'étaient plus soutenus que par quelques rares cordages. Bientôt le mât de misaine s'abattit sur bâbord et successivement les deux autres tombèrent à la mer. L'enseigne de vaisseau Mondon fut désigné pour prendre le commandement de la frégate. Vers 3ʰ 30ᵐ, le commodore Rowley se rapprocha des frégates françaises. L'AFRICAINE n'était pas encore déblayée. Emmener cette frégate dans un pareil état était chose d'autant plus impossible, que l'Astrée et l'Iphigénie étaient elles-mêmes incapables de soutenir un second combat. L'Astrée envoya chercher les hommes qu'elle avait mis à bord de la frégate anglaise et, abandonnant sa prise, elle s'éloigna avec sa compagne. Cette détermination eut malheureusement lieu avant que l'AFRICAINE eût été complétement évacuée : l'enseigne de vaisseau Mondon et huit hommes étaient restés à bord.

---

dit que 26 hommes du 86ᵉ régiment furent seuls embarqués pour remplacer les blessés.

(1) *Notice sur les campagnes du capitaine Bouvet.* — *Moniteur universel* du 18 décembre 1810. — L'historien anglais dit que l'AFRICAINE eut 49 tués et 114 blessés.

Lorsque cet officier n'eut plus de doutes sur les intentions des capitaines des frégates, il fit jeter à la mer les munitions et les ustensiles de canonnage, encloua les canons à l'exception de cinq qu'il déchargea sur la BOADICEA et à 5ʰ du soir, il amena le pavillon. Les deux frégates françaises mouillèrent le 22 au Port Nord-Ouest, avec le brig de 16ᵉ de la Compagnie anglaise AURORA dont elles s'emparèrent le jour même de leur entrée.

Le 17 septembre au matin, le capitaine Charles Gordon de la frégate anglaise de 40ᵉ CEYLON, se rendant de Madras à la Réunion, passa devant le Port Nord-Ouest de l'île de France où il croyait trouver le commodore Rowley. Trompé dans son attente, il continua sa route ; mais sa frégate avait été aperçue, et le capitaine Hamelin (Jacques) appareilla avec la *Vénus* et le *Victor* pour lui donner la chasse. Le vent était à l'E.-S.-E. Un peu après minuit, la *Vénus* prenait poste et engageait le combat par la hanche de tribord de la frégate anglaise. A 1ʰ 15ᵐ, le capitaine Hamelin se laissa culer, passa à poupe de la CEYLON en lui envoyant une bordée d'enfilade et, loffant aussitôt, il se plaça par son travers de bâbord. Après un échange de quelques volées, il retourna de l'autre côté. La brise était fraîche. Obligée de porter ses voiles majeures et ses perroquets pour suivre son adversaire qui continuait sa route, la *Vénus* démâta, à 4ʰ du matin, de son mât d'artimon, du grand et du petit mât de hune qui tombèrent à bâbord et engagèrent, de l'avant à l'arrière, le côté duquel elle combattait. Le capitaine Hamelin répéta alors par nécessité la manœuvre qu'il avait déjà faite ; il passa sur l'arrière de la frégate anglaise et, d'une bordée, il lui abattit ses trois mâts de hune. Le feu de la CEYLON diminua alors subitement, car cette frégate se trouva dans la position où était la *Vénus* quelques instants auparavant : les débris de la mâture masquaient tous les sabords. A 5ʰ, son feu cessa complétement, et ce silence put annoncer aux habitants de l'île de la Réunion que l'on commençait à distinguer dans l'ombre, qu'une des deux frégates avait amené son pavillon. Le *Victor* venait d'arriver auprès des combattants; mais dans l'impossibilité de reconnaître la frégate française, il s'était abstenu de tirer. Lorsque la fumée fut dissipée, le capitaine Morice reçut l'ordre de demander au capitaine anglais s'il se rendait. Là réponse ayant été affirmative, il transporta cet officier supérieur et son état-major à bord de la *Vénus* et prit ensuite la CEYLON à la remorque. Le commandement de cette frégate fut donné au lieutenant de vaisseau Ducrest Villeneuve. Les pertes de la *Vénus* étaient considérables. Celles de la frégate anglaise, quoique grandes, ne l'étaient pas autant qu'on eût pu le supposer, car elle avait des troupes passagères. Le major-général Abercomby, qui devait prendre le commandement de l'expédition projetée contre l'île de France, était à bord.

La *Vénus* portait   28   canons   de 18,
                          8   —   de 8
              et   8 caronades de 36.
La CEYLON qui était l'ancienne frégate de la Compagnie
BOMBAY avait   24   canons   de 18,
                        2   —   de 9
              et 14 caronades de 24.

Le commodore Rowley qui était de retour à Saint-Denis, ne tarda pas à apercevoir la *Vénus* et l'ex-frégate anglaise CEYLON à la remorque du *Victor*. Il prit 50 hommes à l'AFRICAINE et, accompagnée de ses deux satellites OTTER et STAUNCH, la BOADICEA mit sous voiles et se dirigea sur les bâtiments français. Le capitaine Hamelin signala alors au *Victor* de larguer la remorque et de faire route pour l'île de France. Il n'y avait en effet pas de doutes possibles sur le résultat du nouveau combat qui allait s'engager. Dégréée et affaiblie à la suite d'une longue et sanglante

lutte, la *Vénus* devait tenter un dernier effort ; mais la
coopération du *Victor* ne pouvait lui être que d'une bien
faible utilité ; en éloignant cette corvette, le capitaine
Hamelin conservait très-probablement un bâtiment de
guerre à l'Empire et, à la division de l'Inde, un auxiliaire
qui, malgré sa faiblesse, était pour elle une grande ressource. Dès que la frégate CEYLON fut abandonnée à elle-
même, les Anglais laissés à bord hissèrent le pavillon de
la Grande-Bretagne, sans que les Français, au nombre de
16, qui lui avaient été donnés pour équipage, pussent s'y
opposer. La *Vénus* serra le vent bâbord amures et se
porta au devant de la frégate anglaise ; à 5ʰ 30ᵐ du matin, elle était par son travers. Après un combat de trois
quarts d'heure qui n'occasionna que peu de pertes et d'a-
varies de part et d'autre, le pavillon de la *Vénus* fut amené.
La BOADICEA prit la frégate française à la remorque,
l'OTTER se chargea de la CEYLON, et tous se rendirent à
Saint-Paul de la Réunion. Le *Victor* ne fut pas poursuivi ;
il arriva sans fâcheuse rencontre au Port Nord-Ouest de
l'île de France. La *Vénus* fut classée parmi les frégates de
la marine anglaise sous le nom de NEREIDS.

Chargé par le commandant en chef de l'armée d'Andalousie de diriger les opérations du siége de Cadix, le
maréchal Victor, après avoir enlevé de vive force les forts
de Matagorda et de Trocadero, avait embrassé dans une
suite de redoutes tout l'espace qui s'étend de Santa Maria
à Puerto Real, et de ce petit port, à Santi Petri. Mais,
pour faire le siége de Cadix, il fallait transporter les troupes
sur l'île de Léon, soit en traversant la rade, soit, ce qui
était beaucoup moins difficile, en franchissant le canal qui
sépare l'île de Léon de la terre ferme et qui porte le nom
de canal Santi Petri. Le capitaine de vaisseau Saizieu,
colonel des marins de la garde, fut chargé de réunir et
d'armer la flottille dont le concours était nécessaire, quel

que fût d'ailleurs le point choisi pour le débarquement des troupes. Par ses soins, tous les bateaux capables de porter de l'artillerie furent promptement armés dans le Guadalquivir. Toutefois ce n'était là que la première partie et la partie la plus facile de l'opération. Il fallait ensuite rapprocher cette flottille de Cadix et, par conséquent, mettre en défaut la surveillance de la division du contre-amiral anglais sir Richard Keats qui se tenait devant San Lucar. Le 31 octobre, le commandant Saizieu mit à la voile pour Santa Maria, par une nuit très-obscure, avec 39 bateaux transformés en bombardes, canonnières et péniches. Une jolie brise de N.-O. et la marée le favorisèrent d'abord. Mais, à la hauteur de la Regla, le vent passa frais à l'E.-N.-E. et occasionna la dispersion de la flottille qui, naviguant sans pilotes, se trouva dans une position extrêmement critique : on n'y voyait pas à 200 mètres. Deux canonnières rentrèrent dans le Guadalquivir; deux parvinrent à atteindre Santa Maria; une cinquième s'échoua sur la barre de la rivière qui conduit à ce port et fut brûlée le lendemain par l'ennemi; deux furent jetées à la côte. Le commandant Saizieu entra à Rota avec le reste de la flottille. Le 2 novembre, la division ennemie fut ralliée par un grand nombre de canonnières tant anglaises qu'espagnoles. L'attaque des embarcations françaises dans le port de Rota était chose facile. Le commandant Saizieu savait trop avec quelle impatience cette flottille était attendue devant Cadix, pour ne pas faire un nouvel effort afin de remplir la mission qui lui était confiée. Préférant braver en plein jour les forces de l'ennemi, plutôt que de s'exposer une seconde fois aux dangers qu'il avait courus, cet officier supérieur fit appareiller son escadrille à 3ʰ de l'après-midi. Le contre-amiral anglais ne vit d'abord dans cette sortie qu'une simple démonstration, et il ne chercha pas à y mettre obstacle; mais quand il s'aperçut que la flottille française faisait route le long de terre, il la poursuivit et bientôt, vaisseaux, frégates et canonnières la saluèrent de leurs volées. Le fort

Santa Catalina, l'artillerie légère et une batterie élevée sur la côte foudroyèrent cette masse de bâtiments ennemis, mais ne purent l'empêcher d'atteindre la flottille. Le passage sans combat n'étant plus possible, le commandant Saizieu fit intercaler les péniches entre les canonnières, et le feu des unes et des autres fut si compacte, que tout ce qui montait les 12 premières canonnières ennemies fut mis hors de combat. Incapables dès lors de manœuvrer, ces canonnières tombèrent sur celles qui les suivaient, et comme la chasse avait eu lieu sans ordre, celles-ci furent abordées à leur tour par les dernières. Il en résulta une confusion effroyable. Les Anglais s'arrêtèrent à l'entrée de la rade de Cadix. C'était un peu tard ; les canonnières qui avaient été armées à Santa Maria arrivèrent à ce moment, et elles achevèrent de les écraser. La flottille française entra dans le port de Santa Maria sans avoir perdu un seul bâtiment.

Le maréchal Victor s'étant décidé à diriger son attaque du côté du canal Santi Petri, il restait à faire entrer la flottille dans ce passage. Deux moyens se présentaient : prendre le large pour y entrer par le Sud, ou traverser la rade pour y pénétrer par la partie qui aboutit au fond de la baie, auprès de la Carraca (1). Ces deux moyens présentaient de grandes difficultés. Le commandant Saizieu avait pu risquer la traversée de San Lucar à Santa Maria en s'appuyant sur une côte occupée par des troupes françaises ; mais, pour atteindre Santi Petri, la situation n'était plus la même ; il fallait braver la croisière anglaise et affronter les feux de l'île de Léon. Le second moyen n'offrait toutefois guères plus de chances de réussite. Quoique les forts de Matagorda et de Trocadero fussent au pouvoir des Français, la flottille ne pouvait atteindre l'entrée Nord du canal, sans passer à portée de l'artillerie des fortifications de Cadix, des

_____

(1) Voir le plan, année 1808.

forts Puntales, San Fernando, San Luis et Cantara. Une forte
division de canonnières espagnoles se tenait en outre en
dedans de la pointe sur laquelle le premier de ces forts est
établi. Le passage ne pouvait donc être tenté sans grand
danger. A 3 ou 400 mètres en dedans de Matagorda se
trouve un canal qui, traversant devant Trocadero, va se
perdre dans les lagunes en avant de Puerto Real. En entrant dans ce canal, on évitait une partie des difficultés
qu'offrait le parcours par la rade même, car en remontant
jusqu'à Puerto Real et en prenant en dedans de l'île San
Augustin, on pouvait atteindre le canal de Santi Petri sans
avoir rien à craindre des forts ni des batteries de la rade.
Dans cette circonstance difficile, le commandant Saizieu
qui appréciait la valeur du temps qu'il perdait forcément,
trouva un moyen inattendu et en quelque sorte herculéen. Le
rio San Pedro qui déverse ses eaux dans la rade, à deux milles
dans le Sud de la rivière de Santa Maria, le rio San Pedro
dont l'accès est facile, n'est séparé de Trocadero que par
une langue de terre de 1,500 mètres (1). Imitant l'exemple
de Mahomet II qui, pour s'emparer de Constantinople, en
1543, avait transporté ses plus légers navires par terre,
le commandant Saizieu fit hâler ses canonnières sur la
presqu'île et les fit traîner à bras d'hommes sur des
rouleaux ; lorsqu'elles furent de l'autre côté, on les lança
dans le canal de Trocadero. Dans l'espace de quinze jours,
30 canonnières et 35 péniches furent conduites de la
sorte dans ce canal, sous le feu des bombardes et des canonnières de l'ennemi. Cette opération avait été faite sous la
direction et la surveillance du capitaine de frégate Picard
et du lieutenant de vaisseau Grivel, le premier major,
l'autre capitaine des marins de la garde, et des ingénieurs
de la marine Masquelez, Vincent et Daviel. Le 26, l'ennemi dirigea une attaque générale contre la flottille fran-

(1) La coupure portée sur le plan n'existait pas alors.

çaise; 45 bombardes ou canonnières et 20 péniches lançant des fusées incendiaires y prirent part. Les batteries de terre leur répondirent seules. Après une heure de feu très-nourri, la flottille ennemie se retira; les bombardes continuèrent à tirer, mais elles se turent aussi quand elles virent qu'on ne faisait pas attention à elles.

Tous ces travaux furent pour ainsi dire inutiles : le siége de Cadix n'eut pas lieu.

Favorisées par une grande brise de N.-N.-E. et un temps à grains, les frégates de 44° l'*Amazone* et l'*Éliza*, capitaine Rousseau (Louis) et Freycinet (Louis), appareillèrent du Havre, pendant la nuit du 12 novembre. Les frégates anglaises de 48° DIANA et NIOBE qui observaient leurs mouvements, les suivirent. Quoique l'*Amazone* et l'*Éliza* eussent gouverné d'après les indications d'un pilote, elles ne purent doubler les îles Saint-Marcouf, et elles durent virer de bord. Cette manœuvre les rapprocha des frégates ennemies et elles en reçurent deux volées. La formation toute récente et la mauvaise composition des équipages des frégates françaises empêchèrent leurs capitaines d'accepter le combat; ils laissèrent arriver et, à 6ʰ 30ᵐ du matin, ils mouillèrent aux îles Saint-Marcouf, ancrage qu'ils quittèrent quelques heures plus tard pour aller prendre celui de la Hougue. Le vent ayant beaucoup augmenté, ils crurent devoir rester à ce mouillage. Pendant ce temps, la NIOBE s'était dirigée vers l'Ouest pour signaler les frégates françaises au capitaine Pulteney Malcolm qui, depuis l'arrivée des vaisseaux le *Courageux* et le *Polonais*, et la mise à l'eau des frégates l'*Iphigénie*, l'*Alcmène* et de la corvette la *Diane*, surveillait le port de Cherbourg avec deux vaisseaux, une frégate et une corvette. Le capitaine Troude, qui commandait sur la rade de Cherbourg, fut aussi prévenu de la sortie des frégates du Havre et de leur entrée à la Hougue; mais, tandis que le commandant de la croi-

IV   8

sière ennemie se portait de ce côté, il était réduit à envoyer par terre un renfort d'équipage aux deux frégates, car, de tous les bâtiments de sa division, le *Courageux* seul était en état de prendre la mer. Le 14, l'*Éliza* chassa sur ses ancres, s'échoua et talonna avec tant de force, que le capitaine Freycinet jugea devoir dépasser tous ses mâts et jeter la batterie à la mer. Le lendemain dans la matinée, la DIANA s'approcha, mais elle se borna à échanger quelques boulets avec les frégates françaises : le capitaine Charles Grant venait simplement étudier la position; il s'éloigna de suite et rallia les vaisseaux de 82° DONEGAL et REVENGE, capitaines Pulteney Malcolm et honorable Charles Paget qui arrivaient avec le capitaine Wenworth de la NIOBE. Les quatre bâtiments ennemis commencèrent bientôt l'attaque. Quatre fois ils défilèrent devant les frégates en leur envoyant leur bordée, recevant en échange celle de l'*Amazone* et les décharges de l'artillerie des forts de Tatihou et de la Hougue, sans que de part ni d'autre, cette canonnade amenât quelque résultat. Entraînés au large par le courant, les Anglais cessèrent de tirer dans l'après-midi. Le lendemain les deux vaisseaux n'étaient plus en vue.

L'*Amazone* rentra au Havre le 29 novembre.

L'*Éliza* fut bombardée pendant quatre jours consécutifs, mais sans succès, après le départ de sa compagne. Cette frégate appareilla pendant la nuit très-obscure du 22 décembre, sans être aperçue par la croisière anglaise. Toutefois, l'obscurité qui avait favorisé sa sortie occasionna sa perte : elle s'échoua sur le banc de Réville d'où elle ne put être relevée.

———

Le 6 février de cette année, l'île de la Guadeloupe, dernière colonie que la France possédât dans la mer des Antilles, tomba au pouvoir des Anglais.

———

On a vu que le commodore Rowley, peu de jours après
son arrivée dans les mers de l'Inde, s'était dirigé sur l'île
de la Réunion avec les frégates BOADICEA, NEREIDS et des
transports qui avaient à bord 3,650 hommes. Ces troupes
furent débarquées le 7 juillet. Le lendemain soir, le colonel Sainte-Suzanne qui commandait l'île, signa une capitulation d'après laquelle la colonie de la Réunion devenait
une possession anglaise.

La division anglaise stationnée devant l'île de France
prenait, de jour en jour, un accroissement tel, qu'il était
facile de prévoir que le moment de l'attaque de cette colonie était arrivé. Le capitaine de vaisseau Dornaldeguy,
auquel son ancienneté donnait le commandement des forces
maritimes que la France entretenait dans ces parages, embossa les frégates la *Manche*, l'*Astrée*, la *Bellone* et la
Minerve à l'entrée du Port Nord-Ouest et, cette opération
terminée, 600 marins furent mis à terre pour concourir à
la défense de la ville. Le 29 novembre, un vaisseau, 12 frégates, 4 corvettes et un brig, sous le commandement du
vice-amiral Albemarle Bertie, et une cinquantaine de
transports portant 10,000 hommes de troupes sous les ordres du major-général Abercromby, mouillèrent dans la
Grande baie. Les troupes furent débarquées, le jour
même. L'île de France se rendit par capitulation pendant la
nuit du 2 décembre, et les bâtiments qui se trouvaient dans
ses ports devinrent la propriété du vainqueur. C'étaient : les
frégates la *Manche*, l'*Astrée*, la *Bellone*, la *Minerve*, l'*Iphigénie* et la *Néréide*; la corvette la *Victor*, le brig l'*Entreprenant*, la *Mouche* n° 23 et l'aviso le *Lutin*. La *Bellone* et
l'*Astrée* prirent rang parmi les frégates de la marine de la
Grande-Bretagne, la première sous le nom de JUNON,
l'autre sous celui de POMONE.

BATIMENTS PRIS, DÉTRUITS OU NAUFRAGÉS
pendant l'année 1810.

ANGLAIS.

Canons.

82	MINOTAUR.	Naufragé sur la côte de Hollande.
48	LIVELY.	Naufragée sur l'île de Malte.
	IPHIGENIA.	Prise par deux frégates.
	NEREIDS.	— au combat du Grand-Port.
44	SIRIUS.	} Détruites au même combat.
	MAGICIENNE*.	
	NYMPHE*.	} Naufragées dans la mer du Sud.
40	PALLAS.	
16	FLÈCHE*.	Naufragée sur l'île d'Elbe.
	SATELLITE.	} Sombrés.
12	CONFLICT.	
	RACER.	Naufragé sur la côte de France.
10	ACHATES.	— aux Antilles.
	WILDBOAR.	— sur la côte d'Angleterre.
	DIANA.	— sur l'île Rodrigues.
4	CUCKOO.	— sur la côte de Hollande.

FRANÇAIS.

Canons.

52	*Minerve**	
48	*Iphigénie**	
	*Néréide**	} Prises à l'île de France.
	Astrée.	
44	*Manche.*	
	Bellone.	
	Eliza.	Naufragée sur les côtes de France.
	Vénus.	Prise par une frégate.
20	*Nécessité,* flûte.	— par deux frégates.
18	*Victor.*	— à l'île de France.
16	*Oreste.*	Pris par deux corvettes
	Entreprenant.	— à l'île de France.

* L'astérisque indique un bâtiment pris à l'ennemi.

RÉCAPITULATION.

		Pris.	Détruits ou naufragés.	Incendiés.	TOTAL.
ANGLAIS. . .	Vaisseaux.	»	1	»	1
	Frégates.	2	5	»	7
	Bâtiments de rangs inférieurs.	»	8	»	8
FRANÇAIS. .	Vaisseaux.	»	»	»	»
	Frégates.	7	1	»	8
	Bâtiments de rangs inférieurs.	4	»	»	4

ANNÉE 1811.

—

L'armée navale d'Anvers atteignit cette année le chiffre élevé de 18 vaisseaux.

Canons.

	Charlemagne.	capitaine	Levasseur (Louis).
	Auguste.	—	Collet.
	Illustre.	—	Twent (1).
	Tilsitt.	—	Bellenger (Jacques).
	Hollandais.	—	Vanderstracten (1).
	Trajan.	—	Raoul (Joseph-François).
	Friedland.	—	Coudein, Jean.
	Chatam.	—	Gerbrandts (1).
82	*Pacificateur.*	—	Osewarde (1).
	Commerce-de-Lyon. . . .	—	Vattier.
	Pulstuck.	—	Vandockum (1).
	Anversois.	—	Soleil.
	César.	—	Moras.
	Ville-de-Berlin.	—	Roquebert (François).
	Albanais.	—	Fabricius (1).
	Gaulois.	—	...
	Dantzick.	—	Wlengels (1).
	Dalmate.	—	Mossin.

Quatre de ces vaisseaux étaient armés par des Danois; les autres avaient des équipages français ou hollandais; les officiers étaient Français sur quelques-uns de ces derniers.

Cette escadre, commandée par le vice-amiral Burgues Missiessy, qui avait sous ses ordres les contre-amiraux Gourdon et Lhermite (Pierre), descendit l'Escaut au mois d'avril, et alla mouiller à Hoog Plaat (2); elle retourna dans le Ruppel à la fin de novembre. Il existait cependant un bassin à Anvers; mais, des infiltrations assez fortes décidèrent le vice-amiral Missiessy à n'y mettre d'abord

---

(1) Officier hollandais ou danois.
(2) Mouillage qui emprunte son nom au banc situé à la hauteur de la pointe orientale de l'île Walcheren.

que quelques petits vaisseaux; les autres n'y purent pas entrer avant la fin de l'hiver de l'année suivante.

Un décret du 9 juillet 1810 avait réuni la Hollande à la France. Les côtes et les îles, depuis la rive gauche du canal de l'Écluse jusqu'à la rive droite de l'Elbe, avaient été divisées en quatre commandements maritimes, et dans les ports qui en dépendaient, il y eut cette année 7 vaisseaux, une frégate, 2 brigs, 17 canonnières et 15 bateaux-canonniers hollandais.

Le port de Rochefort était trop dénué d'approvisionnements pour que, après les désastres de l'année 1809, les vaisseaux qui s'y trouvaient pussent être mis en état de prendre la mer de quelque temps. L'audacieuse entreprise de l'amiral Gambier avait d'ailleurs démontré l'insuffisance des fortifications de la rade de l'île d'Aix, et l'on hésitait à exposer les débris de l'escadre. On commença par relever les forts et par augmenter l'artillerie des batteries; on en plaça de nouvelles sur les points les plus convenables et lorsque, au mois d'août 1811, ces travaux furent à peu près terminés, on donna au capitaine de vaisseau Jacob le commandement d'une division qui stationna sur la rade. Cette division se composait des vaisseaux de 82° le *Régulus* et le *Conquérant* et de la goëlette l'*Agile*. Le nombre des croiseurs anglais fut alors porté à 3 vaisseaux, 3 frégates, un brig et une goëlette.

Le 9 mars, le contre-amiral comte Emeriau qui, six mois après, fut promu au grade de vice-amiral, prit le commandement de l'armée navale de Toulon forte des 16 vaisseaux suivants :

Canons.

	Austerlitz.	capitaine Billiet.
		comte Emeriau, vice-amiral.
124	*Wagram.*	capitaine Legras.
		baron Baudin (André), contre-amiral.
	Majestueux.	capitaine Berrenger.
		Cosmao Kerjulien, contre-amiral.
114	*Commerce-de-Paris.* . . .	capitaine Brouard.
		Violette, contre-amiral

80	Sceptre.	capitaine	Montcabrié.
			Duperré, contre-amiral.
	Donawert.	capitaine	Infernet.
82	Ajax.	—	Magendie.
	Génois.	—	Montalan.
	Breslaw.	—	Allemand (Joseph).
	Suffren.	—	Louvel.
	Borée.	—	Senez.
	Danube.	—	Henri (Antoine).
	Trident.	—	Bonamy.
	Ulm.	—	Duclos.
	Maghanime.	—	Letourneur (Laurent).
	Annibal. . . . . ,	—	Mabé.

Frégates : *Amélie, Proserpine, Adrienne, Médée, Pénélope, Incorruptible.*

Cette armée navale continuait à attirer l'attention des Anglais; au mois de juillet, ils avaient devant Toulon, les 16 vaisseaux et les 3 frégates :

Canons.

120	CALÉDONIA.	capitaine	Richard Horward.
			sir Edward Pellew, vice-amiral.
			Israel Pellew, contre-amiral.
	HIBERNIA.	capitaine	William Holman.
112	VILLE-DE-PARIS.	—	George Burlton.
110	ROYAL SOVEREIGN.	—	John Harvey.
108	TÉMÉRAIRE.	—	Joseph Spear.
			Francis Pickmore, contre-amiral.
	RODNEY.	capitaine	Duff Markland.
			Francis Freemantle, contre-amiral.
82	YORK.	capitaine	Robert Barton.
	KENT.	—	Thomas Rogers.
	CONQUEROR.	—	Edward Fellowes.
	MAGNIFICENT.	—	George Eyre.
	SULTAN.	—	John West.
	REPULSE.	—	Hussey Moubray.
	BOMBAY.	—	William Cuming.
	ACHILLES.	—	Paffard Hollis.
	IMPLACABLE.	—	Rowley Watson.
	LEVIATHAN.	—	Patrick Campbell.

Frégates : APOLLO, IMPÉRIEUSE, FRANCHISE.

A part un petit engagement auquel quelques-uns des vaisseaux de Toulon assistèrent, l'armée navale de la Méditerranée, l'escadre du Nord et la division de l'Océan, virent l'année 1811 s'écouler paisiblement, le but unique de ces réunions de vaisseaux étant d'obliger l'ennemi à une surveillance fatigante et dispendieuse.

———

Le 11 mars, une division franco-italienne, sous les

ordres du capitaine de vaisseau Dubourdieu, portant 550 hommes de troupes commandés par le colonel Gif-flenga, aide-de-camp du vice-roi d'Italie, appareilla d'An-cône pour aller attaquer l'île de Lissa, devenue le point de station des forces navales de l'Angleterre dans l'Adria-tique, et le refuge de corsaires qui ne cessaient d'entraver le commerce de la France. Déjà, au mois d'octobre de l'année précédente, le capitaine Dubourdieu avait fait une expédition contre le port Saint-George de Lissa dans le-quel il avait pris ou détruit plusieurs navires. Le capitaine William Hoste d'abord, et le capitaine Hussey Moubray en-suite, s'étaient vainement mis à sa recherche dès qu'ils avaient eu connaissance de son apparition dans ces parages; après son coup de main sur Saint-George, le capitaine Du-bourdieu était de suite rentré à Ancône. La division de cet officier supérieur était, cette fois, composée des

	Canons.			
Frégates françaises de	44	Favorite.	capitaine	Dubourdieu.
		Danaé.	—	Villon.
		Flore..	—	Péridier.
Frégates italiennes de	40	Corona.	—	Pasqualigo.
	54	Bellona.	—	Dodero.
		Carolina.	—	Buratowich.
Brigs de	16	Princesse-Auguste. .	—	Bolognini.
Goëlettes de	7	Princesse-de-Bologne.	—	Ragiot.
	1	Allouette.	—	Cotta.
Chebec de	2	Eugène.		

Ces bâtiments, commandés, les uns par des officiers français, les autres par des officiers italiens, et dont les équipages étaient composés de Français et d'Italiens, arri-vèrent devant Lissa pendant la nuit du 12 mars; au jour, ils étaient à petite distance et un peu sous le vent, alors faible du O.-S.-O., du port Saint-George, ayant en vue, à environ six milles dans l'E.-S.-E., quatre frégates à la corne desquelles flottait le pavillon anglais. Ces frégates, placées sous les ordres du capitaine Hoste, étaient :

Canons.			
48	ACTIVE.	capitaine	Alexander Gordon.
40	AMPHION.	—	William Hoste.
	CERBERUS.	—	Henri Whitby.
	VOLAGE.	—	Phipps Hornby.

A 6ʰ du matin, le commandant Dubourdieu établit ses bâtiments en bataille, bâbord amures, dans l'ordre suivant : la *Favorite*, la *Flore*, la *Danaè*, la *Corona*, la *Carolina* et la *Bellona* et, signalant ensuite d'approcher l'ennemi à portée de pistolet, il laissa arriver, bonnettes haut et bas, sur la division anglaise qui tenait le plus près tribord amures, les basses voiles carguées, dans l'ordre que voici : Amphion, Active, Volage et Cerberus. La *Favorite*, qui avait une marche supérieure à celle des autres bâtiments de la division franco-italienne, les distança promptement; et, quoiqu'elle eût diminué de voiles, elle arriva à portée des canons des frégates anglaises, bien avant que celui qui la suivait pût la soutenir. A 9ʰ, elle serra le vent aux mêmes amures que l'ennemi, et engagea le combat avec l'Amphion. La ligne anglaise était tellement serrée que l'Active et la Volage purent aussi lui envoyer des boulets. Le capitaine Dubourdieu ne prit pas garde d'abord à la distance qui séparait la *Favorite* des autres frégates; mais comprenant bientôt l'avantage que son isolement allait donner à ses adversaires, il songea à sortir de la position critique qu'il s'était faite, en abordant l'Amphion. Au moment où la *Favorite* laissait arriver sur cette frégate, une décharge d'artillerie balaya son pont sur lequel étaient entassés les hommes destinés à monter à l'abordage. Les désastres occasionnés par cette bordée furent considérables, et en tête des victimes on compta le commandant Dubourdieu qui tomba pour ne plus se relever. Le capitaine de frégate Lamare Lameillerie le remplaça; il était 9ʰ 10ᵐ. A 10ʰ, le nouveau capitaine de la *Favorite* fit une seconde tentative d'abordage; mais, quoique le beaupré de sa frégate eût été un moment engagé dans les haubans d'artimon de l'Amphion, celle-ci parvint encore à l'éviter. Pendant ce temps, les autres frégates françaises et vénitiennes étaient arrivées successivement à portée de l'ennemi et avaient pris le plus près tribord amures en ordre renversé; en ce moment, l'action était engagée sur toute la ligne. L'île de Lissa sur laquelle les deux divisions couraient n'étant plus alors qu'à fort petite distance, le commandant anglais fit virer la sienne lof pour lof tout à la fois. Pendant qu'elle faisait cette évolution, la frégate Cerberus reçut dans son gouvernail un boulet qui retarda son mouvement, et la Volage prit la tête de la ligne. Le changement d'amures était aussi urgent pour la division franco-italienne qu'il l'avait été pour les Anglais; l'ordre de virer fut donc donné. Mais là Favorite était entièrement désemparée, et ce fut en vain que son capitaine voulut exécuter cette manœuvre : sa frégate continua à aller de l'avant, et elle s'échoua sur la pointe S.-E. de l'île. Le capitaine de frégate Lameillerie et le premier lieutenant avaient été tués quelques instants auparavant. Le colonel Gifflenga avait alors pris le commandement, ou plutôt il avait donné la direction supérieure à l'enseigne de vaisseau Villeneuve Bargemont, adjudant du commandant Dubourdieu. A partir de ce moment, chacune des frégates françaises et italiennes prit le poste qui convint à son capitaine, ou qu'elle put atteindre. Après avoir élongé l'Amphion, à bâbord, la Flore passa à poupe de cette frégate en lui envoyant une bordée d'écharpe ; serrant alors le vent bâbord amures, elle se mit par son travers de dessous le vent, à portée de pistolet. La Bellona choisit sa position au vent, et partagea son feu entre l'Active et l'Amphion. Le capitaine de la Danaé se plaça entre la Volage et la Cerberus, et les combattit jusqu'à ce que la Corona fût venue engager la dernière de ces frégates à laquelle elle présenta le côté de tribord. Enfin la Carolina soutint quelque peu ses compagnes, en canonnant au vent, mais de loin, la Volage et la Cerberus. Vigoureusement combattue par l'Amphion à laquelle se joignit l'Active, la Flore souffrait tellement, que le capitaine de la Danaé crut devoir se porter à son secours; la première des deux frégates anglaises passa alors sur l'avant de la Flore, et se plaçant par sa joue de tribord, elle se trouva à l'abri des boulets de la Danaé. Contrarié par cette détermination, le capitaine de l'ACTIVE dut aller prendre poste du même bord que l'AMPHION, c'est-à-dire à tribord. A 11ʰ 15ᵐ, le capitaine Péridier eut le bras gauche emporté par un boulet et remit le commandement au lieutenant de vaisseau Bollemont. Le capitaine de la *Bellona* imita le mouvement de l'AMPHION et se plaça derrière cette frégate. Dans cette position, il l'inquiéta tellement que le capitaine Hoste vira vent arrière, mais pour serrer avec plus de vigueur l'adversaire importun qui était venu le distraire. Il lui envoya d'abord une bordée d'écharpe destructive qui occasionna une blessure mortelle au capitaine Dodero. Après une vaillante défense, le deuxième lieutenant qui, à son tour, avait dû remplacer le premier dans le commandement, fit amener le pavillon. Il était midi. La frégate vénitienne avait tous ses mâts hauts, mais sa coque était criblée. La *Danaé* arrivait auprès de la *Flore* au moment où l'AMPHION se portait sur la *Bellona*. Estimant les avaries de sa frégate trop considérables pour continuer le combat, le lieutenant Bollemont fit route pour Lesina. La *Danaé* imita sa manœuvre et la *Carolina* les suivit; ces trois frégates étaient au mouillage à 3ʰ. Il ne restait donc que la *Corona* sur laquelle les frégates anglaises se dirigèrent, et qu'elles parvinrent à atteindre au milieu du canal qui sépare Lesina de Spalmadore. Dégréée et criblée, sans mât d'artimon ni vergues de hune, cette frégate succomba sous le feu de trois assaillants; son pavillon fut amené à 2ʰ 30ᵐ.

Le brig, le chebec et les deux goélettes ne prirent aucune part au combat. La *Princesse-de-Bologne* et le chebec s'étaient portés au secours de la *Favorite* dès qu'elle avait été échouée.

Les pertes des frégates françaises et des frégates italiennes étaient considérables. Le manque d'ensemble dans l'attaque les avait fait arriver isolément sur le lieu du combat, et les avait tour à tour exposées au feu de la division anglaise toute entière. Leurs mâts, leurs vergues, et leur grément étaient hachés.

Dès que la *Corona* eut amené son pavillon, les frégates anglaises se dirigèrent sur la *Favorite*. La défense était impossible dans la position où elle se trouvait : cette frégate fut évacuée et livrée aux flammes. Une centaine de blessés furent portés à Spolatro par les deux avisos ; le reste de l'équipage se mit en marche sur Saint-George et, malgré le feu d'un corsaire qui se trouvait dans le port, il s'y empara d'un petit navire sur lequel il se rendit à Lesina.

L'AMPHION avait éprouvé de grandes pertes ; elle avait perdu son mât d'artimon, et le reste de sa mâture était criblé. Les avaries de l'ACTIVE et de la CERBERUS étaient moins importantes. La VOLAGE avait souffert davantage.

La *Favorite*, la *Flore* et la *Danaé* avaient

28 canons   de 18,

8   —   de 8

et 8 caronades de 36.

La *Corona* portait   28 canons   de 18,

10   —   de 8

et 2 caronades de 36.

Je ne saurais dire quelle était la composition de l'artillerie de la *Bellona* et de la *Carolina*.

L'ACTIVE avait   28 canons   de 18,

4   —   de 9

et 6 caronades de 32.

L'AMPHION avait,   26 canons   de 18,

ainsi que la CERBERUS 4   —   de 6

et 10 caronades de 24.

La VOLAGE portait   22 caronades de 32,

8   —   de 18

et 2 canons   de 6.

Le lendemain du combat, le capitaine Hoste écrivit au capitaine Péridier pour réclamer la *Flore* qui, disait-il, avait amené son pavillon à 11ʰ 20ᵐ, pendant que l'Amphion la combattait. L'état presque désespéré du capitaine de cette frégate ne permit pas de lui donner connaissance de cette demande. Le capitaine Villon, de la *Danaé*, après avoir pris toutes les informations qu'il put recueillir, répondit au capitaine anglais que le pavillon de la *Flore* n'avait pas été amené, mais qu'il avait été abattu par suite de la rupture de la drisse. Il ajouta que, dans le cas où cette explication ne paraîtrait pas suffisante, le capitaine anglais aurait à s'adresser au gouvernement français. Cette affaire n'eut pas d'autre suite (1).

L'attaque des bâtiments entrés dans le port de Lesina était chose si facile, que le premier soin du capitaine Villon fut d'établir une batterie de quatre canons sur chacune des pointes qui en forment l'entrée. Les frégates ne furent cependant pas inquiétées dans leur travaux de réparation; et lorsque les plus urgentes furent terminées, elles mirent à la voile; le 23 mars, elles mouillèrent à Raguse. De leur côté, les Anglais qui étaient restés à Lissa, se rendirent à Malte.

Huit mois après ce combat, la *Flore*, dont le capitaine Lissilour avait pris le commandement, fit côte devant Chioggia; une soixantaine d'hommes perdirent la vie dans ce naufrage.

La *Danaé* eut une fin plus triste encore; cette frégate sauta sur la rade de Trieste pendant la nuit du 4 septembre 1812. L'équipage périt en entier, à l'exception d'un

(1) Le capitaine Hoste prétendit qu'après s'être mis à tribord de la *Flore*, la canonnade de l'Amphion avait été si serrée que la frégate française avait amené son pavillon; et que, plus tard, quelques boulets de la *Bellona*, manquant leur but, ayant atteint cette frégate, un des officiers de la *Flore*, qui les supposait venir de l'Amphion, avait saisi le pavillon français et, l'élevant au-dessus du couronnement comme pour prendre l'équipage anglais à témoin, l'avait lancé à la mer. Après avoir vainement essayé de mettre un canot à la mer pour amariner la *Flore*, l'Amphion avait viré pour aller imposer silence à la *Bellona*. C'est alors, d'après le capitaine anglais, que la frégate française aurait fait route. L'enquête ordonnée par le capitaine Villon constata que le capitaine Hoste avait commis une méprise.

seul homme qui ne put donner aucun renseignement sur la
cause de cette affreuse catastrophe.

Informé par les vigies de la côte que l'escadre anglaise
manœuvrait pour couper la route aux frégates l'*Amélie* et
l'*Adrienne*, alors à la hauteur du cap Benat, et qui ren-
traient à Toulon après avoir rempli une mission, le contre-
amiral Émeriau fit appareiller 13 vaisseaux et une frégate,
dans la matinée du 19 juillet. A 11ʰ 30ᵐ, les vaisseaux
anglais CONQUEROR et SULTAN commencèrent à canonner les
deux frégates et, bientôt après, ils échangèrent plusieurs
volées avec l'*Ulm*, le *Danube*, le *Breslaw* et le *Magnanime*.
Aussitôt que les frégates eurent rallié, l'escadre rentra à
Toulon. Le seul vaisseau l'*Ulm* avait quelques avaries dans
le grément.

Le 7 août, l'escadre anglaise qui bloquait Toulon mouilla
sur la rade d'Hyères, et le vice-amiral sir Edward Pellew
ne laissa qu'un vaisseau et deux frégates en observation au
cap Sicié. Ces frégates s'approchaient tous les soirs de
terre pour enlever les caboteurs qui, confiants dans l'obscurité de la nuit, se hasardaient à naviguer sans escorte ;
dès que le jour se faisait, elles reprenaient le large. Plusieurs fois le vice-amiral Émeriau avait essayé de les faire
surprendre ; mais elles s'éloignaient aussitôt qu'elles
voyaient quelque vaisseau mettre sous voiles, pour se rapprocher, lorsque les bâtiments sortis reprenaient leur mouillage.
Le commandant en chef rentrant, le 20 novembre, avec
toute l'escadre qui avait passé la journée à évoluer au
large, ordonna au contre-amiral Baudin (André) de laisser
tomber l'ancre en dehors de la rade avec les vaisseaux le
Borée, le *Trident*, le *Magnanime*, sur lequel cet officier
général arbora momentanément son pavillon, les frégates
l'*Amélie* et l'*Incorruptible*, et d'appareiller pendant la nuit
pour donner la chasse à ces frégates. L'escadre anglaise avait

quitté son mouillage depuis plusieurs jours et l'on ignorait de quel côté elle s'était portée. Un calme profond empêcha l'exécution de la deuxième partie de cet ordre, et le contre-amiral Baudin ne put mettre sous voiles que le lendemain soir; la brise s'était élevée au N.-O. Les frégates anglaises de 48ᵉ PERLEN et VOLONTAIRE, capitaines Joseph Swabey Telley et honorable George Granville Waldegrave, étaient à plusieurs milles dans le S.-O. du cap Sepet. Le *Trident*, le *Magnanime*, l'*Amélie* et l'*Incorruptible* purent échanger quelques boulets, à toute volée, avec les frégates ennemies qui s'éloignaient sous toutes voiles. Mais, vers le milieu de la nuit, le vent ayant passé à l'Est, le contre-amiral Baudin ne jugea pas devoir prolonger une poursuite qui, en le souventant, l'exposait à tomber dans l'escadre anglaise, et il fit le signal de ralliement; il était alors à 36 milles du cap Sicié. Toute l'escadre de Toulon se porta à la rencontre de cette division, et elle ne rentra que le 26. Ce jour-là, celle du vice-amiral Pellew mouillait dans le Sud de l'île Minorque.

Quoique un grand nombre de coups de canon eussent été tirés dans cette escarmouche, le *Trident* et l'*Amélie* avaient seuls reçu quelques boulets. Les deux frégates anglaises n'avaient pas été plus maltraitées.

Les frégates de 44ᵉ la *Renommée*, la *Nérélde* et la *Clorinde*, capitaines Roquebert (Dominique), Lemaresquier et Saint-Cricq, partirent de Brest, le 3 février, avec des vivres et des approvisionnements pour l'Ile de France; elles devaient se rendre à Batavia dans le cas où cette colonie serait tombée au pouvoir des Anglais. La nuit même de leur sortie, elles furent assaillies par un violent coup de vent qui dura dix-huit jours, et pendant lequel elles eurent des voiles emportées et cassèrent plusieurs mâts. La *Clorinde* eut un sabord défoncé, et elle embarqua une si grande quantité d'eau qu'elle perdit une partie de ses poudres et de ses vivres. Les frégates eurent connaissance du Grand-Port de l'île de France, le 6 mai pendant la nuit. Le commandant Roquebert, auquel son ancienneté donnait le commandement supérieur, ignorant encore si l'attaque projetée des Anglais contre cette colonie avait eu lieu, et quel pouvait en avoir été le résultat, envoya une embarcation de la *Renommée* et une de la *Clorinde* recueillir des informations à terre. Lorsque le jour se fit, il vit le pavillon français flotter sur l'île de la Passe ; toutefois cette île ne faisait aucun des signaux convenus avec les officiers des embarcations expédiées à terre pendant la nuit ; plus de doute alors que ce pavillon ne fût un piége et que la colonie ne fût au pouvoir des Anglais. Trois voiles furent aussi successivement aperçues. C'étaient les frégates anglaises de 42ᵉ PHŒBE et GALATÆA, capitaines James Hillyar et Woodley Losack, et le brig de 18 RACEHORSE, capitaine James de Rippe. Le capitaine de la GALATÆA donna de suite avis de l'apparition des frégates françaises au capitaine Charles Marsh Shomberg, de la frégate de 42ᵉ ASTRÆA qui était alors au Port Nord-Ouest. Le canot de la *Renommée* revint à bord avec la nouvelle positive de la prise de l'île de France ; le commandant Roquebert crut devoir attendre l'autre embarcation toute la journée ; elle ne reparut pas : moins heureuse que la première, elle avait chaviré en abordant la plage. La *Clorinde* perdit ainsi huit matelots et deux officiers. Le lendemain, le commandant de la division française donna la chasse aux bâtiments anglais, et les perdit de vue pendant la journée du 9 ; il se dirigea alors sur la Réunion : cette île fut reconnue trois jours plus tard, après le coucher du soleil. Des embarcations furent encore envoyées aux renseignements, mais l'état de la mer ne leur permit pas d'accoster le rivage. Cependant les vivres touchaient à leur fin ; les équipages étaient déjà réduits aux deux tiers de la ration ; le commandant Roquebert se décida à faire route pour Madagascar et les frégates arrivèrent à Tamatave, le 19 mai. Les Anglais occupaient cette ville

depuis trois mois. Deux embarcations envoyées immédiatement à terre surprirent la garnison, forte d'une centaine
d'hommes. Au jour, quatre bâtiments furent signalés dans
le N.-N.-O; c'étaient le brig et les frégates que nous connaissons déjà auxquels l'Astræa s'était jointe. Dès que le
canot de la *Renommée* fut revenu à bord, les Français
firent leurs dispositions de combat et se rangèrent en bataille, la *Clorinde* en tête, la *Néréide* en serre-file. L'embarcation de la *Néréide* resta à terre. La brise était faible de
l'Est. Les bâtiments ennemis louvoyaient pour s'élever au
vent; l'Astræa marchait la première; la Phoebe la suivait
et la Galatæa venait ensuite; le Racehorse se tenait en dehors de la ligne. A 4ʰ, ces frégates se trouvant à petite distance par le travers de dessous le vent de la division française qui courait à contre-bord, les amures à bâbord, la *Renommée* envoya sa bordée à l'Astræa; la *Néréide* ne tarda
pas à en faire autant, et le combat devint bientôt général,
car le capitaine de la *Clorinde* qui avait d'abord jugé la
distance trop grande, ordonna de tirer sur la Phoebe et
sur la Galatæa. Lorsque l'Astræa fut arrivée dans les
eaux de la *Néréide*, son capitaine voulut virer de bord;
mais la brise était alors presque entièrement tombée, et ne
pouvant réussir dans son évolution vent devant, le capitaine anglais essaya de la faire vent arrière. Cette manœuvre plaça de nouveau l'Astræa à la droite des frégates
françaises, dans un calme parfait qui régnait alors du reste
sur toute l'étendue des deux lignes. Un moment, par suite
d'une abattée involontaire sur bâbord, la Phoebe et la Galatæa présentèrent la poupe à la *Renommée* et à la *Clorinide;* toutes deux reçurent plusieurs bordées destructives
avant qu'une risée favorable vînt les retirer de cette position fâcheuse. D'autre part, profitant du reste de fraîcheur
qui avait permis à l'Astræa de virer, le capitaine de la *Néréide* avait fait une arrivée pour combattre la frégate anglaise; mais cette manœuvre qui le rapprochait de l'Astræa,
avait permis à la Phoebe et au Racehorse de diriger sur

sa frégate des coups primitivement adressés aux deux
autres. La position de la *Néréide* devint assez critique
lorsqu'une petite fraîcheur de S.-S.-E. qui s'éleva vers
6ʰ 30ᵐ, donna à la PHŒBE la possibilité de prendre cette
frégate d'enfilade par l'avant. Le capitaine Lemaresquier,
tué depuis près d'une heure, avait été remplacé par le
lieutenant de vaisseau Ponée. Quant à la GALATÆA, elle
avait réussi, en s'aidant de ses canots, à présenter le travers à la *Renommée*. Le retour de la brise fit cesser le
combat. La *Renommée* et la *Clorinde* ayant laissé arriver
pour se porter en aide à la *Néréide*, le commandant de la
division anglaise continua sa bordée et le feu cessa à 8ʰ.
Le lieutenant Ponée prévint immédiatement le commandant Roquebert que la *Néréide* ne pouvait plus manœuvrer;
il reçut l'ordre de courir bâbord amures près de terre. Le
combat était à peine terminé que la GALATÆA démâta de
son petit mât de hune et du mât de perroquet de fougue.
Le capitaine Losack demanda assistance au RACEHORSE; le
renfort d'équipage qu'il reçut de ce brig ne l'empêcha pas
de faire un signal de détresse, et il avertit le capitaine
de l'ASTRÆA qui s'était approchée, qu'il ne lui était plus
possible de combattre. La *Renommée* et la *Clorinde* gouvernèrent grand largue, bâbord amures, jusqu'à 9ʰ; elles
prirent alors la même allure à l'autre bord, passèrent
auprès de la *Néréide* sans lui parler et sans faire aucun
signal, et ne tardèrent pas à la perdre de vue. La nuit
était sombre; la brise faible et variable. A 9ʰ 30ᵐ (1),
un matelot de la *Clorinde* étant tombé à la mer, on
manœuvra pour le sauver. La *Renommée* ne s'aperçut pas
que sa compagne avait mis en panne et, continuant sa
route, elle se trouva, très-peu de temps après cette séparation, en vue de plusieurs bâtiments qui, tout devait du

---

(1) Le lieutenant de vaisseau Serec dit 11ʰ dans son journal, mais il fait évidemment erreur, puisque le capitaine Saint-Cricq entendit la canonnade avant
que les canots de la *Clorinde* eussent été rehissés.

moins le faire supposer, ne pouvaient être autres que les frégates ennemies Bien qu'averti immédiatement, le capitaine
Roquebert ne chercha pas à les éviter et il laissa souper
l'équipage. Il lui fallut cependant enfin se rendre à l'évi-
dence; mais la *Renommée* avait été aperçue, et elle était
entourée lorsqu'il ordonna de faire le branle-bas de combat. La frégate française commença une nouvelle lutte
contre l'ASTRÆA qui la combattit par le travers, et la
PHŒBE par la hanche de dessous le vent, pendant que le
RACEHORSE la canonnait de l'autre bord. Le capitaine Roquebert fut tué et remplacé par le lieutenant de vaisseau
Defredot Duplantys. La *Renommée* était alors hors d'état
de se mouvoir. Blessé bientôt, le lieutenant Duplantys
laissa pendant quelques instants le commandement à l'enseigne de vaisseau Besse, mais il le reprit après un premier pansement. A 10ʰ 30ᵐ, jugeant ne pouvoir prolonger
davantage la défense, cet officier fit amener le pavillon.
La *Renommée* fut amarinée par l'ASTRÆA (1).

Dès que le capitaine de la *Clorinde* entendit la canonnade, il abandonna l'homme tombé à la mer, fit rehisser
les canots et se dirigea du côté d'où elle partait. Le feu
avait cessé lorsqu'il arriva sur le théâtre du combat (2).
L'impossibilité de reconnaître la *Renommée*, et la crainte
de diriger ses coups sur cette frégate empêchèrent le capitaine Saint-Cricq de tirer. Cependant cette incertitude
cessa promptement; et deux frégates s'étant approchées, il
s'éloigna sans riposter à leurs boulets; à 3ʰ il ne les voyait

---

(1) On ignore le motif qui détermina le capitaine Roquebert à se jeter ainsi
seul au milieu des frégates ennemies. Il devait y avoir, sur cette détermination,
un voile qui a probablement été soulevé, car le rapport de l'officier qui prit le
commandement de la *Renommée*, se terminait ainsi : « Il m'est impossible d'ex-
« pliquer à votre Excellence — le ministre de la marine — comment le capi-
« taine Roquebert vint seul au milieu des ennemis avant que les bâtiments de
« sa division fussent ralliés. C'est une fatalité dont je ne puis rendre compte que
« verbalement. »

(2) *Rapport du capitaine Saint-Cricq.* En rapprochant les heures, on ne
peut s'empêcher de remarquer que celles du rapport de la *Clorinde* ne concor-
dent pas avec celles de la *Renommée*.

plus. La Phœbe démâta de son petit mât de hune pendant
cette poursuite.

Les frégates françaises portaient chacune

28	canons	de 18,
2	—	de 8
et 14	caronades	de 24.

Les frégates anglaises avaient 26 canons   de 18,

4	—	de 9
et 12	caronades	de 32.

La Phœbe avait cependant 2 canons de 9 de plus que les
autres.

Le Racehorse portait   16 caronades de 32

          et 2 canons   de 6.

Lorsque le jour parut, le capitaine Saint-Cricq n'aperçut
plus un seul bâtiment. De nouvelles incertitudes assaillirent son esprit : il n'était pas fixé sur le sort de la *Renommée* et il ignorait ce que la *Néréide* était devenue. Sa frégate touchait cependant à la fin de ses vivres, et il avait
33 hommes sur les cadres, dont 8 blessés au combat de la
veille : l'effectif de son équipage était, en outre, diminué
des 10 hommes qui armaient l'embarcation envoyée à l'île
de France. La *Clorinde* avait enfin d'autres avaries que
celles occasionnées par les boulets de l'ennemi ; les mauvais temps qu'elle avait éprouvés à son départ d'Europe
avaient nécessité l'emploi de mesures de précaution, en ce
qui concernait son grand mât et son mât d'artimon. Ayant
aperçu, pendant la nuit, quatre bâtiments qu'il soupçonna
être le brig anglais et les frégates, le capitaine Saint-Cricq
fit route pour les Seychelles et mouilla, le 30 mai, sur la
rade de Mahé. La *Clorinde* reprit la mer quelques jours
plus tard et arriva à Brest le 24 septembre, chassée par un
vaisseau anglais qui la canonna jusque dans le raz de Sein.

Le 13 mars 1812, un conseil de guerre condamna le
capitaine de vaisseau Saint-Cricq à être renvoyé du service, à être dégradé de la Légion d'honneur, et à subir en

outre, trois mois de prison, comme coupable : 1° de n'avoir pas pris toute la part possible au combat du 20 mai 1811; 2° de s'être séparé de son commandant; 3° de n'avoir pas attaqué l'ennemi lorsqu'il s'en était trouvé à petite portée pendant la nuit; 4° de ne s'être pas rendu à Java, ainsi que le lui prescrivaient ses instructions.

Le 21 avril 1814, cet officier fut réintégré au service dans le grade de capitaine de vaisseau, avec le rang qu'il occupait avant sa radiation des cadres.

Conformément à l'ordre qu'il avait reçu, le lieutenant Ponée, nouveau capitaine de la *Néréide*, se tint près de terre; au jour, il n'y avait plus un seul bâtiment en vue. Pressé par le besoin de vivres et par la nécessité de réparer les avaries de sa frégate, il laissa tomber l'ancre devant Tamatave. De son côté, à peu près certain de l'y trouver ainsi que la *Clorinde*, le capitaine Shomberg prit la même direction, dès que cela lui fut possible. Son espoir fut en partie déçu car, lorsqu'il arriva à Tamatave, le 25, il n'y vit que la *Néréide*. Le capitaine Shomberg somma de suite le lieutenant Ponée de se rendre; incidemment, il l'informait que les deux autres frégates étaient capturées. Incapable d'opposer aucune résistance, le capitaine de la *Néréide* proposa une capitulation en vertu de laquelle l'état-major, l'équipage de la frégate et la garnison de Tamatave seraient renvoyés en liberté en France, les officiers et les sous-officiers conservant leurs armes. Le capitaine anglais acquiesça à cette demande, et la capitulation fut signée le lendemain.

La *Néréide* et la *Renommée* furent classées parmi les frégates de la Grande-Bretagne, la première sous le nom de MADAGASCAR, l'autre sous le nom de JAVA.

Les lieutenants de vaisseau Ponée et Defredot Duplantys furent traduits devant un conseil de guerre qui les acquitta honorablement.

Le 14 mars, après une chasse de quarante-huit heures,

la frégate anglaise de 48ᶜ Pomone, capitaine Robert Barrie, contraignit le brig l'*Étourdi* à chercher un refuge dans une petite crique du rocher de Monte Christo sur la côte occidentale d'Italie. Le capitaine Palasne de Champeaux n'essaya pas de résister à un pareil adversaire; il fit évacuer l'*Étourdi* sous le feu de la frégate anglaise et il le livra aux flammes.

Traduit devant un conseil de guerre pour rendre compte de sa conduite, le lieutenant de vaisseau Palasne de Champeaux fut déchargé d'accusation.

———

La frégate de 44ᶜ l'*Amazone*, capitaine Drouault, sortie du Havre dans la soirée du 23 mars, et se rendant à Cherbourg, toucha sur les roches dites les Héquets, et démonta son gouvernail. Cet accident fit prendre au capitaine Drouault la détermination de laisser tomber l'ancre à environ un mille de Barfleur. Dans l'après-midi, le vaisseau anglais de 82ᶜ Berwick, capitaine James M'nemara, les frégates de 48ᶜ Niobe et Amelia, capitaines Wenworth Loring et honorable Paul Irby, les brigs de 16ᶜ Goshawk et Hawk, capitaines John Lilburn et Henry Bourchier, défilèrent devant l'*Amazone* en lui envoyant successivement leur bordée; cette manœuvre fut renouvelée pendant deux heures. L'*Amazone* riposta autant que sa position put le permettre, mais il était temps que la lutte finît : elle coulait sur ses ancres. Les roches qui bordent cette partie de la côte ne permettaient cependant pas de la jeter au plain : le capitaine Drouault la fit évacuer et la livra aux flammes.

———

La flûte le *Dromadaire*, capitaine Morin, chargée de poudres et de boulets pour Malaga, partit de Toulon en compagnie des frégates de 44ᶜ l'*Amélie* et l'*Adrienne*, capitaines Meynard Lafargue et Lecoat de Kervéguen. Ces trois bâtiments se dirigèrent d'abord sur l'île d'Elbe où ils devaient prendre des troupes. Le 31 mars pendant la nuit, en vue de l'île Caprera, l'*Amélie* et l'*Adrienne* donnèrent la chasse à une frégate qui avait été aperçue dans le S.-E.; le *Dromadaire* reçut l'ordre d'entrer à Porto Ferrajo. Le vent passa malheureusement à l'Est, et au jour, le vaisseau anglais de 82ᵉ Ajax, capitaine Robert Waller Otway et la frégate Unité, capitaine Henry Chamberlayne, furent signalés dans le Sud. Certain de ne pouvoir arriver à l'île d'Elbe avant d'être atteint par ces bâtiments, le capitaine Morin fit vent arrière. Cette détermination ne lui réussit pas. Chassé par les deux bâtiments ennemis, il amena le pavillon après une courte canonnade. Les deux frégates furent poursuivies à leur tour, mais elles purent se rendre à leur destination.

Le lieutenant de vaisseau Morin comparut devant un conseil de guerre qui le déclara non coupable.

Les capitaines Renault et Figanière, des flûtes de 26ᵉ la *Girafe* et la *Nourrice*, se disposaient à appareiller de la baie de Sagone de l'île de Corse lorsque, dans la soirée du 30 avril, les frégates anglaises de 48ᵉ Pomone et Unité, capitaines Robert Barrie et Henry Chamberlayne et le brig de 18ᵉ Scout, capitaine Renton Sharpe furent signalés se dirigeant vers la baie; ils s'embossèrent, bâbord au large, aussi près de terre que possible. Le calme retint les bâtiments anglais au large pendant vingt-quatre heures. Une légère fraîcheur leur permit alors d'entrer dans la baie, et ils canonnèrent les flûtes en passant plusieurs fois devant elles. La petite batterie de Sagone prêta aux transports l'assistance de ses canons; mais après une demi-heure, elle était comme eux, hors d'état de continuer le feu. Ceux-ci furent évacués et incendiés; ils firent explosion à 8ʰ 30ᵐ du soir.

Les lieutenants de vaisseau Renault et Figanière furent jugés et acquittés.

Le brig de 16e *Simplon*, capitaine Dauriac, sorti de Trieste, le 4 mai, pour poursuivre plusieurs corsaires qui avaient paru sur la côte, fut chassé par les frégates anglaises de 48e Belle-Poule, capitaine James Brisbane et Alceste, capitaine Murray Maxwell, et entra dans le petit port de Parenzo. Le capitaine Dauriac s'y embossa, en présentant le côté de bâbord à la passe. La détermination qu'il avait prise n'arrêta pas les capitaines anglais et, à 2^h de l'après-midi, ils l'attaquèrent. Le feu du *Simplon*, auquel se joignit celui de la batterie de l'île qui forme la rade de Parenzo, força les assaillants à prendre le large. Le brig faisant beaucoup d'eau par des trous de boulets, le capitaine Dauriac l'échoua devant la ville. Bien résolus d'arriver à leurs fins, les Anglais essayèrent un autre mode d'attaque. Vers minuit, ils débarquèrent 300 hommes, s'emparèrent facilement de l'île, et y établirent deux obusiers et trois canons. Au jour, cette batterie ouvrit son feu sur le brig et sur la ville. Les boulets du *Simplon* ne pouvaient atteindre cette position. Le capitaine Dauriac voulant cependant participer à la défense d'une place dont sa présence seule avait occasionné l'attaque, fit mettre à terre deux canons et une partie de l'équipage du brig et, grâce probablement à cette coopération, les Anglais se rembarquèrent. Le *Simplon* put être remis à flot.

Appareillée de Perros, le 8 mai, avec cinq navires chargés de vivres, la canonnière n° 93, capitaine Shilot, fut chassée par le brig anglais de 18e Schylla, capitaine Arthur Atcheson, que la brume n'avait pas permis d'apercevoir assez tôt pour qu'il fût possible de l'éviter; le convoi reçut l'ordre de relâcher dans le port le plus voisin. A 11^h 30^m, la canonnière échangea ses premiers boulets avec le brig ennemi. Peu de temps après, le Schylla ayant laissé arriver pour passer devant lui, le capitaine Shilot engagea son beaupré dans les haubans de misaine du

brig, et il sauta immédiatement à bord avec son équipage.
Le succès ne couronna malheureusement pas son audace; les Français furent repoussés et, d'assaillis, devenus agresseurs, les Anglais enlevèrent la canonnière. Ils
ne prirent toutefois possession que d'une ruine : cette embarcation coulait bas et tous ses mâts étaient ou abattus ou
criblés. Le capitaine Shilot avait reçu une blessure. Grâce
à son énergie et à l'ardeur de son équipage, un seul navire du commerce fut capturé.

Quatre jours après le combat qui vient d'être relaté, la
frégate la *Prégel* s'empara du brig anglais de 18ᵉ CHAL-
LENGER, dans sa traversée de Saint-Malo à Brest, avec la
frégate la *Revanche*.

Le 26 mai au jour, l'enseigne de vaisseau provisoire de
Mackau, commandant provisoirement aussi le brig de 20ᵉ
l'*Abeille* (1), se rendant de Corse à Livourne avec une
petite brise de la partie de l'Est, aperçut sous le vent un
brig qu'il prit d'abord pour un des navires au service de
la grande-duchesse de Toscane; mais ce bâtiment ne répondant pas aux signaux de reconnaissance qui lui étaient
faits, le capitaine de l'*Abeille* se disposa au combat. Cette
mesure était sage. Cet inconnu était, en effet, le brig anglais de 20ᵉ ALACRITY, capitaine Nesbit Palmer. Au moment où les deux brigs allaient se prolonger à contre-bord,
le capitaine de Mackau, qui tenait le plus près tribord
amures, vira vent arrière, passa à poupe de l'ALACRITY,
et lui envoya une bordée d'enfilade que celui-ci crut, mais
ne put éviter en lançant sur bâbord. Prenant alors, comme
lui, les amures de ce bord, l'*Abeille* le combattit sous le

---

(1) Cet officier remplaçait le capitaine Murat récemment nommé au commandement de la *Victorieuse*.

vent à portée de pistolet. La lutte se prolongeait depuis quelque temps dans cette position, lorsque le capitaine Palmer eut l'idée de tenter l'évolution qui avait si bien réussi à son adversaire : il manœuvra pour passer à poupe du brig français ; le capitaine de Mackau prévit assez à temps son intention pour la neutraliser en arrivant aussi, et les deux brigs se trouvèrent par le travers l'un de l'autre, sur le bord opposé. Après quelques minutes de canonnade très-nourrie, l'ALACRITY qui avait son grément haché et ses voiles en lambeaux, laissa arriver tout plat vent arrière, donnant ainsi à l'*Abeille* la possibilité de lui envoyer des bordées destructives. Le capitaine de Mackau sut en profiter ; à la seconde, le brig anglais amena son pavillon. Le combat avait duré trois quarts d'heure. La mâture de l'ALACRITY avait beaucoup souffert et les pertes de ce bâtiment étaient grandes ; tous ses officiers étaient ou tués ou blessés : le capitaine Palmer était au nombre des derniers. La mâture, les voiles et le grément de l'*Abeille* portaient aussi de nombreuses traces de boulets et, rentré à Bastia avec sa prise, le brig français y changea son beaupré et son mât de misaine. Son personnel avait été moins maltraité que celui de son adversaire.

L'*Abeille* portait   20 caronades de 24.
L'ALACRITY avait 20 caronades de 32.

M. William James conteste l'exactitude de l'armement que le rapport du capitaine de Mackau donne au brig anglais ; il dit que l'ALACRITY avait 16 caronades de 32 et 2 canons de 6. Il ajoute cependant qu'il se trouvait encore deux petits canons en bronze à bord du brig ; mais il prévient ses lecteurs que ces deux pièces étaient du calibre de deux à trois livres et qu'il n'avait pas été embarqué de boulets pour elles. L'historien anglais en donne le motif : c'étaient les joujoux du capitaine Palmer ; elles n'avaient été mises à bord que pour apprendre aux matelots à fourbir (1)! Tout en admirant, avec l'historien de la marine anglaise, la sage prévoyance d'une amirauté qui poussait la sollicitude jusqu'à établir des écoles de fourbissage à bord des bâtiments, il y a lieu, je crois, de continuer à classer l'ALACRITY parmi les brigs de 20 canons.

Le 27 juin au jour, la vigie du cap Béarn ayant signalé un bâtiment au large, le capitaine Hurtel appareilla de Port-Vendres avec le brig de 18° la *Tactique*, et gouverna dans la direction indiquée. Le brig anglais de 16° GUADE-LOUPE, capitaine Swabey Tetley, fut bientôt aperçu se dirigeant sur la *Tactique* qui allait à sa rencontre. Le vent soufflait du S.-S.-E. A midi 30ᵐ, ils s'envoyèrent une volée à contre-bord, et lorsqu'ils se présentèrent le travers, le premier laissa arriver pour passer derrière l'autre. Le capitaine Hurtel déjoua cette manœuvre en envoyant vent devant au moment où le brig ennemi commençait son évolution; celui-ci conserva alors sa position au vent et les amures à tribord. Le combat continua jus-qu'à 2ʰ 15ᵐ. Le capitaine du GUADELOUPE s'étant retiré à cette heure, celui de la *Tactique* retourna au mouillage. Les avaries étaient sans gravité de part et d'autre. Le chebec français la *Guêpe* se trouvait en vue pendant cet engagement, mais il était trop éloigné pour prêter assis-tance à son compatriote.

Dans l'après-midi du 27 juin, les canonnières 180 et 164, capitaines Fougeray (Thomas) et Fougeray Du-

---

(1) The french official account states the force of the ALACRITY at 20 caronades 32 pounders. Fore this, there were some grounds, the brig having really mounting two small brass guns, 2 or 5 pounders abaft. But, there were not shot for them; they were the captains playthings and served occasionally to exercise the crew in the necessary art of polishing. — *The naval history of Great Britain.*

coudray, sorties de Granville pour protéger les caboteurs
et les pêcheurs inquiétés par la présence d'une frégate et
d'un brig anglais, poursuivirent six grandes péniches qui
canonnaient quelques bateaux. Trop éloignés de Granville pour y rentrer avant la nuit, les capitaines des deux
canonnières mouillèrent à la pointe de Saint-Jean-le-
Thomas. Le lendemain matin, la frégate et le brig les canonnèrent pendant une couple d'heures et s'éloignèrent
ensuite. Cette détermination pouvait faire appréhender
l'emploi de moyens d'attaque plus efficaces. Lorsque la
nuit fut faite, le capitaine Fougeray changea de mouillage.
L'obscurité était très-grande. Vers 11^h, le brig et sept embarcations prirent la direction de la pointe où ils croyaient
trouver les canonnières. En les cherchant, le capitaine du
brig s'approcha de terre plus qu'il ne le supposait, et il
s'échoua. Pressé par le jour qui allait se faire, il fit évacuer son bâtiment et le livra aux flammes. Ce brig était
le FIRM de 12 canons.

———

Le capitaine Guiné sortit des Sables d'Olonne, avec le
lougre de 6e l'*Angélique*, le 14 juillet au matin, pour
chasser la goëlette anglaise de 7e SNAPPERS, capitaine
Trackston, qui parut sur la côte. La brise était tellement
faible qu'il fallut faire remorquer le lougre par des embarcations. La goëlette anglaise fut atteinte, et elle amena
son pavillon après une heure de combat.

———

Surpris par le calme, un fort convoi sorti de la Gironde,
le 14 août au matin, sous l'escorte du brig de 12e le *Teazer*,
capitaine Papineau, mouilla par le travers de la pointe de
Coudre. La brise s'éleva quelque temps après au S.-E.,
mais faible ; et d'ailleurs, deux frégates sur la nationalité
desquelles les vigies ne donnaient aucun renseignement
ayant été signalées au large, le capitaine Papineau fit rentrer le convoi dans le fleuve. Ces frégates, on l'apprit mal-

heureusement trop tard, étaient anglaises; c'étaient la Diana de 48ᵉ, capitaine William Ferris, et la Semiramis de 42, capitaine Charles Richardson. N'ayant pu attaquer le convoi dans la position qu'il occupait au milieu des bancs, le capitaine Ferris conçut l'audacieux projet de l'enlever dans la Gironde. Vers 4ʰ 30ᵐ de l'après-midi, les deux frégates hissèrent le pavillon français et tirèrent un coup de canon. Le trop confiant capitaine Papineau se laissa prendre facilement à cette ruse, employée si fréquemment en temps de guerre. Il vit dans cette démonstration la demande d'un pilote faite par des Français, et il leur en envoya un dans sa propre chaloupe. Cette embarcation, on le pense bien, ne revint pas. Peu après, le convoi et les frégates louvoyaient dans les passes; ces dernières laissèrent tomber l'ancre entre Cordouan et la pointe de Grave; le brig et les navires du commerce mouillèrent à quatre milles plus en dedans, auprès du brig de 16ᵉ le *Pluvier*, capitaine Dubourg, stationnaire de Royan. Dès que les frégates furent à l'ancre, elles dirigèrent leurs embarcations sur les navires du commerce. Mais l'heure choisie, favorable en ce qu'elle permettait de laisser ces navires aller en dérive avec le courant, dès qu'ils ne seraient plus retenus par leurs ancres, cette heure convenait moins aux canots qui avaient à refouler ce courant pour atteindre le mouillage du convoi. Aussi arriva-t-il que la crainte de ne pouvoir remplir sa mission avant le jour, détermina l'officier qui commandait l'expédition à rebrousser chemin. Cette contrariété ne rebuta pas les capitaines anglais; à 6ʰ du matin, ils mirent sous voiles et remontèrent le fleuve. L'absence prolongée de la chaloupe du *Teazer*, qui n'était pas encore de retour, n'inspira aucun soupçon aux capitaines Papineau et Dubourg; ce dernier officier se rendit même à bord de la Diana, et il ne reconnut son erreur que lorsqu'il fut sur le pont. Sans perdre un seul instant, le capitaine Ferris aborda le *Teazer* dont l'équipage, désireux de reconnaître les nouveaux arrivés, était groupé sur le pont. Jeter à bord un détachement, s'emparer du brig et l'appareiller fut l'affaire d'un moment. De son côté, le capitaine Richardson se dirigea sur le *Pluvier*. Mais, témoin de l'enlèvement du *Teazer*, et en l'absence de son capitaine, le premier lieutenant Page n'attendit pas cette frégate; il fit couper les câbles, et le courant ne lui permettant pas de remonter, il échoua le brig à 800 mètres de la batterie de Royan. Les boulets de la SEMIRÁMIS accompagnèrent le *Pluvier*, et la détermination prise par l'enseigne de vaisseau Page n'ayant pas arrêté le capitaine anglais, il fit évacuer le brig. Le premier canot était à peine débordé, que quatre embarcations de la frégate se dirigèrent sur le *Pluvier*. Une bordée leur fut envoyée; cette dernière démonstration ne les fit pas plus rétrograder que le feu de la batterie de terre ne leur avait causé d'hésitation. Les Anglais prirent possession du brig; toutefois ils n'essayèrent pas de le relever, et ils l'incendièrent. La SEMIRAMIS rejoignit ensuite la DIANA, qui était déjà au bas du fleuve avec le *Teazer*.

———

Un convoi de 34 navires partis du Havre pour Cherbourg, sous l'escorte de la canonnière n° 88, capitaine Lechosel, et des lougres le *Pourvoyeur* et la *Mouche*, capitaines Millet et Lefaucheur, fut chassé, dans l'après-midi du 18 août, par le brig anglais de 16° HAWKE, capitaine Henri Bourchier. Vers 5ʰ, à environ quatre milles dans le S.-E. de la pointe la Percée, les convoyeurs engagèrent la canonnade avec le brig ennemi. Celui-ci ne s'arrêta pas pour les combattre; mais, dans sa poursuite des navires du commerce, il s'échoua à trois milles à l'Ouest du Port-au-Bessin, dans la baie de Saint-Laurent, où 16 navires s'étaient jetés au plain. Pendant que le capitaine anglais travaillait à remettre son brig à flot, le reste du convoi continua sa route et entra à la Hougue, ainsi que les convoyeurs. Dès que le

Hawke fut hors de danger, ses canots pénétrèrent dans la baie de Saint-Laurent et, malgré le feu de mousqueterie qui partait de terre, ils réussirent à enlever quatre navires ; les douze autres furent rafloués à la marée et rallièrent le gros du convoi.

———

Le 3 septembre, les brigs anglais de 10ᵉ RINALDO et REDPOLE, capitaines James Anderson et Colin Macdonald, en croisière devant Boulogne, poursuivirent quatre prames, quatre canonnières et sept bateaux-canonniers sortis dans la matinée pour faire des exercices et, à 1ʰ de l'après-midi, ils commencèrent à les canonner. Cette agression n'arrêta pas la flottille ; elle fit quelques évolutions, courant tantôt au large, tantôt à terre, et échangeant des boulets avec les brigs ennemis lorsqu'ils se trouvaient à portée. Et, quand l'heure de la rentrée fut arrivée, cette petite division retourna prendre son mouillage, sans avoir d'autres avaries que quelques manœuvres coupées.

———

Six canonnières sorties de Boulogne sous le commandement de l'enseigne de vaisseau Jourdan (François) qui les conduisait à Cherbourg eurent, le lendemain 4 septembre, à la hauteur du cap la Hève, un engagement d'une demi-heure avec le brig anglais de 16ᶜ GOSHAWK, capitaine James Lilburn, et mouillèrent sur la rade du Havre. Deux jours plus tard, elles entrèrent à Arromanche pour éviter ce même bâtiment et les frégates de 48ᶜ BARBADOES et HOTSPUR, capitaines Edward Rusworth et Jocelyn Percy. Cette détermination n'arrêta pas les capitaines anglais ; ils s'approchèrent de terre et envoyèrent des boulets aux canonnières jusqu'à la nuit. La BARBADOES qui s'était échouée, se retira avec des avaries assez graves. Un canon avait crevé sur la canonnière 268, et y avait occasionné un grand désordre. Persuadé que le feu était à bord,

l'équipage avait coupé le câble, et cette embarcation avait
été portée au plain; elle fut relevée quelques jours plus
tard. La canonnière 203 avait reçu plusieurs boulets à la
flottaison et l'on dut l'échouer à la côte. L'enseigne de
vaisseau Jourdan profita de la nuit pour continuer sa route
avec les quatre autres canonnières. Poursuivi de nouveau,
il relâcha dans le canal de Courseuille qu'il quitta pour
entrer à Sallenelle.

———

Après avoir inspecté, le 20 septembre, quatre équipages
de flottille réunis à Boulogne, l'Empereur donna l'ordre
de faire appareiller sept prames et quinze canonnières. Le
vent soufflait du S.-S.-O. Le contre-amiral Baste, sous le
commandement duquel cette division fut placée, se dirigea
sur la frégate anglaise de 48ᵉ NAIAD, capitaine sir Philip
Carteret Sylvester, alors au mouillage à quelques milles
au large; la canonnade commença à 2ʰ de l'après-midi.
La frégate ayant mis sous voiles une heure plus tard, la
flottille prit la bordée de terre; mais la brise tomba au
coucher du soleil, et elle dut mouiller entre Ambleteuse et
Vimereux. Le lendemain, elle fit route, à peu près sans
ordre, pour rentrer à Boulogne, accompagnée et canonnée
par la NAIAD, à laquelle s'étaient joints les brigs CASTILIAN
de 18, RINALDO, REDPOLE de 10 et le cutter de 8 VIPER.
La prame de 12ᵉ la *Ville-de-Lyon*, placée à la queue de la
colonne, eut une large part dans la distribution que l'ennemi fit de ses boulets; le capitaine Carteret ne dédaigna
même pas de l'aborder par tribord; et lorsqu'il la tint
accrochée, il l'entraîna au large. La *Ville-de-Lyon* fut enlevée après une vive résistance. La canonnade continua
encore quelque temps et les bâtiments ennemis s'éloignèrent.

Le capitaine de frégate Lecoupé qui commandait une
division de la flottille, était sur la *Ville-de-Lyon*. Ce fut
cet officier supérieur qui eut à rendre compte de la prise

de cette prame. Le conseil de guerre, non-seulement l'acquitta honorablement, mais le déclara digne des plus grands éloges.

———

La division de l'enseigne de vaisseau Jourdan (François), réduite à cinq canonnières depuis l'engagement du mois précédent, appareilla de Sallenelle le 19 octobre. Contrariée par des vents de N.-O. et par la présence de quelques bâtiments anglais, elle entra le même jour à Barfleur où se trouvait déjà un convoi de 25 navires, sous l'escorte du lougre le *Titus*, capitaine Fabien. Les canonnières furent attaquées le lendemain à 2^h du matin, par trois embarcations qui espéraient les surprendre; mais cette agression avait été prévue et elles durent se retirer. Deux vaisseaux, une frégate et une corvette restèrent en vue toute la journée. On pouvait s'attendre à une nouvelle attaque. Aussi le capitaine Jourdan plaça-t-il ses canonnières bord à bord, à l'entrée du port, le beaupré tourné du côté du large; et faisant porter deux canons sur l'avant de chacune d'elles, il établit ainsi une batterie de 10 pièces. La canonnière 140, capitaine Leconte, placée le plus au large, installa ses filets d'abordage; les autres ne les mirent pas en place, afin que le passage des équipages pût se faire de l'une à l'autre avec facilité. L'attaque fut différée jusqu'au 22. Vers minuit 30^m, cinq embarcations abordèrent la canonnière 140; mais les hommes qui les armaient tentèrent en vain de monter à bord: ils furent constamment repoussés. Rebutés par la résistance qu'ils rencontraient ils portèrent leurs efforts sur la canonnière 277, capitaine Trigan; celle-ci les reçut de la même manière. Là s'arrêtèrent les tentatives des assaillants. Les embarcations anglaises gagnèrent le large, favorisées par l'obscurité profonde qui enveloppait l'horizon. Les canonnières n'avaient pas perdu un seul homme. Elles entrèrent à Cherbourg le 3 novembre.

———

IV   10

La frégate de 44e l'*Uranie*, capitaine Margollé, se rendant de Trieste à Corfou où elle portait des troupes et des approvisionnements, et l'ex-frégate russe *Leghoï*, devenue la flûte de 26e le *Corcyre*, dont le commandement avait été donné au capitaine Langlade, furent chassées, le 15 novembre, par cinq bâtiments. Il ventait bon frais de N.-E. Le brig le *Simplon*, qui était également sorti de Trieste, s'était séparé pendant la nuit et avait fait route pour Brindisi. Le soir, le capitaine Margollé signala liberté de manœuvre et entra à Ancône. Trop éloigné de l'*Uranie* pour distinguer le signal qui avait été fait, le capitaine Langlade avait continué sa route. Le *Corcyre* démâta de son petit mât de hune, et avant qu'il eût pu se débarrasser de ses débris, le vaisseau anglais de 82e EAGLE, capitaine Charles Rowley, était par son travers. Vers 7h, ce transport reçut une bordée qui abattit sa grande vergue et son grand mât de perroquet. La disproportion des forces ne déconcerta pas le capitaine Langlade; il prêta bravement le côté à son formidable adversaire jusqu'à 8h; blessé alors à la tête, il fit amener le pavillon.

Après avoir lutté contre de grandes brises de S.-E. sous les îles Agosta et Meleda, les frégates de 44e la *Pauline* et la *Pomone*, capitaines Montfort (François-Gilles) et Rosamel, et la flûte de 24e la *Persane*, capitaine Satie, qui se rendaient de Corfou à Trieste, venaient de laisser arriver à l'Ouest lorsque, le 29 novembre à 9h 30m du matin, elles furent chassées par trois bâtiments dans lesquels on reconnut bientôt des frégates anglaises. Une heure plus tard, le capitaine de la *Persane* obtint liberté de manœuvre sur sa demande, et fit route au Nord; une des frégates ennemies se mit à sa poursuite. Une nouvelle voile ayant été aperçue dans le N.-O., les frégates françaises gouvernèrent trois quarts plus au vent. Cette allure ne leur donna aucun avantage de marche et, à midi 30m, la petite île Pelagosa du golfe de Venise restant à six milles dans le S.-E., la *Pauline* qui marchait la première et la *Pomone* ouvrirent leur feu sur la frégate de 48ᵉ ALCESTE ; le capitaine Murray Maxwell prit poste par la hanche de bâbord de la *Pomone*. L'autre frégate, l'ACTIVE aussi de 48 canons, capitaine Alexander Gordon, était alors à trois quarts de portée de canon dans les eaux de sa compagne. A la première bordée, le grand mât de hune de l'ALCESTE tomba sur tribord ; cette frégate tint de suite le vent et s'éloigna un peu. Pendant que la *Pomone* se trouvait ainsi engagée, la *Pauline* continuait sa route et, augmentant bientôt de voile, le capitaine Montfort fit signal à sa conserve d'en faire autant. Cet ordre, motivé peut-être par l'approche d'un nouvel adversaire, la corvette de 18ᵉ KING'S FISHER, capitaine Ewell Tritton, cet ordre, compromettant pour la mâture de la *Pomone* qui avait déjà quelques avaries, ne fut pas exécuté ; le capitaine Rosamel rentra au contraire ses bonnettes et, à midi 50ᵐ, il présenta le travers à l'ALCESTE. Dix minutes plus tard, il dut laisser arriver pour éviter une bordée d'enfilade de l'ACTIVE qui semblait vouloir passer derrière lui. Cette manœuvre fut imitée par la frégate anglaise, et celle-ci prit poste par le travers de dessous le vent, ou de tribord, à portée de pistolet. La *Pauline*, alors à environ un mille par le bossoir de bâbord de sa conserve, ouvrit son feu sur l'ALCESTE. Le capitaine Montfort vira ensuite, et manœuvra avec l'intention de passer au vent de cette frégate qui avait laissé arriver pour se rapprocher de l'ACTIVE. La *Pauline* échangea encore quelques boulets avec la frégate anglaise, vira de bord lof pour lof dans ses eaux et, tout à coup, prit le plus près bâbord amures. Cette route l'éloigna de nouveau du théâtre du combat, et elle cessa d'y prendre part, si tant est qu'on puisse considérer comme coopération active la conduite que son capitaine avait tenue jusqu'alors. Débarrassée de cet antagoniste, l'ALCESTE se plaça par le bossoir de bâbord de la *Pomone*, à une encâblure. Le combat durait depuis deux heures et demie, et le capitaine Rosamel allait tenter un abordage que, deux fois déjà, il avait manqué, lorsque la vergue de misaine et le petit mât de hune de sa frégate furent abattus. La *Pomone* vint brusquement au lof et se rapprocha ainsi de l'ACTIVE, sur laquelle elle fit pleuvoir une grêle de balles et de boulets. A 3ʰ, le grand mât de la frégate française fut coupé à trois mètres au-dessus du pont et tomba sur le gaillard d'arrière à bâbord; le mât d'artimon s'abattit presque au même moment sur la poupe et brisa la roue du gouvernail. A cette heure aussi, le capitaine Rosamel fut blessé à la joue gauche par un biscaïen; cinq minutes après, il reprit le commandement qu'il avait laissé à son second. La *Pomone* n'avait plus alors que son mât de misaine sans une seule voile; presque tous les canons des gaillards étaient démontés, soit par les boulets de l'ennemi, soit par la chute de la mâture; elle avait plus d'un mètre d'eau dans la cale. L'ALCESTE et l'ACTIVE placées, la première à bâbord, l'autre à tribord, continuaient leur feu à portée de pistolet. Perdant tout espoir d'être soutenu par la *Pauline*, le capitaine Rosamel fit héler qu'il amenait : il était 3ʰ 15ᵐ. Cinq minutes après, le mât de misaine s'abattait. Les pertes de la *Pomone* n'étaient pas en rapport avec ses avaries. Cette heureuse circonstance ne peut être attribuée qu'à l'obligation dans laquelle le capitaine Rosamel s'était trouvé de désarmer complétement les gaillards encombrés, et à la précaution qu'il avait prise de faire descendre dans la batterie les hommes dont la présence n'était pas indispensable sur le pont. L'ACTIVE avait de graves et nombreuses avaries; il fallut renvoyer cette frégate en Angleterre. Son capitaine avait eu une jambe emportée.

La *Pomone* avait   28 canons   de 18,
                      8   —   de 8
           et 8 caronades de 36.
L'ACTIVE portait   28 canons   de 18,
                      4   —   de 9
          et 16 caronades de 32.

L'ALCESTE avait le même armement.

La *Pauline* entra à Brindisi le 1ᵉʳ décembre.

Le capitaine de vaisseau Montfort fut traduit devant un conseil de guerre et condamné à mort. Cette sentence ne fut pas exécutée, mais le capitaine de la *Pauline* fut rayé des cadres.

En se faisant suivre dans une direction autre que celle prise par les frégates, le capitaine Satie avait égalisé les forces, mais il ne sauva pas la *Persane*. Chassé par la frégate de 44ᵉ UNITÉ, capitaine Henry Chamberlayne, et après un long échange de boulets en chasse et en retraite, il fut atteint à 4ʰ ; il riposta à la première bordée qui lui fut tirée et amena son pavillon.

L'UNITÉ avait deux caronades de moins que ses compagnes.

Le capitaine de frégate Satie fut acquitté honorablement par le conseil de guerre qui examina sa conduite.

———

Un petit convoi sorti de la Rochelle fut poursuivi, le 27 décembre, par cinq embarcations de la division anglaise qui croisait devant Rochefort, et obligé de se réfugier dans le fond de la baie comprise entre la Rochelle et l'île d'Aix. Le capitaine de vaisseau Jacob qui commandait la division stationnée sur la rade, les laissa continuer, et lorsqu'il les jugea bien compromises, il fit appareiller trois canonnières sous le commandement du lieutenant de vaisseau Duré, et expédia quatre canots avec l'enseigne de vaisseau Constantin. Dès que ce mouvement fut aperçu, un vaisseau anglais, deux frégates et un brig s'avancèrent pour soutenir leurs embarcations, et bientôt le dernier envoya des boulets aux canonnières françaises. L'enseigne Constantin attaqua un des canots anglais et sauta à bord avec son équipage. Fortement incliné par une pareille surcharge, ce canot chavira et les hommes qui le montaient furent recueillis par les Français. Malgré l'intervention du brig, une des embarcations ennemies s'effondra, une seconde fut prise; les trois autres, coulant bas l'eau, se jetèrent à la côte où leurs équipages furent faits prisonniers. Dans cette affaire, qui coûta fort peu à la petite flottille française, les Anglais perdirent 118 hommes, pris ou tués, et cinq embarcations.

La France avait perdu toutes ses colonies; deux petits comptoirs, Foulpointe et Tamatave, lui restaient encore à Madagascar. Dans le courant de l'année 1811, les Anglais lui enlevèrent ces dernières possessions qu'ils abandonnèrent aux indigènes.

BATIMENTS PRIS, DÉTRUITS OU NAUFRAGÉS
pendant l'année 1811.

ANGLAIS.

Canons.		
98	SAINT GEORGE.	Naufragés sur la côte du Jutland.
82	HERO.	
	DEFENCE.	Naufragé sur la côte de Hollande.
	POMONE *.	Naufragée sur la côte d'Angleterre.
48	DOVER.	— dans l'Inde.
	AMETHYST.	Naufragées sur la côte d'Angleterre.
44	SALDANHA.	
40	TARTAR.	— dans la Baltique.
20	ALACRITY.	Pris par un brig.
	GRASHOPPER.	
18	PANDORA.	Naufragée dans le Cattégat.
	CHALLENGER.	Pris par une frégate.
	FIRM.	Détruit à la côte.
14	MONKEY.	Naufragé sur la côte de France.
	FANCY.	Sombré.
	GUACHAPIN.	Naufragé à Antigues.
	FLEUR DE LA MER *. . . .	Sombrée.
10	OLYMPIA.	Pris par des corsaires.
	SHAMROCK.	Naufragé sur la côte d'Espagne.
	THISTLE.	— à New-York.
7	SNAPPERS.	Prise par un lougre.

FRANÇAIS.

Canons.		
	Amazone.	Détruite à la côte.
	Renommée.	Prise par trois frégates.
44	Néréïde.	Prise à Tamatave.
	Pomone.	— par deux frégates.
	Flore.	Naufragée dans l'Adriatique.
	Favorite.	Détruite à la côte.

26   *Corcyre.* . . . .⎫   Prises chacune par un vaisseau.
     ⎧ *Dromadaire.* . . .⎫. . . .⎬
     ⎪ *Persane.* . . . . . ⎪   Prise par une frégate.
24 ⎨ *Girafe.* . . . . . ⎬ flûtes
     ⎪ *Nourrice.* . . . .⎭. . . ⎬   Détruites à la côte.
16   *Pluvier.* . . . . ⎭
12   *Teazer* *. . . . .   Pris par une frégate.
Brig : *Étourdi.* . . . .   Détruit à la côte.

   * L'astérique indique un bâtiment pris à l'ennemi.

RÉCAPITULATION.

		Pris.	Détruits ou naufragés.	Incendiés.	TOTAL.
ANGLAIS. . .	Vaisseaux.	»	3	»	3
	Frégates.	»	5	»	5
	Bâtiments de rangs inférieurs.	5	8	»	13
FRANÇAIS. .	Vaisseaux.	»	»	»	»
	Frégates.	3	3	»	6
	Bâtiments de rangs inférieurs.	4	4	»	8

ANNÉE 1812.

Nous sommes arrivés à une époque où le rôle de la marine de l'Empire devint purement passif dans le grand drame qui se déroulait depuis près de vingt ans à la face du monde entier. La France continua à avoir des escadres, mais elles étaient sans vie ; l'âme, c'est-à-dire le personnel, leur manquait. Découragé par le peu de succès de la guerre maritime, Napoléon ne les employa désormais que comme un épouvantail destiné à forcer l'Angleterre à continuer ses nombreux armements et à tenir de fortes croisières sur les côtes de France.

L'escadre de l'Escaut, augmentée du vaisseau de 82ᵉ le *Duguesclin* et des frégates l'*Eurydice*, la *Frise*, la *Minerve*, la *Maria* et la *Kenau Hasselaar*, descendit le fleuve au mois de mars pour se livrer à ses exercices habituels. Le vice-amiral Burgues Missiessy qui commandait en chef, ayant sous ses ordres les contre-amiraux Gourdon, Cosmao Kerjulien et Petit, devait diriger deux divisions de son escadre sur Brest, où le gouvernement avait l'intention de réunir les vaisseaux armés dans les ports secondaires. Cette mesure nécessitait l'entrée de ces deux divisions dans le bassin de Flessingue, afin de les mettre en position de profiter de la première circonstance favorable pour faire route. Mais quoique les travaux de ce bassin fussent terminés, les vaisseaux ne pouvaient y entrer ni en sortir sans s'alléger. Cette circonstance fit renoncer à l'idée d'envoyer une partie des vaisseaux de l'escadre à Brest ; tous remontèrent l'Escaut et entrèrent dans le bassin d'Anvers.

Le port du Texel tenait armés les vaisseaux l'*Amsterdam*, le *Prince*, le *Zoutman* de 80e; le *Brabant* de 74 ; le *Dogger Bank*, le *Jean de Witt*, le *Rotterdam* de 64 et la frégate l'*Aurore*.

Depuis la sortie de l'escadre du contre-amiral Willaumez en 1809, le port de Brest n'avait fait que de rares armements et aucune escadre n'avait stationné sur sa rade. Aussi, l'amiral lord Keith, qui commandait la croisière anglaise du détroit, se tenait-il au mouillage dans un port d'Angleterre, se bornant à faire observer les côtes de France par plusieurs divisions. Le vice-amiral Allemand, désigné pour prendre le commandement de l'escadre que le gouvernement avait le projet de réunir sur la rade de Brest, se rendit d'abord à Lorient. Mais les croiseurs anglais ne quittaient Groix que pour aller jeter l'ancre à Quiberon ; et la sortie de Lorient exigeait tant de circonstances réunies, que cet officier général crut devoir attendre qu'elles se présentassent favorables, afin de n'avoir pas à livrer immédiatement, avec des équipages nouveaux, un combat contre un ennemi déjà formé par une longue navigation. La division de blocus, commandée par le capitaine sir John Gore, était de quatre vaisseaux, quatre frégates et plusieurs corvettes. Enfin le 9 mars, après plus de cinq mois d'attente, le vice-amiral Allemand mit à la voile avec les vaisseaux l'*Eylau* de 86° sur lequel il avait arboré son pavillon, le *Golymen*, le *Marengo*, le *Vétéran* de 82, les corvettes l'*Écho* et la *Diligente*, et après avoir évité les croisières ennemies, il entra à Brest, le 28 du même mois, sans avoir eu à tirer un seul coup de canon. Il trouva sur la rade le *Nestor* de 82°, les frégates la *Méduse*, la *Clorinde*, la *Revanche*, la *Prégel* et la *Nymphe*, la corvette l'*Aigrette* et la goëlette la *Mésange*.

La division de Cherbourg devait aussi se rendre à Brest. Mais le projet de former une escadre dans ce dernier port ayant été abandonné peu de temps après qu'il eût été conçu, cette division resta sous les ordres du contre-amiral Troude, composée des vaisseaux de 82° le *Courageux* sur lequel cet officier général avait son pavillon, et le *Polonais;* des frégates de 44° l'*Iphigénie* et l'*Alcmène* et de la corvette le *Vésuve*.

La nouvelle détermination du gouvernement exigea une augmentation d'armements à Rochefort. Au mois de mai, la division stationnée sur la rade de l'île d'Aix, toujours sous le commandement du contre-amiral Jacob, était composée des vaisseaux de 124° l'*Océan;* le *Conquérant* et le *Foudroyant* de 86; le *Jemmapes* et le *Régulus* de 82; des frégates la *Saal*, la *Circé* et de la corvette la *Bayadère*. Le *Patriote* remplaça plus tard le *Régulus*. Les frégates la *Pallas*, l'*Elbe* et l'*Hortense* étaient mouillées dans la Gironde.

L'escadre de la Méditerranée, qui fut augmentée du vaisseau de 86° le *Duquesne*, joua le même rôle que l'année précédente. Ses divisions sortaient alternativement, soit sous les ordres du vice-amiral Émeriau, son commandant en chef, soit avec l'un des contre-amiraux Baudin (André) ou Violette. Le 28 mai, quelques boulets furent échangés, et la Menelaus de 48 canons, capitaine sir Peter Parker, se trouva un moment compromise. Cette frégate ayant donné la chasse à la *Pauline* et au brig l'*Écureuil* qui traversaient les îles d'Hyères avec une jolie brise d'E.-S.-E., 11 vaisseaux et 6 frégates sortirent de Toulon pour protéger ces bâtiments, car la frégate anglaise était suivie par quatre vaisseaux. Vers 9ʰ 20ᵐ, deux des Français purent canonner la MENELAUS sous le cap Escampobariou, et lui abattirent son petit mât de hune ; cette avarie ne l'empêcha cependant pas de rallier son escadre. Les Français restèrent à évoluer pendant la journée entière entre les îles d'Hyères et la rade de Toulon.

Bien qu'un brig eût été signalé dans le Nord au moment où il sortait de Calais, pendant la nuit du 30 janvier, avec la canonnière n° 263, le capitaine Maugendre n'en continua pas moins sa route ; la brise était faible du O.S.O. La canonnade ne tarda pas à s'engager entre ces deux bâtiments. Un second brig, attiré par le bruit du canon, fut bientôt aperçu se dirigeant du côté des combattants. Le capitaine Maugendre le supposant ennemi, et ne se croyant pas de force à lutter contre deux pareils adversaires, mit sa canonnière au plain, à environ cinq milles dans l'Est de Calais ; les brigs se retirèrent à 2ʰ du matin, la laissant dans un état tel qu'elle ne put être remise à flot.

Le capitaine Courdouan, de la flûte de 22ᶜ le *Mérinos*, se rendant à Sagone de l'île de Corse, où il allait prendre des bois de construction avec la corvette de 20ᶜ la *Mohawk*, capitaine Lecrosnier, louvoyait sous la terre avec des vents de S.-O. lorsque, le 13 février, il fut chassé par la frégate anglaise de 48ᶜ APOLLO, capitaine Watkinson Taylor ; à 8ʰ du soir, celle-ci se trouva en position de canonner le *Mérinos*. Le capitaine Courdouan envoya une bordée à cette frégate et fit amener le pavillon. La brise était presque entièrement tombée. Dès que la canonnade avait commencé, le capitaine de la *Mohawk* avait mis ses embarcations à la mer pour se rapprocher du *Mérinos* ; mais la flûte ayant amené son pavillon, le capitaine Lecrosnier s'éloigna. Il fut poursuivi par la frégate ennemie avec laquelle il échangea des boulets pendant une couple d'heures ; l'APOLLO abandonna alors la chasse pour rallier sa prise, et la corvette française mouilla auprès de Saint-Florent.

Le capitaine de frégate Courdouan fut acquitté par le conseil de guerre auquel il eut à rendre compte de sa conduite.

Napoléon, voulant que tous les pays conquis contribuassent à l'agrandissement de la puissance maritime de la France, avait ordonné de mettre un vaisseau de 82 canons sur les chantiers à Venise. Ce vaisseau, auquel on donna le nom de *Rivoli*, était achevé ; mais il restait à résoudre la partie la plus épineuse du problème posé par l'Empereur : il fallait lui faire prendre la mer. La difficulté ne consistait pas, à proprement parler, dans la sortie du port : la marine avait le moyen de la vaincre ; on s'était assuré qu'on pourrait faire franchir les bancs à un vaisseau de cette force. La difficulté réelle était de le conduire en dehors du golfe de Venise où les Anglais avaient établi une croisière, et d'éviter un combat qui ne pouvait être livré que dans les conditions les plus défavorables, avec un équipage nouveau et composé de conscrits des États romains, de marins de Trieste, des Bouches de Cattaro et d'Illyriens. Ces obstacles, on le pense bien, n'étaient rien aux yeux du grand génie qui savait si bien surmonter ceux qu'il rencontrait. Aussi, au mois de février, ordonna-t-il au capitaine de vaisseau Barré de conduire le *Rivoli* à Ancône. Cette opération ne demandait pas seulement de l'habileté, elle exigeait aussi du bonheur. Il fallait des renseignements journaliers bien précis sur la position des croiseurs, afin de ne pas se trouver dans l'obligation d'accepter le combat à la sortie des bancs, et avant d'avoir mis le vaisseau en état de pouvoir faire usage de ses canons. Il n'était, en effet, plus possible de rentrer une fois les passes franchies. Le *Rivoli* fut soulevé sur des chameaux (1) et, le 20 février, toutes les circonstances se présentant favorables, il sortit de la rade de Spignon, à la remorque d'un grand nombre d'embarcations ; le soir, il laissa tomber l'ancre en dehors des bancs. Le *Rivoli* put mettre sous voiles le lendemain matin avec une brise faible du S.-O. Les brigs italiens le *Mercure* de 16ᵉ, le *Mameluck*, le *Iéna* de 8, et deux embarcations légères du pays furent envoyés en avant pour éclairer sa marche.

L'achèvement du *Rivoli* et sa sortie prochaine n'étaient malheureusement pas un mystère pour les Anglais. Leur surveillance était devenue plus grande, et ils avaient établi leur croisière de manière à apercevoir tout bâtiment qui sortirait de Venise. Un vaisseau et un brig se tenaient au fond du golfe ; un second vaisseau et une frégate croisaient sous le cap Garo. Dans la nuit du 21 au 22, vers 3ʰ 30ᵐ du matin, une voile, puis bientôt une seconde furent aperçues. Une brume très-épaisse les fit perdre un moment de vue, mais elles apparurent de nouveau, et cette fois très-rapprochées, à 10ʰ 30ᵐ. Ces deux bâtiments étaient le vaisseau anglais de 82ᵉ Victorious, capitaine John Talbot, et le brig de 18 Weazel, capitaine William Andrews. Celui-ci chassa l'escadrille française, et ayant réussi à atteindre le *Mercure*, il l'attaqua à 3ʰ 15ᵐ. Le combat entre les deux brigs durait depuis environ trois quarts d'heure, sans que le *Mameluck* et le *Iéna* songeassent à prêter assistance à leur compatriote, lorsque le *Mercure* sauta en l'air ; trois hommes de son équipage furent seuls sauvés par le Weazel. Ce brig se dirigea ensuite sur le *Mameluck*.

(1) On donne le nom de chameaux à un appareil composé de petits navires ou de barriques vides qui, appliqué sur les flancs du bâtiment, est destiné à le soulever, de manière à diminuer son tirant d'eau.

La cause de l'explosion du *Mercure* est restée ignorée.

Le *Rivoli* gouvernait au S.-E. A 3^h 35^m, il engagea le combat à un quart de portée de canon avec le Victorious, placé à tribord, c'est-à-dire au vent et, comme lui, sous toutes voiles. Une heure plus tard, un incendie se déclara dans la dunette du vaisseau français; on parvint à s'en rendre maître. Le capitaine anglais voulut profiter de la confusion occasionnée par cet événement pour passer devant le *Rivoli* et le canonner d'écharpe. Le capitaine Barré lui en facilita le moyen en lançant subitement dans le vent et, en échange de la bordée qu'il reçut, il lui en envoya une en poupe avec ses canons de bâbord. L'effet en fut si terrible que le feu cessa momentanément, et pendant une trentaine de minutes, le Victorious fut incapable de manœuvrer. Après ce court répit, le vaisseau anglais retourna à la charge. La proximité de la pointe de Grado décida le capitaine Barré à virer de bord lof pour lof; mais la brise était si faible que le *Rivoli* dont une partie des manœuvres étaient coupées, ne put y réussir, et après être resté exposé au tir d'enfilade du vaisseau anglais, il revint au vent pour lui présenter le côté. Cependant le feu du *Rivoli* conservait une telle vigueur, qu'à 7^h 20^m le capitaine Talbot appela le Weazel à son aide. La faiblesse du sillage permit à celui-ci de se tenir de l'avant et de se mettre de temps à autre en travers pour envoyer des volées au vaisseau français, tandis que le Victorious le combattait par la hanche de bâbord. A 8^h 30^m, le mât d'artimon du *Rivoli* fut abattu. Presque au même moment, deux pièces de 36 éclatèrent et mirent soixante hommes hors de combat. Cet événement malheureux nécessita le désarmement de la batterie haute, et l'envoi des hommes qui s'y trouvaient dans l'autre. Le désordre et le découragement occasionnés par cet accident déterminèrent le capitaine Barré à amener le pavillon, à 8^h 45^m. Le *Rivoli* avait près de deux mètres d'eau dans la cale; sa mâture ne tenait que par enchantement. Le grément et la mâture du Victorious étaient fort endommagés;

ses pertes étaient très-grandes, quoique inférieures à celles de son adversaire; son capitaine avait été blessé dès le commencement du combat, et il avait remis le commandement au premier lieutenant. Les deux vaisseaux firent route pour Saint-George de Lissa; lorsque le *Rivoli* y entra, il était ras comme un ponton.

Le *Rivoli* portait	28	canons	de 36,
	30	—	de 18,
	14	—	de 8,
	et 10	caronades	de 36.
Le Victorious avait	28	canons	de 30,
	28	—	de 18,
	18	caronades	de 32
	et 6	—	de 18.

Après l'explosion du *Mercure*, le *Mameluck* fut chassé par le Weazel. Le *Iéna* ne répondant pas à ses signaux, le capitaine Albert ne voulut pas engager le combat avec un brig de cette force; il continua sa route et mouilla à Trieste dans l'après-midi. Son compagnon et les deux embarcations légères l'y suivirent de près.

———

Au commencement de l'année, ordre fut donné de diriger trois divisions de la flottille de Boulogne sur Cherbourg. La première, forte de 12 canonnières, commandée par le capitaine de vaisseau baron Delarue, se mit en route dans la soirée du 26 mars et fut chassée, le lendemain, à la hauteur de Tréport, par les brigs anglais Rosario de 10° et Griffon de 16, capitaines Bootey Harvey et George Trollope. Les brigs ennemis élongèrent les canonnières du côté du large, de queue en tête, en les canonnant. Celles-ci ripostèrent avec vigueur; mais elles inclinaient tellement, qu'elles ne pouvaient tirer sans mettre leurs voiles en ralingue. A $1^h 30^m$, la canonnière 249 démâta de ses mâts de hune: elle laissa de suite tomber une ancre au fond; neuf autres canonnières mouillèrent auprès d'elle pour la soutenir. Les brigs ennemis se dirigèrent d'abord sur les n°ˢ 314 et 139 qui étaient souventées : la première fut enlevée à l'abordage par le Rosario ; l'autre, attaquée par le Griffon, se jeta à la côte près de Saint-Aubin, et fut soutenue par deux batteries de terre. Le Griffon se porta alors sur le groupe qui était à l'ancre et, malgré la canonnade qui l'accueillit, il parvint à entraîner le n° 95 au large et à s'en rendre maître. Le reste de la flottille entra à Dieppe, à l'exception de la canonnière 249 qui, ne pouvant suivre les autres, fut sabordée. Le n° 139 réussit à se raflouer et rallia le lendemain.

Le 21 avril, lendemain de son départ de Toulon, la corvette de 18ᶜ la *Victorieuse* qui se rendait à Marseille avec des vents de la partie de l'Ouest et une brume épaisse, se trouva, dans une éclaircie, en présence et assez près de deux frégates anglaises qui la chassèrent ; le capitaine Palasne de Champeaux se dirigea sur la Ciotat. Une des frégates fut bientôt en position de canonner la *Victorieuse*. Mais tandis qu'elle faisait des embardées pour mieux découvrir la corvette, le capitaine Champeaux serra le vent et parvint à s'en éloigner assez pour n'avoir plus rien à craindre de ses boulets. Malheureusement, la corvette sentit la première l'influence de la terre et, à midi, les frégates l'avaient approchée à demi-portée de canon ; elles se trouvèrent alors en calme comme elle. Exclusivement occupé de profiter des risées qui, de temps à autre, venaient enfler les voiles, le capitaine de la *Victorieuse* supporta pendant deux heures le feu de ces formidables adversaires sans leur riposter un seul coup de canon. Cette tactique lui réussit ; il doubla l'île Verte, et alors seulement il fit jouer son artillerie. La mâture et le grément de la corvette étaient criblés et elle avait un grand nombre de boulets dans le corps. Quelques hommes avaient perdu la vie ; d'autres étaient blessés; mais grâce à la manœuvre de son capitaine, la *Victorieuse* entra à la Ciotat.

Le 10 mai vers 10ʰ du matin, deux péniches de la division anglaise mouillée sur la rade des Basques s'étant mises à la poursuite d'un petit caboteur, le contre-amiral Jacob fit appareiller la goëlette l'*Agile* pour protéger ce navire qui put se rendre à sa destination. Aussitôt qu'il avait aperçu ce mouvement, le contre-amiral Durham avait détaché 22 embarcations pour menacer la retraite de l'*Agile* car, contrariée par la marée, la goëlette avait de la peine à rentrer. Mais quand il vit le brig l'*Énéas*, 2 canonnières et 15 canots se diriger de son côté, le capitaine de l'*Agile* n'hésita pas à remettre le cap au large, et il ouvrit son feu sur les embarcations anglaises. Après une canonnade et une fusillade assez vives, la flottille ennemie se replia, à son tour, sur sa division. Les cinq ou six derniers canots allaient être atteints, lorsque l'appareillage d'un vaisseau décida le contre-amiral Jacob à faire le signal de lever la chasse et de revenir au mouillage. Une des embarcations anglaises avait été coulée.

Les frégates de 44ᶜ l'*Ariane* et l'*Andromaque*, capitaines Féretier et Morice, et le brig de 16ᶜ le *Mameluck*, capitaine Jalabert, sortis de Lorient pour aller croiser aux Açores et aux Bermudes, furent chassés, le 15 janvier, par la frégate anglaise de 40ᶜ ENDYMION et le vaisseau de 60ᶜ LEOPARD auxquels ils réussirent à faire perdre leurs traces. Informé par les capitaines de ces bâtiments de la sortie des frégates françaises, le commandant en chef de l'escadre anglaise du détroit chargea le contre-amiral sir Harry Neale qui se tenait devant Brest, de surveiller la rentrée de cette petite division. Après quatre mois et demi de croisière, et alors qu'il se rapprochait de l'Europe, le capitaine Féretier apprit par des prisonniers et par des journaux trouvés à bord d'un navire capturé, le départ de la division de Lorient pour Brest. Présumant que les croiseurs anglais devaient se tenir désormais devant ce dernier port, il se décida à se rendre dans l'autre. Le 22 mai au matin, il eut connaissance des Penmarcks, à 15 ou 18 milles dans le Nord; la brise était faible du O.-N.-O. A 11ʰ 30ᵐ, un gros bâtiment fut aperçu dans le Nord, gouvernant pour passer en dedans de l'île de Groix; c'était le vaisseau anglais de 82ᵉ NORTHUMBERLAND, capitaine honorable Henry Hotham. Le capitaine Féretier renonçant, momentanément du moins, à entrer à Lorient, fit serrer le vent tribord amures; mais ayant reçu du capitaine Morice l'assurance qu'il avait à bord de l'*Andromaque* un officier qui se chargerait de piloter les frégates, il prit le parti de tenter le passage; il signala à cette frégate de se mettre à la tête de la ligne, et laissa le capitaine du *Mameluck* libre de sa manœuvre. Vers 3ʰ, une canonnade soutenue s'engagea entre les frégates et le NORTHUMBERLAND qui les attendait en panne à la hauteur de la pointe du Talut. Elle durait depuis trois quarts d'heure, et la fumée était si épaisse qu'on se voyait à peine, lorsque l'*Andromaque* toucha et resta échouée sur la partie Nord du récif dit la basse Grasie : l'officier qui pilotait cette frégate avait été tué. L'*Ariane* vint de suite sur tribord, mais elle talonna aussi et s'échoua à droite de sa compagne. Le vaisseau s'éloigna immédiatement. Le *Mameluck* qui avait suivi les frégates reçut l'ordre d'aller demander des secours à Lorient : en voulant exécuter ce signal, il s'échoua à tribord de l'*Ariane*. La mer baissait et l'inclinaison des frégates devint telle, que les deux capitaines firent jeter les canons de tribord par dessus le bord; en même temps on vida les pièces à eau et l'on retira de la cale tout ce qui pouvait les alléger. Le vaisseau revint bientôt à la charge accompagné du brig de 12ᵉ GROWLER, capitaine John Weeks; il mouilla dans le Nord des frégates et ouvrit son feu sur elles.

Dès les premières volées, un incendie se manifesta dans la hune de misaine de l'*Andromaque*; il fit des progrès si rapides, qu'on ne put s'en rendre maître; en peu de minutes, le gaillard d'avant fut embrasé. La situation devenait fort critique, car les robinets se trouvant hors de l'eau, il n'était pas possible de noyer les poudres. Cette frégate fut évacuée à 7ʰ : le NORTHUMBERLAND s'était déjà retiré. L'*Ariane* fut aussi abandonnée, remplie d'eau et fort endommagée par les boulets. Son capitaine estimant ne pouvoir la relever y fit mettre le feu. Ces deux frégates firent explosion pendant la nuit. Le *Mameluck* fut également évacué. Cependant aucune tentative de destruction n'ayant été dirigée contre lui, on le remit à flot.

Un conseil de guerre condamna les capitaines Féretier et Morice à la déchéance de tout commandement pendant trois ans.

La gabare de 8ᵉ la *Dorade*, capitaine Barbaud, mouillée à Arcachon, fut attaquée, pendant la nuit du 4 juin, par les canots de la frégate anglaise de 40ᵉ MEDUSA, capitaine honorable Pleydell Bouverie, et enlevée après une vive résistance. La *Dorade* s'échoua en sortant et fut incendiée par les Anglais.

Le capitaine Baudin (Charles), du brig de 16ᵉ le *Renard*, parti de Gênes pour Toulon avec la goëlette de 8 canons le *Goéland*, capitaine de Saint-Belin et un convoi de 10 navires, eut connaissance, le 12 juin, d'un vaisseau anglais qui fit prendre au convoi et aux convoyeurs la détermination d'entrer à Villefranche. Deux jours plus tard, chassé par la frégate anglaise CURACOA, le convoi mouilla aux îles Sainte-Marguerite ; mais le vaisseau de 82 AMERICA et le brig de 18ᵉ SWALLOW, capitaine Reynolds Sibly, ayant rallié la frégate dans l'après-midi du 15, le capitaine Baudin comprit que la position n'était pas sûre ; faisant filer les navires du commerce en dedans des îles, il passa au large avec la goëlette. Les bâtiments ennemis se mirent à leur poursuite ; le lendemain, le Swallow seul était en vue à environ 12 milles. Les rôles changèrent alors : le *Renard* et le *Goéland* mirent le cap sur le brig anglais. Cette nouvelle route leur ayant fait promptement apercevoir le vaisseau et la frégate arrivant sous toutes voiles, ils gouvernèrent de nouveau à l'Ouest. Enhardi par la présence de ses deux compatriotes, le capitaine du Swallow suivit le *Renard*. La brise était faible du S. O. Le capitaine Baudin conçut de suite l'audacieuse idée d'enlever ce bâtiment avant que ses compagnons pussent lui venir en aide, et il se dirigea sur lui, tribord amures, ainsi que la goëlette. A 1ʰ 30ᵐ, les deux brigs échangèrent leur première volée à contre-bord. Le *Renard* qui était sous le vent vira immédiatement, en envoyant une bordée en poupe à son adversaire, et se plaça par sa hanche de bâbord. Le feu continua dans cette position pendant quarante minutes ; puis, à 2ʰ 50ᵐ, le Swallow vira de bord vent arrière et se replia sur le vaisseau et la frégate. Cette manœuvre fournit au capitaine Baudin l'occasion de lui envoyer trois volées d'enfilade qui mirent fin au combat, car il ne pouvait suivre son adversaire sur cette route ; les avaries du *Renard* lui faisaient d'ailleurs un impérieux devoir de gagner un port. Deux heures après, il mouillait à Saint-Tropez. Le capitaine Baudin avait été blessé, mais il n'avait pas quitté le pont. Le Swallow avait été au moins aussi maltraité que son antagoniste ; il fut pris à la remorque par la frégate.

Le capitaine du *Renard* avait compté sur la coopération de la goëlette qui l'accompagnait, et elle lui fit défaut. La rupture des ferrures du gouvernail du *Goéland* avait neutralisé, dès le commencement du combat, l'action de son capitaine et l'avait empêché d'y prendre une part aussi active qu'il l'eût désiré.

Le *Renard* était armé de 14 caronades de 24,
et 2 canons de 8.

Le Swallow avait 16 caronades de 32,
et 2 canons de 6.

Malgré la surveillance des croiseurs anglais, la frégate de 44° la *Gloire*, capitaine Roussin, parvint à franchir les jetées du Havre et à prendre la mer, le 16 du mois de décembre. Le surlendemain avant le jour, elle était en calme sous le cap Lizard, au milieu d'un convoi escorté par la corvette anglaise de 28° Albacore, capitaine Thomas Davie, et le brig-goëlette de 14 Pickle, capitaine William Figg. L'inaction de la *Gloire* fit penser au capitaine Davie que cette frégate était armée en flûte, et il se dirigea sur elle à l'aide d'une folle brise qui le mit à demi-portée de canon. La *Gloire* présentant l'arrière ne put répondre à la corvette qu'avec ses canons de retraite. Le jour se faisait. Revenant alors de sa méprise, le capitaine de l'Albacore serra le vent et réussit à s'éloigner. Poursuivre cette corvette, c'était s'exposer à rencontrer quelque croiseur plus redoutable dans des bâtiments dont on ne pouvait encore distinguer la force, mais qu'on apercevait dans le lointain. La *Gloire* était loin d'ailleurs d'être préparée à un combat sérieux. Sur 340 hommes d'équipage, elle avait 227 conscrits qui, en fait de navigation, ne comptaient que le temps passé dans le bassin du Havre. Le capitaine Roussin continua sa route. Le capitaine Davie comprit bien vite que la frégate française voulait éviter un engagement, et la brise s'étant élevée au Sud, l'Albacore, accompagnée cette fois du brig de 12° Borer, capitaine Richard Coote et du cutter de 4° Landrail, capitaine John Hill, suivit la *Gloire* en forçant de voiles. Ces bâtiments la harcelèrent toute la nuit; le capitaine Roussin, pressé de sortir de ces parages, ne leur répondit qu'avec ses canons de retraite. Le vent, en fraîchissant, le débarrassa enfin de ces importuns, mais audacieux adversaires. La *Gloire* croisa sur les Soles, entre Madère et les Canaries, et fit route pour France après avoir consommé la presque totalité de ses vivres. Elle s'était emparé du transport anglais de 10ᵉ SPY.

BATIMENTS PRIS, DÉTRUITS OU NAUFRAGÉS
pendant l'année 1812.

ANGLAIS.

Canons.

48	LAUREL.	Naufragée sur la côte de France.
44	MANILLA.	— sur la côte de Hollande.
34	BARBADOES *.	} Naufragées à Terre-Neuve.
28	EMULOUS.	
	BELETTE *.	Naufragée dans le Cattégat.
	AVENGER.	— à Terre-Neuve.
	FLY.	— sur l'île d'Anhold.
16	MAGNET.	Sombré.
	SKYLARK.	Naufragé sur la côte de France.
	ATTACK.	} Naufragés sur la côte d'Espagne.
	ENCOUNTER.	
12	EXERTION.	Naufragé sur l'île d'Elbe.
	PLUMPER.	— dans la baie de Fundy.
	SENTINEL.	— sur l'île Rugen.
	SPY, transport.	Pris par une frégate.
10	ALBAN.	Naufragé près d'Aldborough.
	LAURA.	Pris par un corsaire.
	NIMBLE.	
	CHUB.	} Sombrés.
4	PORGEY.	
	WHITING.	Pris par un corsaire.

FRANÇAIS.

anons.

82	*Rivoli.*	Pris par un vaisseau.
	Ariane.	} Détruites à la côte.
44	*Andromaque.*	
	Danaé.	Brûlée par accident.
24	*Mérinos*, flûte	Prise par une frégate.

* L'astérisque indique un bâtiment pris à l'ennemi.

RÉCAPITULATION.

		Pris.	Détruits ou naufragés.	Incendiés.	TOTAL.
ANGLAIS...	Vaisseaux.........	»	»	»	»
	Frégates.	»	3	»	3
	Bâtiments de rangs inférieurs........	3	15	»	18
FRANÇAIS..	Vaisseaux.........	1	»	»	1
	Frégates.	1	2	1	4
	Bâtiments de rangs inférieurs........	1	»	»	1

ANNÉE 1813.

—

Les événements qui se passaient sur le continent donnèrent cette année à l'escadre d'Anvers une importance qu'elle n'avait pas encore eue. Et cependant la pénurie de marins força de désarmer sept vaisseaux dans lesquels on comprit ceux montés par les Danois. Onze vaisseaux, quatre frégates et un brig descendirent seuls le fleuve pour aller mouiller à Hoog Plaat; ils le remontèrent au mois de novembre. Le mouvement insurrectionnel des pays conquis commençait à se manifester en Hollande; déjà, à cette époque, le pavillon orange flottait sur quelques clochers. Le 22 novembre, au moment où la flottille allait se mettre en route pour Gorcum, il fallut renforcer les garnisons de Berg-op-Zoom et de Flessingue avec les marins qui la montaient. La marche des Prussiens et des Anglais sur la Hollande et l'apparition d'une escadre anglaise sur la côte, avaient déterminé le gouverneur à s'occuper d'abord de la défense de l'île Walcheren, afin de préserver Anvers d'une attaque simultanée par terre et par mer. Le jour même où l'on apprenait la défection d'Helvoët Sluys, le vice-amiral Missiessy recevait une nouvelle demande de quelques bâtiments de flottille pour Gorcum. Le capitaine de vaisseau Halgan qui commandait la flottille de la Meuse, reçut l'ordre d'y envoyer cinq canonnières et de concourir à la défense d'Helvoët Sluys avec les autres. Les glaces du Bies Bos empêchèrent cet officier supérieur d'exécuter ces instructions, et il ne put pas arriver devant cette ville avant le 2 décembre. Mais alors, Briel était au pouvoir de l'ennemi, et les habitants d'Helvoët Sluys s'étaient emparés de l'autorité; tous les canons de la place avaient été encloués par eux. Le capitaine Halgan entra cependant dans ce port et, sans perdre de temps, il fit placer les canons des canonnières sur les remparts. Le lendemain dans l'après-midi, les Prussiens et les Anglais débouchèrent avec de l'artillerie par le chemin de Briel, et ils attaquèrent la ville le même jour. Étonné de voir jouer des batteries qu'il croyait hors de service, l'ennemi montra de l'hésitation, s'arrêta, se borna à une simple canonnade, et se retira à la nuit. Cette attaque n'avait pas interrompu les travaux; une partie des équipages des canonnières débarquait des canons, pendant que le reste servait ceux qui avaient été déjà mis en place. Le 6, la flottille se rendit à Willemstadt; elle y était à peine arrivée qu'il fallut évacuer ce port. Entièrement isolé depuis que les insurgés s'étaient emparés du fort Duquesne, le capitaine Halgan détruisit les navires placés sous ses ordres, et il se replia sur Anvers avec leurs équipages. Ainsi, la marine était appelée à jouer sur l'Escaut le rôle actif qu'elle avait rempli en 1809. Nous verrons que, si ses vaisseaux ne furent d'aucune utilité pendant le siége d'Anvers, son personnel prit une grande part à la défense de cette place, prouvant ainsi que les occasions seules lui avaient manqué de signaler son zèle et son dévouement. Déjà, 2,555 hommes de l'escadre avaient été mis à la disposition du gouverneur. De nouveaux renforts furent envoyés à Bréda et aux îles Showen et Zuid Beveland. Au mois de décembre, il ne restait plus que 945 hommes sur l'escadre! Le 17, le capitaine anglais Owen débarqua un détachement de marins à Tergoes et répandit des proclamations du prince d'Orange. Enhardis par les désastres des Français sur l'Elbe et sur la Vistule, les Hollandais rappelèrent ce prince qui débarqua le 30 à Sheveling.

Plus nous approchons de l'époque à laquelle se termina cette longue période de combats que j'ai entrepris de décrire, plus nous voyons l'importance de la marine diminuer. Il n'y avait pas un regard pour elle; les grands événements qui se passaient dans le Nord absorbaient toutes les pensées de celui qui avait su élever si haut la gloire de la France. On peut dire que pendant les deux dernières années de l'Empire il n'y eut plus de marine : les diverses destinations qu'on donna aux marins rendirent tout armement impossible. D'autre part, les ressources étaient épuisées; la grande armée envahissait tout; et la marine qui, depuis plusieurs années, n'était plus pour Napoléon qu'un moyen d'obliger l'Angleterre à un grand développement de forces, la marine lui paya aussi son tribut. Les troupes d'artillerie embarquées sur les vaisseaux furent mises à terre, et un décret du 24 janvier fit passer les quatre régiments de cette arme au département de la guerre. La formation de l'équipage de la garde impériale, au commencement de l'année précédente, en enlevant l'élite des matelots aux bâtiments armés, avait déjà jeté un commencement de désorganisation dans la flotte; la formation des équipages de haut-bord acheva d'y porter la perturbation (1).

---

(1) D'après ce décret, daté du 18 mars, les équipages de bâtiments furent modifiés; on donna au vaisseau de 120 canons 1,074 hommes.

—	—	110	—	1,004 —
—	—	80	—	815 —
—	—	74	—	672 —
à la frégate portant du		18	—	524 —

Les divisions de Cherbourg et de Rochefort, commandées encore par les contre-amiraux Troude et Jacob, restèrent ce qu'elles étaient l'année précédente.

Le contre-amiral Hamelin (Jacques), prit le commandement de la division de Brest.

Toulon avait son armée navale, placée toujours sous les
ordres du vice-amiral Emeriau et composée comme il suit :

Canons.

	Impérial.	capitaine Lecoat Kerveguen.
		comte Emeriau, vice-amiral.
124	*Austerlitz.*	capitaine Billiet.
	Wagram.	— Legras.
		baron Cosmao Kerjulien, contre-amiral.
	Majestueux.	capitaine Berrenger.
114	*Commerce-de-Paris.* . . .	— Lebigot.
86	*Donawert.*	— Infernet.
	Sceptre.	— Moncabrié.
	Ville-de-Marseille	— Senez
	Trident.	— Bonamy.
	Breslaw.	— Allemand (Joseph).
	Ulm.	— Duclos.
	Agamemnon.	— Letellier.
82	*Génois.*	— Montalan.
	Borée.	— Mahé.
	Ajax.	— Magendie.
	Suffren.	— Louvel.
	Magnanime.	— Tourneur.
	Danube.	— Henry (Antoine).
	Romulus.	— Rolland (Pierre).

Frégates : *Galathée, Melpomène, Pauline, Pénélope, Proserpine, Dryade,
Adrienne, Médée, Amélie, Incorruptible.*

La présence de 13 vaisseaux anglais qui se tenaient
devant Toulon, sous les ordres du vice-amiral Pellew,
n'empêchait pas le vice-amiral Emeriau de faire de nombreuses sorties ; mais pour cela, il fallait compléter, chaque
fois, les équipages des vaisseaux qui appareillaient avec
ceux des bâtiments qui restaient au mouillage.

A part un engagement qui eut lieu au mois de novembre,
l'armée de Toulon n'eut pas la possibilité d'essayer ses canonniers. Son chef n'en rechercha du reste pas l'occasion,
et cela, à cause du peu de confiance que lui inspiraient les
équipages, ou plutôt, la partie des équipages qui était
composée d'étrangers, — et c'était la moitié — parmi

lesquels commençait à se manifester l'esprit de révolte qui
ne tarda pas à gagner tous les pays conquis.

———

Douze vaisseaux et 6 frégates de l'armée navale de Toulon
ayant mis sous voiles, le 5 novembre, avec le commandant
en chef pour faire des évolutions en dehors de la rade,
4 vaisseaux anglais, placés en observation avec le
capitaine Henry Heathcote, se replièrent sur le reste de
l'escadre qui se tenait au large. Le vent ayant passé du S.-E.
au N.-O., le vice-amiral Emeriau fit signal de louvoyer en
route libre pour retourner au mouillage; 5 vaisseaux
avaient seuls dépassé le cap Sepet. Ce changement de vent
mettant l'escadre anglaise en position d'atteindre facilement
les Français, le vice-amiral Pellew voulut en profiter pour
attaquer ceux de leurs vaisseaux qui resteraient de l'arrière,
et il ordonna une chasse générale. Certain d'être bientôt
soutenu, le capitaine Heathcote revira sur la terre et, à
midi 45ᵐ, sa division déjà ralliée par un cinquième vaisseau, engagea la canonnade avec l'*Ulm*, l'*Ajax*, le *Borée*,
les frégates l'*Adrienne*, la *Médée* et la *Pénélope*, mais surtout avec le vaisseau l'*Agamemnon* qui était le dernier. Le
CALEDONIA, le BOYNE et le SAN JOSEPH joignirent promptement leur feu à celui du SCIPION, du MULGRAVE, du PEM-
BROKE et de l'ARMADA. La position de l'*Agamemnon* était
critique. Le contre-amiral Cosmao s'en aperçut bien vite
et, prenant l'initiative et la responsabilité d'une manœuvre
qui ne fut imitée que par le capitaine Simiot de la frégate
la *Pauline*, il ordonna au capitaine du *Wagram* sur lequel
était arboré son pavillon, de laisser arriver pour aller soutenir ce vaisseau. Grâce à cette intervention, l'*Agamemnon*
put se rendre au mouillage. Cet engagement dura le temps
que les vaisseaux anglais mirent à franchir l'espace qui
sépare le cap Sepet du cap Sainte-Marguerite; rendus près
de terre, ils viraient lof pour lof et passaient sous le vent
de leur ligne. Le vice-amiral Pellew fit exécuter cette

manœuvre à son escadre entière, et il reprit le large. Laissant alors une faible division devant Toulon, il se rendit à Mahon. On ne s'était fait de part et d'autre que d'insignifiantes avaries; on n'avait pas à regretter la perte d'un seul homme.

———

Les frégates de 44° l'*Aréthuse* et le *Rubis*, capitaines Bouvet (Pierre) et Ollivier (Louis), sorties de la Loire, à la fin du mois de novembre 1812, avaient franchi, sans rencontrer d'obstacles, la ligne de la station anglaise, pour aller s'établir en croisière dans le voisinage de la vigie des Cinq Grosses-Têtes d'abord, ensuite à la hauteur de Madère et des îles du Cap Vert. Des symptômes assez alarmants de fièvre déterminèrent le capitaine Bouvet à relâcher aux îles de Loss, un peu au Nord de la rivière de Sierra Leone. Le 27 janvier, alors que les frégates prenaient connaissance de ces îles, le capitaine William Pascoe, du brig anglais de 16° DARING, qui s'y rendait comme elles, les prenant pour des croiseurs de sa nation, envoya un canot à bord du *Rubis*. Après un laps de temps assez considérable, ne voyant pas son embarcation revenir, et ne recevant pas de réponse aux signaux qu'il faisait, le capitaine anglais reconnut sa méprise, jeta son brig au plain sur la pointe N.-O. de l'île Tamara et l'incendia. L'*Aréthuse* et le *Rubis* remirent à la voile le 1er février. En louvoyant pour s'élever au vent, la première toucha sur un haut-fond et démonta son gouvernail : toutes deux laissèrent tomber l'ancre en cet endroit. Un violent orage les assaillit cette nuit-là même; l'*Aréthuse* cassa ses câbles, et à l'aide d'un gouvernail de fortune, le capitaine Bouvet parvint à élonger toute la partie occidentale de l'île, et à échapper à une perte qui paraissait imminente; au jour, il était à 12 milles dans le N.-O. de Tamara. Le vent s'étant fixé à l'Est, il mouilla dès qu'il trouva le fond, et fit travailler à réparer et remonter son gouvernail. Moins heureuse que sa compagne, la frégate le *Rubis* fut jetée sur Tamara et y fut défoncée. Le capitaine Ollivier la livra aux flammes et s'embarqua avec son équipage sur une prise faite quelques jours auparavant,

Le 6 février au matin, pendant qu'on travaillait à remettre le gouvernail de l'*Aréthuse* en place, la frégate anglaise de 48° AMELIA, capitaine honorable Paul Irby, fut aperçue se dirigeant sur la terre avec une jolie brise de S.-S.-O. On redoubla d'ardeur, et le capitaine Bouvet put se porter à sa rencontre. La nuit se fit, et la journée du lendemain se passa sans que la capitaine anglais, placé cependant au vent, jugeât convenable d'engager le combat. A 7ʰ 30ᵐ du soir, au moment où, arrivées à l'intersection de leurs routes, les deux frégates allaient se rencontrer à contre-bord, sans qu'il fût possible d'apprécier laquelle passerait au vent, le capitaine de l'*Aréthuse*, qui avait les amures à tribord, fit une légère oloffée; et lorsque l'AMELIA se présenta bien par son travers, il lui envoya une volée qui coupa les bras du grand hunier; par suite, cette frégate masqua et au lieu de passer de l'avant, ainsi que son capitaine semblait vouloir le faire, elle appuya son bossoir sur la joue de bâbord de l'*Aréthuse* : celle-ci lui tira, à bout portant, une seconde volée en écharpe. Les deux frégates s'élongèrent alors vergues à vergues, restèrent accrochées et, pendant une heure et demie, elles combattirent dans cette position sans que, d'aucun côté, on songeât à profiter de cet abordage pour envahir le pont de son adversaire. Et cependant, celui de la frégate anglaise était balayé par le feu de la mousqueterie de l'*Aréthuse*. Dans cette lutte acharnée, le capitaine Irby et ses deux premiers lieutenants furent blessés ; le troisième lieutenant, tué presque au moment où il prenait le commandement, fut remplacé par le master. A 9ʰ, les deux frégates se séparèrent et l'AMELIA tint le vent. Ce mouvement ne put être imité par l'*Aréthuse;* ses manœuvres de devant étant coupées, elle se trouva masquée un moment, et son capitaine dut laisser arriver pour mettre le vent dans ses voiles. Un brouillard épais déroba bientôt les combattants l'un à l'autre. L'AMELIA fut encore aperçue le lendemain, mais elle fut chassée sans succès.

L'*Aréthuse*, frégate de 44, n'avait réellement que 42 canons car, dès son départ de France, son capitaine avait fait mettre dans la cale les deux pièces de l'avant de la batterie qui, gênées par les bittes, ne pouvaient rentrer à longueur de bragues.

Il lui restait   26 canons   de 18,
                      2   —   de 8,
            et 14 caronades de 24.
L'AMÉLIA portait 28 canons   de 18,
            et 20 caronades de 32.

L'équipage de la frégate anglaise était renforcé de celui du DARING.

L'*Aréthuse* fut ralliée par le navire à bord duquel se trouvait l'équipage du *Rubis*; le capitaine Bouvet le prit à la remorque et le brûla quelques jours après. L'*Aréthuse* entra à Saint-Malo sans avoir fait aucune nouvelle rencontre.

Deux autres frégates de 44 canons, l'*Hortense* et l'*Elbe*, capitaines Lahalle et Desrotours, étaient sorties de Bordeaux au mois de décembre 1812 et avaient croisé dans les mêmes parages que l'*Aréthuse* et le *Rubis*, mais sans rencontrer un seul bâtiment de guerre. Elles entrèrent à Brest au mois de février 1813.

———

Nous avons laissé la frégate de 44ᵉ la *Gloire* se dirigeant sur la France, au mois de décembre 1812. Le 25 février de la présente année, alors qu'elle faisait route sous la misaine et le grand hunier au bas ris avec un grand vent de S.-O., un bâtiment fut signalé de l'avant : c'était le brig anglais de 16ᵉ LINNET, capitaine John Tracey. Malgré les conséquences terribles qui pouvaient en résulter, cet officier, lançant tantôt sur un bord, tantôt sur l'autre,

parvint à rendre sans effets les coups de canon, assez rares
il est vrai, que la *Gloire* lui tirait. Au moment où il
allait être atteint, le capitaine Tracey voulut faire encore
une fois la manœuvre qui lui avait si bien réussi jusqu'alors; il embarda en grand sur l'avant de la *Gloire*, et
cette frégate fut obligée de se déranger de sa route pour
ne pas passer sur le brig. Il fallait cependant en finir avec
cet ennemi obstiné. Le capitaine Roussin saisit une occasion favorable pour faire ouvrir les sabords, et il lui envoya
deux volées qui le décidèrent à amener son pavillon. Ce ne
fut qu'avec la plus grande difficulté qu'on parvint à amariner le LINNET; la frégate y perdit tous ses canots. La
Gloire mouilla à Brest, le 27, ainsi que sa prise.

La canonnière de 4ᵉ le *Feu*, capitaine Robert, qui escortait un convoi de Cassis à Marseille fut attaquée, le 6 mai,
par cinq embarcations anglaises qui l'abordèrent. Les Anglais furent repoussés avec perte d'un grand nombre
d'hommes; mais un des navires du convoi fut enlevé,
grâce à la présence d'une frégate à laquelle ces embarcations appartenaient. Le capitaine Robert entra à Marseille
avec les autres.

Surpris par le calme pendant la nuit du 12 octobre, le
capitaine Daniel, du brig de 16ᵉ le *Flibustier*, mouilla au
fond du golfe de Gascogne, à environ trois milles dans
l'Ouest de Biaritz. Au jour, la brise s'éleva au Sud; mais
deux brigs et une goëlette furent signalés, à petite distance,
se dirigeant sur le *Flibustier*. A 6ʰ 40ᵐ, la goëlette anglaise
de 12ᵉ TELEGRAPH, capitaine Timothy Scriven, l'attaqua;
les brigs CHALLENGER de 18ᵉ et CONSTANT de 12 allaient se
trouver en position de joindre leur feu à celui de ce bâtiment. Le capitaine Daniel ne voulut pas essayer de lutter
contre ces trois adversaires : il livra le *Flibustier* aux flam-

mes et l'abandonna. Le capitaine Scriven canonna le brig
français pendant une demi-heure, et envoya ensuite ses
embarcations pour en prendre possession. Il était trop
tard : l'incendie avait fait des progrès rapides, et le *Flibustier* sauta à 8^h 30^m.

L'envoi de 4,500 fusils, que le port de Toulon avait reçu
l'ordre d'expédier à Gênes, donna lieu à un petit combat
de flottille. La goëlette l'*Estafette* et la canonnière l'*Air*,
capitaines Christy Pallière et Bernard, chargées de ce
transport, cherchèrent un refuge dans le golfe d'Agay,
pour échapper à la poursuite de plusieurs bâtiments anglais. Pendant la nuit du 10 décembre, le vaisseau Warwick fit attaquer l'*Air* par ses embarcations, et cette canonnière fut enlevée après une lutte prolongée dans laquelle
le capitaine Bernard fut blessé. Les canots anglais se portèrent alors sur l'*Estafette*, mais ils furent repoussés. En
même temps qu'il attaquait ces deux avisos, le capitaine du
Warwick avait débarqué quelques troupes qui s'étaient facilement emparées de plusieurs canons placés en batterie
pour défendre le mouillage, et leur feu avait été de suite
dirigé sur l'*Estafette*. Afin de se mettre à l'abri de leurs
coups, le capitaine Christy Pallière, qui avait reçu une
blessure en repoussant l'attaque des embarcations, se décida à jeter son bâtiment à la côte. Grâce au concours des
douaniers et des habitants du voisinage, les Anglais qui
étaient à terre durent se rembarquer, et les canots ennemis
prirent le large. L'*Estafette* fut relevée.

Le 21 décembre, en vue du golfe d'Ajaccio, les flûtes la
Baleine de 26 canons et le *Lybio* de 22, capitaines Eydoux et
Boissy, et la goëlette de 12^c la *Flèche*, capitaine Rolland
(Étienne), qui portaient des troupes en Corse, eurent con-
naissance d'une frégate et de deux vaisseaux anglais ; la

brise était faible du N.-O. Le capitaine Dydoux, auquel son ancienneté donnait le commandement de cette petite division, fit signal d'entrer à Calvi. Le capitaine de la *Flèche* ne tint aucun compte de cet ordre; il serra le vent et, à la nuit, la goëlette n'était plus en vue. A 8ʰ du soir, la frégate ennemie ouvrit son feu sur la *Baleine* au moment où cette flûte doublait la pointe de Revelat; elle arrêta là sa poursuite, mais elle continua à tirer. Quelque temps après, et avant qu'on eût eu le temps de ramasser les voiles, une forte rafale fit chasser la *Baleine* et la porta sur les récifs du fond de la baie. Malgré l'activité avec laquelle furent poussés les travaux entrepris pour l'en retirer, et les prompts secours qu'elle reçut du *Lybio*, tous les efforts furent inutiles : elle fut brisée en deux parties.

Le capitaine de la *Flèche* avait fait route pour France. Le 22, cette goëlette fut chassée par deux vaisseaux et une frégate devant lesquels elle amena son pavillon. Ces bâtiments étaient anglais; c'étaient le BERWICK, l'ARMADA et l'ALCMENE.

Le lieutenant de vaisseau Rolland fut traduit devant un conseil de guerre et acquitté honorablement.

BATIMENTS PRIS, DÉTRUITS OU NAUFRAGÉS
pendant l'année 1813.

ANGLAIS.

Canons.		
82	CAPTAIN.	Brûlé par accident.
48	DOEDALUS.	Naufragée sur Ceylan.
40	SOUTHAMPTON.	— aux Antilles.
	TWEED.	— à Terre-Neuve.
	ATALANTA.	— au Canada.
18	COLIBRI*.	— à la Jamaïque.
	FERRET.	— sur la côte d'Ecosse.
	PERSIAN.	— sur les Cayes d'Argent.
16	LINNET.	Pris par une frégate.
	DARING.	Détruit à la côte.
12	BOLD.	Naufragé aux îles du Prince Edouard.
	FEARLESS.	— sur la côte d'Espagne.
	ALGERINE.	— dans l'Inde.
10	ALPHEUS.	Détruit par un corsaire.
	SUBTILE*.	Sombré.

44	*Rubis.*	Naufragée aux îles de Loss.
26	*Baleine,* flûte.	— à Calvi.
16	*Flibustier.*	Détruit à la côte.
12	*Flèche.*	Prise par une frégate.

* L'astérisque indique un bâtiment pris à l'ennemi.

RÉCAPITULATION.

		Pris.	Détruits ou naufragés.	Incendiés.	TOTAL.
ANGLAIS. . .	Vaisseaux.	»	»	1	1
	Frégates.	»	2	»	2
	Bâtiments de rangs inférieurs.	1	11	»	12
FRANÇAIS	Vaisseaux..	»	»	»	»
	Frégates.	»	1	»	1
	Bâtiments de rangs inférieurs.	1	2	»	3

ANNÉE 1814.

—

Le rôle de l'historien de la marine devient désormais bien facile; quelques combats isolés restent seuls à rapporter. Les préoccupations du gouvernement étaient trop grandes, à cette époque, pour qu'il songeât beaucoup à la marine. D'ailleurs, la ligue européenne formée contre l'Empire français ne permettait guère de prolonger la lutte sur mer. L'Angleterre, la Russie, la Prusse, l'Autriche, le Danemark, la Suède, l'Espagne et le Portugal, en un mot, toutes les puissances maritimes de l'Europe étaient liguées contre la France: le roi de Naples lui-même avait abandonné la cause de l'Empire, et avait fait la paix avec ses ennemis. Aussi, à part de très-rares exceptions, le rôle de l'armée de mer fut-il passif, et la Hollande fut, pour ainsi dire, le seul théâtre sur lequel les marins français purent

déployer leur activité et montrer leur dévouement. Attaquée de tous les côtés, sur terre par les Prussiens, sur
mer par les Anglais, la Hollande était sillonnée dans tous
les sens par des embarcations françaises.

Au commencement de cette année, la flottille de l'Escaut fut partagée en deux divisions, l'une destinée à agir
dans le fleuve sous les ordres du contre-amiral Gourdon;
la seconde, commandée par le contre-amiral Baudin
(André), devait concourir à la défense de Flessingue. Le
1er janvier, la corvette la *Vaillante*, capitaine Quesnel, et
quatre canonnières conduites par le capitaine de frégate
Lamanon, attaquèrent la batterie de Borselen qui avait
été détruite et que l'ennemi travaillait à rétablir. Cette
batterie fut réduite au silence après une canonnade de
cinq heures.

Le 3, 200 marins sous les ordres du capitaine de frégate Rigny et 300 soldats commandés par le chef de bataillon du génie Lamy, furent débarqués sur l'île Zuid
Beveland qui avait été évacuée, et dans le Sud de laquelle
les Anglais s'étaient établis; le fort de Bathz était seul occupé
par les Français. Une patrouille ennemie fut d'abord cul-
butée; et tandis que l'infanterie prenait le chemin de Borselen, les marins enlevaient les batteries de la côte. Les
deux détachements réunis chassèrent ensuite les troupes
anglaises qui occupaient la ville et le petit corps expéditionnaire retourna à Flessingue.

Le 6, le fort de Warden fut attaqué par six canonnières
dirigées par le capitaine de frégate Féretier. Le vent
qui s'éleva grand frais obligea cet officier supérieur à se
retirer à Bathz après deux heures de canonnade.

Ce même jour, l'ennemi parut devant Anvers et attaqua
les avant-postes; il fut repoussé. Le froid était si grand que
les bassins étaient gelés, et il eût été imposssible de faire
faire aucun mouvement aux vaisseaux si l'ennemi eût tenté
de les incendier. Il n'en fut heureusement rien; il se retira
à Turnhout et y concentra ses forces. La position d'An-

vers n'en était pas moins critique ; les armées ennemies
s'avançaient de toutes parts, et celles de l'Empire se re-
pliaient sur les frontières de l'ancienne France. On avait
décidé que si la ville était attaquée, la défense de la partie
du rempart qui entourait les deux bassins serait confiée
aux marins de l'escadre ; et comme on était dans l'impossibilité d'armer la batterie impériale ; que deux demi-lunes
et un bastion étaient également sans défenseurs, le service
de ces points fut aussi laissé à la marine. L'aspirant Viellard
reçut en outre la mission d'armer et de servir la petite batterie des Moulins sur la droite de Dam. Le commandement
de tous ces ouvrages fut donné au capitaine de vaisseau
Collet. Une nouvelle attaque des avant-postes eut lieu le
31 janvier et le jour suivant. Bientôt l'ennemi déboucha
par Merxeim, repoussa les troupes qui lui étaient opposées
et établit des batteries en avant de cette ville et derrière la
digue Ferdinand pour bombarder le port. De sages précautions avaient été prises ; tous les objets susceptibles de pro-
pager l'incendie avaient été mis à terre. Les batteries de
la marine, celle des Anguilles dont le commandement avait
été donné au capitaine de frégate Dusseuil et le fort Ferdinand contrarièrent ces travaux par une canonnade soutenue ; les Prussiens y répondirent, et ils lancèrent des
bombes et des obus dans la place. Le feu se déclara sur plusieurs points ; mais les secours étaient organisés de telle
sorte que l'incendie ne se propagea point. Les vaisseaux
éprouvèrent peu de dommages : deux canonnières, deux
bateaux-canonniers et un paquebot furent coulés. Les assaillants se retirèrent après cette attaque. Le froid qui fut
très-vif jusqu'au 20, suspendit en quelque sorte les hostilités sur terre ; mais deux frégates anglaises et deux brigs
étant entrés dans l'Escaut par la coupée du banc de Hoog
Plaat, à la faveur d'une brume très-épaisse, on dut s'attendre à voir les passes franchies par d'autres bâtiments
destinés à seconder les projets de l'ennemi sur la ville,
le port, les établissements maritimes et sur l'escadre. Le

capitaine de frégate Drouault, désigné pour prendre le commandement supérieur des forts de Lillo et de Dief-kenshoek, établit une estacade en dessous de ces forts. Deux vaisseaux et une frégate remplis de pierres furent tenus prêts à être coulés à la hauteur des forts Saint-Philippe et Sainte-Marie, si la marche de l'ennemi rendait cette mesure indispensable. Un autre vaisseau et un transport devaient opposer les mêmes obstacles dans le haut du fleuve.

Cinq embarcations anglaises remontèrent l'Escaut jusqu'au fort Lillo, pendant la nuit du 6 mars, et abor·-dèrent la canonnière n° 133, commandée par l'aspirant Leprêtre. Après un quart d'heure d'efforts infructueux, ces embarcations, repoussées avec perte, redescendirent le fleuve.

L'Escaut ayant cessé de charrier des glaces vers le milieu de ce mois, on fit sortir les vaisseaux du bassin, et ils furent échelonnés sur le fleuve de la manière suivante :

L'*Anversois* fut placé au-dessus du fort Lillo.
Le *César* mouilla à la Perle.

Le *Hollandais*. . . .⎫
Le *Tromp*. . . . . . ⎬ chargés de pierres, furent ancrés
La *Minerve*. . . . . ⎪   à la Maison Bleue.
Le *Wanderwerff* . . .⎭

Le *Trajan*. . . . . ⎫   ⎫à Osterwell.
Le *Gaulois*. . . . . ⎪. . . . .⎬
Le *Pacificateur*. . .⎪   ⎭
L'*Auguste*. . . . . .⎪
Le *Tilsitt*. . . . . .⎬prirent position⎬devant Anvers.
Le *Duguesclin*. . . .⎪
Le *Charlemagne*. . ⎪
La *Ville-de-Berlin*. .⎫   ⎫près de Burght.
Le *Commerce-de-Lyon*⎭. . . . .⎬

Le 24, l'*Anversois*, capitaine Conseil, et les canonnières attaquèrent le fort Frederick Henrick que l'ennemi occu-

pait; le lendemain, ils dirigèrent leurs coups sur le fort
Lacroix.

Huit vaisseaux anglais, quatre frégates, sept brigs et
trois cutters étaient entrés dans le Roompot, et se tenaient
vis-à-vis Zirickzée; un autre vaisseau, trois frégates,
deux brigs et un cutter stationnaient devant Borselen.

Les détails qui précèdent, et sur lesquels j'ai cru devoir
m'appesantir, montrent combien la marine rendit de services pendant le siége d'Anvers. Le colonel Hulot, direc-
teur de l'artillerie, écrivit à ce sujet au chef d'état-major
de l'escadre une lettre qui se terminait par le passage suivant: « C'est moi, plus que personne, qui connais et
« apprécie les services que la marine a rendus dans les
« dernières circonstances. J'ai l'honneur de prier M. l'a-
« miral, au nom de l'arme de l'artillerie, d'en agréer et
« faire agréer notre reconnaissance à celle de la ma-
« rine. »

La division de Cherbourg était, cette année encore, sous
le commandement du contre-amiral Troude, mais elle
n'exista, en quelque sorte, que de nom.

Celle de Brest resta ce qu'elle était, et se borna à faire
des exercices et des appareillages. Le seul événement qui
signala son existence fut la perte du vaisseau de 82° le
Golymin qui, appareillé le 23 mars pour reconnaître deux
frégates signalées au large, fut pris de calme dans le goulet; entraîné sur la basse Goudron, il coula sur place.
Son équipage fut sauvé.

La division de Rochefort était mouillée, partie au Saumonard, partie à l'île d'Aix, pour prêter son appui à cette
île et à celle d'Oleron. Cette position ne pouvait être
conservée. On se décida à abandonner cette dernière
île à ses propres ressources, et à réunir tous les bâtiments pour concourir plus efficacement à la défense de
l'île d'Aix et à celle du port de Rochefort lui-même. La
marche des alliés fit bientôt modifier cette détermination,
et le contre-amiral Jacob reçut l'ordre de prêter exclusi-

vement assistance à la ville. A cet effet, il fit entrer ses
bâtiments dans la Charente et les échelonna de la manière
suivante. Le *Triomphant* fut placé aux Vergeroux, d'où il
battait depuis la hauteur de Charas jusqu'au pont du
Grand Vergeroux. L'*Océan* prit poste à l'avant-garde du
port pour battre d'un côté, la route de Martrou depuis la
porte de la ville jusqu'au passage, et de l'autre, toute la
prairie de Rosne et la hauteur de Martrou. Le *Foudroyant*,
placé à l'arrière-garde, balayait d'un côté, le coude de la
route de Charente, de l'autre, la prairie de Rosne, les
routes de la Cabane carrée et de Surgère. Le *Patriote* fut
mouillé entre le moulin et le chenal de Fichemars, commandant ainsi les routes de Charente et de Surgère, et une
partie de la prairie de Rosne. Enfin, la corvette la *Bayadère* prit poste au passage de Charente, enfilant la route
de Saintes dans toute sa longueur. La frégate la *Saal* seule
resta sur la rade. Ces positions occupées, la division navale
donna 570 marins à l'île d'Aix et aux diverses batteries de la
rade. Ces dispositions furent inutiles. La direction suivie
par l'ennemi laissa bientôt entrevoir ses projets, et le maréchal Soult, estimant qu'il fallait mettre au premier rang
les moyens de défense que la marine pouvait offrir, demanda l'envoi d'une flottille dans la Gironde. On lui donna
dix canonnières ou bateaux-canonniers qu'il échelonna de
Saint-André de Cubzac à Blaye. Le vaisseau de 82° le *Régulus*, capitaine Reynaud, les brigs de 16° le *Java*, le *Ma-
lais* et le *Sans-Souci* qui étaient déjà dans le fleuve, furent
embossés auprès de la batterie des Méchers ; toutes les
batteries de la côte du Médoc avaient été détruites. Une
partie de l'armée anglaise avait franchi la Dordogne et
manœuvrait pour passer sur la rive droite de la Gironde.
Le 21 mars, le contre-amiral anglais Penrose entra dans
ce fleuve avec le vaisseau de 82° Egmont, trois frégates,
une bombarde, trois brigs et un cutter, et jeta l'ancre
en dedans des Marguerites ; le soir même et le lendemain,
il fit lancer des bombes sur les bâtiments français, et il

remonta ensuite jusqu'à Pauillac. Sa présence à ce mouillage, et l'abandon de Saint-André de Cubzac par les troupes
françaises obligèrent la flottille à changer de position. Le
capitaine de frégate Constantin (Jacques) la conduisit à
Royan pendant la nuit du 31. Attaquée dès 5ʰ du matin par
des embarcations anglaises, elle engagea une canonnade
vive et soutenue à la suite de laquelle toutes les embarcations qui la composaient se jetèrent à la côte au Bernu. Trois
d'entre elles furent détruites par leurs propres équipages ;
les autres tombèrent au pouvoir de l'ennemi. Les bâtiments
français n'étaient plus en sûreté dans la Gironde, car les
Anglais s'étaient établis à Mirambeau, et il leur devenait
facile de prendre la batterie des Méchers à revers. Dans
l'impossibilité de conserver le vaisseau et les brigs placés
sous ses ordres, le capitaine Reynaud exécuta ses instructions et, le 7 avril, il les livra aux flammes.

Ce fut au moment où elle allait être dissoute, que l'armée
navale de la Méditerranée eut l'engagement le plus sérieux
auquel elle eût pris part depuis sa formation. Augmentée
des deux trois-ponts le *Montebello* et le *Héros*, elle se
trouvait forte, cette année, de 20 vaisseaux et 9 frégates.
Instruit que le vaisseau de 82ᵉ le *Scipion*, capitaine Picard,
devait se rendre de Gênes à Toulon, et sachant que deux
frégates anglaises se tenaient depuis quelques jours en
observation entre Villefranche et le golfe Juan, le commandant en chef, vice-amiral Emeriau, donna l'ordre
au contre-amiral Cosmao de se porter à la rencontre du
Scipion avec les vaisseaux et les frégates,

Canons.
86	*Sceptre*	capitaine	Montcabrié. Cosmao Kerjulien, contre-amiral.
82	*Trident.*	capitaine	Bonamy.
	Romulus.	—	Rolland (Pierre).
44	*Médée.*	—	Menouvrier Defresne.
	Adrienne.	—	Gemon.
	Dryade.	—	Baudin (Charles).

Douze vaisseaux, conduits par le commandant en chef
en personne, mirent sous voiles en même temps que
cette division, le 12 février au matin; le temps était
beau et la brise soufflait du N.-O. Deux vaisseaux et
deux frégates furent envoyés en découverte dans l'Est;
le reste de l'escadre se porta dans le Sud. Les frégates
anglaises ayant seules été aperçues, le contre-amiral Cosmao reçut l'ordre de faire route, et l'escadre rentra à
Toulon. Le lendemain, au lever du soleil, la vigie du cap
Sicié signala quinze vaisseaux anglais, une frégate et
un brig dans le Sud; presque en même temps, celle du
cap Benat mettait la division française à 15 milles dans
le S.-S.-E. Le vice-amiral Emeriau expédia sur-le-champ
au contre-amiral Cosmao, par quatre voies différentes,
l'avis de la réapparition de l'escadre anglaise, et l'injonction de rentrer à Toulon ou, si cela ne lui était pas possible, de se rapprocher de la côte, afin de pouvoir relâcher
au besoin dans quelque port. Ce dernier officier général
avait déjà pris l'initiative de ce mouvement car, un peu
avant 8ʰ, ayant aperçu quinze voiles dans le O.-S.-O., et la
direction du vent, alors à l'Est, lui donnant l'espoir de
réussir à rentrer à Toulon avant d'être joint par cette escadre, qu'il supposait avec raison être celle des Anglais, il
avait fait gouverner pour gagner ce port en traversant les
îles d'Hyères. A 11ʰ 30ᵐ, on le vit en sortir sous toutes
voiles par la petite passe; le *Sceptre* tenait la tête de la
ligne; venaient ensuite la *Médée*, la *Dryade*, le *Trident*,
l'*Adrienne* et le *Romulus*. De son côté, l'escadre anglaise
serrait le vent, tribord amures, pour lui couper la retraite,
et, à la hauteur de Querquerane, elle se trouva en position
de l'attaquer. Ainsi que Sicié l'avait signalé, elle comptait
quinze vaisseaux, une frégate et un brig. A midi 30ᵐ, le
Boyne de 108 canons ouvrit son feu sur les quatre bâtiments
de tête; et traversant la ligne entre le *Trident* et l'*Adrienne*,
il envoya une volée aux vaisseaux et aux frégates qui se
trouvaient à sa gauche; il fit ensuite la même route

qu'eux, et se plaça par le travers de tribord de *Romulus*, sur lequel il dirigea alors exclusivement son feu. Le CALE-DONIA de 120 et plusieurs autres vaisseaux qui suivaient le BOYNE de près engagèrent la canonnade avec les bâtiments de la division française. Le capitaine Rolland vit de suite le danger auquel il était exposé ; et afin d'ôter à l'ennemi la possibilité de combattre le *Romulus* des deux bords, il se rapprocha de terre autant que possible et ordonna de suivre les sinuosités de la côte. Forcé de quitter la position qu'il avait choisie, le capitaine du BOYNE passa à bâbord du vaisseau français et le combattit, ainsi que le CALEDONIA, jusqu'au cap Brun où, d'après les ordres du vice-amiral Pellew, la poursuite fut abandonnée ; il était 1ʰ15ᵐ. Le *Romulus* put, sans autre trouble que quelques volées tirées à diverses distances, rejoindre sa division sur la rade de Toulon. Les batteries de la côte n'avaient prêté, dans cette circonstance, qu'un appui insignifiant au *Romulus* et cela, parce qu'elles se ressentaient aussi de la presse exercée sur tout ce qui était en état de porter un fusil. On a même prétendu que le fort Lamalgue était tellement dépourvu de canonniers, que les élèves de l'école navale le *Duquesne* y avaient été envoyés. Et pourtant, le vaisseau avait élongé la côte de si près, que des fragments de roches, détachés par des boulets de l'ennemi, tombèrent à bord. Blessé à la tête par un biscaïen, un quart d'heure après le commencement de l'engagement, le capitaine Rolland avait été remplacé dans le commandement par le capitaine de frégate Biot. Le *Romulus* était le seul bâtiment de la division française qui eût de sérieuses avaries ; son côté de bâbord et sa mâture étaient criblés ; ses voiles et son grément étaient hachés. Les avaries des autres bâtiments étaient sans importance ; le *Sceptre* n'en avait pas : placé en tête de la ligne, il n'avait pas pris part à l'engagement. Le BOYNE fut le plus maltraité de l'escadre anglaise : une frégate le remorqua au large.

Le *Scipion* entra à Toulon, le 14, avec les brigs l'*Alacrity* et l'*Endymion*.

On a apprécié de différentes manières l'attitude presque craintive de l'armée navale de Toulon, et la conduite du vice-amiral Emeriau dans l'affaire du 13 février, pendant laquelle les bâtiments mouillés sur rade restèrent spectateurs paisibles d'un engagement dont le résultat pouvait être la prise d'un vaisseau français. Maints jugements défavorables tombèrent sur le chef qui vit d'un œil impassible, et avec sang-froid, une division de son armée engagée contre des forces supérieures, et ne se porta pas à son secours. Je vais essayer de placer le lecteur à un point de vue d'où il lui sera facile d'apprécier la valeur des accusations portées contre l'armée navale de Toulon, et contre son chef en particulier.

Commençons par examiner ce qu'était cette magnifique armée navale, dans laquelle les équipages étaient plus exercés aux manœuvres des troupes d'infanterie qu'à celles qui se rapportent à la marine. Les détails qui vont suivre ne sont pas du reste particuliers à l'armée navale de la Méditerranée; ils s'appliquent à toute la marine française de cette époque.

Il y avait en fait 20 vaisseaux et 9 frégates sur la rade de Toulon, mais cette force était plus apparente que réelle. Pour agir avec efficacité, il eût fallu à une semblable armée des moyens d'action proportionnés à sa masse, et ces moyens n'existaient pas. Il lui revenait, d'après le règlement, 19,244 hommes; elle n'en avait que 14,900. On pouvait faire ainsi la répartition de la différence : il manquait, en moyenne, 300 hommes aux vaisseaux à trois ponts, 220 à ceux de 86 canons, 140 à ceux de 82 et 40 à chaque frégate. Cette faiblesse des équipages était d'autant plus sensible qu'une partie des matelots provenait du recrutement et n'avait pas encore été à la mer. L'effectif existant comprenait en outre 5,000 marins étrangers

ou des pays conquis sur lesquels il fallait peu compter dans
ces derniers temps. A ce point de vue, il pouvait être imprudent, dangereux même pour l'honneur du pavillon, de
hasarder un combat contre des forces seulement égales. A
cette énumération des causes d'infériorité de l'armée navale, il faut ajouter 800 hommes détachés dans les différents forts et les batteries de la rade.

La situation du matériel n'était pas plus satisfaisante.
Après avoir, en quelque sorte, été considérée comme un
dépôt destiné à donner des renforts partout où il en était
besoin, l'armée navale de Toulon devint un arsenal qui dut
approvisionner les armées de terre. Elle venait d'expédier
tout récemment à Gênes 4,500 fusils qui n'avaient pas été
remplacés. Sous le prétexte d'une économie mal raison-
née, les magasins livraient des objets de mauvaise qualité :
chaque appareillage le prouvait : qu'eût-ce été s'il eût
fallu tenir la mer! D'autre part, l'approvisionnement en
vivres offrait peu de ressources. Les vaisseaux n'avaient
qu'une partie de ceux qui leur revenaient, et encore étaient-
ils généralement avariés au moment même où on les leur
livrait.

Ainsi donc, sous le rapport du matériel, ainsi qu'au personnel, c'était une grande erreur de considérer comme
disponibles les vaisseaux qui stationnaient sur la rade de
Toulon ; un très-petit nombre était en état d'agir avec
efficacité.

Tous ces faits, connus du gouvernement, ne l'empêchèrent pas, au commencement de cette année, de donner au
vice-amiral Emeriau l'ordre d'attaquer les divisions isolées
de l'escadre anglaise ; toutefois, il lui était bien recommandé de ne rien hasarder, de se ménager les moyens
d'entrer dans un port de France, et d'assurer ainsi le
succès de ses tentatives. Pour qui connaît la partie du
littoral de la France baignée par la Méditerranée, il doit
être facile de voir combien cette restriction dans les instructions du commandant en chef dut paralyser le désir

qu'il pouvait avoir d'exécuter les ordres qui lui étaient donnés. L'armée navale ne pouvait, en effet, trouver un seul asile dans l'Ouest de Toulon; et les ports dont l'accès lui était possible de l'autre côté, ne l'eussent pas mise à l'abri d'une attaque de l'ennemi ou, au moins, d'un blocus qui eût rendu toute opération ultérieure impossible.

L'affaire du 13 février a été imputée à crime au vice-amiral Emeriau. On lui a reproché de ne s'être pas porté au-devant de la division du contre-amiral Cosmao. Certes, je n'ai pas la prétention de chercher à prouver qu'il n'y avait aucun parti à tirer de l'armée navale de Toulon; que le mieux était de laisser chaque vaisseau dans un état de demi-désarmement; et que dans cette circonstance, il n'était possible de faire aucune démonstration efficace. Non! telle n'est pas ma pensée. Mais j'ai cru utile, dans l'intérêt de l'histoire, de rappeler la situation réelle de cette armée navale et les difficultés très-multiples qu'éprouvait son commandant en chef.

Au mois de février, l'armée navale de la Méditerranée fut dissoute de fait. Le vice-amiral Emeriau reçut l'ordre de former avec des matelots, quatre régiments de 1,500 hommes, le premier sous la dénomination de canonniers-marins, les trois autres sous le nom d'infanterie de marine. Ces régiments étaient destinés à la défense du cap Sepet et des abords de la rade. Les vaisseaux durent en outre donner 1,000 hommes aux forts qui la protégent et à ceux de la côte Est de l'entrée. La retraite du maréchal Augereau sur Valence fit bientôt désarmer tous les vaisseaux, et leurs équipages furent mis à la disposition du gouverneur de Toulon.

Forcé de renoncer à la grande guerre maritime, le gouvernement avait pris le parti d'employer quelques-uns de ses bâtiments à une espèce de guerre de course, en envoyant des frégates en croisière deux à deux, avec mission de faire le plus de mal possible aux ennemis de la France. C'est dans ce but que la *Clorinde* et la *Cérès*, toutes deux de 44 canons, capitaines Denis Lagarde et baron de Bougainville, étaient sorties de Brest, dans les premiers jours de décembre 1813. Mais, chassées avant d'avoir perdu la terre de vue, elles s'étaient séparées, sur le signal de liberté de manœuvre qui avait été fait par le premier de ces deux officiers auquel son ancienneté donnait le commandement supérieur. Parvenu à se soustraire à la poursuite des chasseurs, le capitaine de Bougainville s'était dirigé d'abord sur les Açores, puis sur les îles du Cap Vert, rendez-vous qui lui avaient été assignés en cas de séparation. Le 5 janvier 1814, l'île Saint-Antoine restant à environ 27 milles dans le Sud, la *Cérès* fut chassée par les frégates anglaises NIGER de 48 canons et TAGUS de 42, capitaines Peter Rainier et Philip Pipon, qui escortaient un convoi à Rio de Janeiro. Le lendemain à 8ʰ 15ᵐ du matin, après une course de 235 milles pendant laquelle elle avait cassé sa vergue de perroquet de fougue, la *Cérès* fut attaquée par la TAGUS. Trois quarts d'heure plus tard, et au moment où la NIGER allait joindre son feu à celui de sa conserve, le pavillon de la *Cérès* fut amené. La frégate française avait eu son grand mât de hune abattu ; la TAGUS avait quelques avaries dans son grément, mais ni l'une ni l'autre n'avait perdu un seul homme.

La *Cérès* prit le nom de SEINE dans la marine anglaise.

———

Deux autres frégates de 44 canons, l'*Iphigénie* et l'*Alcmène*, capitaines Émeric et Ducrest Villeneuve, étaient également sorties de Cherbourg, au mois d'octobre 1813, pour aller croiser aux Açores et sur la côte de Guinée. De ces parages, où elles avaient détruit huit navires, les deux frégates s'étaient dirigées sur les Canaries et y avaient fait six autres prises. Le 16 janvier 1814, elles aperçurent au S.-O. un gros bâtiment dans lequel on ne tarda pas à reconnaître un vaisseau anglais. C'était, en effet, le

VENERABLE de 82 canons, capitaine James Worth, à bord duquel se trouvait le contre-amiral Charles Durham qui allait prendre le commandement de l'escadre des Antilles. La corvette de 32^c CYANE, capitaine Thomas Forrest, et le JASON, corsaire français de 2 canons capturé depuis quelques jours, accompagnaient le VENERABLE. La brise était faible de l'E.-S.-E. L'*Alcmène* reçut l'ordre de se tenir à portée de voix derrière l'*Iphigénie* et de suivre tous ses mouvements. Le capitaine Émeric fit même connaître à la voix les fausses routes qu'il avait l'intention de suivre pendant la nuit. Les deux frégates prirent ensuite le plus près tribord amures. A 6^h 15^m du soir, et sans qu'on pût en apprécier le motif, l'*Alcmène* laissa arriver et s'éloigna de l'*Iphigénie*, qui bientôt perdit de vue sa conserve et les chasseurs ennemis. Un quart d'heure après, quelques coups de canon furent entendus sous le vent, mais la canonnade ne dura pas plus de cinq à six minutes (1). La position du capitaine Émeric était difficile. Ou l'*Alcmène* avait réussi à doubler le vaisseau qui, au moment de la séparation, était par sa hanche de dessous le vent, et se faisait chasser par lui, ou elle avait amené son pavillon. Dans la première hypothèse, c'était compromettre l'*Iphigénie* que de se porter dans la direction où la canonnade avait été entendue; cette manœuvre était encore bien plus imprudente dans la seconde. On ne voyait rien et le canon avait cessé de retentir. Le capitaine Émeric laissa arriver de deux quarts et continua sa route. Voici ce qui avait eu lieu. Hélé par le VENERABLE d'amener son pavillon, le capitaine Ducrest Villeneuve avait laissé arriver en grand, dans le but de briser le mât de beaupré du vaisseau anglais et de rendre toute poursuite impossible, sauf à le combattre ainsi, au cas où ce mât resterait engagé

---

(1) *Rapport du capitaine Émeric.* La version anglaise dit « moins de dix minutes. » D'après elle, il était 6^h.15^m lorsque le VENERABLE héla l'*Alcmène*, et moins de 6^h.25^m lorsque le pavillon de la frégate fut amené. W. James. *The naval history of* **Great Britain.**

dans les haubans de la frégate. Mais le capitaine du VENE-
RABLE avait lui-même laissé arriver aux premiers coups de
canon de l'*Alcmène* et, au lieu d'aborder le vaisseau de la
manière dont son capitaine avait pensé pouvoir le faire, la
frégate l'avait élongé de long en long. Son pont avait été
promptement envahi par les Anglais, et après une courte,
mais vive résistance que le capitaine Ducrest Villeneuve
estima avoir duré vingt minutes, le pavillon français avait
été amené. Le capitaine Ducrest Villeneuve avait reçu
une blessure.

La CYANE et le JASON suivirent l'*Iphigénie* et, vers le
milieu de la nuit, ces deux avisos ne craignirent pas de
harceler cette frégate, moins dans l'espoir de lui occasionner quelque avarie, que pour guider le VENERABLE ;
l'*Iphigénie* leur répondit avec ses canons de retraite. Lorsque le jour commença à paraître, les deux audacieux capitaines s'éloignèrent : le vaisseau n'était plus en vue.
L'*Iphigénie* les poursuivit et envoya deux ou trois volées à
la corvette, mais la supériorité de sa marche l'eut bientôt
mise hors de la portée des boulets. Le capitaine Forrest
détacha alors le JASON à la recherche du VENERABLE, et il
reprit son rôle d'observateur. Le capitaine Émeric devinant
le motif de cette séparation, changea de direction et gouverna à l'Ouest; cette route le conduisait sur Sainte-
Marie des Açores, rendez-vous qu'il avait indiqué la veille
à l'*Alcmène*. Le 19, deux voiles furent aperçues dans l'Est;
c'étaient le VENERABLE et l'*Alcmène*. Le contre-amiral
Durham avait appris de l'un des prisonniers de la frégate
capturée le lieu où elle devait retrouver sa compagne, et il
s'était de suite dirigé de ce côté. Le capitaine de l'*Iphigénie*
toujours ignorant du sort de l'*Alcmène*, avait aussi poursuivi la route qui y menait et, le 19, ainsi que je viens de le
dire, il rencontra de nouveau le vaisseau anglais. Ce fut en
vain qu'il essaya de faire perdre ses traces pendant la
nuit; le VENERABLE approchait toujours ; trois fois le capitaine Émeric embarda et lui envoya des bordées entières

sans réussir à ralentir sa marche. A 8ʰ du matin, celui-ci
fit une arrivée, déchargea ses batteries sur la frégate qui
riposta et amena son pavillon. L'*Iphigénie* prit rang parmi
les frégates de 40 canons de la marine anglaise sous le
nom de Gloire. L'*Alcmène* fut nommée l'Immortalité.

Les capitaines de frégate Émeric et Ducrest Villeneuve
furent jugés et acquittés honorablement.

———

Les frégates de 44ᵉ l'*Étoile* et la *Sultane*, capitaines Philibert et Dupetit-Thouars (Georges), sortirent aussi de
Nantes, au mois de novembre 1813, pour aller croiser
dans divers parages. Le 18 janvier 1814, à 180 lieues
dans le N.-O. des îles du Cap Vert, un convoi fut signalé
dans le Nord; le laissant continuer sa route à l'Ouest, les
deux frégates chassèrent la frégate anglaise de 40 canons
Severn, capitaine Joseph Nourse, qui l'escortait. Une canonnade à distance s'établit entre l'*Étoile* et la Severn; mais
celle-ci ayant un grand avantage de marche, la chasse
fut levée. L'*Étoile* et la *Sultane* relâchèrent à l'île Mayo.

Le 24, les frégates anglaises de 42ᵉ Creole et Astræa,
capitaines Charles Mackenzie et John Eveleigh, furent
aperçues se dirigeant sur le mouillage; à midi, les frégates
françaises étaient sous voiles courant bâbord amures avec
une brise fraîche de N.-E. Une demi-heure plus tard, la
Creole canonnait la *Sultane* qui était la dernière et bientôt
après, l'Astræa joignit son feu à celui de sa conserve; elle
ne s'arrêta cependant pas pour combattre, et se dirigea
sur l'*Étoile*, distante en ce moment d'environ un demi-
mille, le perroquet de fougue sur le mât. Le combat entre
la Creole et la *Sultane* prit une grande vigueur; à 2ʰ 30ᵐ,
la dernière perdit son mât d'artimon. Quoique moins ap-
parentes, les avaries de la frégate anglaise n'étaient pas
sans importance, et deux fois déjà elle avait eu le feu
à bord. Aussi, à 3ʰ, abandonna-t-elle la partie pour faire
route au N.-O., direction dans laquelle restait l'île San
Yago.

Il était 2ʰ 30ᵐ lorsque l'Astræa arriva par le travers de l'*Étoile*. La roue du gouvernail de la frégate anglaise ayant été brisée à la seconde bordée, elle fit une grande arrivée qui permit au capitaine Philibert de lui envoyer en poupe une volée dont l'effet fut destructif. L'Astræa prit les amures à l'autre bord, manœuvre qui fut imitée par l'*Étoile*, et les deux frégates continuèrent le combat vergues à vergues. Blessé mortellement, le capitaine Eveleigh venait d'être remplacé par le lieutenant John Bulford. Le capitaine de l'*Étoile* réussit à envoyer une nouvelle bordée d'enfilade à l'Astræa en passant derrière elle, et après avoir combattu pendant un quart d'heure encore sous le vent, il rallia la *Sultane*. Cette détermination du capitaine Philibert était la conséquence de la présence d'un vaisseau anglais et de plusieurs frégates à la Praya ; il eût été imprudent de s'écarter de l'île Mayo où les deux frégates pouvaient entrer pour faire des réparations qu'il était bien difficile de terminer à la mer. Elles y mouillèrent. L'Astræa avait à peine été abandonnée que son mât d'artimon s'abattit: elle se rendit à la Praya avec la Creole.

L'*Étoile* et la *Sultane* avaient 28   canons   de 18,

2   —   de   8

et 14 caronades de 24.

La Creole et l'Astræa portaient 26   canons   de 18,

4   —   de   9

et 12 caronades de 32.

Deux autres frégates de 44 canons, l'*Atalante* et la *Terpsichore*, capitaines Mallet (Louis) et Breton, sorties de Lorient dans les premiers jours du mois de janvier, aperçurent dans l'Est des Açores, le vaisseau rasé anglais de 58ᵉ Majestic, capitaine John Hayer. On était au 3 février. Vers 11ʰ 45ᵐ du matin, alors que la force de ce bâtiment put être exactement reconnue, le capitaine de l'*Atalante* laissa arriver vent arrière et, se couvrant de voiles, il fit signal à la *Terpsichore* d'imiter sa manœuvre. Le Majestic atteignit cette dernière frégate qui restait en arrière de sa compagne et, à 3ʰ, il engagea avec elle une canonnade de chasse et de retraite. Deux heures après, la frégate française amena son pavillon; ses avaries étaient insignifiantes, et elle n'avait pas perdu un seul homme.

Le capitaine de frégate Breton fut déclaré non coupable par le conseil de guerre qui eut mission de le juger.

L'*Atalante* continua sa route et, le 25, elle entra à Concarneau; le 14 du mois suivant, elle était à Lorient.

Aussitôt que le roi Murat eut abandonné la cause de Napoléon, le pavillon napolitain fut arboré sur la citadelle de Brindisi, et les frégates anglaises Cerberus et Apollo qui se tenaient au large, se dirigèrent vers le port dans lequel se trouvait la frégate de 44ᵉ l'*Uranie*, capitaine Margollé. Cet officier n'ayant plus à compter sur la neutralité du royaume des Deux-Siciles pour arrêter ces frégates, prit promptement son parti; dès qu'il eut acquis la certitude que les batteries de terre ne s'opposeraient pas à leur entrée, il fit évacuer l'*Uranie* et la livra aux flammes.

On a vu comment, chassées à leur sortie de Brest, les frégates de 44ᵉ la *Cérès* et la *Clorinde* s'étaient séparées (1). Lorsque le capitaine Denis Lagarde, qui commandait la dernière, eut perdu les chasseurs de vue, il se dirigea sur les Açores et de là sur les Canaries, où il s'établit en croisière. Une voie d'eau assez considérable, des avaries au beaupré et au mât de misaine le déterminèrent bientôt à effectuer son retour en France. Le 25 février, à 130 lieues dans l'Ouest des Penmarcks, il aperçut au vent, qui soufflait bon frais du S.-O., la frégate anglaise de 48ᵉ Eurotas, capi-

---

(1) Page 189.

taine John Phillimore; la *Clorinde* gouvernait alors au S.-E. sous la misaine et les huniers, deux ris pris. Le capitaine Denis Lagarde laissa arriver, afin d'éviter un combat que les avaries de sa mâture pouvaient contrarier. Mais, s'apercevant que la frégate anglaise le gagnait, il fit carguer la misaine, serra le vent tribord amures, et attendit l'EUROTAS; celle-ci prit poste par son travers du vent, sous la même voilure, et à portée de pistolet. Alors seulement le combat commença; il était 4ʰ 30ᵐ de l'après-midi. Bientôt le mât d'artimon de la frégate anglaise fut abattu sur tribord; trois quarts d'heure après, elle perdit aussi son grand mât et, rasée comme un ponton, elle cessa de combattre un peu avant 7ʰ. De son côté, la frégate française avait vu tomber son petit mât de hune et son mât de perroquet de fougue. Supposant que le silence de l'EUROTAS était un aveu tacite de sa défaite, le capitaine Denis Lagarde demanda si elle avait amené; ne recevant pas de réponse, il manœuvra pour réduire cet adversaire obstiné. Mais pendant qu'il le faisait, le grand mât de la *Clorinde* s'abattit sur le mât d'artimon et le brisa en plusieurs endroits. Cet accident mit fin à une lutte dont l'avantage appartenait à la frégate française, mais dans laquelle il n'y avait eu ni vainqueur ni vaincu. Le capitaine Phillimore avait reçu une blessure. Blessé aussi à la cuisse, le capitaine Denis Lagarde était resté sur le pont jusqu'à la fin du combat.

La *Clorinde* avait   28 canons   de 18,
⠀⠀⠀⠀⠀⠀⠀⠀⠀⠀2   —   de 8
⠀⠀⠀⠀et 14 caronades de 24.
L'EUROTAS portait   29 canons   de 24,
⠀⠀⠀⠀⠀⠀⠀⠀⠀⠀1   —   de 18,
⠀⠀⠀⠀⠀⠀⠀⠀⠀⠀2   —   de 9
⠀⠀⠀⠀et 16 caronades de 32.

Les signaux de l'EUROTAS ne tardèrent pas à annoncer l'arrivée d'un nouvel ennemi; le capitaine Denis Lagarde gouverna de suite vent arrière, et prit ses dispositions pour soutenir un second combat ; un mâtereau fut établi sur le tronçon du grand mât. Il n'avait pas encore été possible de se débarrasser des débris qui couvraient littéralement la *Clorinde*, ni de relever le pont qui s'était affaissé dans la batterie lorsque, au jour, deux bâtiments anglais, la frégate de 42ᶜ DRYAD, capitaine Edward Galway, et le brig de 18 ACHATES, capitaine Hawkins Morrison, furent aperçus ; ils étaient auprès de la *Clorinde* à 1ʰ de l'après-midi. Le capitaine Denis Lagarde essuya pendant dix minutes le feu de ces bâtiments sans riposter, et il fit amener le pavillon : il venait d'être blessé par un biscaïen.

M. William James (1) dit qu'avant de se rendre, le capitaine Denis Lagarde proposa une capitulation que le capitaine Galway n'accepta pas. Aucun document français ne fait mention de cette circonstance.

Le capitaine de frégate Denis Lagarde fut jugé et acquitté honorablement.

La *Clorinde* prit le nom de AURORA dans la marine anglaise.

Les frégates de 44ᵉ l'*Étoile* et la *Sultane* que nous avons laissées à l'île Mayo (2), reprirent la mer à la fin de février, la dernière avec un mât d'artimon et des mâts de hune de fortune. En se dirigeant du côté de la France, elles firent encore quelques prises qui, ajoutées aux premières, en portèrent le nombre à dix-huit. Le 26 mars, dans la matinée, à 36 milles de l'île de Bas, par un temps brumeux et une petite brise S.-O., les deux frégates rencontrèrent une division anglaise composée du vaisseau de 82ᵉ HANNIBAL, capitaine sir Michael Seymour, de la frégate de 42 HEBRUS, capitaine Edmond Palmer, et du brig de 16

---

(1) *The naval history of Great Britain.*.
(2) Page 192.

Sparrow, capitaine Erskine Loch. Le capitaine Philibert signala liberté de manœuvre et força de voiles. La *Sultane* fut promptement atteinte, et après avoir riposté par une volée à deux coups de canon tirés par l'Hannibal, le capitaine Dupetit-Thouars amena le pavillon. La frégate et le brig anglais poursuivirent l'*Étoile*. L'Hebrus se trouva en position d'ouvrir son feu sur elle, le lendemain à 2ʰ du matin, au moment où elle allait doubler la pointe de Jobourg du département de la Manche. Vingt minutes après, la frégate anglaise perdait son petit mât de hune et sa vergue de misaine ; plus tard, le mât d'artimon de l'*Étoile* était abattu et la roue de son gouvernail brisée ; pour surcroît d'embarras, un incendie se manifesta à bord. Le feu de l'*Étoile* se ressentit naturellement de l'obligation dans laquelle se trouva l'équipage de se diviser pour parer à ce dernier danger. Un peu avant 7ʰ, le capitaine Philibert héla qu'il amenait. Les deux frégates laissèrent de suite tomber l'ancre : elles étaient dans la baie de Vauville. L'*Étoile* faisait tant d'eau qu'elle faillit y couler. Les avaries de la frégate anglaise avaient principalement porté dans la mâture.

L'*Étoile* avait 28 canons   de 18
2 — . de 8
et 14 caronades de 24.
L'Hebrus portait 26 canons   de 18
2 — de 9
et 14 caronades de 32.

Le brig de 16ᵉ l'*Alcyon*, capitaine Guézénec, parti de Cherbourg pour croiser à l'entrée de la Manche, fut chassé, le 22 février, par une frégate anglaise qui le canonna et à laquelle il n'échappa que par la supériorité de sa marche.

Avant la fin du mois, l'*Alcyon* s'empara du paquebot anglais de 16ᵉ Carteret qui amena son pavillon après avoir tiré une bordée. Une suite de mauvais temps fit relâcher le brig à Saint-Malo.

Le 17 mars, lendemain du jour où il avait repris la mer, l'*Alcyon* fut capturé par le vaisseau anglais de 82° AJAX.

———

Le 25 mai, le capitaine Ferraud, du chebec de 6° l'*Aigle*, se rendant de San Stefano à Corfou, fut suivi par le brig anglais WISLER et quatre embarcations du vaisseau ELIZA-BETH. Bien que la nouvelle de la cessation des hostilités fût déjà parvenue aux îles Ioniennes, la persistance de ce bâtiment ne laissa au capitaine Ferraud aucun doute sur ses intentions. Aussi, dès qu'il fut à portée, lui tira-t-il un coup de canon; ce fut le signal du combat. Le brig prit poste par le travers de bâbord, pendant que les embarcations canonnaient l'*Aigle* de l'arrière. Après une demi-heure, le chebec fut abordé et enlevé. L'*Aigle* portait encore le pavillon tricolore. Ce pavillon ayant été décrété n'être plus celui de la France, le capitaine de l'ELIZABETH déclara avoir considéré l'*Aigle* comme un pirate.

———

A la suite des opérations de l'armée française et de l'armée autrichienne en Italie, le prince vice-roi avait fait mettre Venise en état de siége, et le contre-amiral Duperré qui commandait alors les forces navales de l'Empire dans l'Adriatique, avait reçu l'ordre de coopérer.à la défense de cette place. Cet officier général organisa une flottille, la laissa à Chioggia avec deux frégates, et il alla mouiller sur la rade de Saint-Marc avec les vaisseaux le *Castiglione*, le *Mont-Saint-Bernard* et le *Duquesne*. Le blocus de Venise fut établi, le 3 novembre 1813, du côté de terre par les Autrichiens, et du côté de la mer par deux vaisseaux, une frégate et deux brigs anglais. Lorsque la ville fut attaquée, la marine ne se borna pas à prêter l'appui de ses bâtiments à la garnison; les équipages, mis à terre, prirent une part active à tous les combats qui furent livrés dans les lagunes.

Une convention entre le prince Eugène et le commandant en chef de l'armée autrichienne fit cesser les hostilités le 20 avril de la présente année, et livra aux Autrichiens la ville de Venise, son arsenal et les bâtiments qui se trouvaient, soit dans le port, soit sur les chantiers. L'Empire perdit ainsi les trois vaisseaux cités plus haut, les frégates l'*Amphitrite* et l'*Hébé* qui étaient aussi armées, plus trois vaisseaux et une frégate en construction.

La capitulation de Gênes avait eu lieu la veille ; elle donna aux Anglais les brigs le *Renard,* l'*Endymion*, le *Coureur* et le vaisseau de 82° le *Brillant* dont le nom fut changé en celui de GENOA.

———

Une autre convention, conclue le 23 avril entre le comte d'Artois nommé lieutenant général du royaume de France, et les souverains alliés, mit fin aux hostilités dans toute l'étendue de l'Empire ; toutefois, le traité de paix définitif ne fut signé que le 30 mai. Je ne rapporterai de ce traité que l'article 15 qui concernait la marine. Il stipulait que les vaisseaux et bâtiments de guerre armés et non armés, comme aussi l'artillerie, les munitions navales et tous les matériaux de construction et d'armement qui se trouvaient dans les places maritimes remises par la France, seraient partagés entre elle et le pays où les places étaient situées, dans la proportion de deux tiers pour la France, et d'un tiers pour les puissances auxquelles lesdites places appartiendraient. Les vaisseaux et les autres bâtiments en construction qui ne seraient pas en état d'être mis à la mer six semaines après la signature du traité, devaient être démolis et considérés comme matériaux.

Les vaisseaux et arsenaux existant dans les places maritimes déjà tombées au pouvoir des alliés, antérieurement au 23 avril, les vaisseaux et les arsenaux qui appartenaient à la Hollande, et nommément l'escadre du Texel, n'étaient pas compris dans cette stipulation.

BATIMENTS PRIS, DÉTRUITS OU NAUFRAGÉS
pendant l'année 1814.

ANGLAIS.

Canons.		
32	LAURESTINUS.	Naufragée sur les Cayes d'Argent.
20	HERMES.	Détruite à la côte.
18	ANACREON.	Sombré.
	PEACOCK.	—
	CRANE.	—
	PHANTOM.	Naufragé au Canada.
	HALCYON.	— à la Jamaïque.
16	GOSHAWK.	— dans la Méditerranée.
	VAUTOUR *.	Sombré.
14	RACER.	Naufragé sur la côte de la Floride.
10	DART.	Sombré.
	DECOY.	Pris.
	HOLLY.	Naufragé sur la côte occidentale d'Espagne
6	RAPID.	— aux Saintes.
	CUTTLE.	Sombré.
	HERRING.	—

FRANÇAIS.

Canons.		
82	Régulus.	Détruit dans la Gironde
	Castiglione.	
	Mont-Saint-Bernard. . . .	
	Duquesne.	Pris à Venise.
44	Hébé.	
	Amphitrite.	
	Sultane.	Prise par un vaisseau.
	Terpsichore.	— —
	Iphigénie.	— —
	Alcmène.	— —
	Uranie.	Détruite à Brindisi.
	Cérès.	Prise par deux frégates.
	Clorinde.	— —
	Etoile.	— par une frégate.
	Alcyon.	— par un vaisseau.
16	Malais.	
	Java.	Détruits dans la Gironde.
	Sans-Souci.	
12	Renard.	
	Endymion.	Pris à Gènes.
	Coureur.	

* L'astérisque indique un bâtiment pris à l'ennemi.

RÉCAPITULATION.

	Pris.	Détruits ou naufragés.	Incendiés.	TOTAL.
ANGLAIS... Vaisseaux...........	»	»	»	»
Frégates.	»	1	»	1
Bâtiments de rangs inférieurs........	1	14	»	15
FRANÇAIS.. Vaisseaux........	3	1	»	4
Frégates.	9	1	»	10
Bâtiments de rangs inférieurs........	4	3	»	7

ANNÉE 1815.

Il me reste à relater les quelques combats qui signalèrent l'existence d'une marine en France pendant l'époque à laquelle on a donné le nom de Cent Jours.

On sait que la rentrée de Napoléon en France provoqua, de la part des huit puissances signataires de la paix de Vienne, une déclaration qui fut confirmée par un traité en date du 25 mars 1815, entre l'Autriche, la Grande-Bretagne, la Prusse et la Russie. Le Cabinet de Saint-James, considérant l'état d'hostilités comme suffisamment constitué par ce dernier traité, ordonna aux capitaines anglais d'attaquer les bâtiments français qu'ils rencontreraient. Le 30 avril, la frégate de 44ᵉ la *Melpomène*, capitaine Collet, qui allait prendre Madame-mère à Naples, fut chassée, à l'entrée de cette baie, par le vaisseau anglais de 82ᵉ RIVOLI, capitaine Edward Stirling Dickson. A 6ʰ du matin, lorsqu'il fut à demi-portée, le vaisseau hissa son pavillon et l'appuya de cinq coups de canons à boulets dirigés sur la frégate ; quelques minutes plus tard, il lui tira une

bordée entière. La *Melpomène* riposta alors par un feu très-
vif qui dura trente-cinq minutes. Une défense plus prolongée était impossible : le pavillon de la frégate française
fut amené.

Quelques jours après ce combat, le 9 mai, la frégate de 44ᵉ
la *Dryade*, capitaine Senez, fut aussi chassée, à la hauteur
de l'île d'Ischia, par un vaisseau, une frégate et un brig
anglais avec lesquels elle échangea quelques boulets, et
auxquels elle échappa en entrant à Gaëte. Le lendemain,
le commodore Campbell fit prévenir le capitaine Senez
qu'il avait ordre de ne pas attaquer les bâtiments français.
La *Dryade* ramena en France madame Lætitia et le prince
Jérôme Bonaparte.

Le capitaine Touffet, de la corvette de 26ᵉ l'*Égérie*, revenant de Tunis où il était allé porter le chargé d'affaires de
France, et se trouvant, le 17 juin, à mi-canal dans le Nord
de la Corse, avec une faible brise de S.-S.-O., aperçut le
brig anglais de 18ᵉ PILOT, capitaine Toup Nicolas. Les
routes que suivaient ces deux bâtiments les portaient à
l'encontre l'un de l'autre. A 2ʰ, ils se trouvèrent à portée
de voix, et le capitaine anglais pria celui de l'*Égérie* d'envoyer une embarcation à son bord; ce dernier répondit par un refus. Quelques pourparlers s'ensuivirent;
l'Anglais y mit fin en faisant tirer sur la corvette française qui riposta de suite. Le combat continua avec
acharnement, les deux bâtiments courant au N.-O., l'*Égérie* par le travers de dessous le vent de son adversaire.
A 5ʰ, la corvette loffa subitement, passa à poupe du
brig, et lui envoya une bordée d'enfilade qui le fit arriver vent arrière. Le grément de l'*Égérie* était trop en-
dommagé pour que son capitaine pût songer à poursuivre
le PILOT; tous les officiers étaient tués ou blessés et lui-
même avait reçu une blessure. Chacun continua sa route.

Les avaries du brig anglais avaient porté principalement dans sa mâture.

L'*Égérie* avait 　20 caronades de 24,
　　　　　　　　　2 canons　　de 12
　　　　et 　4　　　—　　de 4.
Le PILOT portait 16 caronades de 32
　　　　　　　et 2 canons　　de 6.

———

Le drapeau blanc flottait depuis quarante-huit heures sur le clocher de Plouguerneau, lorsque la canonnière 21, capitaine Gouët, et le côtre de 12ᵉ le *Printemps*, capitaine Fournier (Julien), relâchèrent dans la baie de Corréjou avec un petit convoi de caboteurs. Ces deux officiers ne voulurent pas changer leur pavillon sans en avoir reçu l'ordre; mais prévoyant que l'enseigne aux trois couleurs qui était déployée à bord de leurs bâtiments serait un motif suffisant d'attaque pour les Anglais, ils firent armer par des matelots deux petites batteries de deux canons qui protégeaient ce mouillage. Dans la matinée du 19 juillet, les navires anglais qui croisaient au large débarquèrent un fort détachement qui s'empara de l'une des batteries, et dirigea ses coups sur les deux convoyeurs que les brigs la MOUCHE, le FURET et la goëlette SEALARK canonnaient déjà. La canonnière et le côtre durent amener leur pavillon; le convoi fut enlevé. Le capitaine Fournier avait reçu une blessure mortelle.

Cette affaire est la dernière à laquelle la marine prit part sous l'Empire. La paix entre la France et les puissances coalisées, interrompue pendant quelques mois, fut renouvelée à Paris le 21 novembre.

———

BATIMENTS PRIS, DÉTRUITS OU NAUFRAGÉS
pendant l'année 1815.

ANGLAIS.

Canons.

48	STATIRA.	Naufragée dans le canal de Bahama.
18	SYLPH.	— sur la côte d'Amérique.
16	CYGNET.	—
14	DOMINICA *.	— aux Bermudes.
10	ELISABETH *.	Sombré.

FRANÇAIS.

44	*Melpomène*..	Prise par un vaisseau.

* L'astérisque indique un bâtiment pris à l'ennemi.

RÉCAPITULATION.

		Pris.	Détruits ou naufragés.	Incendiés.	TOTAUX.
ANGLAIS. . .	Vaisseaux.	»	»	»	»
	Frégates.	»	1	»	1
	Bâtiments de rangs inférieurs.	»	4	»	4
FRANÇAIS. .	Vaisseaux.	»	»	»	»
	Frégates.	1	»	»	1
	Bâtiments de rangs inférieurs.	»	»	»	»

RÉCAPITULATION GÉNÉRALE DES BATIMENTS PRIS, DÉTRUITS OU NAUFRAGÉS DEPUIS 1803 JUSQU'A LA PAIX.

		Pris.	Détruits ou naufragés.	Incendiés.	TOTAL.
ANGLAIS. . .	Vaisseaux.	3	12	2	17
	Frégates.	8	38	»	46
	Bâtiments de rangs inférieurs.	50	153	»	203
FRANÇAIS. .	Vaisseaux.	21	18	»	39
	Frégates.	50	13	1	64
	Bâtiments de rangs inférieurs.	71	23	»	94

Quel est celui des cinquante-trois officiers généraux dont les noms ont figuré sur les rôles des bâtiments de la République, du Consulat et de l'Empire, que ses connaissances et ses talents placent au premier rang? Pour examiner cette question avec tout le soin qu'elle comporte, il convient de rappeler succinctement les services de chacun d'eux.

Le vice-amiral comte Allemand commandait l'escadre de Rochefort lorsqu'elle fut attaquée par des brûlots et en partie détruite sur la rade de l'île d'Aix. Cet officier général fut, immédiatement après, nommé au commandement de l'escadre de Toulon. Plus tard, il a été placé à la tête de l'escadre de Brest.

Le contre-amiral comte Baste, le colonel des marins de la garde, n'a servi que sur la flottille.

Le contre-amiral baron Baudin (André) a commandé une division dans l'armée navale de Toulon. Le nom de cet officier général n'eût peut-être été rencontré que dans les archives de cette armée, sans la perte, à la suite d'un échouage en pleine côte, de deux vaisseaux faisant partie d'une division avec laquelle il avait reçu la mission de ravitailler Barcelone. A la fin de la guerre, il a servi dans la flottille de l'Escaut.

Le contre-amiral Bedout a ramené de Saint-Domingue une division avec laquelle il se réfugia au Ferrol d'où il ne sortit pas. Il a été placé ensuite à la tête de l'escadre de Brest.

Le contre-amiral Bouvet commandait une division à la bataille du 13 prairial, et une autre dans l'escadre qui portait les troupes de l'expédition d'Irlande. Il avait le commandement de la division qui coopéra à faire rentrer la Guadeloupe dans le devoir à la paix d'Amiens. Le contre-amiral Bouvet a été chef militaire sous l'Empire.

Après avoir commandé une division à Toulon et dans la mer Adriatique, où il était à la disposition du général

Bonaparte, le vice-amiral Brueys fut nommé, sur la demande de ce général, au commandement de la flotte qui transporta l'armée en Égypte. Il perdit la vie à la bataille d'Aboukir.

Le vice-amiral Bruix a joui d'une grande réputation sous l'Empire, mais plutôt comme administrateur que comme marin. Cet officier général quitta le ministère de la marine pour prendre le commandement de l'armée navale qui se rendit de Brest dans la Méditerranée pour ravitailler Malte, rendre libre le chemin de l'Égypte, et s'emparer de l'île de Minorque avec le concours des Espagnols; armée qui, par suite de l'abstention de ceux-ci, se borna à paraître sur la côte d'Italie. Il a commandé, plus tard, une division sur la rade de Rochefort, et la flottille de la Manche. Cet officier général n'a dirigé que quelques engagements de flottille.

Le contre-amiral Cambis commandait la division de Saint-Domingue lorsque le contre-coup de la révolution se fit sentir dans cette colonie. Cet officier général, qui fut démonté par l'équipage même du bâtiment sur lequel il avait son pavillon, quitta le service en rentrant en France.

Le contre-amiral Cornic Dumoulin apparaît à la tête d'une division protectrice des convois sur la côte Ouest de France.

Le contre-amiral baron Cosmao Kerjulien, l'un des officiers les plus considérés de l'Empire, a d'abord commandé, à Toulon, une division qu'on réunit à l'escadre chargée de ravitailler Corfou[1], et qui fut de nouveau rendue indépendante pour faire la même opération à Barcelone. Cet officier général a été placé en sous-ordre dans l'escadre d'Anvers et, plus tard, dans l'armée navale de Toulon. Dans ces diverses positions, le contre-amiral Cosmao a montré ce qu'on pouvait attendre de lui s'il avait eu à diriger quelque opération importante; cette heureuse fortune ne lui a pas été donnée. Il a terminé sa carrière dans une préfecture maritime.

Le contre-amiral Courand, dont le pavillon a flotté sur un des vaisseaux de l'escadre de Brest et de l'escadre d'Anvers, a commandé aussi une des divisions de la flottille de la Manche.

Le vice-amiral comte Decrès a eu, sur beaucoup de ses camarades, l'avantage d'assister à une grande bataille, celle d'Aboukir, et de livrer un combat particulier; mais il n'a jamais commandé en chef qu'une division qui ne quitta pas la rade de l'île d'Aix. Il a été ministre de la marine sous l'Empire.

Le contre-amiral Delmotte a navigué comme chef d'état-major. Il a assisté à plusieurs batailles, et notamment lorsqu'il servait en sous-ordre dans l'escadre de la Méditerranée.

Le contre-amiral comte Dordelin a été en sous-ordre dans l'escadre de Brest, et l'a commandée en chef, mais il n'a assisté à aucun combat.

Le contre-amiral Blanquet Duchayla a soutenu dignement l'honneur du pavillon à Aboukir. Après cette bataille, on ne le retrouve ni sur les vaisseaux de la République ni sur ceux de l'Empire.

Le contre-amiral Dumanoir Lepelley a débuté par commander l'escadre de Toulon. Ensuite, placé en second dans celle du vice-amiral Villeneuve, il dirigeait les quatre vaisseaux qui, après la bataille de Trafalgar, furent capturés par une division anglaise.

Le combat du Grand Port de l'Ile de France a fait la fortune du contre-amiral baron Duperré. Ce combat fut livré par une division dont le gouverneur général de la colonie lui avait momentanément donné le commandement, en sa qualité de plus ancien capitaine de vaisseau présent sur les lieux. Le nom du contre-amiral Duperré, si populaire dans la marine depuis cette époque, ne se rattache à aucun autre fait de guerre sous l'Empire. Après avoir servi en sous-ordre dans l'armée navale de Toulon, cet officier général a été placé, jusqu'à la paix, à la tête des forces navales de l'Adriatique.

Le vice-amiral comte Emeriau a servi en sous-ordre à Saint-Domingue et dans la flottille, et a commandé une division sur la rade de Rochefort. C'est lui qui a eu la triste mission de présider à la dislocation de l'armée navale de Toulon dont la direction lui avait été donnée à la fin de l'Empire. Cet officier général ne s'est pas trouvé une seule fois en présence de l'ennemi avec les vaisseaux placés sous ses ordres.

Le vice-amiral Morard de Galle est un des officiers les plus marquants de la République. C'est à lui que fut confié le commandement des forces navales que, dès la déclaration de guerre à l'Angleterre, le gouvernement rassembla à Brest et à Quiberon. C'est aussi lui qui commandait l'escadre chargée de porter les troupes de l'expédition que le général Hoche devait diriger contre l'Irlande.

Le vice-amiral comte Ganteaume, chef d'état-major de l'escadre qui transporta l'armée d'Égypte, a d'abord commandé la petite division dont faisait partie la frégate sur laquelle le général Bonaparte revint en France. Il fut ensuite mis à la tête de l'escadre de Brest, et désigné pour ravitailler l'armée d'Égypte. Plus tard, commandant encore l'escadre de Brest, il fut choisi pour prendre la direction générale de toutes les escadres qui devaient favoriser le passage de la flottille et le débarquement en Angleterre. Ses hésitations et ses tergiversations lui firent retirer cette haute marque de confiance en ses capacités.

Le contre-amiral Gourdon, d'abord chef d'état-major du contre-amiral Bedout, remplaça cet officier général dans le commandement de la division qu'il avait conduite de Saint-Domingue au Ferrol. Il était malade et resta à terre quand cette division se réunit à l'escadre du vice-amiral Villeneuve. Le contre-amiral Gourdon servait en sous-ordre dans l'escadre de Rochefort, lors de l'attaque de cette escadre par des brûlots sur la rade de l'île d'Aix. Plus tard, on le voit, encore en sous-ordre, dans l'Escaut.

Le contre-amiral baron Hamelin a commandé une division stationnée sur la rade de Brest à la fin de la guerre.

Le contre-amiral Jacob était chef de la petite division que le gouvernement entretint sur la rade de l'île d'Aix pendant les dernières années de l'Empire.

Le contre-amiral Kerguelen, l'un des officiers instruits de l'époque, a commandé une division dans l'armée navale de l'Océan. Sa conduite au combat de Groix lui mérita une distinction honorable de la part du commandant en chef.

Le contre-amiral Lacrosse a dirigé pendant quelques mois un démembrement de l'armée du vice-amiral Bruix. Il n'a servi activement que dans la flottille de la Manche qu'il a commandée en chef. Il a été gouverneur-général de la Martinique sous la République et préfet maritime à la fin de l'Empire.

Le contre-amiral Landais a conduit une des croisières établies sur les côtes de France après la déclaration de guerre à l'Angleterre. Il a ensuite servi en sous-ordre dans l'escadre de Brest.

Le vice-amiral Latouche Tréville était en sous-ordre à l'expédition de Cagliari, au début de la guerre. Il a ensuite servi dans l'escadre de Brest qu'il quitta pour aller organiser la flottille de la Manche. On le retrouve avec une division à Saint-Domingue, lorsque le retour du vice-amiral Villaret en France le fit investir du commandement en chef des forces de mer. Nommé ensuite à celui de l'escadre de Toulon, il fut choisi pour diriger le grand mouvement maritime qui devait aboutir à l'attaque des îles Britanniques. La mort lui a enlevé l'honneur d'occuper peut-être la première place parmi ses contemporains.

Le contre-amiral de Leissegues n'est connu que par le malheureux combat de Santo Domingo où il perdit tous ses vaisseaux.

Le contre-amiral Lelarge a commandé une division dans l'escadre de Brest.

Le contre-amiral Lhermite (Pierre), a servi en sous-ordre dans l'Escaut.

Le contre-amiral L'hermitte (Jean), très-estimé des marins de son époque, n'a malheureusement pas eu l'occasion de montrer ce qu'il aurait pu faire comme commandant en chef; la seule division qui ait été placée sous ses ordres est restée stationnaire sur la rade de l'île d'Aix. Il a été préfet maritime à la fin de l'Empire.

Le contre-amiral Durand Linois a débuté par être chef d'état-major de l'armée navale de l'Océan. Plus tard, il a commandé une des divisions de l'escadre de Toulon. C'est avec cette division que, détaché par le vice-amiral Ganteaume, il livra et gagna le combat d'Algésiras. Après l'expédition de Saint-Domingue, dans laquelle il avait la direction d'une division, le contre-amiral Linois reçut le commandement en chef des forces navales que la France entretenait dans la mer des Indes.

Le contre-amiral Magon a fait la campagne de Saint-Domingue. Il a été tué à la bataille de Trafalgar.

Le vice-amiral comte Martin eut l'honneur d'être choisi pour faire à Toulon ce que le vice-amiral Morard de Galle avait fait à Brest. C'est à lui que le gouvernement républicain confia le soin de réunir et d'organiser les débris échappés à la trahison. Si cette tâche fut difficile dans le Nord, on comprend combien elle dut l'être davantage dans le midi. A toutes les difficultés que présenta l'organisation d'une escadre, composée comme l'étaient celles qui furent d'abord formées sous la République, se joignit la complication d'avoir à conduire immédiatement cette escadre au feu. Le vice-amiral Martin n'a pas exercé d'autre commandement à la mer. Il a été préfet maritime sous l'Empire.

Après avoir servi en sous-ordre dans l'escadre de Brest, le vice-amiral Burgues Missiessy a commandé une division qui devait se réunir à l'escadre du vice-amiral Villeneuve, à la Martinique. Cet officier général a organisé l'escadre d'Anvers et l'a commandée jusqu'à la paix.

Le contre-amiral Nielly a d'abord commandé une division chargée de protéger le passage du convoi de grains que le contre-amiral Vanstabel était allé chercher en Amérique. Peu de jours après sa sortie, il se rangea sous les ordres du commandant en chef de l'armée qui était partie de Brest dans le même but, et prit part à la bataille du 13 prairial an II. Quelques mois plus tard, il a fait une nouvelle croisière dans le golfe de Gascogne avec une autre division. Cet officier général a commandé, en dernier lieu, une division dans l'escadre qui portait les troupes destinées à l'expédition de Saint-Domingue.

La fortune a été contraire au contre-amiral Perrée dans les deux commandements qu'il a exercés. La petite division avec laquelle il avait ordre de suivre les mouvements de l'armée de Syrie fut prise en totalité, et celle avec laquelle il devait ravitailler Malte eut le même sort.

Le contre-amiral Petit a commandé une division dans l'escadre d'Anvers.

Le contre-amiral Renaudin, promu après la bataille du 13 prairial où il commandait le *Vengeur,* a exercé deux commandements à la mer : il a conduit cinq vaisseaux de Brest à Toulon. L'année suivante, il a servi en sous-ordre dans l'escadre de la Méditerranée.

Le contre-amiral Richery, nommé officier général dans le courant de l'expédition qu'il était chargé de diriger contre les établissements anglais de Terre-Neuve, a commandé une division dans l'escadre qui devait coopérer à l'envahissement de l'Irlande.

Le vice-amiral Rosily Mesros commandait les frégates et les vaisseaux, débris de l'armée de Trafalgar, qui furent attaqués sur la rade de Cadix, et qui se rendirent par capitulation.

Le contre-amiral Savary a commandé une division de la flottille de la Manche.

Le contre-amiral Sercey, promu à Saint-Domingue au moment où l'on ressentit dans cette île les effets de l'émancipation des noirs sut, par sa vigueur et sa résolution, en imposer aux équipages révoltés des bâtiments stationnés dans la colonie. Nommé, quelques années plus tard, au commandement de la division de l'Inde, il n'eut qu'une seule fois l'occasion de tirer du canon; mais l'oubli dans lequel le gouvernement laissa sa division lui donna le moyen de montrer les ressources variées de son esprit.

Le contre-amiral Trogoff avait le commandement de l'escadre de Toulon lorsque les Anglais et les Espagnols furent appelés par les habitants de cette ville pour soutenir les droits d'un prince qui n'était pas l'élu de la nation. Après cette funeste décision qui coûta à la République tous les vaisseaux que ces prétendus amis purent emmener ou détruire, le nom du contre-amiral Trogoff disparaît des listes de la marine.

Le contre-amiral Ledall Tromelin a dirigé une petite division sur les côtes de Bretagne.

Le contre-amiral Troude, dont le nom se rattache à l'un des plus brillants faits d'armes que les annales de la marine aient eus à enregistrer, s'était fait connaître dans le commandement d'une division avec laquelle il avait eu la mission de ravitailler les colonies des Antilles; il était alors capitaine de vaisseau. L'occasion de combattre avec la division qu'il a commandée à Cherbourg, comme officier général, ne lui a pas été donnée.

Le vice-amiral Truguet a dirigé, au début de la guerre, les expéditions de Nice, d'Oneille, de Villefranche et celle, si malheureuse, de Cagliari. Ce sont les seuls faits de guerre auxquels il ait pris part. Il a commandé l'escadre de Brest sous le Consulat. Cet officier général a été ministre de la marine sous la République, et préfet maritime sous l'Empire.

Le contre-amiral Vanstabel croisait avec plusieurs bâtiments à l'entrée de la Manche lorsqu'il reçut l'ordre de se rendre aux États-Unis, pour prendre sous son escorte un convoi de grains que le gouvernement républicain y faisait rassembler. Il réussit dans cette mission. Plus tard, il a été chargé des convois de la Manche.

Le contre-amiral Vence a commandé une des divisions qui avaient la mission de protéger les convois sur la côte Ouest de la France dans les premiers temps de la République. Sa timidité et ses tergiversations ont été la première cause du déplorable combat de Groix.

Le contre-amiral Verhuell, hollandais d'origine, n'a paru que dans la flottille.

Après avoir servi comme capitaine de vaisseau dans l'armée navale qui fut formée à Brest aussitôt après la déclaration de guerre, le vice-amiral Villaret Joyeuse fut nommé au grade de contre-amiral, en même temps qu'au commandement de cette armée. Quelques jours plus tard, il livra aux Anglais la bataille dite du 13 prairial. Cet officier général prit ensuite le commandement de l'escadre qui devait porter l'armée du général Hoche en Irlande ; mais une divergence d'opinion avec le gouvernement le lui fit retirer. Il n'en fut pas moins nommé, quelques années après, au commandement de l'escadre de Brest et désigné, à la paix d'Amiens, pour commander en chef les forces navales qui furent dirigées sur Saint-Domingue. Ce fut le dernier commandement à la mer du vice-amiral Villaret. Il a été ensuite gouverneur-général de la Martinique et gouverneur de Venise.

Le vice-amiral Villeneuve a débuté par conduire, d'une manière aussi heureuse que hardie, de Toulon à Brest, une division qui devait faire partie de l'expédition d'Irlande, mais qui n'arriva pas assez tôt pour remplir cette mission. Il commandait une division à Aboukir ; il ne prit toutefois aucune part à la bataille. Le vice-amiral Villeneuve a commandé ensuite une division à Rochefort et, plus tard, l'escadre de Toulon. C'est alors qu'il fut désigné pour diriger le grand mouvement maritime organisé par l'Empereur, afin d'induire le gouvernement anglais en erreur sur le but des armements nombreux qui se faisaient en France, et protéger la flottille lorsqu'elle transporterait l'armée expéditionnaire de l'autre côté de la Manche. On sait comment le combat du cap Finistère et la bataille de Trafalgar rendirent nulles les savantes combinaisons de Napoléon. Cette dernière bataille termina la carrière du vice-amiral Villeneuve.

Le contre-amiral Violette ne figure que comme sous-ordre dans l'armée navale de Toulon.

Le contre-amiral Willaumez a d'abord servi en sous-ordre dans l'escadre de Brest. Il a ensuite commandé une division avec laquelle il a fait une longue et pénible croisière sur les côtes d'Amérique, et canonné plusieurs batteries des îles anglaises des Antilles. Plus tard, il était à la tête de l'escadre sortie de Brest avec la mission de prendre sous son escorte la division de Lorient et celle de Rochefort qui avaient des troupes et des approvisionnements pour les colonies des Antilles, et de les accompagner jusqu'à leur destination. Cette mission échoua parce que ces divisions ne sortirent pas lorsque l'escadre de Brest arriva devant Groix et se présenta à l'entrée de la rade de l'île d'Aix. Le contre-amiral Willaumez n'a pris part à aucun combat naval.

De cet exposé succinct il résulte :

Que trente-trois officiers généraux de la République, du Consulat et de l'Empire n'ont commandé qu'en sous-ordre, ou n'ont pas combattu avec les divisions qu'ils ont commandées en chef;

Que neuf, les contre-amiraux Dumanoir Lepelley, Durand Linois, de Leissegues, Nielly, Perrée, Richery, Sercey et les vice-amiraux Rosily Mesros et Truguet ont eu à combattre avec les escadres ou les divisions qu'ils ont commandées en chef;

Enfin que onze, les vice-amiraux Allemand, Brueys, Bruix, Emeriau, Morard de Galle, Ganteaume, Latouche Tréville, Martin, Missiessy, Villeneuve et Villaret Joyeuse ont exercé des commandements importants, et que quelques-uns d'entre eux ont livré les plus grandes batailles de l'époque.

Le nom du contre-amiral Dumanoir Lepelley est immuablement attaché au désastre de Trafalgar. L'histoire ne pardonnera jamais à cet officier général d'avoir attendu qu'un ordre lui prescrivît de se porter en aide à ses compagnons et, plus tard, de n'avoir pas tenté, coûte que coûte, de les arracher des mains de l'ennemi. Un conseil d'enquête a pu le déclarer non coupable ; mais la décision de ce conseil, rendue au point de vue du droit et des devoirs hiérarchiques, ne détruit pas le reproche qui lui a été fait d'être resté strict observateur de la règle, dans une circonstance où son initiative pouvait peut-être empêcher la destruction de l'armée dont il faisait partie. Sa conscience semble du reste lui avoir dit bientôt combien son erreur avait été grande. On ne saurait, en effet, attribuer qu'à des perplexités, à un trouble intérieur, la manière dont il a manœuvré et combattu lorsque, s'éloignant du champ de bataille où sa présence pouvait encore être de quelque utilité, il fut chassé et attaqué par la division anglaise qui captura tous ses vaisseaux.

Le contre-amiral Durand Linois a fourni une belle page à l'histoire maritime du Consulat. Il ne faudrait cependant pas juger de son talent comme tacticien, d'après le résultat du combat d'Algésiras. La leçon d'Aboukir devait lui être utile et il sut en profiter. Toutefois, il fut au moins imprudent en mettant ses vaisseaux au plain, car si par cette manœuvre, il retirait à l'ennemi la possibilité de passer à terre de sa ligne, il les exposait à se trouver échoués dans une position qui pouvait rendre le jeu de leur artillerie impossible. La condescendance dont il fit preuve, en suivant, à bord d'une frégate, le lieutenant général espagnol envoyé pour protéger le passage des vaisseaux français d'Algésiras à Cadix, peut être considérée comme la cause de la perte du vaisseau qui fut pris par les Anglais pendant cette traversée de quelques heures. Les actes du contre-amiral Linois dans l'Inde ont donné lieu à de grandes critiques.

Le contre-amiral de Leissegues lutta, à Santo Domingo, contre des forces supérieures à celles dont il disposait et fut écrasé. La détermination qu'il prit de jeter son vaisseau à la côte, exemple qui fut imité par un de ses capitaines, priva l'ennemi de la gloire d'avoir capturé ces deux vaisseaux, et de l'honneur d'avoir réduit un officier général à amener son pavillon.

Alors qu'il commandait une division en croisière dans le golfe de Gascogne, après la bataille du 13 prairial à laquelle il avait pris part en sous-ordre, le contre-amiral Nielly eut l'occasion d'attaquer un vaisseau anglais qui fut capturé.

Les deux affaires que le contre-amiral Perrée a dirigées ont eu un résultat funeste. Les bâtiments que cet officier général commandait sur la côte, pendant la campagne de Syrie, avaient été tellement dégarnis d'artillerie et de munitions qu'ils étaient hors d'état de pouvoir combattre. Conséquemment, si dans cette circonstance, quelque reproche peut lui être adressé, c'est moins de n'avoir pas opposé de résistance aux vaisseaux ennemis qui rencontrèrent sa division à l'entrée même de la rade de Toulon, que d'avoir pu concevoir l'espoir d'atteindre ce port, en passant inaperçu au milieu des escadres anglaises qui sillonnaient la mer, de Beyrouth aux îles d'Hyères. Cette chance ne lui fut pas donnée davantage lorsqu'il eut la mission de ravitailler l'île de Malte; il succomba, en vue du port, sous une attaque de forces supérieures, et trouva la mort dans ce combat.

Le contre-amiral Richery commandait la division qui, sous la République, détruisit les établissements anglais de

Terre-Neuve. On ne saurait attribuer qu'à des circonstances indépendantes de sa volonté l'exécution incomplète des instructions qui lui avaient été données.

Le vice-amiral Rosily Mesros, désigné pour remplacer le vice-amiral Villeneuve dans le commandement de l'escadre retenue à Cadix par les hésitations de cet officier général, n'arriva dans ce port que pour souscrire, plus tard, la capitulation des frégates et des vaisseaux français échappés au désastre de Trafalgar.

Le vice-amiral Truguet n'a eu à diriger le feu des vaisseaux qu'il a commandés que sur des batteries de terre. Son expédition contre la ville de Cagliari, en Sardaigne, entreprise à une époque et dans des conditions difficiles, et qui eut un si triste résultat, a mis fin, par le fait, à sa carrière active.

Le nom du vice-amiral Allemand rappelle un des plus déplorables épisodes des guerres maritimes, la destruction d'une partie de l'escadre de Rochefort à la suite d'une attaque au moyen de brûlots. Quand on voit qu'aucun des bâtiments de cette escadre ne fut incendié par ces redoutables machines, on ne peut se défendre d'un sentiment de pénible tristesse en pensant que cette attaque aurait pu, comme celle qui avait été dirigée contre la flottille de Boulogne, au mois d'octobre 1804, tourner à la confusion de ceux qui en avaient conçu l'idée. Cette affaire est le seul combat, — si l'on peut donner ce nom à une suite d'engagements isolés — que cet officier général ait dirigé. Elle prête trop à la critique, pour qu'on ne se range pas à l'opinion de ceux des contemporains qui accordaient au vice-amiral Allemand les connaissances nécessaires pour bien conduire une escadre à la mer, mais lui refusaient celles qui sont indispensables pour la disposer au combat.

Le vice-amiral Brueys a fourni à l'histoire maritime de la France l'une des pages les plus tristes qu'on ait eues à écrire. Officier instruit et capable, il fut distingué par le général Bonaparte qui avait eu occasion de le connaître

en Italie, et choisi pour conduire la flotte qui portait l'armée d'Égypte. Peu soucieux des observations du général
en chef ou plutôt, plus confiant dans ses propres appréciations que dans celles du jeune général, il ne sut pas éviter
un désastre prévu par celui-ci ; et, dès que l'armée eût été
mise à terre, il alla mouiller son escadre dans la baie
d'Aboukir. Là, non pas indécis s'il resterait à l'ancre ou
s'il appareillerait, mais évidemment contrarié de l'impossibilité dans laquelle il était de combattre sous voiles, il
fit prendre une mauvaise position à ses vaisseaux, et perdit la bataille d'Aboukir. Quelque grande qu'ait été la
faute commise par le vice-amiral Brueys dans cette circonstance, il l'a noblement rachetée en se faisant ensevelir
sous les débris du vaisseau à bord duquel flottait son
pavillon.

Le vice-amiral Bruix était un des officiers les plus instruits et les plus distingués de son époque. Il a déployé
beaucoup d'activité et fait preuve de grandes connaissances nautiques dans le commandement de l'armée navale
avec laquelle il a traversé l'Océan, pour aller remplir dans
la Méditerranée l'importante mission qui échoua par la
faute des Espagnols, et avec laquelle il fit une démonstration sur la côte d'Italie. C'est à cette activité et à son
esprit d'ordre qu'il dut d'être nommé au commandement
en chef de la flottille de la Manche. Son organisation ne
résista pas aux soucis et aux fatigues de la position, et l'on
peut dire qu'il succomba à la tâche. Le vice-amiral Bruix
n'a jamais été abandonné à ses propres ressources, et il n'a
pas livré une seule bataille. Il peut donc entrer en ligne
pour disputer la première place d'organisateur ou d'administrateur, mais non celle de tacticien.

Le rôle du vice-amiral Emeriau a été trop modeste pour
que cet officier général puisse soutenir le parallèle avec
ses compétiteurs. Il n'a conduit au feu aucune des escadres
ou des divisions qu'il a commandées. Sa conduite, comme
commandant en chef de l'armée navale de Toulon, a été

vivement critiquée. Les critiques n'ont pas assez tenu compte de la position que lui faisaient l'état matériel des vaisseaux et la composition de leurs équipages. La prudence, qu'il a peut-être poussée à l'excès, lui était impérieusement commandée par les circonstances.

Le vice-amiral Morard de Galle a rendu un éminent service en combattant l'indiscipline et en s'efforçant d'opposer une digue à la désorganisation qui menaçait d'engloutir la marine de la République. Il eut le mérite de ne pas s'être laissé entraîner par le torrent de l'anarchie; et si l'on se reporte à l'époque à laquelle il prit le commandement de l'armée navale de l'Océan, c'est-à-dire, au commencement de la révolution, on conviendra que ce fut là un mérite réel. Le vice-amiral Morard de Galle ne s'est pas écarté des côtes de Bretagne, et n'a pas eu l'occasion de conduire cette armée au feu; mais le résultat des dispositions qu'il prit, plus tard, pour transporter, avec une nouvelle escadre, les troupes destinées à l'expédition d'Irlande, montra surabondamment qu'il n'avait pas ce qu'il fallait pour exercer un semblable commandement, et diriger un pareil mouvement.

Le vice-amiral Ganteaume, le plus considéré peut-être de tous les officiers généraux de l'Empire, dut les hautes faveurs dont il a été l'objet, à sa présence, en qualité de chef d'état-major, à bord du vaisseau qui transporta le général Bonaparte en Égypte. Échappé, on ne sait comment, à la catastrophe de ce vaisseau à Aboukir, il fut désigné pour diriger la petite division qui ramena le vainqueur des Pyramides en France. Il a commandé ensuite l'escadre chargée d'aller ravitailler l'armée d'Égypte. Quelque important que fût l'objet de ce voyage, le vice-amiral Ganteaume ne le remplit pas : il mouilla sur la côte, à quelques milles d'Alexandrie; mais des voiles aperçues au large le firent appareiller et prendre la route de France, sans avoir débarqué ni un homme ni un canon. Placé de nouveau, à quelques années de là, à la tête de l'escadre de Brest, il fut choisi, à la mort du vice-amiral Latouche Tréville, pour commander les escadres réunies qui devaient protéger le passage de la flottille de France en Angleterre. Cette fois encore, le vice-amiral Ganteáume ne répondit pas aux marques de haute confiance qui lui étaient données ; et ses hésitations, qui mirent l'Empereur dans la nécessité de lui désigner un remplaçant comme commandant supérieur des escadres réunies, doivent lui faire attribuer une bonne partie de la non réussite des savantes combinaisons du chef de l'État. Dans ces diverses positions, le vice-amiral Ganteaume a prouvé qu'au-dessus de l'éducation et de l'instruction il y a, pour le chef, un sens qu'il ne possédait pas.

L'activité du vice-amiral Latouche Tréville et la judicieuse entente qu'il avait du service attirèrent sur lui les regards du gouvernement. Toutes les missions qui lui ont été confiées ont été remplies avec une grande intelligence. Après avoir commandé une division sur la rade de Brest, il fut chargé d'organiser la flottille de la Manche. L'année suivante, il ne resta pas au-dessous de la position que lui fit à Saint-Domingue le départ du commandant en chef des forces navales entretenues par la France dans la mer des Antilles. Aussi, à la reprise des hostilités, fut-il placé à la tête de l'escadre de Toulon et, bientôt, choisi pour diriger le grand mouvement maritime duquel pouvaient dépendre les destinées de l'Angleterre. La mort, en privant l'État des services d'un officier général aussi actif qu'intelligent, jeta le gouvernement impérial dans des embarras qui ne se fussent probablement pas produits, si l'escadre de la Méditerranée l'avait encore eu pour chef.

Le vice-amiral Martin eut à lutter, à Toulon, contre les tendances désorganisatrices qui marquèrent les débuts de la révolution. Il prit dans ce port, et dans des conditions fort difficiles, le commandement d'une division qui, par l'augmentation successive du nombre des vaisseaux, devint une escadre. Si les trois sorties de cette escadre, lesquelles ont donné lieu à trois épisodes, relâche au golfe Juan, combat du cap Nolis et relâche à Fréjus, si ces sorties peuvent prêter à la critique, il n'en reste pas moins incontestable que le vice-amiral Martin a joué un rôle important à cette époque ; et, sous l'Empire, il se montra à la hauteur de la position à laquelle le chef de l'État l'appela en le nommant préfet de l'arrondissement maritime qui avait Rochefort pour chef-lieu.

Le vice-amiral Burgues Missiessy a fort habilement conduit une division qui devait se réunir à l'escadre de Toulon dans les mers des Antilles, lors de la grande combinaison de la descente en Angleterre. N'ayant pas rencontré cette escadre, il réduisit les fortifications de la ville du Roseau de l'île anglaise la Dominique, et celles de la Basse-Terre de Saint-Christophe qui appartenait aussi aux Anglais ; il employa le reste du temps de croisière qui lui avait été imposé à rançonner plusieurs autres colonies anglaises. Plus tard, il fut nommé au commandement de l'escadre d'Anvers, et il l'a conservé jusqu'à la paix. Cette position avait une grande importance ; car si les vaisseaux de cette escadre ne combattirent pas l'ennemi en ligne, leurs équipages eurent, dans une large proportion, à coopérer par deux fois, à la défense de Flessingue, d'Anvers et de divers autres points de la Hollande. Mais, quoique la marine ait rendu des services signalés dans l'Escaut, il n'en est pas moins vrai que le vice-amiral Missiessy, pendant la durée de son long commandement, n'a pas eu l'occasion de montrer ce qu'il était comme officier général de la marine.

De tous les officiers généraux de l'armée de mer, le vice-amiral Villeneuve est celui sur lequel les regards se sont le plus portés et cela, à cause du choix dont il a été l'objet par un concours inattendu de circonstances. Des escadres et des divisions avaient été formées dans les ports de l'Empire pour protéger le passage de la flottille à bord de laquelle devait être embarquée l'armée destinée à opérer en Angleterre. Ces escadres avaient chacune leur chef; toutefois, il fallait un commandant supérieur pour rallier et coordonner ces parties du grand tout, pour recevoir et faire exécuter les derniers ordres de l'Empereur. Le choix était tombé d'abord sur le vice-amiral Latouche Tréville; mais la mort enleva à cet officier général l'honneur de réaliser la grande pensée de Napoléon. Le vice-amiral Ganteaume, désigné pour le remplacer, craignit de se compromettre, et il prolongea si longtemps son séjour sur la rade de Brest, que l'Empereur donna au vice-amiral Villeneuve, alors à la tête de l'escadre de Toulon, le commandement supérieur dont le vice-amiral Ganteaume avait en quelque sorte décliné la responsabilité. Le vice-amiral Villeneuve, officier instruit, manquait malheureusement des qualités nécessaires pour conduire à bien une semblable entreprise. Il n'avait ni détermination ni audace. Déjà, à Aboukir, où il commandait en sous-ordre, ce reproche lui avait été adressé : il n'avait pas cru pouvoir se porter au secours des vaisseaux placés en avant de lui dans la ligne, et il avait laissé l'ennemi les écraser isolément. L'inquiétude d'esprit qui faisait le fond de son caractère, ne le quitta plus du moment où il comprit que le sort de l'Angleterre était, pour ainsi dire, entre ses mains. Poursuivi par de tristes pensées, par de fâcheux pressentiments, il n'osa avouer ni son incapacité, ni sa faiblesse; il marcha, mais avec timidité, avec hésitation, jusqu'au jour si connu où il rencontra l'audacieux ennemi qui avait parcouru la Méditerranée, l'Atlantique et la mer des Antilles pour l'atteindre. Une bataille s'ensuivit contre des forces numériquement égales, mais cependant dans des conditions défavorables au commandant en chef de l'escadre française, car, à des vaisseaux bien armés, bien commandés, il n'avait à opposer, dans nos alliés, que des vaisseaux généralement mal armés, et peut-être encore plus mal commandés. Dans cette situation, le vice-amiral Villeneuve eut le tort de confondre, de mêler ses propres vaisseaux

avec les vaisseaux espagnols. La prudence voulait, tout au
moins, qu'il formât deux escadres bien distinctes, l'une
française, qu'il eût dirigée, l'autre, espagnole, dont il eût
laissé la conduite à l'amiral espagnol, après entente préalable. Il eut encore le grand tort, se mouvant d'après les
anciens principes, de ranger tous ses vaisseaux sur une
ligne unique, et de se retirer ainsi la possibilité de diriger
leurs mouvements. Si l'on suppose, en effet, une moyenne
de deux encâblures ou de 390 mètres entre chaque vaisseau,
et cela n'est certainement pas exagéré, un espace de 12 kilomètres séparait le vaisseau de tête du serre-file de la ligne,
et le commandant en chef, placé au centre, était à 6 kilomètres de chacune des extrémités. Le vice-amiral Villeneuve s'est trouvé aux deux plus grandes batailles de
l'époque, en sous-ordre à Aboukir, en chef à Trafalgar.
En outre, il commandait au combat du cap Finistère,
triste prélude de la grande journée qui devait rendre
à l'Angleterre la puissance maritime que la France lui
disputait. Dans ces diverses circonstances, la responsabilité
l'a écrasé au point de paralyser ses facultés. On peut dire
hardiment que cet officier général n'était pas né pour commander ou, du moins, pour exercer un commandement
important. L'inscription de son nom sur l'arc-de-triomphe
de l'Étoile à Paris ne saurait modifier le jugement sévère,
mais juste, de l'histoire.

Vient enfin le vice-amiral Villaret Joyeuse dont on s'est
aussi particulièrement occupé, soit parce qu'il est apparu
tout d'un coup dans un moment où les officiers de l'ancienne marine quittaient généralement le service, soit
parce que son nom se rattache à la première bataille qui
fut livrée sous la République. Devenu du même bond
contre-amiral et commandant en chef de l'armée navale de
l'Océan, le vice-amiral Villaret se trouva de suite en présence d'un ennemi aguerri auquel il dut livrer bataille et,
s'il ne le battit pas, il eut l'heureuse chance de n'être pas
complétement écrasé par lui. Heureuse chance, en effet,

car si l'amiral anglais eût osé profiter de l'avantage que
lui donnait la perturbation jetée dans le personnel de la
flotte par l'émigration et par l'insurrection, c'en était fait
de l'armée navale de la République. Les vaisseaux français, on ne saurait trop le répéter, étaient commandés par
des officiers qui, la veille, capitaines au long cours ou
simples pilotes, n'avaient peut-être jamais mis les pieds
sur des bâtiments de cette force et qui n'avaient aucune
notion des évolutions des escadres. Les équipages n'é-
taient guères plus familiarisés que les officiers avec le service qu'on leur demandait ; et les vaisseaux, vieux, cassés,
mal armés, étaient incapables de résister aux détonations
prolongées de leur propre artillerie. Ce serait à tort, toutefois, qu'on attribuerait entièrement au commandant en
chef le résultat de cette bataille. La position qui lui était
faite, déjà si difficile avec de pareils éléments, se compli-
quait encore de la présence auprès de lui d'un représentant
du peuple dont, à proprement parler, il n'était que le
lieutenant. Un an plus tard, le vice-amiral Villaret déploya
une grande vigueur au combat de Groix, dans lequel l'im-
péritie des capitaines de nouvelle création se montra au
grand jour et dans toute son étendue. Aussi l'opinion publique tint-elle compte à cet officier général des difficultés
qu'il avait eues à surmonter et, lorsque en 1796, on forma
l'escadre qui devait transporter l'armée du général Hoche
en Irlande, il fut choisi pour ce commandement important.
Une diversité d'opinion avec le gouvernement le lui fit
retirer. Quelques années après, il prit de nouveau le
commandement de l'escadre de Brest, et quand on dirigea
sur Saint-Domingue les forces navales devenues disponibles par la paix d'Amiens, ce fut à lui qu'on donna la
direction supérieure des escadres expédiées des différents
ports. Enfin, le vice-amiral Villaret fut employé, d'abord
comme gouverneur-général de la Martinique et, lorsque
cette colonie eut été prise, comme gouverneur de Venise.
On chercherait vainement, depuis le commencement de la

révolution jusqu'à la fin de l'Empire, un officier général qui ait été pourvu de commandements aussi importants que ceux qu'a exercés le vice-amiral Villaret Joyeuse. Cela suffit-il pour lui assigner une place hors ligne parmi ses contemporains? Je ne le pense pas. On ne saurait bien préciser, en effet, ce qu'il a fait comme commandant en chef à la bataille du 13 prairial an II et à l'engagement du 9 qui en avait été comme l'introduction; il n'avait pas assez de liberté d'action pour qu'on puisse, avec certitude, lui imputer les fautes qui ont été commises, ni lui attribuer le mérite des manœuvres heureuses qui ont été exécutées. Ce qu'on a appelé le combat de Groix n'a été qu'une honteuse débandade dans laquelle il a fait tout ce qu'il pouvait faire, en payant de sa personne, pour arrêter les fuyards. Mais le courage et l'abnégation dont il donna tant de preuves dans cette circonstance de douloureuse mémoire, ne disent pas le parti qu'il eût tiré de ses vaisseaux, si les capitaines eussent accepté le combat. Pendant la courte durée du commandement de l'escadre qui devait porter des troupes en Irlande, il n'a pas bougé de la rade de Brest. A Saint-Domingue, malgré l'importance de son commandement, son rôle a été très-secondaire.

De tout ce qui vient d'être dit, il faut conclure, que pendant la longue guerre maritime commencée en 1792 et terminée en 1815, on ne saurait assigner une place exceptionnelle à aucun des officiers généraux de la marine, soit que l'occasion de se faire cette position ait été donnée à un trop petit nombre, soit qu'aucun n'ait su profiter des circonstances. Et si quelques-uns ont exercé des commandements plus importants que les autres; si plusieurs ont occupé des positions administratives élevées, aucun n'a dirigé une suite d'opérations maritimes qui permettent de l'apprécier suffisamment comme commandant en chef d'une armée navale.

ANNÉE 1823.

—

Après huit années de paix, la France tira encore l'épée du fourreau. Cette fois, ce ne fut point par esprit de conquête, pour défendre ses droits ou son territoire, mais pour soutenir les royalistes d'Espagne. A peine remis de la commotion qui l'avait ébranlé pendant les dernières années du règne de Napoléon Iᵉʳ, ce malheureux pays était déchiré par la guerre civile. Les idées libérales propagées par les armées françaises n'avaient pas repassé la frontière avec elles, et un gouvernement constitutionnel avait été établi en Espagne. Les absolutistes, qui se savaient soutenus, luttaient contre cet ordre de choses. La France ne tarda pas à se déclarer hautement en leur faveur; mais pour entrer en Espagne, pour aller combattre le parti libéral, le consentement des puissances alliées était nécessaire. Une ordonnance royale du mois d'août 1822 convertit d'abord en corps d'observation les troupes placées sur la frontière, comme cordon sanitaire (1). Le congrès de Vérone admit ensuite le droit d'intervention à main

_____

(1) La fièvre jaune avait fait apparition en Espagne,

armée, toutes les fois que les principes politiques en vigueur dans un pays étaient susceptibles de porter atteinte au droit divin et absolu des souverains. En conséquence de cette déclaration, une armée française franchit la Bidassoa, le 6 avril 1823, et entra en Espagne ; le duc d'Angoulême en avait le commandement en chef.

Cette année 1823 vit la marine sortir de l'état d'abandon dans lequel elle était laissée depuis la paix. Appelée à coopérer à l'expédition d'Espagne, en protégeant les opérations de l'armée de terre et en bloquant les ports que nos troupes n'occupaient pas, elle reçut une impulsion nouvelle. De nombreux armements furent ordonnés dans tous les ports, et l'ardeur avec laquelle ils furent poussés, put être considérée comme une protestation manifeste du corps entier de la marine contre l'oubli dont il était l'objet depuis plusieurs années.

Le contre-amiral Angot Des Rotours appareilla de Brest, le 27 avril, sur le vaisseau de 80° le *Centaure*, capitaine Ponée, pour bloquer le port de Cadix et observer un vaisseau espagnol, deux frégates, trois corvettes et deux brigs qui s'y trouvaient. Le vaisseau de 74° le *Trident*, capitaine Collet, et la frégate de 58° la *Guerrière*, capitaine Lemarant (René), le rallièrent bientôt. La mission donnée au contre-amiral Des Rotours n'était que momentanée ; cet officier général était désigné pour prendre le commandement de la division des côtes de Catalogne où se réunirent successivement au *Centaure* :

	Canons.			
Les frégates de.	44	*Junon*.	capitaine	Ducampe de Rosamel.
		Fleur de-Lys.	—	Fleury (Bernard).
La corvette de.	24	*Victorieuse*. .	—	comte de Cheffontaines
Les brigs de.	18	*Cuirassier*. .	—	Leblanc (Louis).
		Dragon. . . .	—	do Méliont.
		Inconstant. .	—	Gallois.
	16	*Zèbre*.	—	de Gauville.
		Faune.	—	Parseval Deschènes.
La gabare.		*Ariége*. . . .	—	Guérin des Essards.

Le blocus des côtes de Biscaye fut confié au **capitaine** de vaisseau Leblond Plassan avec :

	Canons.		
La frégate de.	44	*La Magicienne* qu'il commandait.	
Les corvettes de. . . .	24	*Hébé.* . . . . capitaine	Latreyte.
	18	*Sylphide.* . .	— Lenormand Kergrist.
	16	*Antilope.* . .	— Mauduit Duplessis.
Les brigs de.	8	*Isère.*	— Armand.
		Alsacienne. .	— Lainé.
		Malouine. . .	— Kergaradec.
Les goëlettes.		*Astrolabe.* . .	— Turiault.
		Recherche. . .	— Dufresnil.
		Joubert. . . .	— Raillard.

Le gouvernement français attachait une grande importance au blocus de Cadix, depuis que les Cortès, après avoir prononcé la déchéance du roi Ferdinand VII, l'avaient conduit dans cette ville où il était détenu prisonnier. La direction supérieure de cette croisière fut donnée au contre-amiral baron Hamelin (Jacques), qui stationnait à Santona avec le vaisseau de 80° le *Colosse*, capitaine Pelleport; cet officier général arriva devant Cadix le 15 juin. Un corps de 10,000 hommes, sous les ordres du lieutenant général comte de Bordesoulle, commandant en chef l'armée d'Andalousie, fit l'investissement de la place du côté de terre. On craignait que les constitutionnels espagnols ne prissent la détermination de transporter leur royal ôtage sur quelque autre point et même en dehors du territoire. Aussi, le blocus de Cadix eut-il d'abord moins pour objet d'empêcher l'approvisionnement de la ville, que de veiller à ce que le roi détrôné ne la quittât point. Le contre-amiral Hamelin reçut l'ordre formel d'arrêter le roi Ferdinand au passage, s'il en sortait par mer, dût-il combattre le bâtiment de guerre, à quelque nation qu'il appartînt, qui tenterait de l'enlever. Le gouvernement français conçut un moment l'espoir de ramener les habitants de Cadix au parti royaliste, et de faire cesser la captivité de Ferdinand VII. Mais, ni la présence du duc d'Angoulême à Santa Maria, ni la convention conclue entre le général Molitor et le général Ballesteros, ni les succès du corps d'armée de la Galice, ne purent amener ce résultat. Le blocus de Cadix était, il est vrai, peu efficace,

La place était facilement approvisionnée par des bateaux qui échappaient à la vigilance des croiseurs en élongeant la côte de très-près, et qui entraient dans le port par le canal Santi Petri. Quelques détails topographiques sont ici nécessaires.

J'ai déjà eu occasion de dire (1) que la ville de Cadix est bâtie à l'extrémité N.-O. d'une longue pointe de terre, à laquelle on a donné le nom d'île de Léon. Le canal qui sépare cette île de la terre ferme, part de la pointe Léona, à un mille et demi dans le Sud de la ville, et aboutit à l'arsenal de la Caraque où il déverse ses eaux dans la rade. L'entrée de ce passage important est défendue par la batterie Saint-Genis, établie sur la pointe Sud de l'île de Léon, et par le fort Santi Petri, construit sur le rocher de ce nom, à son entrée même. Le blocus de Cadix était évidemment une demi-mesure, tant que la ville et l'arsenal pourraient être approvisionnés par le canal. Le contre-amiral Hamelin s'occupa de suite de former une flottille qui pût surveiller cette partie de la côte et, dans ce but, il arma des bateaux de Rota, de San Lucar et des autres ports voisins, bien que ces embarcations fussent peu propres au service auquel il les destinait : l'escadre leur fournit des équipages et l'artillerie.

On ne tarda cependant pas à comprendre que si l'on voulait réduire Cadix, il fallait employer des moyens plus énergiques que ceux dont on avait fait usage jusqu'alors. Le 24 août, le duc d'Angoulême convoqua un conseil de guerre auquel le commandant en chef des forces navales fut appelé. Que s'y passa-t-il ? Les généraux Jacqueminot, Bordesoulle, Tillet et l'amiral espagnol Villavicencio qui en faisaient partie ont pu le dire, mais les archives ne portent pas de trace de cette délibération. Le lendemain, s'appuyant sur le mauvais état de sa santé, le contre-amiral

(1) 1808 page 491 et 1810 page 109.

Hamelin adressa au prince la demande de retourner en France; et le 28, il partit sur la gabare la *Bretonne*, laissant le commandement provisoire de la division au contre-amiral Des Rotours qui avait été remplacé devant Barcelone par le capitaine de Rosamel, récemment promu au grade de contre-amiral.

Jusqu'alors, un seul fait d'armes avait signalé la présence des bâtiments français sur la côte d'Espagne. Les frégates la *Guerrière* de 58 canons, capitaine Lemarant (1), la *Galathée*, la *Fleur-de-Lys* de 44, capitaines Drouault et Fleury, et le brig de 18 le *Dragon*, capitaine de Mélient, avaient reçu l'ordre d'appuyer l'attaque que le général Lauriston dirigeait contre Algésiras, en s'emparant d'abord de l'île Verte qui est située en face de la ville. Le 13 août dans l'après-midi, le capitaine de vaisseau Lemarant, auquel son ancienneté donnait le commandement, mouilla la *Guerrière* et la *Galathée* à 1,200 mètres de l'île; la *Fleur-de-Lys* et le *Dragon* restèrent sous voiles à l'ouvert de la baie. Les batteries tentèrent vainement de contrarier le mouvement des frégates; à 4ʰ, elles étaient embossées et répondaient au feu des canons espagnols. Le commandant Lemarant ne jugeant pas prudent de passer la nuit à ce mouillage, fit cesser de tirer, et mit sous voiles à 6ʰ 30ᵐ. Algésiras capitula le lendemain. La défense de l'île Verte devenait dès lors inutile; cette île suivit l'exemple de la ville et se rendit; ses batteries consistaient en 17 canons, 7 mortiers et un obusier. Cette affaire n'avait coûté qu'un homme aux deux frégates, mais elles avaient reçu un bon nombre de boulets dans le corps et dans la mâture.

Cependant l'armement de la flottille avançait. Le 30 août, une petite division d'embarcations espagnoles royalistes, commandée par le capitaine Michellino, sortit de Santa Maria pour se rendre à San Lucar, port du Guadalquivir qui avait été choisi pour le ralliement général.

---

(1) La *Guerrière* était un vaisseau rasé portant du 36 en batterie.

Dix-sept canonnières montées par les constitutionnels, s'étant mises à sa poursuite, le commandant en chef de la division française la fit soutenir par les frégates l'*Antigone* et la *Vénus*, le brig-canonnière la *Lilloise* et la goëlette la *Maria*. Les boulets de la batterie Santa Catalina, le feu de la *Lilloise* et celui de la flottille royaliste elle-même arrêtèrent bientôt l'ennemi ; il se retira après une heure de canonnade.

Cependant le plan d'attaque avait été précisé. Le fort Santi Petri et la ville de Cadix devaient être d'abord canonnés par mer ; un corps de troupes, débarqué sur l'île de Léon, compléterait l'investissement de la place. Lorsque, le 17 septembre, le contre-amiral Duperré qui avait été désigné pour remplacer le contre-amiral Hamelin, arriva devant Cadix sur la frégate l'*Hermione*, ce plan était en voie d'exécution. Les vaisseaux le *Centaure* de 80 canons, le *Trident* de 74 et la frégate la *Guerrière* de 58, avaient appareillé le 12 pour aller attaquer le fort de Santi Petri. Contrarié par le calme et des brises variables, le contre-amiral Des Rotours avait mouillé le lendemain à cinq milles de la côte, et il était encore à ce mouillage lorsque le nouveau commandant en chef arriva devant Cadix. Le contre-amiral Duperré ne voulut pas lui enlever l'honneur de diriger cette expédition : il se borna à lui donner des instructions. Les deux vaisseaux et la frégate ne purent mettre sous voiles avant le 20 ; ce jour-là, la brise soufflait fraîche de l'E.-S.-E. La corvette l'*Isis*, capitaine Boniface, et la goëlette *Santo Christo*, capitaine Trotel, les précédaient pour leur indiquer le fond. A 1ʰ 15ᵐ de l'après-midi, le *Centaure* mouilla, en s'embossant, à 800 mètres dans le N.-O. du fort et ouvrit immédiatement son feu; le capitaine du *Trident* prit poste à une encâblure derrière le *Centaure*. Celui de la *Guerrière*, qui avait ordre de se placer en tête de la ligne, fut empêché par la force du courant, et laissa tomber l'ancre à un câble et demi au large et presque par le travers du vaisseau amiral. La canonnade devint bientôt très-vive entre les trois bâtiments français d'une part, le fort Santi Petri et la batterie Saint-Genis de l'autre. La *Santo Christo* qui sondait toujours près de terre recevait plus particulièrement les projectiles de la batterie. Le contre-amiral Des Rotours ne tarda pas à s'apercevoir que les boulets du *Trident* et de la *Guerrière* ne produisaient pas l'effet qu'il en attendait et il ordonna à leurs capitaines de prendre le poste qui leur avait été assigné ; il était alors 3^h. Le feu du fort était déjà moins nourri. Le commandant en chef jugea le moment propice pour donner l'assaut, et il ordonna l'embarquement des troupes dans les canots ; pendant que les embarcations se réunissaient le long du *Centaure*, le fort Santi Petri capitula. 420 hommes d'artillerie de marine et d'infanterie de ligne, commandés par le capitaine de frégate Tétiot, prirent possession de ce fort ; il était armé de 27 canons, et avait 180 hommes de garnison. Les avaries des bâtiments français étaient très-légères et n'avaient porté que dans la mâture et dans le grément. Maître de ce point qui commande l'entrée du canal, le contre-amiral Des Rotours y laissa quelques petits navires avec le capitaine Trotel et retourna devant Cadix.

Les bâtiments échelonnés le long de la côte occidentale d'Espagne, devenus inutiles par suite de l'occupation de la plupart des villes du littoral par les troupes françaises avaient rallié ; l'escadre qui se tenait devant Cadix se trouva alors composée comme il suit :

	Canons.		
Vaisseaux	80	*Colosse.*	capitaine Pelleport.
			baron Duperré, contre-amiral.
		Centaure.	capitaine Ponée.
			baron Angot Des Rotours, contre-amir.
	74	*Trident.*	capitaine Collet.
Frégates	58	*Guerrière.*	— Lemarant (René).
	52	*Vénus.*	— Menouvrier Defresne.
		Thémis.	— Saint-Priest.
		Antigone.	— Lecoupé.
		Magicienne.	— Leblond Plassan.
	44	*Cybèle.*	— Botherel de Labretonnière.
		Eurydice.	— Cuvillier.
		Galathée.	— Drouault.
		Hermione.	— Croquet Deshauteurs.
		Néréide.	— Duval d'Ailly.

Corvettes	24 { Bayadère	—	Cornette de Venancourt.
	Hébé	—	Latreyte.
	Isis	—	chevalier Boniface.
	18 { Égérie	—	Béhic.
	Sylphide	—	Lenormand Kergrist.
Brigs	16 { Curieux	—	de Lahurie.
	Euryale	—	Bazoche.
	12 Marsouin	—	Danycan.
	Lynx	—	Bretteville.
	4 { Lilloise	—	Lemarant (Casimir).
	Bressanne	—	Lebuby.
Goëlettes	Toulonnaise	—	Joursin.
	Momus	—	Clément (David).
	Emeraude	—	Saffrey.
	Topaze	—	Collignon.
	Jonquille	—	Chieusse.
	Zéphyr	—	de Bernes.
	Dauphinoise	—	Gourdon (Joseph).
	Rose	—	Levêque (Borromée).
Corvettes de charge et gabares	Tarn	—	Silhouette.
	Moselle	—	Galabert.
	Lamproie	—	Savy du Mondiolle.
	Zélée	—	Serec.
	Prudente	—	Fauré.

Le 23 septembre, 29 bateaux du pays, transformés en bombardes et en canonnières, sortirent de San Lucar et allèrent mouiller devant Cadix, auprès de l'escadre qui était elle-même à l'ancre sur le plateau de Saint-Sébastien. A 7ʰ du matin, cette flottille, placée sous les ordres du capitaine de frégate Longueville (Bon), s'approcha à 1900 mètres et ouvrit son feu contre les remparts. Le temps était beau et le vent soufflait du S.-O. Vers 10ʰ, 20 canonnières ennemies qui, jusque-là s'étaient tenues au fond de la baie, firent un mouvement en avant et canonnèrent la gauche de la ligne. La brise fraîchit dans la matinée et la mer, devint trop forte pour que le tir des frêles embarcations qui composaient la flottille pût être efficace. Ces bateaux, qui n'étaient pas faits pour porter de l'artillerie, et encore moins pour s'en servir, avaient généralement de sérieuses avaries. A 10ʰ 30ᵐ, le commandant en chef ordonna de cesser le feu, et la flottille retourna à San Lucar. Une bombarde avait été atteinte par les projectiles de l'ennemi. Ce bombardement n'occasionna aucun dommage à la ville, mais il produisit un grand effet moral. C'était du reste le seul résultat qu'on désirât atteindre.

Deux jours après cette attaque, 4,650 hommes d'infanterie, pris à Rota, furent embarqués sur l'escadre qui était mouillée à plus de six milles au large. Cette opération fut conduite avec tant d'ordre, qu'à la nuit chaque détachement était à bord du bâtiment auquel il était destiné. Ces troupes devaient être mises à terre sur l'île de Léon. Il avait été décidé que, pendant qu'elles attaqueraient la ville, les vaisseaux le *Centaure* et le *Trident* entreraient dans la baie pour combattre la division espagnole. Mais un fort coup de vent de N.-O. qui s'éleva dans la nuit vint déranger ces projets, et força l'escadre à mettre sous voiles. Deux jours après, et alors qu'elle se rapprochait de terre, le commandant en chef reçut un parlementaire qui lui annonça la reddition de Cadix : le roi Ferdinand était rentré dans la plénitude de ses droits. Le 4 octobre, l'escadre française mouilla sur la rade. La présence d'une force navale aussi considérable n'était plus nécessaire dans cette partie de l'Espagne. Les troupes non désignées pour l'occupation furent embarquées, et le commandant en chef, alors vice-amiral Duperré, mit sous voiles le 17, ne laissant à Cadix que quelques bâtiments sous le commandement du contre amiral Des Rotours.

ANNÉE 1827.

Depuis longtemps la Grèce gémissait sous le gouvernement despotique des Turcs. De fréquentes insurrections avaient été réprimées avant qu'un soulèvement général vînt donner le signal d'une guerre d'extermination, à la-

quelle les Cours de France, d'Angleterre et de Russie ré-
solurent de mettre un terme. Le 6 juillet 1827, un traité
fut signé à Londres entre ces trois puissances ; elles devaient offrir collectivement leur médiation à la Porte Ottomane pour amener une réconciliation entre elle et la
Grèce, et faire aux deux parties contendantes la demande
d'un armistice immédiat, comme condition préliminaire et
indispensable à l'ouverture de toute négociation. Les
puissances contractantes se plaçaient sur la même ligne
de manière qu'aucune d'elles ne parût avoir la préémi-
nence. Les démarches près du gouvernement ottoman
furent confiées aux plénipotentiaires des trois Cours ; les
commandants de leurs forces navales dans l'Archipel furent chargés de celles qui devaient être faites auprès des
Grecs. Si dans le délai d'un mois, à partir de la remise de
la déclaration de leurs plénipotentiaires à Constantinople,
la Porte n'avait pas admis la médiation et consenti à l'armistice, ils devaient lui déclarer que leurs gouvernements
allaient s'efforcer, par tous les moyens que les circonstances
suggéreraient à leur prudence, d'obtenir les effets de l'armistice dont ils désiraient l'exécution.

Les mesures qui devaient être prises en conséquence de
cette déclaration consistaient en un rapprochement immédiat avec les Grecs, et dans la réunion des escadres des
trois puissances, à l'effet d'empêcher tout secours turc ou
égyptien en hommes, armes, vaisseaux et munitions de
guerre, d'arriver en Grèce ou dans les îles de l'Archipel.
Toutefois ces mesures, à l'égard de la marine ottomane,
devaient être prises avec un soin extrême, pour qu'elles ne
dégénérassent pas en hostilités. La Grèce accepta l'armistice ; mais la Porte qui allait frapper un dernier coup par
une expédition contre l'île importante d'Hydra, refusa
d'accéder à aucun arrangement. Ibrahim Pacha (1), qui

_____

(1) Ibrahim était beau-fils du pacha d'Egypte Mehemet Ali et général en
chef de ses troupes.

était alors à Navarin, n'attendait pour exécuter les ordres
du Sultan, que l'arrivée des divisions navales d'Égypte et
de Constantinople qu'il savait parties d'Alexandrie. Lorsque tous ces bâtiments furent réunis à Navarin, le contre-
amiral de Rigny qui commandait la division française du
Levant, se rendit auprès d'Ibrahim pour lui donner connaissance du traité passé entre les trois puissances et lui
signifier que, s'il ne se rendait pas aux raisons de conciliation, les commandants des forces navales en viendraient
aux dernières extrémités pour mettre un terme à la guerre.
Il lui déclara en outre que, si un seul coup de canon était
tiré contre les pavillons alliés, cette agression serait fatale
à la marine ottomane. Ibrahim ne dissimula pas la contrariété qu'il éprouvait d'être obligé de s'arrêter au moment
où il allait porter un coup décisif à la Grèce; mais, reconnaissant l'obstacle insurmontable, il annonça qu'il allait
envoyer à son père à Alexandrie, et à Constantinople, la
sommation qui lui était faite, et ordonner la rentrée des
divisions qui croisaient au large. La déclaration du contre-
amiral de Rigny fut renouvelée dans une entrevue que cet
officier général et le vice-amiral Codrington, commandant
des forces navales anglaises dans ces parages, eurent avec
Ibrahim Pacha. Celui-ci engagea sa parole que l'escadre
de la Porte Ottomane ne quitterait pas Navarin avant le
retour des courriers qu'il envoyait au Grand-Seigneur.
Mais il déclara que si son souverain, qui était juge de ses
véritables intérêts, maintenait ses premiers ordres, il y
obéirait quoiqu'il pût arriver de la lutte disproportionnée
dans laquelle on l'engagerait. Cette conférence eut lieu le
25 septembre.

Confiants dans la parole d'Ibrahim, les commandants
de la division française et de la division anglaise quittèrent
ces parages; les frégates l'*Armide* et *Dartmouth* furent
seules laissées devant Navarin. Les Anglais se rendirent à
Zante et le contre-amiral de Rigny fit route pour Milo. De
ces mouillages, les deux amiraux pouvaient facilement

surveiller et empêcher toute expédition contre Patras et Hydra. La division française n'entra cependant pas à Milo ; un abordage entre les vaisseaux le *Scipion* et la *Provence*, collision qui nécessita le renvoi du dernier en France, détermina le contre-amiral de Rigny à aller mouiller à Servi.

Deux jours après la suspension d'armes consentie par Ibrahim Pacha, on apprit que lord Cochrane (1) venait d'entrer dans le golfe de Patras avec une division grecque, et qu'il avait tenté, sans succès il est vrai, une attaque contre le fort de Vassiladi, près de Missolonghi. Le général égyptien vit dans cette agression une violation de la convention ; il en donna connaissance au vice-amiral Codrington. Celui-ci nia le fait et lui refusa l'autorisation d'envoyer des troupes sur ce point (2). Ibrahim ne tint aucun compte de ce refus, et fit sortir 3 frégates, 8 corvettes, 7 brigs et 29 transports. Prévenu de ce mouvement, le vice-amiral anglais mit à la voile avec son vaisseau, une frégate et deux corvettes, et ayant atteint la division ottomane à quelque distance du golfe de Lépante, il signifia à l'amiral Petrona Bey qu'il ne le laisserait pas entrer à Patras ; l'amiral turc changea de suite de route, et retourna à Navarin, poussé en quelque sorte par la division anglaise qui donnait de la vitesse aux traînards en leur envoyant des boulets. Chemin faisant, le vice-amiral Codrington rencontra une seconde division turque de 15 navires qui rétrogradèrent aussi à la première sommation.

Prévoyant qu'ils seraient obligés d'évacuer le Péloponèse, les Turcs faisaient alors dans l'intérieur une guerre d'extermination, et leurs dévastations augmentaient avec les menaces dirigées contre leur flotte. La division française, celle des anglais, et les bâtiments russes se trouvant

---

(1) Cet officier anglais servait dans la marine de la Grèce.
(2) Sir Ed. Codrington to M. Croker. — Malta 9 décembre 1827.

réunis à Zante au milieu du mois d'octobre, les commandants des forces navales des trois puissances signataires du traité de Londres rédigèrent le protocole suivant, qui porte la date du 18 octobre :

« Considérant qu'après la suspension d'armes provisoire consentie par Ibrahim Pacha dans sa conférence du 15 septembre dernier avec les amiraux anglais et français, agissant également au nom de l'amiral russe (1), le susdit pacha a violé le lendemain sa parole, en faisant sortir sa flotte pour la porter vers un autre point de la Morée ;

« Considérant que depuis la rentrée de cette flotte à Navarin à la suite d'une seconde sommation faite à Ibrahim par l'amiral Codrington qui l'avait rencontrée près de Patras, les troupes de ce pacha n'ont cessé d'exercer un genre de guerre plus exterminateur qu'auparavant en faisant main basse sur les femmes et les enfants, en brûlant les habitations, en déracinant les arbres pour la dévastation entière du pays ;

« Considérant que pour arrêter des atrocités qui surpassent tout ce qui a eu lieu jusqu'ici, les moyens de persuasion et de conciliation, les conseils soumis aux chefs turcs, les avis donnés à Mehemet Ali et à son fils, n'ont été considérés que comme un jeu, tandis que, d'un seul mot, ils pouvaient suspendre le cours de tant de barbarie ;

« Considérant qu'il ne reste aux commandants des escadres alliées que le choix de trois moyens pour remplir les intentions de leurs Cours respectives ;

« 1° De continuer pendant tout l'hiver un blocus difficile, dispendieux et même inutile, puisqu'une tempête peut disperser les escadres et ouvrir à Ibrahim la faculté de porter son armée dévastatrice sur différents points de la Morée et des îles ;

« 2° De réunir les escadres alliées dans Navarin même et d'assurer par cette présence permanente l'inaction des

_____

(1) La division russe n'avait rallié les deux autres que le 17 octobre.

flottes ottomanes; mais que ce seul moyen ne change rien puisque la Porte persiste à ne pas changer de système;

« 3° De venir prendre position dans Navarin avec les escadres pour renouveler à Ibrahim des propositions qui, entrant dans l'esprit du traité sont évidemment dans l'intérêt de la Porte même;

« Après avoir réfléchi sur ces trois moyens, les amiraux ont reconnu que le troisième pouvait, sans effusion de sang et sans hostilités, mais par la seule présence des escadres, amener une détermination dans ce sens. »

La baie de Navarin est située sur la côte occidentale de la Morée, entre le golfe de Lépante et celui de Coron, à environ 24 milles du dernier. Elle est formée au Nord, à l'Est et au Sud par la côte de Morée, à l'Ouest, par l'île Spacterie qui mesure quatre milles du Sud au Nord. De ce dernier côté, l'île n'est pas à plus d'un dixième de mille du continent. Sur cette coupure, et en face de l'île, se voient les ruines du vieux Navarin qu'on dit être l'ancienne Pylos. L'entrée de la baie est au Sud. Large de plus d'un mille, cette ouverture est défendue, du côté de la terre ferme, par les fortifications mêmes de Navarin, et de l'autre, par quelques pièces de canon en batterie sur Spacterie. La rade de Navarin affecte une forme presque circulaire; elle a cinq milles de diamètre. Un petit îlot, placé à son centre, la partage en deux parties à peu près égales. Le mouillage est entre l'îlot et la ville.

La flotte ottomane était mouillée sur une triple ligne d'embossage, en fer à cheval, autour de la rade. Ses extrémités s'appuyaient, d'un côté sur la citadelle de Navarin, de l'autre sur les batteries de l'île Spacterie. Suivant un état dressé par le secrétaire du capitan bey, elle comptait:

2	Vaisseaux.	turcs	de 84 canons.
1	—		de 76 —
4	⎰ . . . . ⎱	égyptiennes	de 64 —
12	⎰ Frégates. . . . . ⎱	turques	de 48 --
3	⎱ . . . . ⎰	tunisiennes	de 48 —
18′	⎰ Corvettes.. . . . . ⎱	turques	⎱ de 18 à 24 canons.
8	⎱	égyptiennes	⎰

$\left.\begin{array}{c}4\\8\end{array}\right\}$ Brigs. . . . . $\left\{\begin{array}{c}\text{turcs}\\\text{égyptiens}\end{array}\right\}$ de 19 canons.

5 Brûlots.

Un grand nombre de transports.

Les vaisseaux et les frégates formaient la première ligne ; les corvettes et les brigs, la seconde ; les navires de charge étaient plus à terre. Les brûlots occupaient les extrémités du fer à cheval. L'escadre turque était commandée par le capitan Bey Tahir Pacha ; celle d'Égypte, par Mouharem Bey. Dès que l'entrée des divisions alliées dans la rade de Navarin fut décidée, le contre-amiral de Rigny requit les officiers français qui étaient au service du pacha d'Égypte de quitter les bâtiments à bords desquels ils se trouvaient. Par suite d'un commun accord, la direction supérieure des divisions alliées fut dévolue à l'officier général le plus élevé en grade ; c'était le vice-amiral anglais Codrington. Il fut convenu qu'elles entreraient sur deux colonnes, les Anglais et les Français à droite, les Russes à gauche. Le vice-amiral Codrington réserva à l'*Asia*, sur lequel était arboré son pavillon, le travers du vaisseau amiral turc ; les autres vaisseaux anglais devaient le suivre dans la partie Est de la rade. La division française avait ordre de laisser tomber l'ancre dans le Sud, dès qu'elle aurait dépassé la citadelle. Enfin les Russes devaient prendre leur mouillage devant le front Nord des Turcs. La place réservée aux frégates était auprès de l'île Spacterie ; toutefois, la *Sirène* qui portait le pavillon du contre-amiral de Rigny, devait se mêler aux vaisseaux, et la frégate anglaise *Dartmouth*, assistée de tous les bâtiments légers, reçut la mission de surveiller les brûlots.

Le 20 octobre à midi, le vent se trouvant favorable, le commandant en chef signala l'ordre de marche sur deux colonnes. Cet ordre ne fut pas même formé : au lieu de prendre le poste qui leur avait été assigné, les Russes se placèrent derrière les Français, à une assez grande distance, et ne forcèrent de voiles que quand les premiers coups de canon furent tirés ; ils dépassèrent alors le dernier vaisseau français. Les trois divisions entrèrent en rade dans l'ordre suivant; les avisos étaient à gauche de la ligne.

		Canons.			
ANGLAIS.	Vaisseaux.	84	*Asia.*	capitaine	Edward Curzon.
					sir Edward Codrington, vice-amiral
		74	*Genoa.*	capitaine	Walter Bathurst.
			Albion.	—	John Acworth Ommaney
	Frégates .	50	*Glascow* (1)	—	honorable John Ashley Maude.
		48	*Cambrian* (1) . . .	—	William Hamilton.
		42	*Dartmouth*	—	Thomas Fellow.
		28	*Talbot.*	—	hon^ble Frederick Spencer.
	Brigs. . .	18	*Rose.*	—	Lewis Davies.
			Mosquito.	—	George Martin.
		10	*Brisk.*	—	hon^ble William Anson.
			Philomel.	—	Viscount Ingestrie.
	Cutter. . .	8	*Hind.*	—	Robb.
FRANÇAIS.	Frégate. .	52	*Sirène.*	capitaine	Robert.
					Gauthier de Rigny, contre-amiral.
	Vaisseaux.	74	*Scipion.*	capitaine	Milius.
			Trident.	—	Morice.
			Breslaw.	—	Botherel de Labretonnière.
	Frégate. .	44	*Armide.*	—	Hugon.
	Brig. . . .	16	*Alcyone.*	—	Turpin.
	Goëlette. .	6	*Daphné.*	—	Frézier.
RUSSES.	Vaisseaux.	80	*Azoff.*	capitaine	Lazareff.
					comte de Heyden, contre-amiral.
		76	*Gangout.*	capitaine	Avinoff.
			Ezéchiel.	—	Swinkine.
			Alexander Newski	—	Bogdanowistch.
	Frégates. .	48	*Constantine.* . . .	—	Kroustschoff.
			Provernoy.	—	Yepantschine II.
		46	*Elena*	—	Yepantschine Ier.
			Castor.	—	Sitine.

A 2^h de l'après-midi, le vaisseau de tête des divisions alliées avait dépassé les batteries et donnait dans la rade ; un quart d'heure plus tard, il laissait tomber l'ancre à son poste et successivement tous les vaisseaux et les frégates de l'escadre anglaise l'imitèrent. La *Sirène* prit ensuite son mouillage à portée de pistolet et en dedans de la première frégate égyptienne. Dans ce moment, un canot de la

---

(1) Les deux frégates *Glascow* et *Cambrian* ne purent prendre leur poste et n'entrèrent que plus tard.

Dartmouth, envoyé au capitaine de l'un des brûlots pour l'engager à s'éloigner un peu, reçut un coup de feu qui tua l'officier chargé de cette mission ; on riposta de l'embarcation, et la frégate anglaise soutint son canot par une vive fusillade. Presque au même instant, et alors que, de la *Sirène*, on prévenait le capitaine de la frégate égyptienne IZANIA que s'il ne tirait pas on ne ferait pas feu sur lui, deux coups de canon partirent d'un bâtiment placé en seconde ligne ; un des boulets prit la direction de la *Dartmouth ;* l'autre tua un homme à bord de la *Sirène.* Cette dernière ouvrit son feu sur ce bâtiment et eut immédiatement à soutenir celui de la frégate égyptienne (1). Il était alors 2ʰ 30ᵐ. Pendant que cela se passait à l'entrée de la baie, le pilote interprète du vice-amiral Codrington recevait un coup de feu qui lui donnait la mort, alors qu'il allait porter à l'amiral turc la convention offerte à Ibrahim par le commandant de la division française. De ce moment, l'engagement devint général. Le *Trident* et le *Breslaw*, qui étaient encore sous voiles, furent le but des boulets des batteries de terre ; la division russe partagea cette faveur : elle força de voiles et doubla le *Breslaw.* L'aile droite de l'escadre turco-égyptienne n'eut pas d'abord d'adversaires, car les Russes, contrariés par la faiblesse de la brise, mirent quelque temps à atteindre le poste qu'ils devaient occuper ; leur amiral laissa du reste un assez grand vide entre sa division et les vaisseaux anglais.

La canonnade, de plus en plus vive, annonçait de part et d'autre un égal acharnement, mais on ne pouvait juger de ses résultats, car dès les premières détonations de l'artillerie, le vent était totalement tombé, et un nuage impénétrable de fumée enveloppait tous les bâtiments. Cependant, quoique vivement disputée, la victoire ne parut pas un instant douteuse. La science militaire et la disci-

---

(1) Cette version, je le sais, n'est pas celle généralement accréditée ; j'écris d'après le rapport officiel.

pline européenne devaient triompher de la fougue ottomane. C'est en effet ce qui arriva. On doit aux deux partis
de dire que, si dans ce combat, les officiers et les marins
des divisions alliées soutinrent dignement l'honneur du
pavillon de leur nation, les capitaines et les équipages de
l'escadre ennemie déployèrent un grand courage et donnèrent les preuves les plus éclatantes de cette bravoure
furieuse qui distingue les musulmans. Par une exception,
peut-être unique dans les fastes des guerres maritimes,
on ne vit pas un seul bâtiment turc, égyptien ou tunisien,
quelque faible qu'il fût, céder sans combattre. Disons
mieux. Vaincus et réduits à cet état de délabrement, à cet
état d'anéantissement de tout moyen de défense où l'on
peut amener son pavillon sans déshonneur, leurs capitaines ne se rendaient pas, soit qu'ils fussent poussés par
le fanatisme, soit qu'ils ignorassent les usages de la guerre
entre nations civilisées. Quand ils jugeaient que la résistance était devenue impossible, ils mettaient le feu à leurs
bâtiments et non-seulement ils les empêchaient ainsi de
tomber au pouvoir des chrétiens, mais ils en faisaient un
nouveau danger pour les alliés. Plus redoutables alors que
quand leurs canons vomissaient le fer et la mort, ces bâtiments, transformés en brûlots, menaçaient de destruction tout ce qui les approchait et finissaient par sauter
en l'air en lançant au loin leurs débris enflammés qui
propageaient l'incendie dans toute la rade. A 5ʰ, l'escadre
des musulmans était détruite; les frégates et tous les vaisseaux étaient coulés ou incendiés et, à part un très-petit
nombre de bâtiments demeurés à leur poste, mais entièrement démâtés, le reste était échoué à la côte. La citadelle tirait encore; les vaisseaux qui, jusque-là, avaient
partagé leur feu entre elle et les bâtiments turcs ou
égyptiens, le lui réservèrent exclusivement, et elle fut
bientôt réduite au silence. Qu'on se représente une centaine de bâtiments de guerre de tout rang, faisant feu dans
un bassin relativement resserré; les incendies et les explo-

sions qui en étaient la conséquence ; les équipages se jetant à la nage pour fuir une catastrophe inévitable, et les
malheureux qui, incapables de suivre leurs compagnons,
étaient lancés au loin avec les débris de leurs bâtiments, et
l'on aura une faible idée de l'épouvantable spectacle que
la baie de Navarin offrit pendant plusieurs heures.

Le combat entre la *Sirène* et la frégate égyptienne Izania
durait depuis plus d'une heure, lorsque le feu se déclara à
bord de la dernière. L'incendie se propagea avec une rapidité effrayante, et le capitaine Robert n'avait encore pu
s'éloigner, qu'une explosion lui annonçait la destruction
complète de son adversaire. Les deux frégates étaient si
rapprochées l'une de l'autre que la commotion abattit le
mât d'artimon de la *Sirène* et le jeta sur le gaillard ;
celle-ci dirigea alors ses coups sur les bâtiments les plus
voisins. Au fort du combat, cette frégate avait été menacée
d'être accrochée par un brûlot ; elle en avait été préservée
par les embarcations du *Trident*, de la *Dartmouth* et de
la *Rose*.

La faiblesse de la brise empêcha le *Scipion* de prendre
son poste ; au lieu de mouiller au Nord de la *Sirène*, le
capitaine Milius laissa tomber l'ancre dans l'Ouest de cette
frégate. Ce vaisseau fut presque immédiatement accroché
sous le beaupré par un fort brûlot qui le mit dans un grand
danger ; quatre fois le feu prit à bord. L'enseigne de vaisseau Trogoff (Louis), du *Trident*, parvint à éloigner ce
brûlot quoiqu'il fût en pleine combustion, et il reçut alors
l'aide de trois embarcations anglaises. Mais bientôt celles-ci
larguèrent la remorque et, incapable de traîner ce navire
plus au large avec un seul canot, l'enseigne de vaisseau
Trogoff le laissa aller en dérive : il tomba sur la *Daphné*
qui réussit à le repousser, et il fut porté au milieu d'un
groupe de bâtiments turcs et égyptiens. Le capitaine Milius embossa son vaisseau de manière à canonner en même
temps quelque bâtiment ennemi d'un bord, et la citadelle
de Navarin de l'autre.

Les causes qui avaient empêché le capitaine du *Scipion* de prendre son poste, obligèrent celui du *Trident* à mouiller dans le Nord de ce vaisseau. Il partagea aussi son feu entre les bâtiments et la citadelle.

Lorsque le *Breslaw* entra dans la rade, la fumée était déjà si intense qu'il ne fut pas possible d'apercevoir la place qui lui avait été assignée entre le *Trident* et l'*Asia*; le capitaine de Labretonnière dut faire ce qu'avaient fait les capitaines des deux vaisseaux qui le précédaient, prendre le poste qui lui parut le plus convenable. Il se dirigea du côté de l'*Albion*, soutint un moment ce vaisseau, et jeta l'ancre près de l'*Azoff*, dans le vide qui existait entre les Russes et les Anglais. Le capitaine de Labretonnière fut blessé et remplacé par le capitaine de frégate Longueville.

Le poste de l'*Armide* avait été marqué à l'extrémité Ouest du fer à cheval. Elle y trouva la frégate anglaise *Talbot* dans une position assez critique. Le capitaine Hugon engagea généreusement la sienne au milieu d'une masse compacte de bâtiments ennemis pour la soutenir, et toutes deux combattirent seules, pendant quelque temps, les bâtiments mouillés dans cette partie de la rade. L'*Armide* fit amener et amarina la frégate turque la SULTANE; ce fut le seul bâtiment qui abaissa son pavillon. Le capitaine Hugon dirigea ensuite son feu sur ceux qui l'entouraient; il fut soutenu, plus tard, par les frégates anglaises *Glascow* et *Cambrian* qui, éloignées de leur division lorsqu'on forma la ligne, n'entrèrent qu'après les autres dans la baie. La *Rose* lui vint aussi en aide, et les embarcations de ce brig débarrassèrent l'*Armide* d'un brûlot qu'elle ne pouvait éloigner faute de canots.

L'*Alcyone* fut accroché et entraîné par le *Breslaw* jusqu'auprès de l'*Asia*. Ce brig et la *Daphné* secondèrent de tous leurs efforts la *Dartmouth* dans la mission qui lui était dévolue.

Relater la part que chacun prit à cette bataille est chose

impossible. Enveloppés dans un nuage épais de fumée qui permettait à peine d'apercevoir le bâtiment par le travers duquel ils étaient placés, Français, Anglais et Russes combattirent avec une égale ardeur et contribuèrent également à cette œuvre de destruction. En ce qui concerne les Anglais, on sait que leurs trois vaisseaux prêtèrent le côté aux trois vaisseaux turcs, et que l'*Albion* eut à repousser l'équipage de son adversaire qu'il élongeait de long en long. Le pont de ce dernier avait été promptement balayé par la mousqueterie et envahi par un détachement anglais. Mais le feu qui s'était déclaré à son bord avait fait des progrès si rapides, qu'il était devenu urgent de l'abandonner. L'*Albion* avait coupé ses câbles et, quelques minutes après, le vaisseau turc sautait. Le capitaine Ommaney avait alors de nouveau laissé tomber l'ancre.

La menace faite à Ibrahîm Pacha était accomplie : un coup de canon avait été tiré sur les pavillons alliés et l'escadre ottomane entière était détruite. Le lendemain de la bataille, il n'y avait plus à flot qu'une vingtaine de corvettes ou de brigs plus ou moins maltraités (1).

Les alliés avaient perdu peu de monde, mais quelques-uns de leurs bâtiments avaient de grandes avaries. Les pertes des Français montèrent à 43 tués et 144 blessés. Le *Trident* put seul suffire à ses besoins; tous les autres bâtiments français durent être renvoyés en France. Les Anglais eurent 75 tués, dont le capitaine Bathurst du *Genoa*, et 197 blessés; ce vaisseau fut le plus maltraité; il fallut cependant renvoyer aussi les autres, ainsi que la frégate *Talbot*, en Angleterre. Les Russes perdirent 59 hommes et eurent 139 blessés. Les pertes des Ottomans n'ont pas été parfaitement connues : on a prétendu qu'ils eurent

(1) On n'a jamais bien connu le résultat matériel de la bataille de Navarin. Le vice-amiral anglais, dans son rapport, dit qu'il ne resta qu'une frégate et quinze bâtiments de moindre force en état de prendre la mer.

3,000 tués et 1,109 blessés (1). Je dirai avec un historien anglais que l'inverse est plus probable (2).

Le lendemain, les Turcs continuèrent l'œuvre de destruction que les divisions alliées avaient commencée; ils jetèrent à la côte ceux de leurs bâtiments qui n'y étaient pas encore, et les incendièrent. Afin d'arrêter cette dévastation inutile, les amiraux envoyèrent déclarer à Ibrahim Pacha, à Tahir Pacha et à Moharem Bey, qu'ils n'avaient nullement l'intention de détruire entièrement la marine ottomane; mais ils les prévenaient que si un simple coup de fusil était tiré sur quelque bâtiment ou embarcation des alliés, le reste de l'escadre turque et les forts de Navarin seraient détruits, et qu'ils considéreraient ce nouvel acte d'hostilité comme une déclaration de guerre formelle de la Porte.

L'anéantissement de l'escadre turque amenait de fait, du moins sur mer, l'armistice que les amiraux devaient établir. Leur présence à Navarin n'étant plus nécessaire, ils mirent à la voile le 25. Avant de se séparer, ils durent prendre des mesures pour arrêter les déprédations auxquelles les Grecs se livraient. Profitant de la réunion des escadres alliées dans la baie de Navarin, ceux-ci venaient de lancer dans l'archipel une nuée de corsaires qui molestaient les navires européens : sous prétexte d'un droit de visite malheureusement concédé, ces corsaires, qui s'inquiétaient fort peu du sort de leur pays, n'avaient d'autre objet que d'exercer la piraterie et de rapporter à Hydra leurs vols transformés, par les plus étranges erreurs, en droits de course et de capture. Plusieurs navires français et anglais avaient été arrêtés et conduits de la côte de Syrie à Égine. Cette conduite, tant de la part des îles d'Hydra et de Spetzia, que de la part du gouvernement, le-

---

(1) Je ne cite ces chiffres que pour montrer ce qu'on peut attendre de la précision et de la tactique.
(2) W. James. *The naval history of Great Britain.*

quel, malgré ses proclamations, continuait à délivrer des patentes de course afin d'en partager le produit, excita au plus haut degré l'indignation des alliés, et les amiraux l'écrivirent à la commission permanente du Corps législatif à Égine.

La bataille de Navarin ne mit pas fin aux dévastations et aux massacres que l'on voulait arrrêter. Ibrahim continua la guerre en Morée. D'un autre côté, la Porte se refusant à toute espèce d'arrangement, les ambassadeurs des trois puissances quittèrent Constantinople au commencement du mois de décembre, et un corps de troupes françaises occupa la Morée.

Avant de quitter l'archipel, je vais raconter le trait d'héroïsme auquel donna lieu la capture de l'un des pirates qui infestaient les mers du Levant.

Le brig *Panayoti*, pirate grec pris par la gabare la *Lamproie* sur la côte de Syrie, fut envoyé à Alexandrie, et quitta ce port en même temps que la frégate la *Magicienne* qui se rendait dans l'archipel. Une quinzaine d'hommes avaient été embarqués sur ce brig ; six Grecs seulement avaient été laissés à bord. Un coup de vent sépara les deux bâtiments pendant la nuit du 4 novembre 1827 : le capitaine du *Panayoti* se dirigea sur l'île Stampali pour y chercher un abri contre le mauvais temps. Le lendemain dans l'après-midi, au moment où le brig doublait une des pointes de l'île, deux des Grecs laissés à bord se jetèrent à la mer. L'enseigne de vaisseau Bisson, qui commandait la prise, n'attacha pas une grande importance à cette circonstance ; il laissa ses deux prisonniers gagner le rivage, continua sa route, et mouilla une ancre devant la ville. Vers 10ʰ du soir, deux grandes embarcations furent aperçues se dirigeant du côté du *Panayoti*. Les cris qui répondirent au « *qui vive !* » de la sentinelle du brig ne purent laisser de doute sur la qualité et les intentions de ceux qui les montaient; plusieurs coups de fusil leur furent tirés par les hommes de garde, et la fusillade s'engagea. L'éveil était donné. Le capitaine et le reste de l'équipage montèrent sur le pont; mais les Grecs, qui étaient très-nombreux, ne furent pas arrêtés par ces quelques coups de feu, et ils sautèrent résolûment à l'abordage : en un instant, le pont du *Panayoti* fut envahi. Le but que se proposaient les Grecs était de piller un navire que la tempête amenait dans les eaux de leur île; aussi, et sans perdre de temps, descendirent-ils dans les parties basses du navire. Le capitaine Bisson, déjà blessé, fit part au pilote Trémintin, son second, du moyen qu'il allait employer pour terminer une lutte qui, vu la disproportion du nombre, ne pouvait leur être favorable. Il lui déclara vouloir profiter de la rapacité des pirates pour les faire sauter avec le *Panayoti*. Il chargea Trémintin de dire à tous les Français de se jeter de suite à la mer, et après lui avoir donné sa montre comme souvenir, il l'engagea à gagner lui-même la terre à nage. Il ne fut malheureusement pas tenu compte de cet avertissement avec toute la promptitude que la circonstance exigeait. Craignant de ne pouvoir exécuter son projet, Bisson n'attendit pas que l'évacuation du brig par les Français fût complète. Il descendit dans la chambre où étaient les poudres, et dans laquelle les Grecs n'étaient pas encore entrés, et bientôt le *Panayoti* fit explosion. Tout ce qui restait à bord fut projeté au loin avec les débris du navire. Le pilote Trémintin, qui n'avait pas encore quitté le bâtiment au moment de l'explosion, arriva à la plage sans blessures bien graves, et il put, avec quatre matelots qui seuls survécurent à cette catastrophe, apporter en France la nouvelle douloureuse du beau trait d'héroïsme qui coûta la vie à l'enseigne de vaiseau Bisson et à la majeure partie de l'équipage placé sous ses ordres.

ANNÉE 1829.

—

Dès l'année 1642, les avantages maritimes et commerciaux que pouvait offrir l'occupation de Madagascar attirèrent l'attention de la France et, pendant près de deux siècles, les Français firent seuls le commerce sur la côte orientale de cette île. Ils y fondèrent successivement divers établissements, parmi lesquels se placent en première ligne : le Fort-Dauphin, Sainte-Lucie, Tamatave, Foulpointe, Sainte-Marie, Tintingue et quelques comptoirs dans la baie d'Antongil. Depuis 1642 jusqu'en 1786, ces établissements furent tour à tour abandonnés ou occupés selon que l'exigèrent les vues ou les convenances du gouvernement. Vers la dernière époque, nous n'avions plus qu'un commerce d'escale à Madagascar, et nous n'y conservions, sous la direction d'un agent commercial et la protection d'un petit nombre de soldats, que quelques postes de traite pour assurer l'approvisionnement des îles. de France et de Bourbon.

Pendant les guerres de l'Empire, ces postes furent concentrés à Tamatave et à Foulpointe, qui tombèrent au pouvoir des Anglais en 1811. Le traité de Paris rendit à la France ses anciens droits sur Madagascar. Le 15 octobre 1818, une commission d'exploration embarquée sur la flûte le *Golo*, capitaine baron de Mackau, reprit possession de Sainte-Marie et, quelques jours après, de Tamatave, en présence des chefs et des principaux habitants réunis en assemblée générale ; loin de contester les droits de la France, ils s'empressèrent d'en reconnaître la validité. Pour assurer le respect dû au pavillon français, on établit des postes militaires. Le Fort-Dauphin et Sainte-Lucie rentrèrent aussi sous notre domination.

Il n'entre pas dans le cadre que je me suis tracé d'énumérer les embarras et les entraves que l'Angleterre suscita au gouvernement, lorsqu'il songea sérieusement à établir la prépondérance de la France sur les parties de l'île qui lui avaient été concédées. Je ne parlerai pas des prétentions de Radama, chef des Ovas qui, poussé par cette puissance, déclara nulle toute cession de territoire qu'il n'avait pas consentie et ratifiée. Je me bornerai à dire que ce chef s'empara des points dont il contestait la propriété à la France, et que ses actes nécessitèrent une réparation qu'on avait déjà trop tardé à demander.

Des ordres furent donnés, et la frégate de 60 canons la *Terpsichore*, capitaine Gourbeyre, se rendit à l'île Bourbon. Le capitaine de frégate comte de Cheffontaines, gouverneur de cette colonie, y fit discuter en conseil privé les instructions qui devaient être données au commandant Gourbeyre. Il fut décidé : 1° que l'expédition se présenterait d'une manière amicale sur la côte de Madagascar ;

2° Qu'elle ne tenterait rien avant d'avoir reçu réponse à une notification qui serait faite à la reine des Ovas (1) ;

3° Que la notification indiquerait l'intention qu'avait la France de faire occuper de nouveau le fort de Tintingue par ses troupes ; — d'exiger la reconnaissance de ses droits sur le Fort-Dauphin, sur la partie de la côte orientale entre la rivière d'Ivondrou et la baie d'Antongil, et sur les autres points soumis anciennement à la domination française ; — de rétablir sous sa protection et domination les anciens chefs malates et betsiminsaracs ; — enfin, de lier avec les peuples de Madagascar des relations d'amitié et de commerce qui devaient contribuer à la paix intérieure et à la prospérité du pays;

4° Que le commandant de l'expédition demanderait une réponse claire et précise. S'il ne l'obtenait pas dans le

_____

(1) Radama était mort en juillet 1828, et l'une de ses femmes, Ranavalona Manjaka, lui avait succédé.

délai de huit jours, il devait se mettre en mesure d'exécuter par la force les ordres qu'il avait reçus (1).

Le 9 juillet 1829, le commandant Gourbeyre mouilla devant Tamatave, sur la côte orientale de Madagascar, avec la *Terpsichore*, la corvette de charge la *Nièvre*, capitaine Letourneur (Thomas-Marie), les gabares la *Chevrette*, capitaine Depanis, et l'*Infatigable*, la goëlette le *Colibri* et le transport le *Madagascar*. Le commandant de l'expédition fit aussitôt connaître au gouverneur de la province le but de son voyage et son intention d'envoyer deux officiers à Ranavalona. Toutefois les dispositions hostiles qu'il remarqua lui firent prendre le parti de modifier ses instructions, et d'écrire à la reine pour lui notifier les prétentions qu'il avait ordre d'appuyer. Il fixa pour sa réponse un délai de vingt jours, passé lequel son silence serait considéré comme un refus de reconnaître les droits de la France.

Afin de mettre ce temps à profit, le commandant de l'expédition fit route pour Tintingue, distant de quatre-vingt-dix milles dans le Nord de Tamatave, et il en reprit possession. On travailla immédiatement à mettre ce point en état de défense contre les attaques probables des Ovas; des casernes furent construites et un hôpital fut élevé. En moins de deux mois, les troupes et les équipages eurent rendu Tintingue imprenable par les indigènes et formé, comme par enchantement, un établissement qui permettait d'attendre la mauvaise saison.

Cependant la réponse de la reine n'arrivait pas. La *Terpsichore*, la *Nièvre* et la *Chevrette* appareillèrent le 10 octobre, et mouillèrent à Tamatave en s'embossant à 600 mètres de terre. Le lendemain matin, le commandant Gourbeyre fit notifier la déclaration de guerre de la France au commandant de la côte orientale,

_____

(1) *Délibération du conseil privé de Bourbon*, 27 mai 1829.

et lorsque, vers 8ʰ du matin, l'embarcation fut de retour, les bâtiments ouvrirent leur feu sur le fort; la poudrière sauta à la troisième bordée. Cette explosion répandit une terreur telle parmi les Ovas, qu'ils s'enfuirent dans toutes les directions, abandonnant les fortifications et la ville. La division cessa alors de tirer, et 140 soldats du 16ᵉ léger, 58 marins et 40 Yolofs, en tout 238 hommes, furent mis à terre sous le commandement du capitaine Fénix, du 16ᵉ léger; ce détachement se dirigea sur le fort. Une troupe d'indigènes qui essaya d'arrêter sa marche fut tout d'abord dispersée par quelques coups de canon à mitraille; mais dès que le feu des bâtiments eut été suspendu, les Ovas se rallièrent et voulurent opposer de la résistance : ils furent culbutés. A 9ʰ, le pavillon français flottait sur les ruines des fortifications dans lesquelles on trouva 23 canons et 212 fusils.

Les Ovas, retirés au delà de la rivière d'Ivondrou, se croyaient en sûreté derrière quelques fortifications passagères; ils appelèrent à eux les Betsiminsaracs et leur défendirent de porter des vivres aux Français. Nonobstant les difficultés que présentait la nature du terrain, un détachement sous les ordres du capitaine d'artillerie de marine Shœll fut chargé de dissiper cet attroupement. Après une fusillade d'une demi-heure, il ne restait plus rien de ce rassemblement.

Les hostilités commencées, il convenait, pour arriver au but de l'expédition, d'attaquer les Ovas sur tous les points où ils s'étaient emparés des possessions françaises. Le commandant Gourbeyre mit donc à la voile pour Foulpointe et y mouilla le 26 avec sa division; la *Terpsichore* et la *Nièvre* s'embossèrent devant la ville; la *Chevrette* prit poste à la pointe aux Bœufs sur laquelle une batterie avait été élevée. Les bâtiments français ouvrirent leur feu le lendemain entre 7 et 8ʰ du matin. Toutes les batteries ripostèrent; mais bientôt les Ovas se replièrent derrière une redoute située à quelque distance. Deux compagnies d'infanterie, une compagnie de Yolofs et un détachement de marins, formant un effectif de 325 hommes, débarquèrent à la pointe aux Bœufs. Plein de confiance dans le succès de cette opération, le capitaine Shœll, qui avait encore été chargé de la conduire, dirigea son détachement sans beaucoup d'ordre sur différents points; la ville paraissait du reste entièrement abandonnée. Mais au moment où cette petite troupe franchissait les buttes sablonneuses qui la séparaient de la plaine, elle fut assaillie par une décharge d'artillerie partie de la redoute. Cette attaque imprévue jeta l'épouvante et le désordre dans le détachement français. Les plus avancés tournèrent bride, et les autres qui se croyaient attaqués par de nombreux ennemis, imitèrent ce mouvement. Les compagnies se rembarquèrent, laissant sur le terrain 11 des leurs, au nombre desquels se trouvait l'officier commandant l'expédition. Les pertes des Ovas montaient à 75 tués.

L'espèce de démoralisation produite par le résultat de cette attaque, et les pertes que les fièvres avaient fait éprouver aux équipages depuis leur arrivée à Madagascar, déterminèrent le commandant Gourbeyre à quitter ces parages. Il ne voulut cependant pas le faire sans prendre une revanche. Il se rendit à Sainte-Marie et à Tintingue, y embarqua une compagnie d'artillerie, des Yolofs et tous les marins dont les bâtiments purent disposer, et il se rendit devant la pointe à Larrée où les Ovas avaient établi un poste militaire. Le 4 novembre, la *Terpsichore*, la *Nièvre* et la *Chevrette*, embossées à 200 mètres, ouvrirent leur feu sur la batterie et, lorsque les boulets eurent fait une brèche praticable, 400 hommes, conduits par le capitaine Despagne, du 16e léger, furent mis à terre. Ce détachement marcha en bon ordre sur cette batterie et l'enleva d'assaut après une résistance d'une demi-heure. Les Ovas s'enfuirent, poursuivis par un corps de réserve et par les boulets de la *Chevrette*. Ce succès coûta peu à l'expédition; elle ne perdit que deux hommes et n'eut qu'un petit nombre de blessés. 120 cadavres furent trouvés dans la batterie. 17 prisonniers, 8 canons, et un troupeau de 250 bœufs complétèrent la victoire. Les fortifications de la pointe à Larrée furent détruites, et la division remit à la voile.

Deux envoyés du gouvernement d'Emirne apportèrent enfin au commandant Gourbeyre la réponse de Ranavalona : la reine était disposée à accorder toutes les réparations demandées. Mais l'arrivée de la mauvaise saison dont les effets se faisaient déjà sentir, et aussi le besoin de renouveler les vivres, décidèrent le commandant de l'expédition à retourner à Bourbon, laissant aux plénipotentiaires Ovas un traité de paix qui devait être ratifié par leur souveraine avant le 31 décembre. La reine s'y étant refusée, on songea à reprendre les hostilités ; toutefois, avant d'en venir à cette extrémité, on essaya quelques moyens de conciliation. Le commandant Gourbeyre ne jugea pas devoir attendre le résultat des négociations ; il fit route pour France avec sa frégate.

ANNÉE 1830.

Depuis quelque temps déjà les relations entre la France et la régence d'Alger étaient peu satisfaisantes, et l'on songeait à envoyer des forces navales pour demander au Dey réparation de maints griefs, lorsque cet état de choses s'aggrava encore par l'insulte qu'il fit en audience solennelle, au consul-général chargé d'affaires de la France. Dès le 27 mai 1827, il fut décidé qu'une division composée d'un vaisseau, de trois frégates et de trois bâtiments légers se présenterait devant Alger ; que

le capitaine de vaisseau Collet, désigné pour la commander, serait chargé d'obtenir que le Dey, accompagné de
ses ministres et de ses principaux officiers, se rendrait
au consulat de France pour faire des excuses au consul-
général, en présence du commandant des forces navales
et des agents diplomatiques étrangers, et qu'en même
temps, le pavillon de la France, arboré sur les forts, serait
salué de 100 coups de canon par les batteries de la place.

Toutefois, dans le cas possible où le Dey se refuserait à
subir ces humiliations, le commandant Collet devait se
contenter de l'une des réparations suivantes : le Dey le
recevrait, ainsi que son état-major et le consul-général, en
audience solennelle, et il ferait réparation à ce dernier, en
présence de sa Cour et des consuls étrangers convoqués à
cet effet; ou bien, il enverrait à bord du commandant
des forces navales de la France une députation en tête de
laquelle serait le vekil hasdge qui, portant la parole au
nom de son maître, ferait publiquement des excuses au
consul-général. Dans l'un et l'autre cas, le pavillon français, arboré sur les forts, devait être salué par l'artillerie
de la place.

La division navale mit à la voile de Toulon, dans les
premiers jours du mois de juin, et arriva le 12 devant
Alger; le même jour, le consul-général et tous les Français quittèrent la ville. La demande d'une réparation fut
signifiée au Dey, et sur son refus d'y satisfaire, la guerre lui
fut déclarée le 15. Il fallut, dès lors, établir le blocus des
ports de la régence; la force de la croisière fut portée à
huit frégates, corvettes ou brigs; le commandant Collet
passa du vaisseau la *Provence* sur la frégate l'*Amphitrite.*

La résolution du gouvernement causa de vives inquiétudes dans les ports et l'on dut songer à garantir le commerce
des atteintes des corsaires algériens. Le nombre des bâtiments employés au blocus était cependant considérable,
si l'on considère qu'il avait pour but unique de s'opposer
aux entreprises de quelques malheureuses barques qui,

sortant la nuit et longeant la côte à la faveur de leur faible tirant d'eau, échappaient à la surveillance des croiseurs. Les navires d'un tonnage plus considérable étaient retenus dans le port d'Alger, à l'exception d'une frégate et d'une corvette qui étaient parties pour Alexandrie avant la déclaration de guerre. Le Dey n'avait donc rien ou presque rien à perdre, puisqu'il n'avait pas de marine marchande et que la capture de quelques bateaux était insignifiante; tandis que ces frêles embarcations, toutes faibles qu'elles étaient, pouvaient causer beaucoup de dommages au commerce français.

Les précautions prises pour le blocus des côtes de l'Algérie et pour l'escorte des convois n'empêchèrent pas plusieurs navires d'être capturés. Enhardi par ce succès de quelques audacieux coureurs, le Dey voulut un jour faire agir sa marine de guerre. Le 4 octobre au matin, onze bâtiments furent aperçus en dehors de la baie d'Alger, gouvernant à l'Est. Les frégates l'*Amphitrite* et la *Galathée*, un brig, un brig-goëlette et une canonnière leur donnèrent la chasse. Cette détermination suffit pour leur faire rebrousser chemin et ils rentrèrent dans le port, sous une pluie de projectiles: la faiblesse et la direction du vent ne permirent pas de leur couper la retraite.

Ce fut la seule tentative faite par la marine algérienne. L'année 1828 se passa sans autre fait intéressant que le rejet des propositions ci-après, transmises par le contre-amiral Collet (1) :

1° Envoyer à Paris un agent d'un haut rang qui serait chargé de présenter des excuses au Roi pour l'insulte faite au consul-général chargé d'affaires ;

2° Renoncer à toute espèce de course contre les nations sarde, toscane, lucquoise, etc., placées sous la protection spéciale de la France ;

(1) Promotion du 31 décembre 1828.

3° Laisser rétablir immédiatement le bastion de France et les fortifications de la Calle comme propriétés françaises ;

4° Rendre à la France, sans rétribution, le commerce et la pêche du corail ;

5° Indemniser le commerce français des pertes qu'il avait éprouvées depuis le mois de juin 1827.

Cet état de choses était trop préjudiciable au commerce et aux intérêts de l'État pour être souffert plus longtemps, et pour qu'on n'employât pas des moyens plus coërcitifs qu'un blocus, lequel en 1829, était dirigé par le capitaine de vaisseau, puis contre-amiral Botherel de Labretonnière.

Cependant, au mois de juillet de cette année, une nouvelle tentative de conciliation fut faite par le gouvernement français. Non-seulement le Dey refusa de consentir aux réclamations du contre-amiral de Labretonnière, mais lorsque le vaisseau la *Provence* que montait cet officier général sortit de la baie, les batteries tirèrent sur lui.

On ne se dissimulait pas que les moyens à employer pour en finir avec la régence ne pouvaient être purement maritimes, et que, pour obtenir un succès définitif, il fallait combiner une expédition de débarquement avec l'action de la marine.

Au commencement de l'année 1830, les ordres les plus pressants furent donnés dans les ports pour diriger immédiatement les bâtiments disponibles sur Toulon ; de toutes parts, des navires de commerce furent affrétés. Le but de ces préparatifs était avoué ; il s'agissait d'obtenir le redressement, trop longtemps attendu, des griefs que la France avait à formuler contre la régence : et tous ces navires étaient destinés au transport d'une armée expéditionnaire dont le commandement fut donné au lieutenant général comte de Bourmont, ministre de la guerre.

Comme ces dispositions pouvaient occasionner quelques inquiétudes à Tunis et à Tripoli, la division de blocus, placée alors sous les ordres du capitaine de vaisseau Mas-

ieu de Clerval, fut élevée au chiffre de quatre frégates,
rois corvettes et neuf brigs.

Au milieu du mois de mai, tout était prêt. Les bâtiments de
guerre et les navires du commerce, réunis à Toulon, avaient
à bord les vivres, les munitions et le matériel. Les troupes
urent embarquées et, le 25 au soir, une division de 55 trans-
orts, et la flottille qui comprenait 340 bateaux de 20 à 35
onneaux, mirent à la voile avec un commencement de brise
e O.-N.-O. Le vice-amiral Duperré, auquel avait été
onfié le commandement de cette flotte considérable, les
ccompagna avec 60 bâtiments de guerre; les autres, au
ombre de 42, sortirent successivement avec le reste des
72 navires affrétés. A la hauteur des îles Baléares, la flotte
it assaillie par un fort coup de vent d'Est qui l'obligea à
hercher un abri derrière ces îles; la flottille relâcha dans
urs ports. Quelques jours plus tard, on arrivait en vue
e la côte d'Afrique; mais la brise était très-fraîche de la
artie de l'Est, et les terres étaient couvertes. Il n'eût pas
é prudent d'aller chercher un ancrage, par un temps
mblable, sur une côte très-imparfaitement connue; on
it le large. Trois jours de grande brise enlevèrent tout
poir de pouvoir se rendre au mouillage dans l'ordre in-
qué; le ralliement des navires plus ou moins souventés
it occasionné des retards fâcheux. Le commandant en chef
oprit d'ailleurs que le convoi parti de Toulon avait été dis-
ersé : ordre fut donné de relâcher à Palma de l'île Major-
ne. Le 10 juin, la majeure partie du convoi, de la flottille
de la réserve étant ralliée, la flotte remit à la voile. Le
rlendemain, les terres d'Afrique furent aperçues, mais un
and vent d'E.-N.-E. et une grosse mer obligèrent encore
prendre le large. Enfin, le temps devint plus beau. L'ar-
ée se forma en bataille, la *Sirène* en tête et, guidée par
Alerte et l'*Alacrity* qui se tenaient en avant pour signaler
fond, elle se dirigea sur la baie de Sidi Ferruch, à l'Ouest
cap Caxines. A 11ʰ 30ᵐ du matin, le 13, le *Breslaw*

laissa tomber l'ancre dans l'Ouest de Torre Chica, et successi
ment les autres bâtiments l'imitèrent. Voici la composition de c
formidable armée navale :

Vaisseaux.	*Provence*.	capitaine Villaret Joyeuse (Alexis).	Armés en g
		baron Duperré, vice-amiral.	
		Mallet (Louis), contre-amiral, chef d'état-major.	
	Trident.	capitaine Casy.	
		Ducampe de Rosamel, contre-amiral.	
74ᶜ	*Breslaw.*	capitaine Maillard Liscourt.	
	Duquesne.	— Bazoche.	
	Algésiras.	— Ponée.	
	Nestor.	— Latreyte.	
	Marengo.	— Duplessis Parscau(Pierre).	Armés en flûte la 2ᵉ batterie celle des gai
	Ville-de-Marseille.	— Robert.	
	Scipion.	— Émeric.	
	Superbe.	— Cuvillier.	
	Couronne.	— comte de Rossi.	
Frégates.	*Iphigénie.*	— Christy de Lapallière (J. J.).	Armées en g
	Surveillante.	— Trotel.	
	Didon.	— Villeneuve Bargemont.	
60₁			Armées en avec la des canons batterie et gaillards.
	Artémise.	— Cosmao Dumanoir.	
	Melpomène. . . . ᵧ	— Lamarche.	
	Herminie.	— Leblanc (Louis).	
58ᶜ	*Guerrière.*	— de Rabaudy.	Armées en g
	Amphitrite.	— Serec.	
	Pallas.	— Forsans.	
	Sirène.	— Massieu de Clerval.	
	Jeanne-d'Arc.	— Lettré.	
52ᶜ	*Vénus.*	— Russel.	Armées en
	Marie-Thérèse. . . .	— Billard (Charles).	
	Belle-Gabrielle. . .	— Laurens de Choisy.	
	Duchesse-de-Berry.	— Kerdrain (Pierre).	Armées en
	Circé.	— Rigodit.	
	Bellone.	— Gallois.	
	Médée.	— Defredot Duplantys.	
44ᶜ	*Thétis.*	— Lemoine (Franç.).	Armées en
	Magicienne.	— Bégué.	
	Aréthuse.	— Demoges.	
	Cybèle. . . . . . ᵧ .	— Robillard.	
	Thémis.	— Legoarant Tromelin.	
	Proserpine.	— Cᵗᵉ de Reverseaux.	
Corvettes.	*Créole.*	— Depéronne (Léonord).	
		baron Hugon, capitaine de vaisseau.	
24ᶜ	*Victorieuse.*	capitaine Guérin des Essards.	

	Perle........	—	Villencau (Théodore).
	Cornélie......	—	Savy du Mondiol.
18ᶜ	Orythie.	—	Luneau.
	Bayonnaise.	—	Ferrin (Lazare).
	Écho........	—	Graëb.
	Églé........	—	Raffy (Constant).
Brigs.	Voltigeur.	—	Bezard.
	d'Assas.	—	Pujol
	Ducouédic......	—	Gay de Taradel.
	Cygne.	—	Longet.
20ᶜ	Griffon.......	—	Dupetit-Thouars (Abel).
	Adonis.......	—	Huguet.
	Alerte.	—	Andréa de Nerciat.
	Actéon.......	—	Hamelin (Ferdinand).
	Alcibiade.	—	Garnier (Pascal).
	Alacrity.......	—	Laîné (Pierre).
	Dragon.	—	Leblanc (Jacques).
18ᶜ	Endymion.....	—	Nonay.
	Hussard......	—	Thoulon.
	Cuirassier.....	—	Larouvraye.
	Rusé.	—	Jouglas.
	Badine.	—	Guindet.
	Faune.	—	Couhitte.
16ᶜ	Zèbre.	...	Leférec.
	Capricieuse.	—	Brindejonc Tréglodé.
	Euryale.......	—	Parseval-Deschènes.
	Comète.......	—	Ricard.
	Cigogne.	—	Barbier.
10ᶜ	Marsouin......	—	chevalier de Forget.
8ᶜ	Alsacienne.....	—	Hanet Cléry.
	Lynx........	—	Armand.
Goëlettes.	Iris........	—	Guérin (Nicolas).
6ᶜ	Daphné.	—	Robert Dubreuil.
Vapeurs.	Sphinx.......	—	Sarlat.
160	Pélican	—	Janvier.
chevaux.	Souffleur.	—	Granjean de Fouchy.
	Nageur.	—	Louvrier.
80	Rapide.......	—	Lugeol (Jean).
	Coureur.	—	Gatier.
Bombardes.	Cyclope.	—	Texier.
	Volcan.......	—	Brait.
	Hécla........	—	Ollivier (Elzéard).
	Dore........	—	Long.
	Vésuve.......	—	Mallet (Stanislas).
	Vulcain.......	—	Baudin (Louis).
	Achéron......	—	Levêque (Borromée).
	Finistère.....	—	Rolland (Henry).
Corvettes	Bonite.	—	Parnajon.
de	Lybio.	—	Costé.
charge.	Adour.......	—	Lemaitre.
	Rhône.......	—	Febvrier Despointes.
	Dordogne.	—	Mathieu.
	Caravane.	—	Denis.
	Tarn........	—	Fleurin Lagarde.
	Meuse.	—	Moisson (Édouard).

Gabares.		
Garonne......	—	Aubry de La Noë.
Vigogne......	—	de Sercey (Eole).
Robuste......	—	Delassaux.
Astrolabe......	—	Verninac Saint-Maur.
Lamproie.....	—	Dussault.
Truite........	—	Miégeville.
Chameau......	—	Coudein (Jean).
Bayonnais.....	—	Lefèvre d'Abancourt.
Lézard........	—	Herpin de Frémont.
Désirée........	—	Tillette de Mautort.

Avant de quitter Toulon, le vice-amiral Duperré avait fait connaître, dans un ordre du jour détaillé, et son plan d'attaque, et le rôle que chacun devait jouer dans cette grande entreprise. Tout y était prévu. Mais la confiance que les Turcs, les Maures et les Arabes avaient en leur force, rendit ces sages dispositions en quelque sorte inutiles, et les prescriptions du commandant en chef durent être forcément modifiées. On s'aperçut bientôt, en effet, que toutes les batteries étaient abandonnées et que leurs canons avaient été placés sur les hauteurs voisines. Le contre-amiral de Rosamel, qui avait été chargé de l'attaque du côté de l'Est, mouilla ses huit vaisseaux en seconde ligne; la *Bayonnaise*, l'*Actéon* et la *Badine* se placèrent seuls dans la baie de l'Est. La journée était trop avancée pour commencer le débarquement.

Le 14, la première division de l'armée expéditionnaire était à terre à 4ʰ 30ᵐ du matin; la deuxième y était à 6ʰ; à midi, l'armée entière était débarquée, ainsi que quatre batteries d'artillerie de campagne et une de montagne, 200 chevaux, un approvisionnement de munitions et dix jours de vivres.

En déduisant les officiers, sous-officiers, soldats et employés d'administration dont les services n'étaient pas immédiatement nécessaires, tels que les officiers d'artillerie et de génie destinés aux batteries et aux opérations de siége, les médecins, etc., le premier débarquement comprenait :

1ʳᵉ division d'infanterie. 9,600 hommes.

Artilleurs pour dix-huit pièces de campagne. . . .   702

Artilleurs pour batterie de montagne.	100	
Troupes du génie. . . .	308	
Total. . . .	10,278 —	10,278 hommes.
Déduction faite également des militaires et des employés dont les services ne devaient pas être nécessaires à l'instant même, le personnel débarqué en second lieu montait à. . . .	9,900 —	9,900
Le troisième débarquement avait mis à terre un égal nombre de soldats, soit.	9,900 —	9,900
Une armée de. . . .		30,078 hommes

approvisionnée pour dix jours, se trouvait donc à midi à quelques lieues de la ville d'Alger.

Il n'entre pas dans mon plan de raconter les succès de l'armée française ; je ne veux parler que de la coopération apportée à l'expédition par la marine. On doit comprendre combien elle fut pénible. Sa tâche ne consistait pas uniquement dans la mise à terre de l'armée. Au transport, au débarquement du premier jour, succédèrent des transports et des débarquements sans relâche, jusqu'au moment où vivres, approvisionnements de toutes sortes, artillerie de siége et tout l'attirail qui accompagne une armée en campagne eurent été débarqués sur le rivage. Ces opérations furent contrariées par plusieurs coups de vent, et la flotte entière se trouva plus d'une fois en perdition. On reconnut alors que si le mouillage de Sidi Ferruch est bon avec des vents de la partie de l'Est, la mer y est très-grosse lorsqu'ils soufflent du côté opposé. Aussi le commandant en chef vit-il bientôt qu'il était urgent de quitter cet ancrage ; il renvoya les transports à mesure que leur déchargement fut effectué, et il tint sous voiles les

bâtiments de guerre dont la présence ne lui parut pas indispensable.

La position avancée de l'armée de terre et son éloignement des magasins qui avaient été établis sur la presqu'île, nécessitèrent promptement la formation de convois
auxquels il fallait des escortes nombreuses. Afin de ne pas
affaiblir l'armée, la garde du camp retranché qui abritait
hommes et choses sur la plage fut confiée à la marine, et le
capitaine de vaisseau Hugon en prit le commandement.

Le 1er juillet, une division de l'armée navale défila, à
grande distance, devant les batteries pour en bien étudier
la position, et, en même temps, pour attirer l'attention de
l'ennemi du côté de la mer, tandis que l'armée investissait
le fort de l'Empereur. Une attaque fut décidée pour le 3.
Ce jour-là, dix vaisseaux et les frégates, rangés sur une
ligne de convoi, au large de laquelle furent espacées les
bombardes, se présentèrent successivement devant chacune des batteries. Le vent soufflait du N.-O. La *Bellone*,
placée à la tête de la colonne, ouvrit la première son feu sur
le fort des Anglais, qui fut couvert par une pluie de boulets. Les autres fortifications eurent ensuite leur tour ; arrivés à la hauteur du môle, les vaisseaux serrèrent le vent.
L'escadre n'avait aucune avarie, et elle n'eût pas éprouvé
de perte, si un canon de 36, en crevant à bord de la *Provence*, n'eût tué dix hommes et n'en eût blessé quatorze.
Le 4, la destruction du fort de l'Empereur qui venait de
sauter, parut au vice-amiral Duperré une circonstance favorable pour renouveler la démonstration de la veille. Il
faisait ses dispositions dans ce but, lorsqu'un canot portant le pavillon de parlementaire fut aperçu se dirigeant
sur la *Provence* : c'était l'amiral de l'escadre algérienne
qui venait, au nom du Dey, supplier le commandant en
chef de l'armée navale de cesser les hostilités, et lui demander la paix. Le vice-amiral Duperré voulut bien différer
son attaque ; mais il dut renvoyer ce plénipotentiaire au
commandant en chef de l'expédition pour la solution de

la deuxième demande. Alger se rendit le lendemain à discrétion : à 2ʰ de l'après-midi, le pavillon de la France flottait sur le palais du Dey. La capitulation d'Alger livra aux Français les bâtiments ci-après qui étaient dans le port : FETH UL ISLAND de 22 canons; MUDJERES de 16; NIMETI HOUDA DJEIRAM de 14; TONGARDA, SUREIIA de 12; MAJORCA et DERIA de 8.

Le 26 du même mois, le contre-amiral de Rosamel fut détaché avec le vaisseau le *Trident*, les frégates la *Guerrière*, la *Surveillante*, le brig l'*Actéon*, la goëlette l'*Iris*, les bombardes le *Vésuve*, le *Volcan*, et le *Duquesne* armé en flûte, pour s'emparer de Bone et porter le résultat de l'expédition d'Alger à la connaissance du bey de Tripoli. Cette double mission fut couronnée du succès le plus complet; elle eut pour résultat d'obtenir pleine et entière satisfaction pour l'honneur et les intérêts de la France, et de compléter, pour le commerce de toutes les nations maritimes, la délivrance des entraves odieuses et tyranniques auxquelles l'assujettissaient les pirates des diverses régences barbaresques.

Le 8 septembre, le commandant en chef de l'armée navale, élevé à la dignité d'amiral de France, retourna à Toulon, laissant devant Alger une faible division dont le commandement fut donné au capitaine de vaisseau Massieu de Clerval.

On a vu la part que prit la marine à l'expédition d'Alger. Aujourd'hui que, par la comparaison de ce qui existe, nous pouvons apprécier avec exactitude combien ses moyens d'action étaient réduits à cette époque, il y a justice à rendre un hommage sans réserve à nos devanciers et au chef qui les conduisit dans cette circonstance. Oui, cet hommage est dû à l'illustre amiral qui sut surmonter les difficultés de la situation, et aux sous-ordres qui comprirent si bien sa pensée. Honneur donc à l'armée navale de 1830 qui, après avoir accompli avec succès un transport, à tous les points de vue difficile, d'une armée de 30,000 hom-

mes, avec le matériel, les approvisionnements et les vivres
qui lui étaient nécessaires, sut conduire à bonne fin l'o-
pération si délicate d'un débarquement sur une plage
ennemie, et contribua ainsi à faire flotter le drapeau de la
France sur les deux rives de la Méditerranée ! Le gouvernement comprit, du reste, l'importance des services rendus par la marine dans cette mémorable expédition et, pour
en perpétuer le souvenir, le canon dit la Consulaire qui,
à une autre époque, avait lancé au loin les membres mu-
tilés du P. Levacher, a été envoyé en France et, par son
ordre, érigé en colonne commémorative à l'entrée de l'arsenal de Brest.

Je terminerai ce qui a trait à l'expédition d'Alger par
le récit succinct du malheureux événement qui, au moment où l'expédition allait quitter la France, jeta la consternation dans la division de blocus des ports de la
régence et le deuil dans un grand nombre de familles :
je veux parler du naufrage de l'*Aventure* et du *Silène*, commandés par les lieutenants de vaisseau Dassigny et Bruat.

Le 15 mai, à 8ʰ 15ᵐ du soir, ces deux brigs se mirent à
la côte près du cap Bengut, par 1°23′ de longitude Est,
c'est-à-dire à 63 milles d'Alger. Une erreur de 0°13′ en
latitude et de 1°5′ en longitude causa la perte de ces bâtiments. Acteur dans ce drame (1), je vais rappeler quelques-unes des circonstances qui lui donnèrent un si profond retentissement.

Grâce aux sages mesures qui avaient été prises, un seul
homme manqua à l'appel qui fut fait lorsque, après une
nuit de périls et d'angoisses, les équipages se trouvèrent
réunis sur la plage. Mais, à la joie d'avoir échappé à une
mort presque certaine, car la mer déferlait avec une grande
violence sur la côte, succéda bientôt la triste perspective
du sort qui attendait des Français jetés sur cette terre ennemie et inhospitalière. On tint conseil : il fut décidé qu'il

---

(1) L'auteur était enseigne de vaisseau sur l'*Aventure*.

fallait se mettre immédiatement en mesure de repousser
l'attaque qui ne pouvait manquer d'avoir lieu, aussitôt que
les premiers rayons du jour viendraient éclairer le désastre de la nuit. Des armes, des munitions et des vivres
étaient nécessaires pour cela. La mer avait porté les
deux brigs tout-à-fait à terre. Des détachements furent
désignés pour aller prendre à bord toutes les choses jugées
indispensables; mais, après y être arrivés à grande peine,
ils trouvèrent les ponts de l'*Aventure* défoncés par la mer,
et le *Silène* tellement rempli d'eau, qu'il fallut renoncer à
pénétrer dans l'intérieur des bâtiments. La défense devenait dès lors impossible. Que faire en pareille circonstance?
s'acheminer vers Alger, et attendre les événements.

Il pouvait être 4ʰ du matin. La colonne, composée de
200 naufragés, suivait silencieuse le rivage depuis quelques minutes, lorsqu'elle fut assaillie par une nuée de
Bédouins que la vue des bâtiments avait fait accourir sur
le rivage. C'en était fait probablement des malheureux
Français, si le nommé Francisco, Maltais pris quelque
temps auparavant par le *Silène* dans un bateau de pêche
devant Oran, ne se fût bravement avancé au-devant de
ces forcenés auxquels il affirma que les bâtiments naufragés
étaient anglais. Ce fut en vain que, pendant un quart
d'heure, les canons de fusil et les pointes de yatagan furent
dirigés sur sa poitrine pour lui faire avouer que les brigs
étaient français; il soutint ce qu'il avait avancé. Et, si sa
contenance ferme ne persuada pas les Arabes, elle les
empêcha du moins de commettre un attentat, inévitable,
si la vérité leur eût été connue. Cependant, malgré la demande expresse transmise par Francisco de conduire les
prétendus Anglais à Alger, on les dirigea vers l'intérieur
des terres, où on les divisa par groupes dont la force varia
selon la volonté des capteurs. Une fois encore avant cette
séparation, une tentative fut faite pour arracher au Maltais
l'aveu qu'on lui avait demandé sur le rivage; les menaces
de mort ne l'ébranlèrent pas, et cette fois encore, il sauva

les équipages d'un massacre d'autant plus probable, que l'exaspération était à son comble parmi ceux des Bédouins qui, attirés par l'espoir du pillage, se trouvaient frustrés de leurs espérances. Dépouillés, en effet, pendant le trajet, les naufragés n'avaient été laissés en possession que du vêtement rigoureusement indispensable pour n'être pas nus.

Je passerai sous silence les scènes affreuses qui eurent lieu pendant le séjour des Français dans la Kabylie. Tous ces faits, et la manière presque miraculeuse dont l'auteur de cet écrit échappa au massacre qui coûta la vie à plus de la moitié de ses camarades, ont été rapportés dans une brochure publiée par le capitaine Dassigny (1). Je dirai seulement qu'après trois mortels jours d'attente et d'anxiété, les naufragés furent conduits à Alger où ils arrivèrent au nombre de quatre-vingt-douze, avec le simple vêtement que nous leur connaissons, tête et pieds nus; deux journées de marche à travers des sentiers épineux et rocailleux, marche pendant laquelle ils n'avaient cessé d'être en butte à toute espèce de mauvais traitements, avaient été nécessaires pour faire ce trajet. Quatre-vingt-douze hommes sur deux cents! Cent huit avaient été décapités! et pour que les malheureux qui avaient échappé à ce destin funeste ne pussent pas en douter, le premier acte du dey Hussein fut de les faire stationner dans la cour de la Kasbah devant les têtes entassées de leurs infortunés camarades! De là, ils furent conduits en prison.

Je ne suivrai pas les naufragés dans les tristes et pénibles pérégrinations qu'on leur fit faire, enchaînés deux à deux, depuis le jour où l'armée expéditionnaire débarqua à Sidi Ferruch, pour d'abord les éloigner de la ville, et les plonger ensuite dans un cachot infect occupé jusque-là par

---

(1) *Naufrage des brigs l'Aventure et le Silène.* Toulon, J. Baume.
M. Levot a raconté les principaux épisodes de ce drame émouvant dans une publication récente intitulée : *Récits de naufrages*, etc. Paris, Challamel aîné.

les galériens indigènes. Je ne dirai rien non plus des souffrances morales et physiques qu'ils eurent à endurer jusqu'au jour où ils virent tomber leurs chaînes. Jetons un
voile sur ces scènes de désolation qui, après trente-sept ans,
font encore éprouver un profond sentiment de tristesse, et
qui sont d'ailleurs tout-à-fait étrangères à mon sujet. Qu'il
me soit cependant permis de payer un juste tribut d'éloges
et de reconnaissance aux quelques personnes qui, par les
attentions les plus délicates et les soins les plus assi-
dus, contribuèrent à adoucir la position d'infortunés qui
avaient alors si peu l'espoir de revoir leur patrie. Avant
de terminer cette digression, l'auteur considère comme un
devoir de faire connaître à ses camarades des noms généralement ignorés. Il saisit cette occasion pour renouveler
à M. le comte d'Attili, alors consul de Sardaigne à Alger, l'assurance de ses sentiments de vive reconnaissance
pour sa noble conduite envers les Français naufragés. Mais
ce serait en vain qu'il chercherait des expressions pour
dépeindre toute l'abnégation, tout le dévouement dont le
docteur Meardi ne cessa de leur donner des preuves : il fut
leur ange tutélaire jusqu'au dernier moment. Honneur
aussi au docteur Meardi!

Mis en liberté le 5 juillet, jour de la capitulation d'Alger, les naufragés furent immédiatement renvoyés en
France, ainsi que quarante-huit marins du commerce qu'ils
avaient trouvés dans les prisons, et qui firent monter à
cent trente-neuf le chiffre des Français délivrés par l'expédition. Dans le nombre étaient :

MM. Dassigny, lieutenant de vaisseau; Troude (Oné-
zime), enseigne de vaisseau; Augier, élève de 1re classe;
Aubert, commis d'administration, appartenant à l'état-major de l'*Aventure*. Bruat, lieutenant de vaisseau; Barnel,
enseigne de vaisseau auxiliaire; Bonard, élève de 1re classe;
Caussade, élève de 2e classe, provenant de celui du
Silène.

BATIMENTS PRIS, DÉTRUITS OU NAUFRAGÉS
pendant l'année 1830.

ALGÉRIENS.

Canons.

22	FETH UL ISLAND.	
16	MUDJERES.	
14	NIMETI HOUDA DJEIRAM. . . .	
12	{ TONGARDA. . . . . }	Pris à Alger.
	{ SUREIIA.	
8	{ DERIA.	
	{ MAJORCA.	

FRANÇAIS.

Canons.

16	{ *Aventure* . . . . }	Naufragés auprès d'Alger.
	{ *Silène*.	

———o⟡o———

ANNÉE 1831.

Depuis plusieurs années, le gouvernement portugais manifestait à l'égard de la France des sentiments de malveillance et d'inimitié que rien ne pouvait justifier; les témoignages en étaient surtout devenus plus nombreux depuis la révolution de juillet. Les Français établis en Portugal étaient incessamment en butte à un injuste esprit de haine et de persécution. Sous prétexte de punir les fauteurs d'une conspiration, plus ou moins réelle, un tribunal exceptionnel venait d'être formé à Lisbonne et, malgré les protestations du consul de France, plusieurs Français avaient été condamnés par ce tribunal. Le capitaine de vaisseau de Rabaudy reçut l'ordre de se rendre dans le Tage avec la frégate de 60° la *Melpomène* et le brig de 18° l'*Endymion*, capitaine Nonay, pour appuyer les démarches du consul et obtenir satisfaction du gouvernement portugais. Il avait mission de demander :

1° La mise en liberté de deux Français condamnés et l'annulation de la sentence portée contre eux;

2° Une indemnité en leur faveur;

3° La destitution des juges qui avaient prononcé cette sentence;

4° Diverses indemnités pour d'autres Français qui avaient été molestés;

5° La stricte observation, à l'avenir, du privilége concédé aux Français, de ne pouvoir être arrêtés qu'en vertu d'un ordre du juge conservateur des nations privilégiées.

Ces réparations devaient être accordées quarante-huit heures après la notification.

En sortant de Brest, la *Melpomène* toucha, dans le goulet, sur la basse Beuzec et fut obligée de rentrer; l'*Endymion* continua sa route. Lorsque, le 16 mai, la frégate arriva devant le Tage, le consul avait quitté Lisbonne; il était retourné en France sur le brig. Le capitaine de Rabaudy fit de suite connaître le but de sa mission au ministre des affaires étrangères; n'ayant reçu de celui-ci qu'une réponse évasive, il donna l'ordre de courir sus aux navires portugais. La croisière fut renforcée des bâtiments suivants:

	Canons.			
Frégate de	52	*Sirène.*	capitaine	Charmasson.
Corvettes de	18	{ *Diligente.*	—	Halley (François).
		{ *Églé.*	—	Raffy.
Brig de	20	*Hussard.*	—	Thoulon.

Quelques-uns de ces bâtiments restèrent sur la côte du Portugal, les autres se portèrent aux Açores à la recherche d'une division que Dom Miguel employait au blocus de Terceire. Cette dernière subdivision s'empara, le 3 juin, de la corvette de 24ᶜ URANIA et du transport de 6ᶜ ORESTE. Après avoir inutilement cherché les autres navires portugais, elle retourna devant le Tage.

Le gouvernement portugais persistant dans son refus, il fut décidé qu'une escadre entrerait dans le fleuve pour obtenir par la force, si cela était nécessaire, la réparation

refusée avec tant d'obstination. Le contre-amiral baron
Roussin à qui cette mission fut confiée, devait maintenir
les conditions stipulées par le capitaine de Rabaudy et
exiger en outre :

1° La destitution du chef de la police du royaume;

2° L'annulation de tous les jugements portés contre les
Français pour délits politiques;

3° Une indemnité pour les frais de l'expédition.

S'il n'avait pas obtenu satisfaction quarante-huit heures
après avoir présenté sa demande, il devait forcer les passes
et canonner la ville.

Le contre-amiral Roussin partit de Brest sur le vaisseau de 90° le *Suffren*, capitaine Trotel, et arriva à la hauteur du Tage, le 25 juin. Pendant qu'il attendait une division sortie de Toulon avec le contre-amiral Hugon, et
sur laquelle 600 hommes de troupes avaient été embarqués, un incident vint donner un nouvel aspect à la situation, en établissant en quelque sorte l'état de guerre, sans
qu'aucune déclaration eût encore été faite. Le 1er juillet,
les croiseurs donnèrent la chasse à un navire de commerce portugais qui alla chercher un refuge sous le fort
San Antonio, à la pointe de Cascaës. La protection qu'il
avait implorée ne lui fit pas défaut. Lorsque le *Suffren* et
la *Melpomène* s'approchèrent, ils furent canonnés par le
fort; ils ripostèrent par quelques volées, et le navire fut
enlevé par les embarcations du vaisseau.

La division de Toulon arriva le 6. L'opiniâtre contrariété des vents qui ne permettaient pas d'entrer dans le
fleuve, décida le commandant en chef à faire une dernière
démarche; elle resta sans succès, comme les premières.
Le gouvernement portugais rejeta les demandes de la
France; il fallait dès lors aller les présenter sous les murs
mêmes de Lisbonne.

La mise à exécution de cette détermination présentait
de grandes difficultés. Quoique le Tage ait près de trois
milles à son embouchure, les eaux de ce fleuve ont trop peu

de profondeur sur la rive gauche pour permettre aux navires d'un fort tonnage de passer de ce côté. A l'endroit où le fond augmente, c'est-à-dire, exactement au milieu de l'embouchure, et vis-à-vis le fort San Juliano construit sur la rive droite, les Portugais ont élevé une batterie circulaire sous le nom de tour de Bugio. L'espace compris entre ces batteries est lui-même partagé en deux parties par un banc qu'on doit éviter avec soin. Il faut donc passer sous l'un ou sous l'autre fort et, dans tous les cas, affronter l'artillerie des deux, car leurs feux se croisent facilement dans ces passes. Enfin, une fois dans le fleuve, on trouve le fort de Belem et plusieurs batteries dont les boulets accompagnent, jusqu'à la hauteur de Lisbonne, tout bâtiment qui a réussi à franchir ces premiers obstacles.

Le plan d'attaque du commandant en chef admettait deux hypothèses. La première prévoyait que les vaisseaux, en défilant entre les forts San Juliano et Bugio, éprouveraient assez d'avaries pour ne pouvoir continuer immédiatement leur route jusque devant Lisbonne. Et, en effet, après la canonnade de Cascaës, on ne pouvait espérer trouver le passage libre. Si cette éventualité se produisait, ils avaient ordre de laisser tomber l'ancre par le travers du Paço d'Arcos. La seconde ne supposait que de faibles avaries, et alors l'escadre devait aller de suite s'embosser devant les quais de la ville auprès d'une division portugaise mouillée à la pointe de Pontal. Cette division était composée du vaisseau de 74° JAO VI, des frégates DIANE de 54, PERLE de 46, AMAZONE de 42; des corvettes DOM JAO Iᵉʳ et LEALDAD de 24 canons, DOM PEDRO de 18°; du brig INFANT SEBASTIAN et de la goëlette MEMORIA. Ces deux derniers bâtiments portaient 4 canons.

Le brig le *Dragon* apporta la réponse négative du ministre de Dom Miguel le 11 juillet. Ce jour-là, le temps était favorable; la brise était fraîche du N.-N.-O. L'escadre, mouillée à l'entrée du Tage, mit à la voile, se forma en ligne de bataille et, à 1ʰ 30ᵐ de l'après-midi, elle

IV   18

donna dans la passe du Sud dans l'ordre ci-après ; les
corvettes et les brigs avaient été placés à la droite de la
ligne, par le travers des vaisseaux. La tour de Bugio devait être exclusivement canonnée par ces avisos et par les
frégates, tandis que les vaisseaux porteraient tous leurs
efforts sur San Juliano.

Canons.			
74	*Marengo.*	capitaine	Maillard Liscourt.
80	*Algésiras.*	—	Moulac (Vincent).
90	*Suffren.*	—	Trotel.
			baron Roussin, contre-amiral.
74	*Ville-de-Marseille.*	capitaine	baron Lasusse.
74	*Trident.*	—	Casy.
			baron Hugon, contre-amiral.
74	*Alger.*	capitaine	Leblanc (Jacques),
Frégates de 60	*Pallas.*	—	Forsans.
	Melpomène.	—	de Rabaudy.
	Didon.	—	Chateauville.
Corvettes de 18	*Diligente.*	—	Halley (François).
	Églé.	—	Raffy (Constant).
	Perle.	—	Douglas.
Brigs de	20 *Hussard.*	—	Thoulon.
	18 *Dragon.*	—	Deloffre.
	Endymion.	—	Nonay.

Les deux forts commencèrent le feu dès qu'ils crurent pouvoir atteindre les vaisseaux de tête. Dix minutes plus tard, le
Marengo, l'*Algésiras*, et successivement tous les autres vaisseaux ripostèrent, et San Juliano fut bientôt couvert d'une
masse de fer dont un nuage de poussière attesta les effets.
La canonnade se répéta à chaque batterie devant laquelle
l'escadre passa, à une distance qui varia de 100 à 1,000
mètres, et celle-ci arriva par le travers du Paço d'Arcos
sans avoir altéré son ordre de marche et sans avaries sérieuses. Il n'y avait donc pas nécessité de mouiller à cet
endroit : le commandant en chef donna l'ordre de continuer
la route. Mais, soit que ce signal n'eût pas été hissé assez
tôt, soit qu'il n'eût pas été aperçu des vaisseaux de tête, le
Marengo et l'*Algésiras* laissèrent tomber une ancre. Ce
malentendu ne fut, pour leurs capitaines, qu'une occasion
de montrer ce qu'on pouvait attendre d'équipages bien
exercés ; car, dès qu'ils s'aperçurent que le *Suffren* ne s'ar-

rêtait pas, ils furent bientôt sous voiles et prirent poste dans la ligne. A 4ʰ, le vaisseau amiral, devenu chef de file, ouvrit son feu sur le fort de Belem, à 100 mètres au plus, et fut imité par le reste de l'escadre; il mouilla ensuite en face du nouveau palais; les autres vaisseaux et les frégates se dirigèrent sur la division portugaise. La *Pallas* qui était en tête tira les premières volées qui furent aussi les dernières, car elles suffirent pour faire amener le pavillon à tous les bâtiments qui la composaient.

A 5ʰ, l'escadre entière était mouillée devant les quais de Lisbonne. Le commandant en chef envoya immédiatement son chef d'état-major, le capitaine de corvette Ollivier (Charles), renouveler au gouvernement portugais les demandes qu'il lui avait présentées avant son entrée dans le Tage : ces propositions furent acceptées; le traité ne fut cependant signé que le 14. La présence de forces aussi considérables devant la capitale du Portugal n'étant désormais plus nécessaire, le commandant en chef renvoya le contre-amiral Hugon avec une partie de la division qu'il avait amenée de Toulon. Quant à lui, il resta dans le Tage avec le *Suffren*, la *Pallas*, la *Melpomène* et la *Guerrière* de 58ᶜ, capitaine Kerdrain, qui arriva le 29.

Le traité du 14 juillet stipulait la remise des bâtiments de guerre et de commerce dont les Français s'étaient emparés en mer, mais il gardait le silence le plus absolu sur ceux pris dans le fleuve; ces derniers avaient été rangés dans l'escadre sous pavillon français. Le gouvernement portugais ayant protesté contre cette capture, le commandant en chef crut devoir profiter de cette circonstance pour demander l'élargissement d'un certain nombre de détenus politiques. Il offrit de rendre la moitié des bâtiments de guerre en échange de 400 condamnés. Cette transaction ne fut pas acceptée. Le 14 août, le vice-amiral Roussin (1)

_____

(1) Le gouvernement n'avait pas attendu le retour du commandant en chef de l'expédition du Tage pour le nommer vice-amiral.

mit à la voile avec sa division et les bâtiments capturés(1),
ne laissant dans le Tage que la *Melpomène* et l'*Églé*, et il
mouilla à Brest le 4 septembre.

— ∞o⦂∘⦂o∞ —

ANNÉE 1832.

—

Témoins de l'agitation extraordinaire qui régnait dans
les États romains, et de l'unanimité avec laquelle on demandait la réforme d'abus intolérables, les ambassadeurs
des grandes puissances présentèrent à la Cour de Rome,
au mois de mai 1831, une note collective pour la supplier
d'écouter les vœux de ses populations. Celle-ci se rendit
à ces instances et, à la suite d'arrangements diplomatiques, les troupes de l'Autriche évacuèrent les légations. Malheureusement, les réformes sollicitées et pro-
mises ne furent pas accomplies ; une vive irritation s'en
suivit et la guerre civile éclata. L'intervention de l'Autriche
fut de nouveau demandée, et 6,000 Autrichiens entrèrent à
Bologne à la fin du mois de janvier 1832. La France dont
la politique libérale avait paru adoptée par l'Europe, ne
pouvait accepter la politique de répression matérielle qui
prévalait en Italie. L'envoi d'une division navale dans
l'Adriatique fut décidé. Cette division, placée sous les ordres du capitaine de vaisseau Gallois, partit de Toulon
composée du

	Canons.			
Vaisseau de	90	*Suffren*.	capitaine	Kerdrain.
et des		*Artémise*.	—	Gallois.
Frégates de	60	*Victoire*.	—	Leférec.

---

(1) Le vaisseau Jao VI était en si mauvais état qu'il ne fut pas emmené.

quinze cents hommes du 66e régiment de ligne, commandé par le colonel Combes, avaient été embarqués sur ces bâtiments qui jetèrent l'ancre sur la rade d'Ancône, le 22
évrier. Une frégate autrichienne et un brig de guerre de la
même nation étaient amarrés en dedans du môle. Les instructions du commandant de la division française lui prescrivaient de ne rien faire que de concert avec les agents du
gouvernement pontifical, par conséquent de ne débarquer
aucune troupe sans leur consentement formel. Cette négociation pouvait traîner en longueur. Or, le commandant
Gallois n'ignorait pas que les Autrichiens avaient dans les
légations 1,200 hommes distants par conséquent de quelques étapes seulement, et auxquels se joindraient, selon
toute probabité, 200 soldats embarqués sur la frégate.
D'autre part, il sut bientôt que la garde des portes
de la ville était confiée à la milice, et que la garnison
de la citadelle consistait en 450 hommes des troupes régulières du Pape. Son parti fut promptement pris. Malgré la précision des ordres qu'il avait reçus, il se décida à occuper Ancône cette nuit même. A minuit, les
troupes et les compagnies de débarquement du *Suffren* et
de la *Victoire* franchirent l'entrée de la darse dans
des embarcations dirigées par le lieutenant de vaisseau
Charner et, quelques instants après, soldats et marins étaient à terre. Un premier obstacle se présenta de
suite. Le port est enceint par une muraille; la porte en
fut enfoncée et l'on pénétra dans la ville : tous les postes
furent successivement surpris et désarmés sans opposer de
résistance; on attendit le jour pour se diriger sur la
citadelle. Son commandant avait été arrêté en ville et, sur
son refus d'ordonner la reddition de la place, il avait été
détenu prisonnier. Il n'y eut heureusement pas besoin de
recourir aux moyens extrêmes. Dès que les Français parurent, un pavillon parlementaire arrêta leur élan. Une capitulation fut signée, et le drapeau de la France flotta sur
la citadelle d'Ancône, à côté de celui des États de l'Église.

Cette conclusion détermina les capitaines des bâtiments autrichiens à abréger la durée de leur séjour dans le port : ils mirent sous voiles.

On sait le reste. Le Pape protesta à deux reprises différentes contre l'occupation d'Ancône. De laborieuses négociations s'en suivirent et une convention, conclue le 16 avril, régularisa l'occupation en lui retirant son caractère violent et précaire. Aux termes de cette convention, les troupes débarquées le 23 février occuperaient seules Ancône et, pendant la durée de leur séjour, elles seraient soumises à l'ambassadeur de France, autorisé par son gouvernement à donner des ordres aux commandants des troupes. Aucun travail de fortification ne pouvait être entrepris par elles. Le Saint Père s'engageait à prier Sa Majesté impériale apostolique de retirer ses troupes des légations, dès que le gouvernement papal n'aurait plus besoin des secours qu'il lui avait demandés. Leur retraite entraînerait, pour la France, l'obligation d'évacuer Ancône par mer. Il était encore stipulé que le pavillon papal flotterait seul sur la citadelle ; que les troupes françaises ne pourraient sortir de l'enceinte des murs de la place ; que leurs commandants n'empêcheraient ni n'arrêteraient l'action du gouvernement, et surtout celle de la police. Il fut enfin convenu qu'il y aurait, auprès des commandants des troupes françaises, un agent politique pourvu de pleins pouvoirs par l'ambassadeur de France, pour veiller à la stricte exécution de la convention.

L'exécution de toutes ces stipulations fut confiée au général Cubières. La marche rapide de la division navale (1) n'avait pas permis à cet officier général, qui devait se rendre à Ancône en passant par Rome, d'arriver assez tôt pour prendre le commandement de l'expédition, et présider lui-même à l'accomplissement des décisions du gouvernement. Ce retard avait mis le commandant Gallois dans

---

(1) Ce sont les propres expressions du *Moniteur universel* du 4 mars.

la position fausse que l'on connaît. Cet officier supérieur de-
vait-il attendre ou agir? La conduite qu'il tint dans cette
circonstance ne fut pas officiellement désavouée, mais il fut
remplacé dans le commandement de la division navale. Le
colonel Combes partagea sa disgrâce (1).

L'occupation d'Ancône se prolongea jusqu'au 25 octobre 1839. Ce fut à cette époque seulement que les Autrichiens évacuèrent les légations, tout en demeurant à
Ferrare et à Comacchio.

———

L'occupation française en Algérie donna lieu, dans le
principe, à de fréquentes insurrections, réprimées aussitôt
qu'elles étaient signalées. Un acte de ce genre nécessita
l'intervention de la marine. Les Arabes s'étaient emparés
de la Kasbah de Bone, et cette place importante était menacée par une nuée de Kabyles. Le 27 mars 1832, le capitaine
Fréart, de la goëlette de 6° la *Béarnaise*, s'empara de la
citadelle par un valeureux coup de main, et empêcha Bone
de tomber au pouvoir de l'ennemi.

A cette occasion, le gouverneur général de l'Algérie
décida que lorsque la *Béarnaise* rentrerait à Alger, elle
serait saluée de 15 coups de canon par les batteries du
port, et qu'une députation militaire se rendrait à bord de
cette goëlette pour féliciter le capitaine, l'état-major et
l'équipage sur le généreux concours qu'ils avaient spontanément apporté à leurs camarades de l'armée de terre.

....

(1) N'y a-t-il pas lieu de remarquer ici, incidemment, que dans une circonstance toute récente, ce reproche, — si l'on peut donner ce nom aux observations faites sur la célérité avec laquelle des ordres ont été exécutés, — n'y
a-t-il pas lieu de remarquer que la marine a de nouveau encouru ce reproche
d'aller trop vite en besogne? Ne trouve-t-on pas là la preuve de ce qui a été
dit dans le cours de ces récits, que les occasions seules lui ont manqué de
prouver et son patriotisme et son dévouement?

ANNÉE 1833.

—

En 1833, ce fut la ville de Bougie qui nécessita la coopération de la marine; le capitaine de vaisseau Parseval Deschènes reçut la mission d'aller en expulser les Arabes et de la faire rentrer sous l'autorité de la France. Cet officier supérieur quitta Toulon, au mois de septembre, avec les bâtiments suivants

		Canons.		
Frégate		60	Victoire......	qu'il commandait.
Corvettes		52	Ariane.......	capitaine Leray.
		24	Circé.......	— Ferrin (Lazare).
Corvettes de charge.			Caravane.....	— Gout.
			Oise........	— Vienne.
			Durance.....	— Miégeville.

Deux mille hommes de troupes avaient été embarqués sur ces bâtiments. Le 29, la division arriva sur la rade de Bougie, et après avoir pris le poste qui lui avait été assigné, chaque capitaine ouvrit son feu sur les batteries de la place. Un débarquement fut effectué sous cette canonnade protectrice, et la ville de Bougie fut enlevée par les troupes et les détachements de marins fournis par les équipages.

A quelques jours de là, le 12 octobre, menacée par les Kabyles qui essayaient de rentrer dans la ville, la garnison reçut de la division navale un renfort précieux de marins, avec l'aide desquels elle repoussa victorieusement les bandes de Bédouins qui l'avaient assaillie.

ANNÉE 1834.

—

A la suite d'un conflit survenu, vers la fin de l'année précédente, entre le gouvernement de la Nouvelle-Grenade et le consul de France à Carthagène, le vice-amiral baron de Mackau, gouverneur de la Martinique, et commandant en chef de la division navale des Antilles et du golfe du Mexique, reçut l'ordre d'aller demander réparation de l'offense faite à cet agent. Le 11 septembre 1834, cet officier général arriva devant Carthagène avec une division composée comme suit :

	Canons.			
Frégates	52	*Atalante.*	capitaine	Villeneau.
				baron de Mackau, vice-amiral.
	44	*Astrée.*.	capitaine	Fauré.
Corvettes	52	*Héroïne.*	—	Bernard de Courville.
	28	*Naïade.*	—	Letourneur (Benjamin).
Brig.	20	*Endymion.*	—	Lavaud.

Après avoir fait franchir la passe de Bocca Chica aux deux frégates et au brig, et avoir placé ces bâtiments de manière à battre d'écharpe les batteries de l'île Tierra Bomba qui commandent la rade, le commandant en chef prévint le gouvernement grenadin qu'il commencerait les hostilités si, après un court délai qu'il indiquait, les conditions proposées n'étaient pas acceptées. Pris au dépourvu, et effrayé de l'attitude menaçante de la division française, ce gouvernement comprit qu'il était de son intérêt de céder. La réparation demandée ayant été obtenue, la division retourna à la Martinique.

—∘∘⦂∘∘—

ANNÉE 1838.

—

Depuis longtemps déjà le gouvernement français pour-suivait la réparation de griefs auxquels avaient donné lieu divers actes des autorités mexicaines. L'accueil inso-lent fait aux premières représentations de la France, avait encore aggravé la situation, et il importait d'y mettre un terme. Ce fut dans ce but, que son ministre plénipoten-tiaire à Mexico fit une dernière tentative pour amener le gouvernement mexicain à reconnaître ses torts et à les réparer.

L'expérience avait prouvé qu'il ne suffisait pas de donner au représentant de la France l'appui moral que pouvaient lui prêter les bâtiments de l'État. Déjà en effet, l'année précédente, cet appui avait été offert par le contre-amiral baron Botherel de Labretonnière qui s'était rendu dans le golfe du Mexique avec la frégate la *Didon* et le brig la *Badine*. Cette démonstration n'avait amené aucun résultat; on n'avait obtenu que des réponses évasives. Il devenait dès lors évident que le gouvernement mexicain comptait sur la longanimité de la France; il espérait que la distance qui séparait les deux pays, ôterait à cette puissance l'idée d'en venir contre lui à l'emploi des voies de vigueur.

La dignité de la France exigeant que, cette fois, un refus de réparation ne lui fût pas impunément opposé, le capi-taine de vaisseau Bazoche reçut la mission de se rendre devant Vera Cruz avec une division composée de

		Canons.			
la frégate de		60	*Herminie.* . . . . . capitaine	Bazoche.
et des brigs de	{	20	{ *Lapérouse.*	—	Fournier (Amant).
			Alcibiade.	—	Laguerre.
		10	{ *Éclipse.*	—	Jam.
			Laurier.	—	vicomte Duquesne.
			Dunois.	—	comte de Gueydon.

On pensait que cette démonstration déciderait le gouvernement du Mexique à reconnaître et à réparer ses torts. Il en fut tout autrement; il persista dans sa ligne de conduite, et resta sourd aux représentations qui lui furent faites. On dut alors songer à employer des moyens autres que ceux auxquels on avait eu recours jusque-là. Le 18 mars 1838, le chargé d'affaires de la France présenta un ultimatum, et fixa au 15 du mois suivant, la limite des temporisations; ce terme arrivé, on devait déclarer le blocus des ports du Mexique, et s'emparer du fort San Juan de Ulùa. L'ultimatum ayant été repoussé, le blocus fut notifié. Cette mesure priva ce malheureux pays de presque toutes ses ressources et lui créa de graves embarras; mais il ne semblait pas devoir amener une prompte solution de la question. Déjà, afin de se procurer des approvisionnements, et pour susciter de nouvelles difficultés à la division navale, le président de la République avait ouvert au commerce des ports qui, jusque-là, lui avaient été fermés; il avait fallu nécessairement augmenter la force de la croisière. Les brigs le *Voltigeur* de 20 canons, capitaine Bérard et le *Dupetit-Thouars* de 18, capitaine Clavaud, avaient été expédiés au Mexique. Plus tard, le commandant Bazoche crut devoir garder la gabare la *Sarcelle*, capitaine Bérar et la corvette de charge la *Fortune*, capitaine Bermond (1), qui lui avaient apporté des vivres et des rechanges. Enfin, la frégate de 60° l'*Iphigénie*, capitaine Parseval Deschênes, rallia aussi la division à la fin du mois de mai.

Cependant les provocations de l'autorité locale prenant de jour en jour une nouvelle aigreur, il parut nécessaire de recourir aux moyens de vigueur, et le représentant de la France demanda au commandant de la croisière l'attaque de la forteresse de Ulùa, dans le cas où il croirait pouvoir

---

(1) Le capitaine de frégate Launay Onfrey, commandant titulaire de ce dernier bâtiment, était mort pendant la traversée.

le faire avec quelque chance de succès. Le commandant Bazoche en référa à un conseil de guerre composé des capitaines de la division : tous furent d'avis que les forces réunies devant Vera Cruz n'étaient pas suffisantes pour tenter une pareille entreprise.

Il fallut se borner au blocus. Mais, outre les difficultés de la localité, et celles qu'apportait la fréquence des coups de vent de Nord, si communs à cette époque de l'année dans le golfe du Mexique, la fièvre jaune et le scorbut faisaient des ravages affreux dans la division. Réduits à la stricte ration d'eau, et privés depuis longtemps de vivres frais, les équipages s'affaiblissaient de manière à ne plus permettre aucune espèce d'entreprise. A cette époque, l'*Herminie* avait 340 hommes sur les cadres ; deux officiers seulement étaient en état de faire le service. La position des autres bâtiments de la division était à peu près la même. Fatigué et malade lui-même, le commandant Bazoche avait demandé son rappel, et le contre-amiral Baudin (Charles) était parti avec la frégate de 52° la *Néréide* pour le remplacer. Le gouvernement sentait la nécessité de terminer un blocus désastreux, et il avait donné au nouveau commandant en chef la possibilité de frapper un grand coup. Les bâtiments ci-dessous, mis à sa disposition, arrivèrent successivement devant Vera Cruz.

	Canons.			
Frégates	52	*Gloire.*	capitaine	Lainé.
	44	*Médée.*	—	Leray.
Corvettes	24	*Créole.*	—	prince de Joinville.
		Naïade..	—	Lefrançois de Grainville.
Brigs	20	*Oreste.*	—	Marc.
	18	*Cuirassier.* . . .	—	comte de Gourdon.
	10	*Zèbre..*	—	Taffart de Saint-Germain.
Bombardes		*Cyclope.*	—	Ollivier (Elzéar).
		Vulcain.	—	Lefrotter de Lagarenne.
Corvette de charge		*Caravane..* . . .	—	Lartigue.
Vapeurs de		*Météore.*	—	Barbotin.
160 chevaux		*Phaéton.*	—	Goubin (Cyriaque).

Trois compagnies d'artillerie de marine et un détachement de mineurs avaient été embarqués sur ces bâtiments.

Cependant le commandant Bazoche employait toutes

les ressources que lui suggérait son expérience pour prolonger son séjour sur la côte du Mexique. Il avait envoyé l'*Iphigénie* renouveler son eau à la Havane et affréter des navires-citernes pour en apporter à la division qui était au moment d'en manquer; déjà même, à bord de l'*Herminie*, on était réduit à boire de l'eau de pluie. Il dut pourtant enfin céder aux exigences de la situation et, le 30 septembre, il partit pour la Havane avec sa frégate qui avait d'ailleurs besoin de grandes réparations, et l'*Iphigénie* alors de retour à la croisière. Le 18 du mois suivant, ces deux frégates rencontrèrent la *Néréide* sur les sondes de Yucatan. Le contre-amiral Baudin les laissa continuer leur route; se bornant à prévenir leurs capitaines qu'il était autorisé à les retenir, il ajouta qu'il comptait sur leur coopération. Le commandant Bazoche trouva à la Havane les brigs le *Laurier* et l'*Éclipse* qui avaient démâté, le premier de ses deux bas mâts, l'autre de son grand mât, pendant un ouragan qui avait bouleversé le golfe dans les premiers jours d'octobre. Tous deux s'étaient trouvés dans une position fort critique, et leurs capitaines avaient relâché dans ce port pour se réparer. L'*Iphigénie* rejoignit la croisière, ayant à bord le capitaine, l'état-major [et l'équipage du *Laurier* dont les réparations ne pouvaient être terminées de longtemps. L'*Éclipse* rallia aussi, avec un mât de fortune. Quant à l'*Herminie*, elle dut être éloignée de ces parages en raison de l'état sanitaire de son équipage, parmi lequel la fièvre jaune continuait à faire d'affreux ravages. Elle mit à la voile pour la France, mais ne put l'atteindre : elle se perdit, le 3 décembre, sur l'extrémité occidentale du récif des îles Bermudes. Son équipage fut sauvé.

Le premier soin du contre-amiral Baudin en arrivant, le 26 octobre, devant Vera Cruz, fut de concentrer ses forces. Dès le lendemain, il chargea le capitaine de vaisseau Leray d'une mission auprès du ministre des affaires étrangères à Mexico. Cet officier supérieur rapporta une réponse

polie, bienveillante même, mais en définitive, peu explica-
tive. Toutefois, comme le ministre proposait de nommer
des plénipotentiaires, le commandant en chef se rendit
en personne à Xalappa. Quatre jours après, ayant obtenu
ce qu'il demandait, sauf un article, il repartit pour Vera
Cruz, prévenant le plénipotentiaire mexicain qu'il attendrait jusqu'au 27 novembre la décision de son gouvernement, et que si, ce jour-là à midi, satisfaction complète
n'était pas donnée à la France, les hostilités commence-
raient immédiatement.

Dès qu'il fut de retour à bord de la *Néréide*, le contre
amiral Baudin s'occupa de l'attaque du fort San Juan
de Ulùa. Il s'agissait, en premier lieu, de faciliter aux bâtiments l'approche de la forteresse. Le commandant en
chef estima qu'en débarquant sur le récif de la Galléga,
on pourrait, sans trop de difficultés, s'emparer de nuit des
batteries basses du N.-O. et du S.-E., enclouer les trente-
six pièces de gros calibre dont elles étaient armées, et se
donner la possibilité de pénétrer dans le chemin couvert.
Pour s'en assurer, il ordonna une reconnaissance de nuit
qui fut dirigée par le prince de Joinville. Les officiers qui
avaient reçu cette mission mirent pied à terre sous le fort,
et s'avancèrent dans l'eau jusqu'au glacis; promptement
aperçus par la garnison, les six personnes qui composaient
cette expédition se rembarquèrent. Quelques jours après,
le commandant en chef fit lui-même une nouvelle reconnaissance qui le fixa complétement.

Le fort San Juan de Ulùa, composé de quatre fronts
bastionnés et casematés, est construit sur un îlot situé au
N.-E. de la ville de Vera Cruz dont il est séparé par un bras
de mer d'environ 900 mètres. Au Nord, s'étend le banc
de la Galléga qui vient mourir au pied du glacis de la
forteresse et semble en être la continuation. Dans les
grandes marées, ce banc découvre presque complètement;
il est bordé de rochers à son extrémité septentrionale. Un
chenal étroit le sépare de la Galleguilla, petit banc qui en

MOUILLAGE
DE
VERA CRUZ.

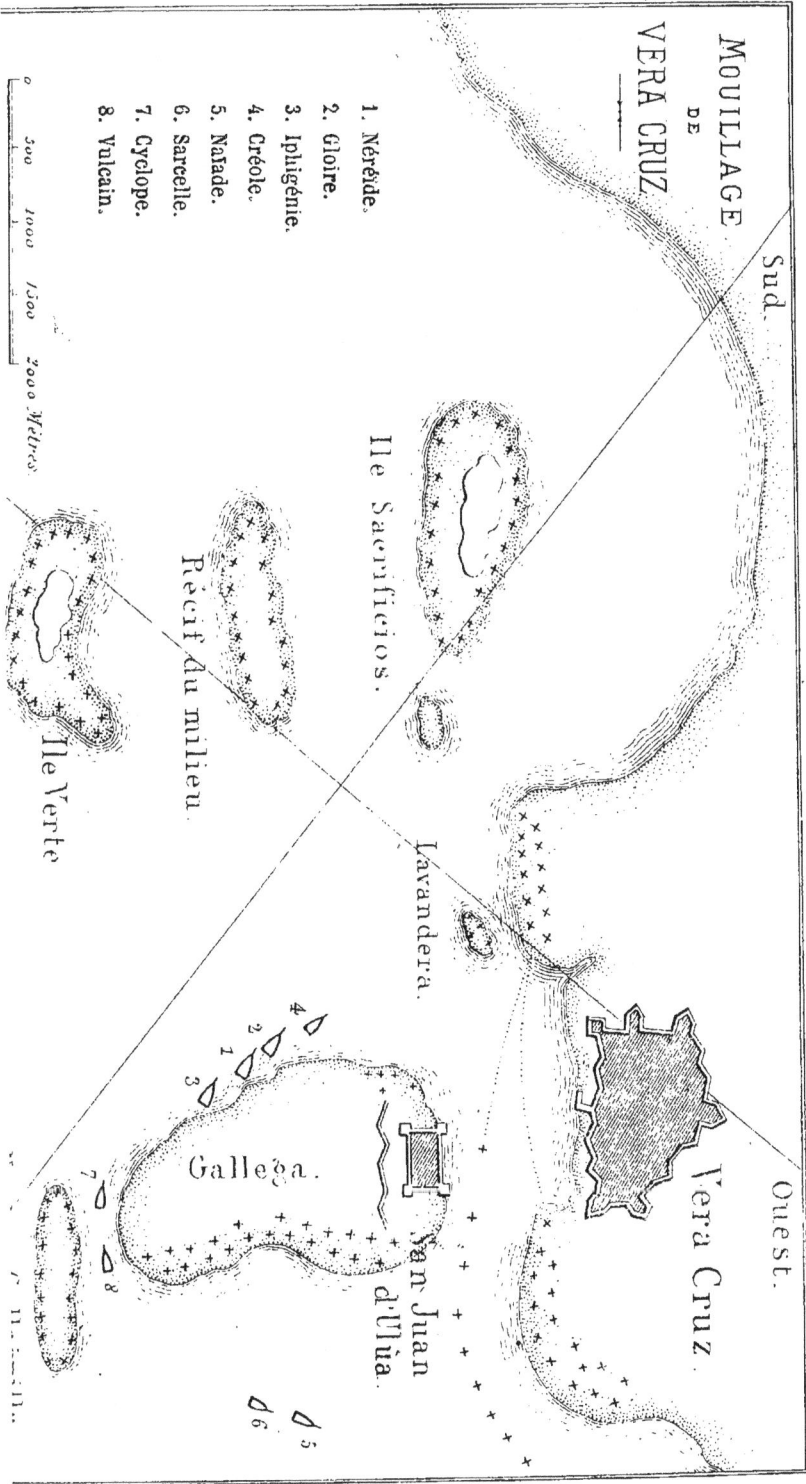

1. Néréïde.
2. Gloire.
3. Iphigénie.
4. Créole.
5. Naïade.
6. Sarcelle.
7. Cyclope.
8. Vulcain.

0   500   1000   1500   2000 Mètres

Sud.

Ile Sacrificios.

Récif du milieu.

Ile Verte

Lavandera.

Ouest.

Vera Cruz.

Gallega.

San Juan d'Ulúa.

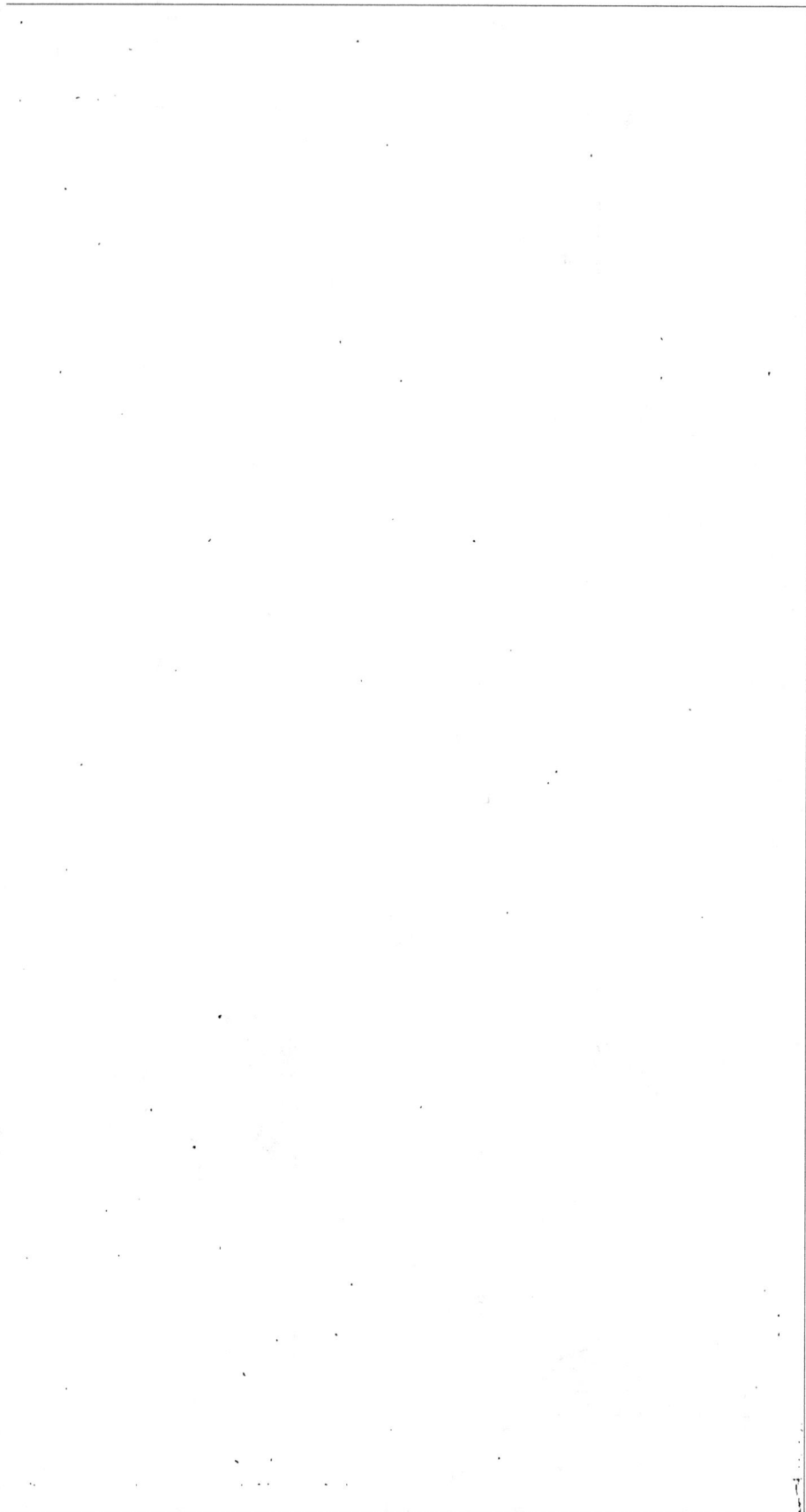

est comme une partie détachée du côté du Nord. La forteresse est entièrement bâtie en madrépores, excepté du
côté qui regarde la ville. Un large fossé entoure l'enceinte
extérieure; mais il était mal entretenu et presque comblé
par les alluvions; l'eau n'y entrait que lorsque la mer était
haute. Au delà du fossé, se trouvent deux batteries basses,
l'une dans le N.-O., l'autre dans le S.-E. Enfin, une demi-
lune et deux réduits de place d'armes rentrante, avancés
dans le N.-E., complètent les ouvrages défensifs. La hauteur des escarpes du corps de place au-dessus du niveau
de la mer est de 8ᵐ.90 à marée haute; celle du fond intérieur des embrasures, de 8 mètres. Ce fort était alors
armé de 193 canons.

La *Néréide*, la *Gloire* et l'*Iphigénie* furent seules désignées pour l'attaque. Le 27 novembre, les deux premières,
à la remorque du *Météore* et du *Phaéton*, et l'*Iphigénie* à la
voile, allèrent prendre le poste qui leur avait été assigné
à 1,200 mètres dans le N.-E., et à 100 mètres seulement
de l'accore du récif. Conduites également par les bâtiments
à vapeur, les bombardes le *Cyclope* et le *Vulcain* mouillèrent à 1,500 mètres environ dans le Nord. La *Créole* fut
autorisée à combattre sous voiles. Dès le matin, la *Naïade*
et la *Sarcelle* avaient été placées dans le N.-O., hors de la
portée des boulets, pour observer la direction des projectiles et faire rectifier le pointage.

A peine la *Néréide* avait-elle quitté le mouillage de l'île
Verte, que l'on vit un canot portant le pavillon de parlementaire se diriger vers elle; il était 11ʰ 30ᵐ, et le délai
expirait à midi. Ce canot apportait plusieurs dépêches du
ministre des relations extérieures et du général qui commandait à Vera Cruz. La *Néréide* était arrivée à son poste
lorsque le commandant en chef remit au parlementaire la
réponse suivante, adressée au dernier.

« Excellence,

« J'ai reçu vos deux lettres de ce jour, l'une officielle,

« l'autre confidentielle, accompagnant une dépêche de son
« Excellence le ministre des relations extérieures de la
« République.

« Le temps me manque maintenant pour répondre au
« ministre. Veuillez seulement lui faire savoir que le délai
« que je lui avais accordé étant expiré aujourd'hui, sans
« qu'il ait été fait une réponse satisfaisante aux demandes
« justes, modérées et honorables de la France, je me vois
« dans la nécessité de commencer les hostilités.

« Depuis un mois que je suis arrivé devant Vera Cruz,
« j'ai fait, selon ma conscience et mes lumières, tout ce
« que la raison et l'humanité prescrivent, pour éviter une
« rupture violente entre les deux pays. Dieu m'est témoin
« de la sincérité de mes efforts pour atteindre ce but.

« Ma mission de paix est terminée; celle de guerre va
« commencer. Puissent les conséquences retomber uni-
« quement sur les hommes dont l'iniquité et l'orgueil ont
« amené ce résultat.

« Je recommande de nouveau à votre Excellence mes
« compatriotes restés à Vera Cruz et la prie d'agréer, etc.

« *Signé* : CHARLES BAUDIN. »

Les trois frégates furent embossées, beaupré sur poupe,
tribord à terre, sur une ligne à peu près Nord et Sud,
l'*Iphigénie* au Nord, puis la *Néréide* et la *Gloire*. La position avait été admirablement choisie. La ligne d'embossage
n'était vue que : 1° par la face droite du bastion Nord, armée de 5 pièces de 16; 2° par la face droite du réduit de
place d'armes rentrante, portant 4 pièces de 12; 3° par la
face droite de la demi-lune, armée de 5 caronades de 18;
4° par le flanc gauche du bastion Sud, armé d'une pièce
de 24 et d'une de 8; 5° par 3 couleuvrines de 12 placées
en barbette sur le cavalier; en tout, 19 bouches à feu.

A 2ʰ 15ᵐ, le canot parlementaire fut congédié, et le signal d'être prêts à commencer le feu fut hissé. Vingt minutes plus tard, après avoir vérifié leur pointage par

quelques coups de canon, les trois frégates envoyèrent leur première volée. Le fort riposta promptement et bientôt il disparut, ainsi que les bâtiments, sous l'épaisse fumée occasionnée par leurs décharges précipitées. Les bombardes ne tardèrent pas à prendre part au combat, et la *Créole* échangea de nombreuses bordées avec la batterie du N.-O. La brise, très-faible, ne dissipant pas la fumée, le pointage devint impossible; il était pourtant nécessaire de le rectifier. Le commandant en chef donna l'ordre de cesser de tirer. L'inégalité du fond aux environs du fort rendait la manœuvre de la *Créole* très-difficile; déjà cette corvette avait légèrement talonné. Une heure après le commencement du combat, son commandant demanda et obtint d'y prendre une part plus active, et se porta dans le Sud en passant entre la Galléga et la Galleguilla. La canonnade reprit peu après avec une nouvelle vigueur. Entre $3^h 45^m$ et $4^h 30^m$, quelques bombes ou obus firent successivement sauter le dépôt de poudre de la batterie basse, et la tour des signaux qui s'élevait à l'angle Nord de la plate forme du cavalier; sous cette tour se trouvait un autre approvisionnement de poudre. Ce dernier accident éteignit complétement le feu de cette partie, mais les autres batteries continuèrent le leur. A 5^h, l'*Iphigénie* répondait seule aux quelques rares bordées du fort. Le *Météore* reçut l'ordre de prendre la *Gloire* à la remorque et de conduire cette frégate au mouillage de l'île Verte où le commandant en chef désirait la voir arriver avant la nuit. Une heure plus tard, la *Néréide* elle-même faisait ses dispositions pour s'éloigner du récif, lorsque le *Phaëton*, mouillant sur son avant pour lui donner la remorque, engagea ses amarres dans celles de la frégate et arrêta le mouvement. Ces deux bâtiments ne furent dégagés qu'à $8^h 30^m$. Le temps avait alors belle apparence; le commandant en chef se décida à rester à ce mouillage. Depuis une demi-heure seulement, les bombardes avaient cessé de tirer. Vers $9^h 30^m$, un canot parti du fort accosta la *Néréide;* il portait un parlementaire chargé de demander une suspension d'armes pour enlever les morts et les blessés. Le contre-amiral Baudin s'y refusa; toutefois il proposa une capitulation, et prévint que si elle n'était pas acceptée, il foudroierait la forteresse le lendemain à la pointe du jour. Le commandant de la place accepta la capitulation; mais il déclara se trouver dans l'obligation d'en référer au commandant supérieur du département de Vera Cruz, et la réponse se fit attendre. Au jour, la *Gloire* remorquée par le *Phaéton*, et la *Médée* conduite par le *Météore*, vinrent prendre poste dans la ligne; cette dernière frégate mouilla sur l'avant de la *Gloire* qui avait repris sa position de la veille. La *Créole* s'y plaça aussi. Ces dispositions furent inutiles. A 8ʰ 30ᵐ, le chef d'état-major du commandant du département arriva à bord avec la capitulation. En vertu de l'article premier, la forteresse de San Juan de Ulùa fut immédiatement occupée par les Français; les mineurs et les artilleurs en prirent possession. Un officier envoyé par le commandant en chef de la division française auprès du général mexicain apporta, peu de temps après, la convention suivante :

Convention entre le contre-amiral Baudin, commandant les forces navales de la France dans le golfe du Mexique, et don Manuel Rincon, commandant général du département de Vera Cruz.

Art. 1ᵉʳ. — La ville de Vera Cruz ne conservera qu'une garnison mexicaine de mille hommes. Tout ce qui excédera ce nombre devra quitter la ville sous deux jours et s'en éloigner sous trois jours, à la distance de dix lieues. S. Exc. le général Rincon, commandant du département de Vera Cruz, conservera son autorité dans la ville et s'engage, sur l'honneur, à ce que la garnison n'excède pas le nombre fixé de mille hommes, jusqu'à ce que les différends entre le Mexique et la France soient entièrement aplanis.

Art. 2. — Aussitôt que la présente convention aura été

signée de part et d'autre, le port de Vera Cruz sera ouvert à tous les pavillons, et il y aura suspension de blocus
pendant huit mois, en attendant un arrangement amiable
des différends entre le Mexique et la France.

Art. 3. — Le commandant de la ville s'engage à ne permettre, ni souffrir qu'il soit mis aucun empêchement à ce
que les troupes françaises qui occupent le fort San Juan
de Ulùa puissent s'approvisionner régulièrement de vivres
frais dans la ville de Vera Cruz.

Art. 4. — De son côté, le contre-amiral Charles Baudin
s'engage à ce que la forteresse San Juan de Ulùa soit évacuée par les troupes françaises et restituée au Mexique,
aussitôt que les différends actuellement existants entre le
gouvernement mexicain et le gouvernement français seront
aplanis. Il sera fait, en même temps, restitution de tous
les objets de guerre qui seront portés sur les inventaires
respectifs.

Art. 5. — Les Français qui, par suite du commencement des hostilités ont été obligés de quitter Vera Cruz,
auront la liberté d'y revenir et seront respectés dans leurs
personnes et leurs propriétés. Ils seront indemnisés des
dommages qui pourront leur avoir été causés pendant leur
absence, par le fait de la population ou des autorités mexicaines. Les indemnités qui leur seront dues, seront réglées
à dire d'experts, ou par jugement des tribunaux de la
République.

A bord de la frégate la *Néréide*, le 28 novembre 1838.

Signé : CHARLES BAUDIN.

Vera Cruz, même date.

Signé : Don MANUEL RINCON.

Les frégates retournèrent au mouillage de l'île Verte ; la
Créole et le *Cuirassier* jetèrent l'ancre dans le bras de mer
compris entre la ville et Ulùa. Ce fait d'armes livra aux
Français la corvette de 18c IGUALA, le brig ITURBIDE de 16c,

LIBERTADOR et URREA de 5ᶜ, et la goëlette de 1ᶜ BRAVO. La corvette seule fut conservée.

La stupeur occasionnée par la prise de la forteresse de Ulùa ne fut pas de longue durée. La capitulation conclue par le général Rincon fut désavouée, et cet officier général fut remplacé dans le commandement de la province de Vera Cruz. Le 30 novembre, le Mexique déclara la guerre à la France, et lança contre les résidents français un décret d'expulsion qui devait être exécuté dans la quinzaine. A quelques jours de là, de nouvelles troupes entrèrent dans la ville, et le refus de ratification de la convention du 28 novembre fut notifié au commandant en chef de la division, en même temps que la déclaration de guerre. Déjà l'*Alcibiade* et l'*Éclipse* étaient allés mouiller auprès des deux bâtiments qui se tenaient en dedans de la forteresse. Le contre-amiral Baudin arrêta sur-le-champ le plan d'une nouvelle attaque qu'il communiqua à tous les bâtiments de la division augmentée, depuis le matin, des bombardes le *Vulcain* et l'*Éclair*, capitaines Chaudière et Bilheust Saint-Georges.

L'enceinte de la ville de Vera Cruz affecte à peu près la forme d'un triangle dont la base serait de 1,200 mètres et la hauteur de 640. Elle se compose de sept fronts bastionnés, dont quatre à l'Ouest et trois au Midi. Le grand côté de cette enceinte, mur crénelé de 4 à 5 mètres de hauteur et de 1 mètre d'épaisseur, s'appuie sur le rivage, et fait par conséquent face au N.-E. Ses extrémités sont flanquées de deux fortins, l'un dit de la Concepcion au N.-O.; l'autre appelé San Yago, au N.-E.; il est en outre couvert par la forteresse San Juan de Ulùa qui n'en est éloignée que de 1,100 mètres. Les fronts Ouest et Sud ont 6 à 7 mètres de hauteur et 2 d'épaisseur. Le redoublement extérieur des fortins de la Concepcion et de San Yago n'a que 2 à 3 mètres de hauteur d'escarpe. Il n'existe nulle part de fossé et, par suite de l'amoncellement des sables, la hauteur extérieure du mur d'enceinte se trouvait, en quelques endroits, réduite à 1^m.50 et 2 mètres. La ville de Vera Cruz a cinq issues : au N.-E., la porte du Môle et, plus à gauche, la porte del Rastaillo ; à l'Ouest, la porte de Mexico, et en s'éloignant de la mer, la porte Neuve ; enfin, au Sud, la porte de la Merced. Chacune d'elles, la porte du Môle exceptée, est couverte par un redan. La rue principale partage la ville en deux parties à peu près égales : elle aboutit vers le Nord au fortin de la Concepcion et, de l'autre côté, à la porte de la Merced. Près de là, en remontant le rempart vers l'Ouest, se trouvent l'église et la caserne de la Merced, qui est la plus importante. L'hôpital militaire et l'hospice civil sont placés au sommet du triangle, à toucher le rempart.

Les deux ordres ci-après firent connaître quelles étaient les intentions du commandant en chef.

A bord de la *Créole*, 4 décembre 1838, à 9 heures du soir.

Les compagnies de débarquement avec les pelotons d'élite, y compris les maîtres et les seconds maîtres, les officiers en tête, deux officiers et un élève seulement restant à bord de chaque bâtiment, seront rendus, demain mercredi, à 4^h du matin, dans le port de Vera Cruz, le long des navires qui seront ci-après désignés.

Les grenadiers auront chacun trois grenades et leurs mèches ; les charpentiers auront leurs haches, et il y aura par escouade de charpentiers deux vrilles, deux marteaux et deux forts clous à crochet que les seconds maîtres porteront dans leurs poches. Chaque homme aura vingt coups à tirer.

Les embarcations seront armées en guerre avec des munitions pour vingt coups.

Chacun des seconds maîtres charpentiers, porteurs de marteaux, aura aussi dans ses poches quatre clous à enclouer les canons.

On apportera des échelles de 5 mètres qui se trouvent

encore à bord des frégates; celles de 10 mètres seront réduites à 7. On apportera aussi les deux pétards avec leurs accessoires, huit fusées à bombe, deux caisses de vingt grenades, quatre sacs à poudre en cuir.

Les quatre chaloupes des frégates seront exclusivement armées de leur équipage, ainsi que celle de la *Naïade*; elles sont destinées à recevoir et débarquer deux cents artilleurs qu'elles prendront au fort, et elles se rendront le long de la *Créole* à bâbord. Chacun des commandants marchera à la tête du détachement de son équipage; les seconds resteront à bord, sauf M. Duquesne qui marchera avec l'équipage du *Laurier*.

Ordre de marche et d'attaque.

Colonne de gauche :

Ces embarcations accosteront la *Créole* à tribord.
- *Iphigénie*.
- *Néréide*.
- *Cyclope*.

Ces embarcations accosteront l'*Alcibiade* à tribord.
- *Lapérouse*.
- *Alcibiade*.
- *Éclair*.
- *Dupetit-Thouars*.
- *Laurier*.
- *Sarcelle*.
- *Fortune*.

Colonne de droite :

Ces embarcations accosteront le *Cuirassier* à tribord.
- *Gloire*.
- *Médée*.
- *Oreste*.
- *Naïade*.
- *Cuirassier*.

Ces embarcations accosteront l'*Éclipse* à tribord.
- *Éclipse*.
- *Volcan*.
- *Voltigeur*.
- *Vulcain*.
- *Zèbre*.
- *Dunois*.

Réserve pour garder la porte.

Les équipages des cinq chaloupes, sauf quatre hommes et le patron à la garde de chaque embarcation.

Colonne du centre.

Détachement de la *Créole*, — mineurs, — artilleurs.

Le but de l'expédition est d'enlever les deux forts qui flanquent la ville dans l'Est et dans l'Ouest, et de faire prisonnier le général Santa Anna qui est entré dans la ville avec un petit nombre d'hommes et a violé la capitulation.

La colonne de gauche abordera à gauche du môle et donnera l'attaque au fort de l'Est. Celle de droite débarquera à droite et enlèvera le fort de l'Ouest. Les canons seront culbutés ou jetés par-dessus le rempart; les affûts seront brisés à coups de hache.

Si l'ennemi n'est pas en force, on passera ensuite sur les remparts en faisant le tour de la ville et mettant toutes les pièces hors de service.

Les embarcations ne s'attendront pas réciproquement pour partir; elles viendront, aussitôt parées, le long du bord des navires qui leur sont affectés dans le port de Vera Cruz, et elles éviteront d'approcher la terre et de s'en faire reconnaître.

Signé: CHARLES BAUDIN.

Le second ordre fut envoyé au commandant du fort de Ulùa.

Le commandant Colombel se tiendra prêt à marcher, demain à 4ʰ du matin, avec deux compagnies d'artillerie au complet; point de sacs; vingt cartouches par homme.

Tous les mineurs valides seront aussi prêts à marcher.

On coupera deux cents bouts de mèche capables de durer deux heures chacun.

Le but de l'expédition est de descendre au môle; d'enfoncer les portes de la ville à l'aide des pétards, des obus ou des haches, et de marcher droit à la maison du général Santa Anna pour le faire prisonnier.

Le capitaine du génie Chauchard et le capitaine Goubin du *Phaéton* qui connaissent les localités, seront les guides de la colonne.

Les artilleurs marcheront l'arme au bras jusqu'à la maison du général Santa Anna, sans faire feu, à moins qu'ils n'y soient absolument contraints; s'ils rencontraient de la résistance, ils chargeraient à la baïonnette.

Le plus grand ordre leur est recommandé; quiconque restera en arrière sera mis à l'ordre du jour; quiconque entrera dans les maisons pour s'y livrer au pillage sera passé par les armes.

La compagnie de débarquement de la *Créole* formera l'avant-garde de la colonne d'attaque, avec son obusier de montagne. Le détachement de mineurs lui sera adjoint (1).

Signé : CHARLES BAUDIN.

Le lendemain, à 5ʰ du matin, la majeure partie des embarcations était rendue aux postes assignés. Une circonstance des plus favorables à l'attaque, mais gênante pour la navigation, avait mis obstacle à la stricte exécution des ordres du commandant en chef. Une brume très-épaisse s'était élevée pendant la nuit, et plusieurs embarcations, celles de la *Néréide* entre autres, s'étaient égarées. Le jour allait bientôt paraître et tout retard pouvait faire échouer cette expédition dont l'exécution demandait à être brusquée. Aussi, sans attendre les canots attardés, le contre-amiral Baudin donna-t-il à 6ʰ le signal du départ.

Nous allons suivre les colonnes d'attaque dans leurs opérations.

Le jour commençait à paraître lorsque la première embarcation accosta le môle; elle était montée par le capitaine de corvette de Joinville qui commandait la colonne du centre. Le prince fit sauter la porte au moyen d'un sac à poudre, et les Mexicains, surpris et effrayés, abandonnèrent à la hâte le corps-de-garde y attenant. Un détachement de mineurs fut immédiatement dirigé sur la droite; le reste de la colonne se porta, au pas de course, à la maison occupée par le général Santa Anna, nouveau commandant de la province. La fusillade qui fut dirigée sur les Français du haut des escaliers et des galeries ne les arrêta pas, et ils réussirent à s'emparer du général Arista, arrivé la veille pour prendre le commandement de la cavalerie; prévenu à temps, le général Santa Anna s'était enfui avec une partie de sa garde. La colonne gagna alors le rempart, le longea par la gauche et encloua, chemin faisant, les canons des deux bastions voisins de la porte de

---

(1) J'ai transcrit ces deux ordres *in extenso* afin de montrer combien doivent être détaillées les instructions qu'un chef donne en pareille circonstance.

Mexico et de la porte Neuve. Près de cette dernière, elle
reçut une décharge d'un peloton de cavalerie qui disparut
de suite dans les dehors de la place. L'attention fut bientôt attirée par une vive fusillade : c'était, ainsi qu'on va le
voir, la colonne de gauche qui attaquait la caserne principale; le prince de Joinville se dirigea de ce côté. Arrivé
près d'un grand édifice où l'on apercevait des soldats, il
pensa que ce pouvait être une caserne. La porte en fut
enfoncée; on pénétra dans l'intérieur et quelques coups
de fusil furent tirés, mais on s'arrêta bientôt : on venait de
reconnaître un hôpital. Le détachement s'engagea alors
dans la ville pour marcher vers l'endroit où la fusillade se
faisait entendre et déboucha dans une rue enfilée par les
fenêtres de la caserne de la Merced, et à deux cents pas
de distance. Après avoir essayé de la traverser, il fut obligée de rebrousser chemin pour se mettre à l'abri dans
une rue transversale. Le capitaine de la *Créole* fit alors
avancer l'obusier de montagne, et tirer deux coups contre
la porte de cet établissement dans l'espoir de l'abattre,
puis il s'élança au pas de course, suivi de tout son monde ;
on vit promptement que la porte était encore en place.
Le feu dirigé sur les Français était très-vif et leur faisait
éprouver de grandes pertes; il eût été téméraire de s'a-
vancer davantage, puisqu'il n'y avait pas d'ouverture
pour pénétrer dans le bâtiment. On tenta l'attaque d'un
autre côté; mais les abords de cette caserne étaient partout bien défendus et présentaient des difficultés du même
genre.

En faisant ce mouvement pour se rapprocher, la colonne
du centre rencontra celle de gauche; celle-ci avait commencé l'investissement la première, et elle était déjà en
possession de l'église de la Merced, qui était peu éloignée
de la caserne attaquée.

La colonne de droite, placée sous les ordres du capitaine de vaisseau Lainé, avait débarqué sur la plage, esca-
ladé le mur de la ville, et était entrée dans le fortin de la

Concepcion sans avoir éprouvé de résistance. Les pièces qui armaient ce fortin ayant été enclouées, une partie de la colonne remonta l'enceinte de droite à gauche, encloua également en passant les canons d'un petit bastion, et se dirigea sur la porte de Mexico. Il importait d'occuper fortement cette issue, car on avait reçu l'avis que des secours devaient pénétrer par là dans la place. La porte fut barricadée et crénelée. Plus tard, un bruit de mousqueterie qui se faisait entendre sur la gauche, détermina le capitaine Lainé à détacher quelques hommes vers ce point. Bientôt même, il s'y porta de sa personne avec le détachement de mineurs qui l'avait rallié au fort de la Concepcion, et il opéra sa jonction avec les colonnes du centre et de gauche réunies pour l'attaque de la caserne dans laquelle toute la garnison s'était réfugiée.

La colonne de gauche, commandée par le capitaine de vaisseau Parseval Deschênes, avait débarqué sur la gauche du môle. Comme celle de droite, elle avait franchi le mur d'enceinte, et avait pénétré dans le fortin San Yago que les Mexicains avaient abandonné à son approche ; les canons avaient été encloués. Un détachement avait pénétré presque en même temps dans le bastion voisin et y avait fait la même opération. La colonne avait ensuite parcouru le rempart, de gauche à droite, s'était emparée d'un magasin d'artillerie, et avait débouché dans une rue voisine où elle avait aussitôt entendu siffler les balles sans savoir encore de quel côté elles venaient. Après s'être assurée du redan de la porte de la Merced, elle continuait sa marche, lorsqu'un groupe de Mexicains fut aperçu se réfugiant dans un grand édifice qui était la caserne de la Merced. Un détachement prit possession de l'église de ce nom. C'est alors que la colonne du centre arriva, puis un peu plus tard celle de droite, et enfin le détachement attardé de la *Néréïde*.

Quoique en ce moment, 5 à 600 hommes fussent réunis sur ce point, il n'en était pas moins difficile de forcer, en plein jour, un bâtiment d'où partait une fusillade facile à diriger. Il fut cependant décidé qu'on enverrait chercher quelques-unes des caronades des chaloupes. Les mineurs se mirent à l'œuvre pour couper la rue qu'enfilaient les feux de la caserne; ils construisirent une barricade qui devait servir d'épaulement à une batterie. Cette barricade, faite pied à pied avec tout ce qui tomba sous la main, s'avançait déjà jusqu'au milieu de la rue, lorsque le contre-amiral Baudin, descendu à terre pour diriger les opérations, arriva sur le théâtre du combat. Le commandant en chef n'attachait aucune importance à faire la garnison de Vera Cruz prisonnière, puisque déjà il avait renvoyé celle de la forteresse. Il jugea donc convenable de donner connaissance de ses intentions aux troupes mexicaines enfermées dans la caserne et il leur envoya un parlementaire. Le lieutenant de vaisseau Duquesne qui reçut cette mission, mit un mouchoir blanc au bout d'une pique et l'agita à l'angle de la rue; le feu cessa. Cet officier s'avança alors seul. Les Mexicains le laissèrent approcher; puis, sans aucun avis préalable, ils firent pleuvoir sur lui une grêle de balles dont aucune, fort heureusement, ne l'atteignit. Le commandant en chef n'avait pas l'intention d'occuper la ville; il n'avait au reste pas de soldats pour y laisser une garnison. Si tel eût été son dessein, ainsi que les Mexicains le prétendirent, il n'aurait pas commencé par détruire l'artillerie qui faisait sa force. Son unique but, et ses ordres en font foi, était de la mettre hors d'état de lui nuire; or ce but était atteint. Il ordonna donc de cesser le feu et de se rembarquer. La brume qui régnait depuis le matin était d'ailleurs un indice certain d'un coup de vent de Nord prochain, et il devenait urgent de renvoyer les équipages à bord, avant que le mauvais temps rendît l'embarquement impossible.

Pendant que les colonnes réunies se dirigeaient sur le môle, un détachement de la *Créole* fit le tour de l'enceinte pour rallier les différents postes qui avaient été laissés aux portes de la ville, dans la maison du général Santa Anna, à l'hôpital et dans le fortin de la Concepcion. Cette troupe fut quelque peu inquiétée dans sa marche par les Mexicains qui, en voyant les Français se retirer, s'étaient hasardés à sortir de la caserne : elle rejoignit cependant sans accident les détachements rassemblés sur le quai. Afin de protéger l'embarquement, le contre-amiral Baudin qui s'attendait à quelque fanfaronnade en forme d'insulte de la part de l'ennemi, fit placer une pièce de 6 mexicaine à l'extrémité du môle et la pointa sur la porte. Quoique informé de la retraite des Français, Santa Anna demeura dans l'inaction pendant une heure. Après ce temps, il marcha avec 200 hommes vers le môle, où restaient seuls alors le commandant en chef, plusieurs officiers et un petit nombre d'hommes sur lesquels il fit diriger une fusillade soutenue. L'embarquement du reste du corps expéditionnaire ne le décida pas à les harceler de plus près. Atteint par une mitraille du coup de canon que le contre-amiral Baudin ordonna de tirer comme adieu, le général Santa Anna maintint ses soldats derrière l'enceinte crénelée, mais ils ne cessèrent leur feu que quand les embarcations furent hors de la portée de leurs balles. Ce dernier engagement occasionna quelques pertes aux Français; le contre-amiral Baudin eut, dans son canot seulement, deux tués et cinq blessés. Le résultat de cette expédition fut aussi heureux qu'on pouvait le désirer. Le général en chef blessé, un général et son état-major faits prisonniers, une partie des parapets de la ville renversés et 80 pièces de canon mises hors de service, constatèrent qu'elle avait été aussi intrépidement conduite qu'habilement conçue.

Les dernières embarcations avaient à peine atteint leur bord, que la brume se dissipa. L'occasion était trop belle pour ne pas détruire la caserne. Une canonnade bien dirigée partit de la *Créole*, du *Cuirassier*, du *Voltigeur*, de l'*Éclipse* et de l'*Éclair*, mouillés en dedans du fort de Ulùa qui, lui-même, joignit son feu à celui de ces bâtiments;

deux heures après, cet édifice était réduit à l'impossibilité de nuire.

La prise de la forteresse de Ulùa et le coup de main sur Vera Cruz coûtèrent 12 hommes à la France ; 89 avaient été blessés. Les Mexicains ne se sont pas accordés sur le chiffre de leurs pertes. Toutefois, s'ils ont fait varier de 25 à 150 le nombre des hommes qu'ils perdirent dans l'intérieur de la ville, ils ne peuvent contester que 210 cadavres, et environ la même quantité de blessés furent trouvés dans la forteresse au moment où les Français y entrèrent.

Quoique la mission du commandant en chef ne fût pas achevée, on pouvait considérer les événements militaires comme terminés. Les forces dont il disposait ne lui étant dès lors plus nécessaires, il en renvoya une partie en France.

Le 26 octobre, deux vaisseaux anglais, trois frégates, six corvettes et trois brigs, sous les ordres du commodore Douglas, mouillèrent à Sacrificios et à Anton Lizardo. La médiation officieuse de l'Angleterre, pour terminer les différends entre la France et le Mexique, avait été admise, et le ministre d'Angleterre à Mexico était envoyé pour s'entendre avec le contre-amiral Baudin. La présence de forces aussi considérables détermina cependant le commandant de la division française à ne pas accepter une intervention qui aurait pu paraître imposée. Il exigea donc, avant d'entrer en négociations, que les deux vaisseaux eussent à se retirer.

Ici s'arrête la tâche de l'historien de la marine, car le rôle du vice-amiral Baudin (1) devient désormais toute diplomatique. Je dirai seulement que la leçon donnée aux Mexicains, loin de leur profiter, ne fit qu'irriter les esprits,

---

(1) Le gouvernement n'attendit pas la fin de l'expédition pour donner au commandant en chef un témoignage de sa haute satisfaction. Le brig le *Griffon* lui apporta la nouvelle de sa nomination au grade de vice-amiral.

et que le gouvernement de Mexico, qui avait d'abord accepté la médiation de l'Angleterre, l'éluda plus tard. Il en résulta une lutte à laquelle les Mexicains imprimèrent tout d'abord un caractère de haine et de fureur très-prononcé. Le commandant en chef se vit dans la nécessité de demander des renforts afin d'occuper avec sûreté le fort San Juan de Ulùa, dans le cas où la division navale s'éloignerait. Le traité de paix fut enfin signé le 9 mars 1839, et le mois suivant, la forteresse de Ulùa fut remise au Mexique. Le vice-amiral Baudin quitta alors ces parages, laissant au capitaine de vaisseau Lainé le soin de faire exécuter les clauses de ce traité.

ANNÉE 1840

Nous sommes arrivés à l'époque où la marine de la France eut à tirer du canon contre quelques-uns des États confédérés de la Plata. Cette lutte ne fut pas une guerre maritime proprement dite, et cependant, je ne puis passer sous silence les nombreux épisodes auxquels elle a donné lieu car, seule, la marine combattit sur terre et sur mer. Pour bien comprendre les nombreuses péripéties de cette guerre, il faut reprendre d'un peu plus haut le cours des événements (1). Les différends de la France et de la République Argentine dataient de loin. Dès son avénement à la

---

(1) Le caractère particulier de la guerre dite de la Plata ; le petit nombre de combats auxquels elle donna lieu ; l'importance du rôle qu'y joua cependant la marine, m'ont déterminé à m'écarter du plan que j'ai suivi jusqu'ici. L'historique des événements qui ont amené les quelques rares affaires de guerre que j'aurai à relater formera le principal de mon récit, et les combats n'en seront que l'accessoire.

présidence de Buenos Ayres; le général Rosas, qui voyait les Français prendre un grand ascendant dans le pays, eut l'idée, pour le détruire, de soumettre les étrangers à des lois spéciales, contraires au droit international. Il décréta que tout étranger marié dans le pays, et y exerçant un commerce, perdrait sa qualité d'étranger et deviendrait citoyen argentin après trois années de résidence. Le but de Rosas était de soumettre les Français aux vexations dont il accablait les Argentins, et surtout de pouvoir les incorporer dans la milice qui était la seule force militaire de la province. Aux observations qui lui furent faites tout d'abord, il répondit que les étrangers auxquels ces dispositions ne conviendraient pas étaient libres de quitter le pays. Dès le début, Rosas montra combien étaient grandes sa finesse et son astuce. Cette importante question de la dénaturalisation et de la milice, entamée en 1830, n'avait pas fait un pas en 1837, quoiqu'elle eût été traitée par plusieurs agents diplomatiques.

La guerre qui éclata entre la province de Santa Cruz et la Confédération fut, pour le général Rosas, une occasion de mettre son système à exécution; tous les étrangers, les Anglais exceptés, reçurent l'ordre d'entrer dans la milice. La résistance que les Français opposèrent à cette injonction fut, pour quelques-uns d'entre eux, la cause de persécutions inqualifiables. Depuis la mort du consul général chargé d'affaires de la France, marquis de Vins de Peyssac, le vice-consul avait été accepté par le gouvernement argentin comme agent diplomatique intérimaire. Cet agent s'éleva avec force contre les actes dont nos nationaux étaient l'objet. Accueillies d'abord avec bienveillance, avec faveur même, les observations de l'agent consulaire de la France finirent par embarrasser le président; et, afin de couper court à toutes négociations, il dénia à notre vice-consul les pouvoirs nécessaires pour les suivre. Celui-ci demanda ses passe-ports, abaissa son pavillon, et se retira à bord de la frégate la *Minerve* sur laquelle se trouvait le contre-amiral.Leblanc, qui commandait la division de la Plata. Cet officier général ayant reçu, plus tard, l'ordre d'appuyer les demandes de l'agent consulaire, proposa un arrangement basé sur :

1° La suspension, jusqu'à conclusion d'un traité, de la mise en pratique des principes relatifs aux étrangers ;

2° L'admission du droit de réclamation en faveur des Français qui avaient souffert dans leurs personnes ou dans leurs propriétés ;

3° La révision d'un jugement rendu contre un Français habitant Buenos Ayres.

Le gouvernement argentin repoussa ces propositions en se basant sur la position du négociateur lequel, disait-il, se présentait à la tête d'une division navale qui pouvait être considérée comme un moyen d'intimidation. Le vice-consul, dûment autorisé par le gouvernement français, adressa alors un ultimatum au gouvernement argentin. Cet ultimatum fut repoussé et le blocus des ports et des côtes de Buenos Ayres fut notifié par le commandant en chef des forces navales de la France. On se borna d'abord à empêcher les bateaux du pays de communiquer avec la ville de Buenos Ayres. Cela se passait en 1837. La division de la Plata était composée comme ci-après :

	Canons.		
Frégate	60	*Minerve*.	capitaine Kerdrain.
			Leblanc (Louis), contre-amiral
Corvettes	30	{ *Ariane*.	capitaine Dubault Cilly.
		{ *Sapho*.	— Thibault.
	20	*D'Assas*.	— Daguenet.
Brigs		{ *Sylphe*.	— Ducouëdic de Kergoualer (Ch.)
	10	{ *Cerf*.	— Warnier de Wailly.

A quelque temps de là, le président fit offrir au commandant en chef des forces navales de la France une entrevue dans le but d'arranger les affaires; celui-ci la refusa.

D'après les versions les plus accréditées, voici quel fut le motif de la rupture des relations diplomatiques entre la France et la Confédération Argentine. Le général Rosas

était intimement lié avec M. de Vins de Peyssac qui l'avait
aidé à arriver au pouvoir et, plus tard, à obtenir la dicta-
ture. Ainsi que je l'ai déjà dit, à la mort de M. de Vins,
après avoir accepté implicitement l'intérim du vice-consul,
Rosas avait refusé de reconnaître en lui l'agent diplomatique de la France. Dans de semblables conditions, la
rupture marcha à grands pas. Depuis longtemps, plusieurs
négociants français réclamaient des indemnités au gouvernement argentin, pour dommages résultant de la guerre
civile qui était à l'état de permanence dans ce malheureux
pays. Leurs demandes étaient restées dans les cartons de
la chancellerie. Le vice-consul pensa que le moment était
opportun pour les reproduire. Le chiffre de ces indemnités
était assez considérable. Les plaines baignées par les eaux
de la Plata, du Parana et de l'Uruguay sont couvertes de
troupeaux innombrables de bœufs et de chevaux. Le cuir
de ces animaux constitue un des grands commerces du
pays avec l'Europe. Il n'y a pas encore quarante ans, les
habitants de ces provinces, alors peu éclairés sur leurs
intérêts, perdaient le corps entier des bœufs et des chevaux qu'ils abattaient pour en avoir la peau. C'était là le
motif du bas prix de la viande dans ces contrées. Mais, dès
que l'industrie européenne put envoyer des représentants
dans ces pays, on utilisa toutes ces matières. La viande de
bœuf fut desséchée et salée et, avec la morue, elle est aujourd'hui la nourriture presque exclusive des noirs des
Antilles et du Brésil. Des fabriques de stéarine utilisèrent
le suif; on fit du noir animal avec les os, de la colle avec
les pieds, et les cornes elles-mêmes devinrent un objet
d'exportation. Quant à la chair des chevaux, on n'avait pas
encore eu l'idée d'en faire un comestible, et on l'utilisa
d'une autre manière : un négociant français imagina d'en
extraire une huile qui fut fort appréciée des corroyeurs.
Quand je parle de chevaux, je veux dire uniquement les
juments que les habitants n'employaient à aucun service,
ne les jugeant propres qu'à la reproduction. Tous ces éta-

IV   20

blissements avaient été pillés, entre 1820 et 1825, par les
nombreux partis qui dévastaient la province de Buenos
Ayres. Dans un pays où l'argent se prêtait à l'intérêt composé de 18 pour 100, on comprend ce qu'avaient dû devenir les prétentions des réclamants de 1820 à 1825. C'était
pour prouver l'exagération des réclamations actuelles, que
le président de la République Argentine avait proposé une
entrevue au contre-amiral Leblanc. Le général Rosas a
exprimé, plus tard, devant des officiers français, le regret
de n'avoir pu décider le commandant en chef des forces
navales de la France à une entrevue qui eût, disait-il, sin-
gulièrement simplifié la question.

Le dictateur pensait-il ce qu'il disait? On peut en douter,
car personne, mieux que lui, ne savait se servir de la parole
pour déguiser sa pensée. La parole de Rosas était lente et
accentuée. Il regardait fixement son interlocuteur, étudiait
dans ses yeux l'effet que produisait son langage et le mo-
difiait selon les circonstances. S'il réussissait à captiver son
auditeur, sa conversation devenait plus intime; il plaisan-
tait; et, lorsque ses plaisanteries étaient bien accueillies,
ses expressions devenaient ironiques, souvent même cyni-
ques. Sa tactique changeait lorsque son interlocuteur ré-
sistait; il lui tendait alors toutes sortes de pièges, et sa
fille, la belle Manuelita, lui a maintes fois fait obtenir des
résultats auxquels il ne serait certainement pas arrivé sans
son aide. On peut dire qu'elle séduisait tous ceux qui
étaient admis auprès d'elle. Personne n'était plus habile
que Rosas à découvrir le faible de son antagoniste et, dès
qu'il le connaissait, il ne tardait pas à entraîner son adversaire dans quelque piège pour le livrer ensuite à la
risée générale. Il se servait volontiers des journaux dans
ce but. Le président de la Confédération n'avait reçu
qu'une éducation assez médiocre; mais on ne saurait attribuer à cette cause les écarts de langage auxquels il se
livrait fréquemment. Il était l'homme de la révolution,
l'homme des campagnards, de ces intrépides et adroits

chasseurs de bœufs et de chevaux, si non sauvages,
du moins laissés en liberté dans les vastes plaines de
cette partie de l'Amérique du Sud; c'était l'élu des
Gauchos. Il devait, sous peine de démériter, ne pas briser
entièrement avec les mœurs rudes, les allures cavalières
des habitants des pampas; mais il savait fort bien modifier la forme de son langage lorsque les circonstances
l'exigeaient.

Un mois environ s'était écoulé depuis que le contre-
amiral Leblanc avait refusé l'entrevue que lui avait fait
offrir le président. Les embarcations de la division continuaient à arrêter les bateaux qui cherchaient à entrer à
Buenos Ayres. Le gouvernement argentin n'avait encore
rien dit; mais un jour que les chaloupes des corvettes
l'*Ariane* et la *Sapho* avaient canonné et poursuivi un côtre
jusque sous les murs de la ville où il s'échoua, des détachements armés en sortirent et engagèrent une fusillade
assez vive avec elles; un peloton de cavalerie entra même
dans l'eau, et les canots français durent prendre le
large avec plusieurs blessés. A partir de ce jour, les relations qui n'avaient pas encore été interrompues entre
Buenos Ayres et la division cessèrent entièrement. La guerre
fut déclarée. Convaincu que quelques mois de blocus
amèneraient la solution des affaires, le contre-amiral Leblanc le continua avec le petit nombre de bâtiments dont
il disposait. Mais, malgré la vigilance des croiseurs dont
les embarcations tenaient la mer nuit et jour, l'année 1838
s'écoula sans que la situation fût modifiée. Le contre-
amiral Leblanc vit alors qu'il avait été induit en erreur et
qu'il faisait fausse route. Désireux de connaître enfin la
vérité sur la situation du pays, il la demanda aux capitaines sous ses ordres, et il sentit bientôt la nécesssité de
solliciter des renforts. En attendant leur arrivée, il plaça
des canons sur plusieurs prises et sur quelques petits navires qu'il acheta. Grâce à ces ressources, le blocus put
être resserré. Notre position n'en était pas moins difficile,

car nous n'avions pas un seul point de ravitaillement dans la Plata. La France n'était pas en guerre avec Montevideo; mais cet état avait pour chef le général Oribe, un des amis de Rosas, et sous des formes bienveillantes, il nous était hostile en réalité. Au moyen d'une petite révolution, à laquelle les agents de la France passèrent pour n'avoir pas été étrangers, Oribe fut renversé, et le général Rivera fut mis à sa place. Celui-ci conclut de suite un traité offensif et défensif avec la France, et il déclara la guerre à la Confédération Argentine. On était au mois de février 1839.

On a dit, on a même écrit, que Montevideo nous avait donné une grande preuve d'amitié en signant ce traité. Cette question est trop en dehors de mon sujet pour que je l'examine ici. Je me bornerai à dire que, si la République Orientale fit des concessions réelles à la France afin de lui procurer le moyen de pousser la guerre avec activité, elle trouva dans cette alliance des avantages incontestables qui compensaient largement les sacrifices qu'elle avait pu faire. J'ajouterai que ce fut peut-être la perte de ces avantages qui fut la cause première des plaintes que souleva le traité conclu, plus tard, entre la France et Buenos Ayres.

Le premier acte des nouveaux alliés fut l'occupation de Martin Garcia. Dans la circonstance, cette île, peu importante par elle-même, était une position stratégique que les Français devaient tout d'abord occuper s'ils voulaient remonter soit l'Uruguay, soit le Parana. Cette île est, en effet, située à l'entrée même de la première de ces deux rivières, et n'est séparée de la côte de la Bande Orientale que par un chenal étroit et peu profond par lequel il faut passer pour entrer dans les deux affluents de la Plata. Le 10 octobre 1839, vers 9ʰ du matin, un débarquement fut effectué sur l'île, et la redoute qui en constituait l'unique défense fut enlevée par un détachement de 150 Orientaux et de marins français. Une garnison franco-orientale y fut établie.

L'ancien gouverneur Oribe ne s'était pas incliné devant le mouvement révolutionnaire qui lui avait enlevé le pouvoir. Retiré dans la province d'Entre Rios qui tenait toujours pour la Confédération, il se mit à la tête d'un corps de troupes, et après quelques engagements avec les Montévidéens, il fit l'investissement de la ville. Le président Rivera connaissait trop bien les mœurs de ses compatriotes pour ignorer que le mouvement qui l'avait porté au pouvoir pouvait l'en précipiter le lendemain ; son antagoniste avait d'ailleurs un parti nombreux dans la ville. Il demanda immédiatement l'appui de la France, et le contre-amiral Leblanc consentit à mettre à terre 450 marins dont le capitaine de vaisseau Kerdrain, et plus tard, le capitaine de corvette Thibault, prit le commandement. D'autre part, les exactions de Rosas, tant dans la province de Buenos Ayres que dans les autres provinces de la Confédération, avaient déterminé un mouvement d'émigration assez considérable, et les mécontents s'étaient dirigés sur Montevideo. On songea à les utiliser, et l'on en forma une légion dont, à force d'instances, le général Lavalle, proscrit par Rosas, consentit à prendre le commandement.

L'année 1839 touchait à sa fin. Le moment d'agir sur le Parana sembla arrivé. Les provinces de Santa Fé et de Catamarcha, suivant l'exemple de Montevideo, s'étaient soulevées. Le président Rosas avait envoyé ses troupes contre elles et les avait facilement replacées sous son autorité. L'armée de Montevideo pouvait, à son tour, les envahir avec l'aide de la marine française. Mais on avait compté sans l'astuce du général Rivera, et sans l'indécision de caractère du général Lavalle. On n'avait pas non plus assez pris garde aux efforts que faisait la spéculation pour prolonger une situation qui lui procurait trop d'avantages pour ne pas en désirer la continuation.

C'est à cette époque qu'arriva le nouveau chargé d'affaires de la France. Ce diplomate échoua complétement.

Cependant le chef de l'État de Montevideo, tout en continuant de faire de belles promesses, ne se mettait pas en campagne, et il finit par déclarer qu'il n'avait ni fusils pour armer ses soldats, ni argent pour les solder. On lui donna immédiatement 300,000 fr., des lances, des sabres et des fusils. Le général Lavalle, qui ne bougeait pas plus que Rivera, fit les mêmes objections que lui. Grâce à la distance à laquelle Corrientes se trouve de Buenos Ayres, cette province n'avait encore que très-peu ressenti les effets de la révolution qui bouleversait les autres parties de la Confédération. Le renversement d'Oribe donna au général Ferré, son gouverneur, des idées d'indépendance qui n'étaient pas encore entrées dans son esprit, et il promit sa coopération au chef de la république de Montevideo. Dès qu'il se fut prononcé, le général Lavalle prit le titre de commandant en chef de l'armée de Corrientes, armée qui n'existait encore que de nom, et il se rendit dans cette province pour l'organiser; le capitaine Thibault fut désigné pour prendre le commandement des quelques bateaux qui l'y portèrent lui et les siens. En remontant le Parana, ce petit convoi eut à échanger des coups de canon avec les batteries de Rosario qui voulurent s'opposer à son passage; elles ne purent arrêter sa marche.

Telle était la situation lorsque, à la fin de cette année 1839, le contre-amiral Leblanc rentra en France et fut remplacé par le contre-amiral Dupotet. Ce dernier officier général avait déjà commandé dans ces parages, et les bonnes relations qu'il avait eues avec le général Rosas faisaient supposer qu'il lui serait plus facile qu'à tout autre de s'entendre avec le dictateur. Il arriva à Montevideo au mois de décembre avec les bâtiments suivants :

	Canons.			
Frégate	52	*Atalante.* . . .	capitaine	Vaillant.
Corvette	30	*Triomphante.* . .	—	Penaud (Charles).
	10	*Sylphe.*	—	Ducouédic de Kergoualer (Ch.).
Brigs	8	*Bordelaise.* . .	—	de Lalando Calan.
	4	*Églantine.* . . .	—	Blaizot.
	4	*Tactique.* . . .	—	comte Pouget.

Cette division fut suivie de près par les

		Canons.	
Brigs de 4	*Vigie.*	capitaine	Sochet.
	Vedette.	—	Maussion de Candé.
	Allouette.	—	Collet.
	Boulonnaise. .	—	Roland de Chabert.

Le pavillon du contre-amiral Dupotet flottait sur la frégate.

Le général Lavalle était parvenu à réunir 4,000 hommes à Corrientes, et se disant prêt à descendre le Parana, il avait demandé quelques bâtiments pour faciliter ce mouvement. Cette expédition avait été décidée antérieurement à l'arrivée du nouveau commandant en chef de la division navale. Toutefois, avant de l'entreprendre, et pendant que notre chargé d'affaires négociait, le contre-amiral Dupotet entra secrètement en pourparlers avec le président Rosas. Il offrit de lever le blocus et de rendre Martin Garcia, si le gouvernement argentin consentait à ce que les Français fussent traités comme les étrangers l'étaient en France. Ce nouveau négociateur ne réussit pas mieux que son prédécesseur. Le contre-amiral Dupotet avait trop compté sur ses anciennes relations avec Rosas. On l'écouta cette fois encore avec bienveillance ; mais lorsque son langage prit un caractère diplomatique, on lui dénia les pouvoirs nécessaires pour discuter ces questions ; et, de cette négociation imprudente, et non autorisée, si l'on en croit les paroles des ministres du roi des Français, il ne resta, chez nos nationaux, que l'impression fâcheuse occasionnée par des propositions dans lesquelles on n'avait rien réclamé pour le passé, et parmi les Montévidéens et les Argentins émigrés, que l'effet produit par la pensée que la France était disposée à traiter sans ses alliés. Quoi qu'il en soit, le contre-amiral Dupotet songea alors à mettre à exécution le projet d'expédition dans le Parana. La petite division qui devait entrer dans cette rivière fut placée sous les ordres du commandant Penaud et composée comme il suit :

	Canons.			
Corvette	14	*Expéditive.* . . .	capitaine	Halley (Édouard).
	10	*Sylphe.*	—	Ducouédic de Kergoualer (Ch.).
	8	*Bordelaise.* . .	—	de Lalande Calan.
Brigs	4	*Églantine.*. . . .	—	Blaizot.
	4	*Tactique.* . . .	—	comte Pouget.

Une grande quantité d'armes fut mise à bord de ces bâtiments qui prirent aussi ce qui restait de la légion des émigrés, appelée à cette époque, dans le pays, l'armée libératrice. Ils entrèrent dans le Parana le 8 février 1840.

Il est nécessaire de donner ici quelques détails topographiques sur les magnifiques cours d'eau que les bâtiments français sillonnaient dans tous les sens, et sur les provinces de la Confédération qui avaient pris fait et cause pour ou contre la France. Le rio de la Plata est un vaste estuaire formé, à 180 milles de la mer, par la réunion des deux grandes rivières le Parana et l'Uruguay. Ce fleuve qui, à son point de départ, presque vis-à-vis Buenos Ayres, a environ 25 milles de large, atteint 130 milles à son embouchure, de la pointe de Maldonado au Nord, au cap Saint-Antoine au Sud. De Maldonado à Montevideo, placée aussi sur la rive gauche, on compte une vingtaine de lieues. Des deux affluents de la Plata, le plus considérable, le Parana, vient du Nord et, à quarante lieues de son point de jonction à l'Uruguay, il court à l'Est sous le nom de Guazu, de telle sorte que la Plata pourrait parfaitement être considérée comme son prolongement. Le second affluent, l'Uruguay, qui descend aussi du Nord parallèlement au Parana, se trouve un peu plus à l'Est. La ville de Buenos Ayres est située sur la rive droite de la Plata, presque en face de l'endroit où les eaux de l'Uruguay se réunissent à celles du Parana. On compte 150 milles de Buenos Ayres à Montevideo. La navigation de la Plata présente de sérieuses difficultés, tant par suite de la fréquence des coups de vent qu'on ressent dans ce fleuve, qu'à cause des nombreux récifs qu'on y rencontre. Le plus dangereux est le Banc anglais, distant d'une vingtaine de milles de la

côte Nord, et un peu à l'Est de Montevideo. Cet écueil
est d'autant plus périlleux, que l'île Flores avec ses redoutables rochers est placée entre lui et la terre. Après
avoir dépassé Montevideo, la navigation devient encore plus
difficile, car toute la partie supérieure du fleuve est couverte par un haut-fond qui en défend en quelque sorte
l'accès; et c'est à travers des passages sinueux et resserrés
qu'on arrive à Buenos Ayres. Les eaux de la Plata ont très-
peu de profondeur et, à trois milles au large de cette dernière ville, il n'y a pas plus de six mètres de fond.

C'est en 1810 que les provinces insurgées de cette partie
de l'Amérique espagnole se réunirent sous le titre de Confédération Argentine. Bientôt la jalousie et la rivalité des
gouverneurs de ces provinces brisèrent en fait cette union, et
la guerre civile remplaça l'ordre et la concorde qui avaient
d'abord régné après la séparation. Au mois d'avril 1835, le
général Rosas parvint à la présidence de la province de
Buenos Ayres, et il ne tarda pas à devenir un véritable
dictateur. Je n'ai pas à entrer ici dans le détail de l'organisation de la Confédération. Je dirai cependant qu'elle se
composait de provinces indépendantes, faiblement unies
par le même langage, les mêmes souvenirs, et ayant une
représentation commune, toutes les fois qu'il s'agissait de
traiter une question d'intérêt général avec quelque puissance étrangère. Il n'existait pas de pacte d'union : tout était
coutume, tradition. Chaque État conservait son autonomie,
sa souveraineté entière, et pouvait la déléguer ou l'exercer
selon sa volonté. C'était d'après une tradition que le gouverneur de Buenos Ayres était chargé des relations extérieures de toutes les provinces, pendant le temps légal de
sa présidence. Consultée ensuite séparément, chacune
donnait ou refusait sa sanction. Après avoir été prise par
le Brésil en 1821, la province de Montevideo était devenue
un État complétement indépendant en 1828. Plusieurs autres provinces voulurent, je l'ai dit déjà, imiter plus tard
cet exemple : elles n'avaient malheureusement pas les res-

sources dont disposait Montevideo ; et Rosas fit ce que le président des États-Unis a fait récemment : il déclara la fédération indissoluble par la volonté de ses membres, et il traita en rebelles les provinces qui avaient tenté de secouer le joug dont il les opprimait. En entrant dans la Plata et en suivant la rive gauche, on rencontre d'abord l'État de Montevideo ou République Orientale. Vient ensuite la province de Bande Orientale, puis celle de l'Entre Rios qui prend son nom de sa position entre l'Uruguay et le Parana et, en remontant au Nord, la province de Corrientes. On compte 230 lieues de l'embouchure du Parana à Corrientes. Sur l'autre rive de la Plata, la province de Buenos Ayres se trouve en face de la Bande Orientale et de l'Entre Rios puis, en suivant le Parana, on voit la province de Santa Fé, vis-à-vis la partie occidentale de l'Entre Rios et de Corrientes.

Arrivé à la hauteur de San Pedro de Santa Fé, le commandant Penaud fit prévenir le gouverneur de cette province qu'il remontait le Parana, mais qu'il ne ferait usage de ses canons que dans le cas où l'on chercherait à s'opposer à son passage. N'ayant reçu aucune réponse, et ignorant les dispositions du gouverneur, le commandant de la petite division française ordonna aux capitaines sous ses ordres de se tenir prêts à combattre, et le lendemain 19 février, à deux milles de la ville de Rosario, aussi dans la province de Santa Fé, il rangea ses bâtiments dans l'ordre ci-après : l'*Églantine* fut mise à la tête de la colonne ; la *Tactique* prit ses eaux ; venaient ensuite l'*Expéditive* sur laquelle flottait le pavillon de commandement, et enfin la *Bordelaise*. A 8ʰ du matin, au moment où la division allait passer devant la ville avec une belle brise de S.-E., c'est-à-dire grand largue, un coup de canon, puis un second furent tirés par une batterie de 12 pièces de 18 établie à mi-côte et en avant de la ville. Une autre batterie de 8 pièces, placée comme la première sur une falaise à pic d'une quarantaine de mètres, imita bientôt l'exemple de sa voisine. La riposte ne se fit pas attendre. Malheureusement, la distance qui était de 600 mètres, et surtout l'élévation de ces batteries ne permirent pas à tous les bâtiments de répondre avec efficacité. Les deux brigs de tête, armés de canons-obusiers de 30, purent seuls faire arriver leurs boulets et leurs obus jusqu'à ces fortifications. Cela suffit, du reste, pour forcer l'ennemi à abandonner la première. Quant à l'autre, dont l'existence n'avait été constatée que par les détonations qui partaient du point qu'elle occupait, on la laissa continuer paisiblement son feu ; si elle reçut peu ou point de dommage, vu son élévation, elle n'en occasionna pas davantage aux bâtiments français ; quelques traces de boulets dans la mâture furent les uniques avaries qu'on constata, et la division put continuer sa route, après une canonnade qui avait duré sept quarts d'heure.

La largeur du Parana, depuis son embouchure jusqu'à San Lorenzo, n'est nulle part inférieure à trois milles ; cette dimension est, toutefois, considérablement diminuée par un grand nombre d'îlots boisés et de bancs. Jusque-là, on doit se tenir près de la rive droite qui est fort escarpée ; à partir de ce point, la rivière s'élargit et, dans certains endroits, elle mesure seize milles. Des îles nombreuses en coupent encore le cours, et leur position oblige de suivre désormais la rive gauche. Il ne faut pas, en effet, songer à passer entre elles, car le courant, très-fort dans toutes les parties, atteint une vitesse de huit milles à l'heure dans les canaux formés par ces îles. La profondeur du fond varie en outre d'une manière sensible selon la direction du vent, et les troncs d'arbres que la rivière charrie, en quantité considérable, contribuent à changer la position des bancs.

La division s'arrêta à Punta Gorda et s'échelonna jusqu'à Bayada pour intercepter les renforts qui pourraient être dirigés d'une rive sur l'autre, et notamment dans l'Entre Rios, où Lavalle devait frapper un grand

coup avant d'entrer dans la province de Buenos Ayres.
Mais trois mois s'écoulèrent sans que celui-ci pût se
décider à attaquer le corps argentin qui se trouvait
dans cette province : il attendait l'arrivée de l'armée de
Montevideo, laquelle devait franchir l'Uruguay et entrer
dans l'Entre Rios. Il attendit en vain : Rivera ne bougea pas, prétextant encore qu'il manquait d'argent. On
lui donna un deuxième, puis un troisième subside, chacun
de 300,000 francs. Ne pouvant plus arguer du défaut
d'argent, le président de la République Orientale souleva
la question de préséance. A qui appartiendrait le commandement de l'armée de Montevideo, de l'armée de
Corrientes et de l'armée libératrice réunies? Serait-ce au
général Rivera, serait-ce au général Lavalle? Ce dernier
l'emporta. Son compétiteur se montra très-froissé de
cette préférence, et il déclara qu'il ne pouvait se placer
sous les ordres d'un simple officier général. On finit par
le décider à rester au siége de son gouvernement, et à
faire marcher ses troupes avec un de ses généraux qui ne
pourrait se refuser à servir en sous-ordre. L'armée de
Montevideo entra donc en campagne ; mais elle s'arrêta sur
les bords de l'Uruguay, et quelques centaines d'hommes
seulement passèrent de l'autre côté : ce détachement fut
défait auprès de la rivière Noboya. Comme compensation,
le général Lavalle s'empara de la petite ville de Punta
Gorda, devant laquelle se trouvait la division française
renforcée des deux brigs de 4e le *Vigie* et la *Vedette*, capitaines Sochet et Maussion de Candé, et d'un petit navire,
le *Saint-Martin*, auquel on avait donné des canons, et qui
était commandé par le lieutenant de vaisseau Simon (Pierre).
Le commandant Penaud établit une batterie à Punta Gorda,
et fit construire un camp retranché sur un des îlots situés
en face de la ville. Le général Échague, chef de l'armée
de la Confédération, laissa à peine à Lavalle le temps de
s'établir à Punta Gorda; il marcha sur lui et mit ses troupes
en pleine déroute. Le commandant en chef de l'armée li-

bératrice, forte d'environ 4,000 hommes, ne chercha pas à opposer de résistance sur ce point. Il estima avoir suffisamment agi dans l'Entre Rios et, profitant de la présence des bâtiments français, il passa, lui et son armée, dans la petite île sur laquelle se trouvait le retranchement. Cette opération ne se fit pas sans difficultés, car si l'embarquement dans les faibles embarcations des brigs, d'un corps aussi nombreux et aussi peu discipliné que l'était l'armée de nos alliés, constituait par lui-même une opération épineuse, ce transbordement fut bien autrement difficile dans cette occurrence, où la cavalerie de l'ennemi et les boulets de quelques pièces d'artillerie placées au Sud de la ville, avaient rendu la débandade générale. Les canons de Punta Gorda et l'artillerie de l'*Églantine* protégèrent, il est vrai, la retraite; le brig eut même à riposter au feu de l'ennemi; mais ce soutien n'arrêta pas les soldats du général Échague. Aussi, dès que l'embarquement fut terminé, la batterie de Punta Gorda fut-elle abandonnée et détruite. Une prolongation de séjour sur l'île étant chose désormais inutile, la troupe du général Lavalle fut embarquée, et les bâtiments français descendirent la rivière. Lorsque, le 1ᵉʳ août, ils passèrent devant Rosario, ils eurent à échanger, avec cette ville, une canonnade qui dura plusieurs heures parce que, le vent étant tout à fait contraire, ils furent obligés de louvoyer à petits bords. Cette fâcheuse circonstance leur valut d'éprouver quelques pertes et des avaries plus grandes que celles qu'ils avaient reçues lors de leur premier engagement avec ces mêmes batteries. Le 5, les soldats de Lavalle furent mis à terre à San Pedro et prirent possession de cette ville. Ce fut la fin de l'expédition du Parana sur laquelle on avait beaucoup trop compté pour affaiblir le pouvoir du dictateur Rosas et augmenter l'influence de la France, oubliant peut-être un peu trop aussi que, si les troupes de la Confédération Argentine n'avaient pas une organisation régulière, celles qu'on faisait marcher contre elles étaient un composé de gens de toutes provenances, appartenant à tous les partis et, par cela même, très-difficiles à conduire. Toutefois il faut dire, pour être vrai, que si les bâtiments envoyés dans le Parana n'avaient fait que bien rarement usage de leur artillerie, ils n'en avaient pas moins été un appui très-sérieux pour le général Lavalle, une gêne permanente et une cause d'épouvante pour l'ennemi. Or c'était là toute leur mission. Dès le début, le commandant de la petite division navale l'avait fait connaître, à tort peut-être, en prévenant le gouverneur de San Pedro que les bâtiments français ne feraient usage de leur artillerie que s'ils étaient attaqués : ils devaient favoriser les opérations de Lavalle et contrarier, autant que possible, celles de l'ennemi. C'était, on le voit, une guerre toute particulière que nous faisions là. Aussi le gouvernement finit-il par s'apercevoir que, loin d'arranger les affaires, cette manière d'opérer les embrouillait, car la France, sa marine du moins, partageait, dans les rapports des généraux argentins, les échecs qu'éprouvaient les troupes de ses alliés. Quelque inexacts que fussent ces récits, il n'en restait pas moins avéré que nous n'avions rien fait. Il fut alors décidé qu'on agirait activement. Des troupes furent embarquées sur plusieurs transports et, à la fin du mois de septembre 1840, le vice-amiral baron de Mackau, nommé ministre plénipotentiaire et commandant en chef des forces de terre et de mer de la France dans la Plata, arriva devant Montevideo sur la frégate de 52° la *Gloire*. Le 28 octobre, la paix fut signée avec la Confédération Argentine. Le désappointement fut grand à Montevideo parmi les personnes, très-nombreuses, intéressées à la prolongation des hostilités, personnes dont le rôle se bornait parfois à approuver, mais plus souvent à critiquer la conduite du gouvernement français. Cette fois, la critique atteignit la limite extrême, et le parti des mécontents ne craignit pas de dire à haute voix que la France trahissait. Triste rôle que jouaient là des individus pour

lesquels la mère patrie dépensait son or depuis trois
grandes années, sans résultat autre que de les mécontenter
chaque jour davantage. Et alors que ceux qui eussent dû
témoigner de la gratitude se plaignaient, le seul homme
qui eût peut-être le droit de formuler une plainte, ou du
moins, celui qui avait le droit de se plaindre le plus, le
général Lavalle s'inclina devant les événements. A l'officier
qui lui fut envoyé pour lui faire connaître le résultat des
négociations et lui demander d'y accéder, il répondit que
les Français qui l'avaient fait sortir de sa retraite l'abandonnant, il continuerait seul la lutte dans laquelle ils
l'avaient engagé. L'île de Martin Garcia fut évacuée et
remise au président de la république de Montevideo.
Celui-ci ne se sentant pas la force de la conserver l'abandonna, et Rosas en reprit possession. L'émotion que produisit cet acte prit le caractère d'un véritable mouvement
dans la ville de Montevideo. Cela pouvait être prévu : le
sentiment d'animosité qu'avait soulevé la démarche du
contre-amiral Dupotet disait assez l'accueil qui serait fait
à un traité rédigé dans le même esprit. On reprocha d'a-
bord au vice-amiral de Mackau d'avoir considéré Rosas
comme le représentant de la Confédération Argentine, alors
que son mandat légal était expiré, et que deux ou trois
provinces avaient seules accepté la prolongation d'un
pouvoir décrété par Buenos Ayres.

On lui fit un reproche plus vif encore d'avoir traité sans
la coopération, sans l'assentiment même des alliés de la
France, et d'avoir stipulé des conditions qui pouvaient fort
bien ne pas leur convenir.

On ne lui pardonna pas d'avoir abandonné Martin Garcia.
Enfin, et c'était le grief principal, on lui reprocha d'avoir
abandonné des alliés qui n'avaient pris les armes qu'à
l'instigation des agents de la France, et d'avoir accepté la
clause stipulant que l'amnistie relative à ceux qui avaient
combattu la république de Buenos Ayres, ne s'étendrait
aux généraux que si, par leurs actes ultérieurs, ils se

montraient dignes de l'indulgence de ce dernier gouvernement.

On alla plus loin. Une protestation contre le traité du
28 octobre fut signée par les Français qui habitaient Montevideo, et deux d'entre eux eurent la mission de la porter
au gouvernement français et aux Chambres. Quoi qu'il en
soit de ces critiques dont quelques-unes ne manquaient
certainement pas de valeur, et de la protestation qui les
résumait, le traité fut ratifié, et les troupes expédiées dans
la Plata rentrèrent en France.

Jamais peut-être l'intrigue ne déploya autant de talents
que pendant cette guerre, par cela même interminable, de
la Plata. Qu'on se rappelle bien la situation. La Confédération Argentine se composait de provinces qui n'avaient
pas secoué la suprématie de l'Espagne pour se soumettre
à l'autorité de l'une d'entre elles. L'antagonisme ne pouvait tarder à se produire entre celles qui avaient, sinon un
port, du moins une rade sur les mêmes eaux. Aussi la
ville de Montevideo, située à 150 milles plus près de la mer
que Buenos Ayres, et dans une partie du fleuve toujours
accessible aux navires, Montevideo désira-t-elle la première travailler pour son propre compte. Mais lorsque la
séparation occasionnée, ou tout au moins hâtée par le
despotisme du général Rosas fut accomplie pour quelques
provinces, il y avait trop d'intérêts communs entre tous
ces habitants de même origine, pour que des menées
sourdes et des manœuvres cachées ne fissent pas de la révolution la situation normale de ces malheureuses contrées. Cet état de choses passa avec d'autant plus de facilité à la permanence qu'ici, comme dans la plupart des
petits États, la révolution était faite dans l'intérêt des
personnes et nullement en vue d'un principe. On comprend
quelle était la position de la marine ou plutôt des capitaines français, tous jeunes et inexpérimentés en matière
de diplomatie, dans ce milieu où l'adresse et la ruse s'é-
taient partagé tous les rôles, et où chaque parti déployait

toute sa science pour se faire des partisans. Si l'on ajoute à cela les calculs de la spéculation qui furent malheureusement pris souvent en considération, on trouvera aisément les causes de la grande divergence d'opinions qui existait entre les officiers de marine, les seuls qui connussent exactement la situation. Stationnés avec leurs bâtiments sur des points différents; fréquentant, suivant leurs tempéraments, des personnes appartenant à diverses classes de la société et à des partis contraires, ils partageaient généralement les impressions de ceux-là au milieu desquels ils vivaient. Et, pleins de confiance et de loyauté, comme tous les militaires, ils ne s'apercevaient pas que, dans la grande question des griefs reprochés au gouvernement argentin, griefs dont la valeur et le nombre étaient très-contestables, chacun travaillait, plus ou moins pour son propre compte, se souciant d'ailleurs fort peu des intérêts du pays. La cause première de cette longue et dispendieuse affaire de la Plata, fut la mort du chargé d'affaires de la France, et son remplacement momentané par un jeune vice-consul qui, placé jusque-là dans une sphère inférieure, ne connaissait que très-imparfaitement et n'approuvait pas la politique du diplomate auquel il succédait. Malheureusement aussi, cet agent consulaire eut à édifier la religion du plus modeste des officiers généraux de la marine française, d'un marin qui professait hautement que, l'homme n'étant pas universel, on doit, en thèse générale, accepter l'opinion des personnes compétentes, alors même que cette opinion est contraire à celle qu'on s'est formée soi-même. J'ai nommé le contre-amiral Leblanc. Aussi cet officier général, malgré sa haute intelligence, se plaça-t-il tout d'abord au point de vue du vice-consul; et il agit d'après les inspirations de cet agent, jusqu'au moment où il s'aperçut qu'il n'était pas bien renseigné. Il se retourna alors vers ses capitaines qui, en relations continuelles avec les habitants des provinces riveraines, lui parurent devoir mieux connaître la situation, et surtout, avoir une opinion désintéressée. Mais il ne tarda

IV   21

pas à s'apercevoir que ces officiers subissaient eux-mêmes des influences qui faisaient varier leur opinion selon le milieu particulier dans lequel ils vivaient. Il renonça dès lors à jamais connaître la vérité, et il se retira fatigué, découragé et attristé du spectacle qu'il avait sous les yeux depuis plusieurs années, mais emportant l'estime et l'affection de tous ceux avec lesquels il avait été en relation.

Plein de confiance en lui et en la prétendue amitié que le général Rosas lui avait naguère témoignée, le contre-amiral Dupotet accepta avec joie la survivance du contre-amiral Leblanc. Son début ne fut pas heureux. Au lieu d'essayer d'abord des moyens de conciliation sur lesquels il avait paru tant compter, il entama une négociation peu politique; puis il se laissa entraîner dans une expédition qui rendait l'idée de toute tentative de ce genre désormais impossible. Sa position devint si fausse, qu'il fallut le remplacer peu de mois après son arrivée. On sait comment son successeur termina un conflit que bien des personnes avaient déclaré interminable. J'ai dit l'impression que cette conclusion avait produite. Cependant les dissidences finirent par cesser de se produire, car leurs plaintes arrivaient vieilles de dates; les communications n'avaient pas alors la rapidité qu'elles ont maintenant. Et la question d'Orient, qui fut soulevée à cette époque, fit tout à fait oublier celle de la Plata.

ANNÉE 1844.

L'activité avec laquelle le maréchal Bugeaud poussait la guerre en Algérie, depuis quelques années, avait détruit la puissance d'Abd el Kader; les ressources de l'Émir étaient épuisées. Poursuivi et traqué partout où il se présentait, il avait passé la frontière de l'Ouest, afin de tenter le dernier moyen qui lui restât : il prêcha la guerre sainte. La voix du marabout fut entendue et des rassemblements, peu nombreux d'abord, mais qui prirent bientôt des proportions considérables, se firent dans cette partie. Enhardi par l'attitude tranquille des troupes françaises, ces détachements franchirent les limites des deux territoires, et attaquèrent le corps d'observation du lieutenant général Lamoricière ; celui-ci se borna à les repousser chez eux. Cette démonstration hostile détermina cependant le gouverneur général de l'Algérie à augmenter ses forces sur ce point, et à s'y porter de sa personne. Une seconde agression des Marocains eut lieu peu de jours après. Plus nombreuses, cette fois, les troupes de l'empereur Muley Abderrhaman, dirigées par un de ses fils, firent aussi une attaque plus en règle. Culbutées de nouveau, elles furent vivement repoussées jusqu'à Ouchda, à quelques lieues de la frontière ; cette ville fut occupée.

Il ne pouvait plus y avoir de doutes, la guerre était déclarée, commencée même, quoiqu'il n'y eût pas eu de notification. Avant de la pousser avec vigueur, le gouvernement français voulut cependant essayer de terminer le différend par des négociations ; et pendant que le maréchal Bugeaud rassemblait un corps de 8,000 hommes dans les environs d'Ouchda, et qu'une division navale, sous les ordres du contre-amiral prince de Joinville, partait de Toulon, des notes furent échangées avec l'empereur du Maroc. On lui demandait la punition des chefs qui avaient commencé les hostilités. Muley Abderrhaman, tout en protestant de ses intentions pacifiques et en assurant que l'attaque avait eu lieu sans son ordre, ne voulut consentir à la réparation demandée qu'à la condition du rappel du maréchal Bugeaud. La ridicule prétention de l'Empereur ne fut pas accueillie, et un ultimatum lui fut signifié.

Après avoir touché à Algésiras et à Cadix pour attendre

la fin des négociations, le prince de Joinville mouilla devant Tanger, le 2 août, avec sa division composée comme il suit :

	Canons.		
	100	*Jemmapes*.	capitaine Montagniès de Laroque.
Vaisseaux	90	*Suffren*.	— Lapierre.
			Ferdinand d'Orléans , prince de Joinville, contre-amiral.
	84	*Triton*.	capitaine Bellanger (Michel).
Frégate	60	*Belle-Poule*. . . .	— Hernoux.
Brigs	20	*Cassard*.	— Roquemaurel.
	12	*Argus*.	— Jangérard.
	Chevaux.		
	220	*Véloce*.	— Duparc (Léon).
Bâtiments		*Pluton*.	— Bouët (Adolphe).
à		*Gassendi*. . . .	— Maissin (Auguste).
vapeur.	160	*Phare*.	— Brouzet.
	70	*Rubis*.	— Béral de Sédaiges (Casimir)
		Var.	— Albert.

Ce jour était celui où la réponse de l'Empereur devait être signifiée. Cette réponse n'arriva pas. Toutefois, le commandant en chef, qui était sans nouvelles du consul d'Angleterre dont il avait accepté la médiation officieuse, et qui était parti pour Fez, ajourna encore le commencement des hostilités. La résolution d'attaquer fut enfin arrêtée et, le 6, les vapeurs prirent les bâtiments à voiles à la remorque pour les conduire au poste qui leur avait été assigné. Le *Jemmapes* laissa tomber son ancre le premier, à 600 mètres dans l'Ouest de la citadelle, puis ensuite le **Suffren**, un peu plus dans le Sud. L'*Argus* mouilla aussi dans le Sud et prit une position dans laquelle il pouvait beaucoup donner et recevoir. Enfin le *Cassard* se plaça de manière à battre d'écharpe une batterie de quatre canons établie à un mille dans le S.-E. de la ville, et dont les boulets prenaient d'enfilade la ligne d'embossage. Quelques coups à mitraille la firent évacuer. L'ennemi ne mit aucune opposition à ces dispositions et le feu commença à 8ʰ 30ᵐ du matin ; un quart d'heure après, les parapets des batteries étaient déjà en grande partie abattus, et les canonniers les avaient presque toutes abandonnées. Celle située à la partie supé-

rieure du fort de la marine, et celle de la Kasbah prolon-
geaient seules leur défense. Les coups du *Suffren*, dirigés
sur la première, finirent par la mettre hors de service,
tandis que le *Jemmapes* faisait évacuer la Kasbah. Le *Triton*
et la *Belle-Poule*, retardés par le défaut de puissance de
leurs remorqueurs, arrivèrent à ce moment, et s'embossèrent à la suite des deux premiers vaisseaux. La ligne
d'embossage se trouva alors formée dans l'ordre suivant,
du Nord au Sud : *Jemmapes*, *Suffren*, *Belle-Poule*, et
Triton. A 10ʰ tout était fini. La frégate et ce dernier vaisseau furent alors envoyés canonner deux batteries de la
côte qui tiraient à toute volée; celle d'Abdel Selim, située
à un mille dans l'Ouest, échut en partage au *Triton*; la
Belle-Poule fut chargée de faire taire le feu de la batterie
d'El Arabi el Saidi, distante de deux milles dans l'Est.

Afin de bien constater que la ville de Tanger renonçait à
se défendre, le commandant en chef conserva sa position
jusqu'à 5ʰ du soir; la division reprit ensuite son premier
mouillage. Elle avait à regretter la perte de quelques
hommes et comptait un assez grand nombre de blessés. Les
avaries des bâtiments n'avaient aucune gravité.

Le 8, la frégate à vapeur le *Groenland*, arriva devant
Tanger; elle fut envoyée à Cadix pour chercher des vivres
et du charbon. Passant également le détroit, la division
fit route au Sud.

La ville de Mogador, qui est la propriété de l'empereur
du Maroc, peut être considérée comme constituant sa fortune particulière; ses revenus lui appartiennent; il en loue
les maisons et les terrains. Toucher à cette ville, la ruiner,
occuper l'île qui forme le port, c'était faire un tort sensible
à Muley Abderrhaman et à toute la partie méridionale de
son empire. Le commandant en chef de la division navale
l'avait promptement compris. L'apparition des bâtiments
français sur cette partie de la côte devait d'ailleurs ramener

beaucoup d'habitants de la frontière à la défense de leurs foyers, et dégager d'autant le maréchal Bugeaud. Le prince de Joinville se dirigea de ce côté dès qu'il eut franchi le détroit de Gibraltar.

La situation de Mogador, la Souerah des Marocains, est des plus pittoresques. Cette ville s'élève sur une petite presqu'île très-basse, battue de tous côtés par les flots, et au milieu des sables mouvants. Ces sables sont comme une autre mer que l'impétuosité des vents remue sans cessé, déplaçant et transformant leurs nombreux monticules. Mogador a disputé ses fondations à l'Océan ; du côté de la mer, ses murs, assis sur des rochers, servent tout à la fois de digue et de rempart. Aussi, dans les jours de tempête, cette ville semble-t-elle comme perdue sous les lames qui couvrent ses murailles, et au milieu des tourbillons de sable que le vent soulève en même temps que la mer. Le port, ou pour parler plus exactement, la rade est formée par l'île Mogador qui mesure 800 mètres de long sur 600 de large, et qui est distante de 1,300 mètres dans le S.-O. de la ville. C'est à peine si une légère inflexion de la côte constitue une petite baie. Cette île est défendue par quatre batteries maçonnées.

Le 11 août, tous les bâtiments qui avaient pris part à l'attaque de Tanger et, en outre, les brigs de 10e le *Volage* et le *Pandour*, capitaines Clavaud et Duparcq, étaient mouillés devant Mogador ; mais le temps fut si mauvais pendant quatre jours qu'ils ne purent même pas communiquer entre eux. La situation ne laissait cependant pas que d'avoir une certaine gravité, car les ancres qui étaient mouillées sur un fond dur se brisaient, et leur perte enlevait des ressources indispensables. Et cependant il fallait rester au mouillage ; sous voiles, le courant et le vent pouvaient souventer la division, et les navires à vapeur eussent été exposés à manquer de charbon (1). Enfin, le calme se fit

(1) Sans cette fâcheuse contrariété, l'attaque de Mogador eût probablement

MOUILLAGE DE MOGADOR.

Nord.

1. Suffren.
2. Jemmapes.
3. Triton.
4. Belle-Poule.
5. Asmodée.
6. Gassendi.
7. Pluton.
8. Phare.
9. Cassard.
10. Pandour.
11. Argus.
12. Volage.

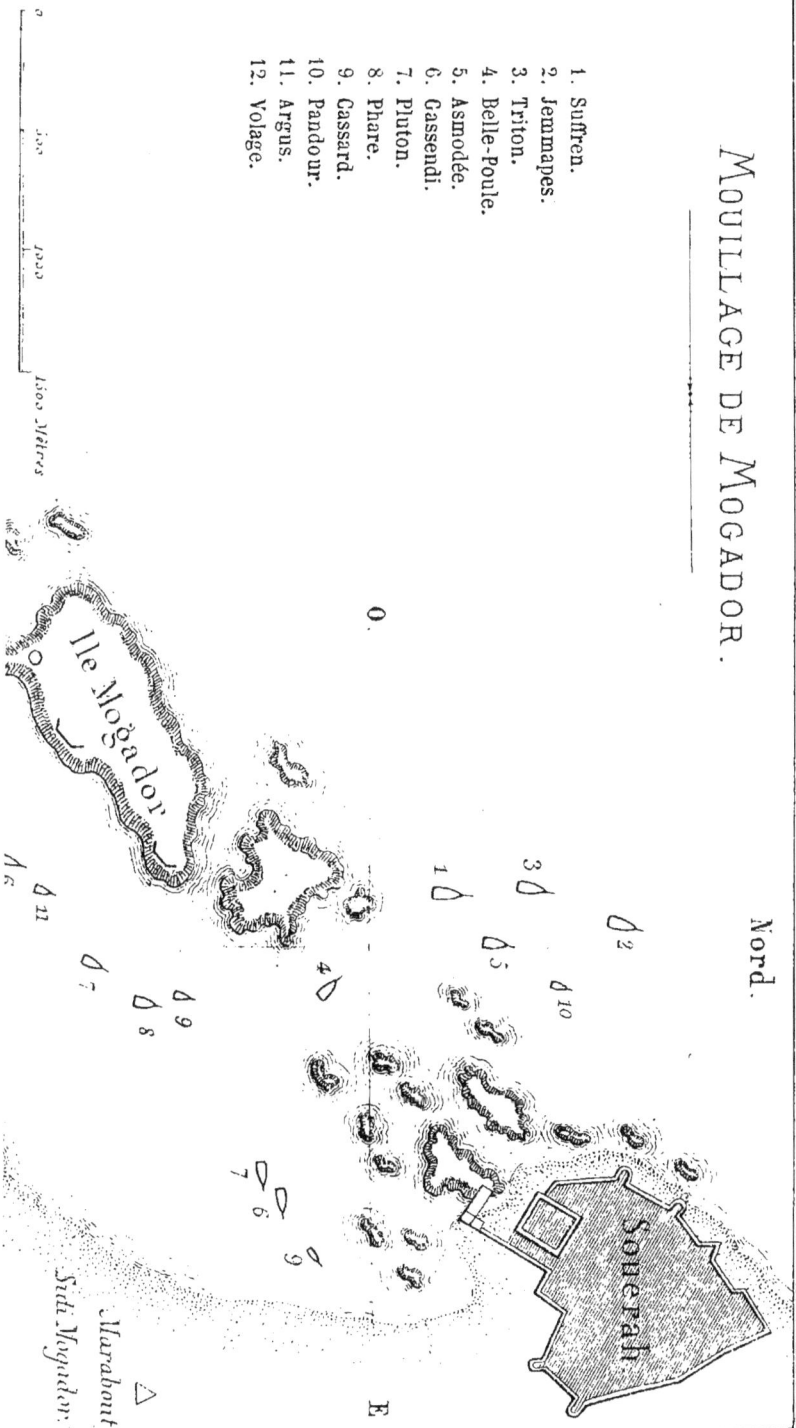

Ile Mogador

Souerah

Marabout
Sidi Mogador.

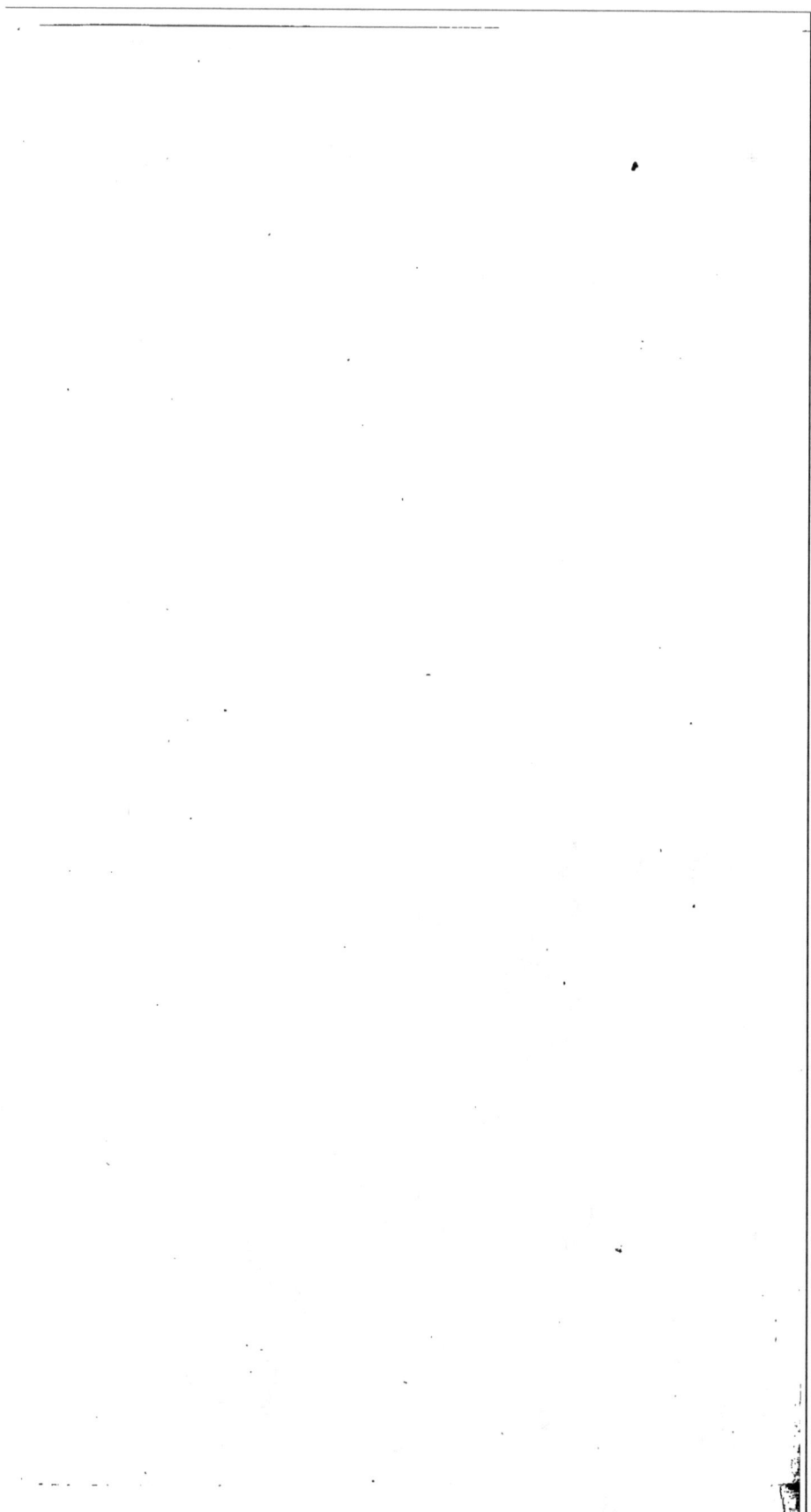

le 16, et de la tourmente des jours précédents, il ne resta plus qu'une grosse houle. La brise s'étant élevée du N.-N.-O. dans l'après midi, les bâtiments appareillèrent et allèrent prendre leur poste de combat. Le *Triton* ouvrait la marche ; venaient ensuite le *Suffren* et le *Jemmapes*. Ces trois vaisseaux s'embossèrent à 700 mètres, sous le feu non interrompu de l'artillerie ennemie à laquelle ils ne ripostèrent pas. En outre des fortifications de la place proprement dite, les défenses de Mogador consistent en deux batteries établies sur le môle et une troisième construite sur un des rochers situés entre l'île et la ville. Le *Triton* et le *Jemmapes* prirent position en face des batteries de l'Ouest, le premier en regard de celles de la marine ; le *Suffren* mouilla à l'entrée de la passe du Nord ; tous trois commencèrent le feu dès qu'ils furent embossés. Les ouvrages de mer furent bientôt abandonnés ; mais les autres qui présentaient une quarantaine de pièces bien abritées derrière des épaulements en pierres molles de plus de deux mètres d'épaisseur, tinrent plus longtemps. Aussitôt que l'attaque fut commencée, la *Belle-Poule*, le *Cassard*, le *Volage* et l'*Argus* reçurent l'ordre d'entrer dans la rade. La frégate mouilla dans une partie de la passe du Nord où elle avait à peine son évitage, battant d'un bord les fortifications de la ville et, de l'autre, les batteries de l'île Mogador auxquelles le *Suffren* envoyait aussi des boulets. Les brigs se placèrent en dedans, vis-à-vis les dernières. Bientôt le commandant en chef ordonna au *Gassendi*, au *Pluton* et au *Phare* de prendre poste en arrière et dans les créneaux de la ligne des brigs et de joindre leur feu au leur. Peu de temps après, 500 hommes conduits par le lieutenant-colonel du génie Chauchard et par le capitaine de corvette Duquesne, furent débarqués sur l'île ; et malgré la fusillade bien nourrie qui les accueillit, ils gravirent au pas de course la côte

---

eu lieu le 12 août, jour où le maréchal Bugeaud livra et gagna la bataille d'Isly.

assez escarpée qui les séparait de l'ennemi. La batterie la plus voisine fut enlevée avant que les canonniers qui l'armaient eussent eu le temps de se reconnaître. Deux détachements firent de suite le tour de l'île, débusquèrent 3 à 400 Marocains qui occupaient les batteries ainsi que divers établissements, et les poussèrent jusqu'à une mosquée où ils se réfugièrent. Quelques coups de canon en défoncèrent la porte, et les Français s'engagèrent sous les voûtes obscures de ce monument religieux. Afin d'éviter un massacre d'autant plus inévitable qu'une fumée épaisse empêchait de rien distinguer, la retraite fut battue, et l'on se borna à cerner la mosquée. Au jour, 140 Marocains se rendirent; 200 cadavres furent trouvés sur le terrain.

L'île Mogador prise, et le feu de la ville complétement éteint, l'*Asmodée* remorqua les vaisseaux en dehors des passes. La *Belle-Poule* continua seule à tirer toute la nuit sur les batteries de la marine, pour empêcher l'ennemi de les occuper de nouveau.

Le lendemain, l'*Asmodée*, le *Gassendi*, le *Pluton*, le *Cassard* et le *Pandour* se placèrent des deux côtés de ces batteries afin de couper leurs communications avec la ville. Sous la protection de ces bâtiments, 600 hommes conduits par le capitaine de vaisseau Hernoux, et le capitaine de corvette Bouët (Édouard) (1), débarquèrent sans éprouver de résistance, et achevèrent l'œuvre de destruction que le canon avait commencée la veille. Toutes les pièces des batteries avancées, enclouées et jetées à bas des parapets, les embrasures démolies, les poudres noyées; enfin, trois drapeaux et dix canons en bronze enlevés comme trophées, tel fut le résultat de cette journée. Les vastes magasins de la douane, pleins de marchandises de toute espèce, furent laissés intacts. Il était facile de pénétrer dans l'intérieur de la ville; mais ce n'eût été qu'une promenade militaire

---

(1) Le commandant Bouët, alors gouverneur du Sénégal, était en mission auprès du prince de Joinville.

sans aucun but. Les troupes retournèrent sur l'île, où l'on plaça une garnison de 500 hommes commandés par le lieutenant-colonel Chauchard.

Restée sans défense, la ville de Mogador fut envahie, le 17, par les Arabes de l'intérieur qui l'incendièrent après l'avoir pillée.

Le 23, une partie de la division fit route pour Cadix.

Ce jour-là même, un boulet fut lancé par une des tours de la ville. Après avoir fait fouiller les maisons voisines par des obus, le commandant en chef envoya son chef d'état-major, le lieutenant de vaisseau Touchard, planter des échelles au pied de cette tour : elle fut escaladée sans opposition, et ses canons furent encloués.

L'expédition sur les côtes de Maroc fut marquée par un sinistre d'autant plus déplorable qu'il eut lieu alors que la mission si hérissée de difficultés de la division navale était terminée. La frégate à vapeur de 450 chevaux le *Groenland*, capitaine Besson, se jeta à la côte, le 26 août, dans le Sud du détroit de Gibraltar et ne put être relevée. Les Arabes, arrivés en grand nombre sur le rivage, dirigèrent de suite sur elle une fusillade très-vive ; grâce à l'intervention de l'aviso à vapeur la *Vedette* avec lequel elle naviguait de conserve, elle fut débarrassée de ces importuns. Le soir, le *Pluton*, à bord duquel le prince de Joinville avait arboré son pavillon, et la corvette à vapeur le *Cuvier* arrivèrent sur le lieu du sinistre. Renonçant à pouvoir relever le *Groenland*, le commandant en chef ordonna d'évacuer et de livrer cette frégate aux flammes.

---oo°o°oo---

ANNÉE 1845.

—

Les stipulations du traité de paix que la France avait signé en 1840 avec la république de Buenos Ayres, agissant au nom de la Confédération Argentine, reçurent une exécution plus ou moins complète jusqu'à l'année 1845. Quelques exactions nouvelles suscitées ou, tout au moins, non désavouées par le président Rosas, demandèrent alors une répression immédiate. Le capitaine de vaisseau Tréhouart, de la frégate de 52° l'*Érigone*, stationnée dans la Plata, et le capitaine Hotham, de la marine anglaise, s'entendirent pour aller détruire des obstacles élevés par ordre du gouvernement argentin, afin d'empêcher la libre circulation du Parana. Le 18 octobre 1845, les bâtiments désignés pour cette expédition se trouvèrent réunis au-dessous d'Obligado, petite ville de la province de Buenos Ayres, devant laquelle un barrage de navires reliés par des chaînes avait été établi. Cette estacade s'appuyait sur la rive droite, c'est-à-dire, du côté d'Obligado, sur quatre batteries présentant un front de vingt-quatre canons, deux à fleur d'eau et les deux autres sur des hauteurs. Dix brûlots étaient aussi groupés de ce côté, tandis que le brig de guerre REPUBLICANO se tenait à l'autre extrémité. Un corps de troupes, dont on estima la force à 4,000 hommes, défendait les deux berges. Les alliés partagèrent leurs bâtiments en trois divisions. Le capitaine anglais Sullivan reçut le commandement de la première, et fut chargé de l'attaque de la rive gauche avec les brigs de S. M. Britannique *Philomela* et *Fanny*, la corvette française l'*Expéditive*, capitaine Miniac, et le petit navire français la *Procida*, capitaine de Larivière, armé dans le pays. La deuxième division fut placée sous les ordres du capitaine Tréhouart,

qui avait quitté sa frégate pour le *Saint-Martin*, brig armé
également à Montevideo, et l'attaque du Nord incomba à
cet officier supérieur. Le brig français le *Pandour*, capitaine Duparcq, la corvette anglaise *Comus* et le brig de
la même nation *Dolphin* lui étaient adjoints. Enfin le capitaine Hotham prit le commandement de la réserve composée des deux corvettes à vapeur anglaises *Gorgon* et
Firebrand, et de l'aviso à vapeur français le *Fulton*, capitaine Mazères. Les trois divisions appareillèrent et remontèrent la rivière, le 20, dès qu'il fit jour, et le combat commença lorsque, de part ou d'autre, on se crut à distance
convenable. Malheureusement, la brise se faisait à peine
sentir, et le *Saint-Martin* auquel avait été déféré l'honneur de tenir la tête de la colonne, se trouva pendant
quelque temps le point de mire unique des canons de
l'ennemi. Le *Pandour*, le *Comus* et le *Dolphin* finirent par
réussir à atteindre leur poste, et tous trois rendirent alors
largement aux Argentins les boulets qu'ils avaient envoyés
à leur chef de file. Bientôt même le *Fulton* et la *Procida*,
obéissant au signal que leur fit le capitaine Tréhouart, se
joignirent à eux. Le *Saint-Martin* avait, en effet, beaucoup
souffert, et le commandant de la deuxième division avait
estimé que leur coopération était nécessaire sur ce point.
Peu de temps après, le câble ayant été coupé par un
boulet, et ce brig, entraîné en dérive, se trouvant dans
l'impossibilité de continuer à prendre une part active au
combat, le capitaine Tréhouart, quels que fussent d'ailleurs
ses regrets de se séparer d'un état-major et d'un équipage
décimés par les projectiles, mais qui avaient si bien
répondu à son ardeur, le capitaine Tréhouart quitta le
Saint-Martin et arbora sa cornette sur l'*Expéditive*
pour retourner là où avait réellement lieu la lutte.
Attaqué par la division de la rive gauche, le REPUBLI-
CANO ne tarda pas à faire explosion. Le capitaine Hotham
n'était pas resté spectateur du combat; les coups de ses
trois bâtiments à vapeur avaient été adressés successive-

ment à toutes les batteries ennemies. Plus tard, lorsqu'il vit l'affaire bien engagée, il envoya une embarcation briser les chaînes du barrage ; et les navires qu'elles maintenaient prenant, des deux côtés, la direction du courant, laissèrent un passage dont le capitaine Mazères profita pour placer le *Fulton* dans une position qui lui permit de croiser son feu avec celui des autres bâtiments. Tous se rapprochèrent, et les batteries argentines furent foudroyées. L'ennemi avait vainement essayé d'arrêter ce mouvement au moyen de ses brûlots ; ils avaient été entraînés au loin par le courant sans avoir accroché un seul navire. Un débarquement fut alors effectué sous le feu protecteur de l'artillerie des bâtiments. Animés d'une même ardeur, les Français et les Anglais culbutèrent les troupes qui voulurent s'y opposer, s'emparèrent des batteries, les détruisirent, brisèrent les affûts et jetèrent les canons à la mer. Cette opération était terminée à 5ʰ du soir. Le but de l'expédition était rempli, et une prolongation de séjour dans ces parages était inutile. Après avoir réparé leurs avaries, les bâtiments des deux nations retournèrent dans la Plata.

Le combat d'Obligado mit fin, une fois encore, à la lutte avec la république argentine ; toutefois, les relations amicales ne furent réellement rétablies que plusieurs années plus tard.

ANNÉE 1851.

Les habitants de Salé oublièrent promptement la leçon sévère qui avait été donnée par la France à leurs compatriotes de Tanger et de Mogador, et un acte de piraterie, sinon autorisé, du moins toléré par les autorités de cette

ville, nécessita de nouveau l'emploi d'énergiques moyens
de répression contre les Marocains.

Le 1er avril 1851, les habitants de Salé pillèrent, sous
les yeux mêmes du caïd, un brig français échoué dans l'intérieur du port. Après avoir enlevé une partie de la cargaison qui avait déjà été transportée à terre, ils envahi-
rent le navire, en chassèrent le capitaine et l'équipage,
en les menaçant de les mettre à mort s'ils tentaient de
s'opposer à leurs desseins; et après avoir pris les voiles,
les agrès et tout ce qui restait à bord, ils démolirent le
navire, malgré les efforts de l'agent consulaire de la France,
impuissant à empêcher cet acte inouï de brigandage. Le
caïd de Salé, fortement soupçonné d'être le principal insti-
gateur d'un vol dont il s'appropria la plus large part,
refusa la satisfaction qui lui fut demandée; il nia même
l'exactitude des faits signalés à l'empereur du Maroc. Il ne
restait plus dès lors qu'à obtenir par les armes ce qu'on
n'avait pas voulu accorder à la diplomatie. Une expédition
fut résolue, et le contre-amiral Dubourdieu reçut la mission
d'aller exiger la satisfaction si obstinément déniée. Ses instructions lui enjoignaient d'envoyer au caïd un ultimatum aux termes duquel ce fonctionnaire devait se rendre
à bord du vaisseau amiral, dans le délai d'une heure, et y
apporter l'indemnité, réclamée plusieurs fois déjà, pour la
destruction du brig français et le pillage de sa cargaison.
En cas de refus, il lui était prescrit de détruire les fortifications de la place. Deux frégates et deux corvettes à vapeur, parties de Toulon, rejoignirent un vaisseau qui les
attendait à Cadix, et la division navale placée sous les ordres du contre-amiral Dubourdieu se trouva composée
comme il suit :

		Canons.		
Vaisseau	100	*Henri IV*...	capitaine comte de Gueydon.	
			Dubourdieu, contre-amiral.	
Frégates ..... {		*Gomer*....	capitaine Alain.	
		Sané....	—	Ducampe de Rosamel (Charles).
Corvette......		*Caton*....	—	Guesnet.
Aviso		*Narval*....	—	Lefebvre (Jules).

La division mouilla le 25 décembre devant Salé. Le
consul d'Angleterre qui s'était chargé d'apporter la réponse aux dernières réclamations de la France, arriva
à bord du vaisseau amiral à 4ʰ du soir : le caïd demandait dix jours pour prendre les ordres de l'Empereur. Cette réponse fut considérée comme une fin de
non-recevoir;. mais la journée était trop avancée, et
l'attaque fut remise au lendemain. Ce jour-là, le *Henri IV*
s'embossa à environ 600 mètres de terre, devant les
batteries les plus fortes; le *Gomer* et le *Sané* reçurent
l'ordre de combattre sous vapeur; le *Caton* et le *Narval*
durent se tenir hors de la portée des projectiles de l'ennemi. Le feu commença à 10ʰ du matin et, pendant sept
heures consécutives, les boulets des bâtiments français
jetèrent la consternation et l'effroi dans la population.
A 5ʰ du soir, la punition était complète : les fortifications
étaient entièrement démolies. Cette opération coûta la vie
à quelques marins, et les avaries occasionnées au vaisseau
et aux deux frégates par les boulets des Salétains, constatèrent l'adresse de leurs canonniers et la précision de leur
tir. La mission du contre-amiral Dubôurdieu étant terminée, la division française quitta ces parages pendant
la nuit.

ANNÉE 1854.

On connaît les raisons qui décidèrent la France et l'Angleterre à déclarer la guerre à la Russie. Le 28 février 1853,
le prince russe Menschikoff était entré à Constantinople et
y avait tenu un langage qui avait déterminé la France à se
mettre en garde contre les éventualités. Le 23 mars, l'es-

cadre de la Méditerranée, forte de huit vaisseaux et de plusieurs frégates sous les ordres du vice-amiral baron de Lasusse, se rendit à Salamine. La présence de l'escadre française dans ces parages était d'abord un avertissement pour la Grèce, dont l'allure équivoque faisait pressentir l'attitude hostile qu'elle prit plus tard ; en outre, de ce mouillage, nos vaisseaux pouvaient se rendre promptement à l'entrée des Dardanelles pour protéger le Sultan contre les exigences de la Russie. Plusieurs mois s'écoulèrent dans d'inutiles négociations, et la guerre devenait de plus en plus imminente. Aussi le gouvernement français et le gouvernement anglais, qui marchaient d'accord dans cette circonstance, décidèrent-ils que leurs escadres pousseraient de suite jusqu'aux Dardanelles. Bientôt on les vit ancrées sur la rade de Beshika, en face de l'île Ténédos et de l'emplacement qu'occupait la ville de Troie sur la côte d'Asie. Le commandant en chef de l'escadre française avait été changé : le vice-amiral Hamelin avait remplacé le vice-amiral de Lasusse (1). A la fin du mois de juillet, l'escadre française mouillée à Beshika était composée comme il suit :

		Canons.		
Vaisseaux	à voiles	116	*Friedland.* . .	capitaine Chaigneau.
			Valmy.	— Serval.
	à voiles	112	*Ville-de-Paris.*	Jacquinot, contre-amiral.
				capitaine Pénaud (Edouard).
				Hamelin vice-amiral.
				Cte Bouët Willaumez, major général.
	à voiles	92	*Napoléon.* . . .	capitaine Dupouy.
			Henri IV. . . .	— Jehenne.
	à voiles	84	*Bayard.*	— Borius.
	mixte (2)		*Charlemagne.* .	— Vte de Chabannes Curton.
	à voiles	80	*Jupiter.*	— Lugeol (Jean).
			Iéna.	— Rapatel.

(1) La version la plus accréditée de ce changement, version que je donne sous toutes réserves, attribue le remplacement du vice-amiral de Lasusse au peu d'empressement que cet officier général aurait mis à exécuter les ordres du gouvernement.
(2) Il n'est peut-être pas hors de propos de rappeler que les vaisseaux mixtes étaient des vaisseaux à voiles auxquels on avait donné une machine à vapeur d'une puissance relativement très-faible.

		Chevaux.			
Frégates	à vapeur	650	*Mogador.* . . .	—	Warnier de Wailly.
		450	*Gomer.*	—	Dubouzet.
					Desfossés, contre-amiral (1).
			Sané.	capitaine	Mallet (Stanislas).
			Magellan. . . .	—	Magré.
Corvettes		220	*Chaptal.*	—	Pouthier.
		200	*Caton.*	—	Pothuau.
			Héron.	—	Le Bègue de Germiny.
		160	*Narval.*	—	Lefebvre (Jules) (2).

De leur côté, les Anglais avaient réuni à Beshika sept vaisseaux et huit frégates sous le commandement du vice-amiral Dundas.

Cependant les affaires se compliquaient. Le 22 septembre, sur l'invitation qui en fut faite par les ambassadeurs de la France et de l'Angleterre à Constantinople, les escadres se dirigèrent vers les Dardanelles, et malgré la force du vent et la violence du courant, contraires tous les deux, elles s'engagèrent dans ce détroit. On comprend les obstacles qu'eurent à surmonter des vaisseaux à voiles, remorqués il est vrai, mais remorqués par des bâtiments à vapeur d'une puissance généralement trop peu considérable. Aussi, le canal des Dardanelles ne put-il être franchi dans la journée par toute l'escadre; quatre vaisseaux seuls atteignirent le mouillage de Lampsaki, à son extrémité orientale et sur la côte d'Asie; les autres jetèrent l'ancre à l'entrée du détroit. Ce fut le 29 seulement que l'escadre française se trouva en entier dans la mer de Marmara. Les difficultés qu'il fallut vaincre dans cette courte traversée firent de suite pressentir combien grands et pénibles allaient être les travaux de la marine, s'il devenait nécessaire de transporter et d'appro-

(1) Le contre-amiral Desfossés (Romain), commandant la division du Levant, avait dû se placer sous les ordres du vice-amiral Hamelin, et un petit nombre de bâtiments avaient seuls été laissés dans l'Archipel. Cet officier général qui touchait alors au terme de son commandement fut remplacé, peu de temps après, par le contre-amiral Lebarbier de Tinan.
(2) Plusieurs mutations eurent lieu, plus tard, à l'expiration du temps de commandement des capitaines.

visionner une armée par delà les Dardanelles. Dans les
premiers jours de novembre, on apprit que les hostilités
étaient commencées entre les Russes et les Turcs. Les deux
amiraux en chef des escadres alliées reçurent de suite
l'invitation de remonter jusqu'à Constantinople et, le 13,
après six jours de lutte incessante contre les mauvais temps,
neuf vaisseaux français mouillèrent devant la capitale de
l'empire ottoman. C'était une véritable position stratégique
que prenait là l'escadre française et que prirent aussi les
Anglais. Les neiges des Balkans présentaient en effet aux
Russes un obstacle infranchissable, à cette époque de l'année ; mais un bon vent de Nord pouvait amener, en deux
fois vingt-quatre heures, leurs vaisseaux de Sébastopol
dans le Bosphore. Les commandants en chef se mettaient
ainsi en position de s'opposer, ou tout au moins de faire
obstacle, tant à un débarquement de troupes russes dans
le voisinage de Constantinople, qu'à une attaque directe
des vaisseaux contre la capitale de la Turquie. A quelques
jours de là, on eut connaissance du désastre de Sinope (1) :
l'escadre turque venait d'être entièrement détruite par les
Russes à ce mouillage. Il devenait urgent de prendre des
mesures pour empêcher le territoire de l'empire et le pavillon ottoman d'être en butte à une attaque nouvelle. Le
3 janvier 1854, les escadres alliées entrèrent dans la mer
Noire, où leur apparition fut saluée par une bourrasque
peu faite pour diminuer la sombre et terrible réputation
qu'avait cette mer parmi les navigateurs de l'Europe occidentale, et elles allèrent jeter l'ancre devant Sinope. Puis,
après avoir montré le pavillon de la France et celui de la
Grande-Bretagne à peu près sur tous les points de la côte,
les commandants en chef rentrèrent dans le Bosphore,
afin de mettre les vaisseaux à l'abri des mauvais temps, si
fréquents dans cette saison. Mais, si cette mesure parut

---

(1) Ville de l'Anatolie, sur la côte méridionale de la mer Noire.

indispensable pour les vaisseaux, elle ne sembla pas aussi urgente pour les bâtiments à vapeur; et pendant que les premiers se tenaient en observation à Beïcos, les frégates et les corvettes parcoururent la mer Noire dans tous les sens. Elles avaient ordre de prêter aide et au besoin assistance aux Turcs, d'inviter et même de contraindre les bâtiments russes à rentrer dans leurs ports. Ces croisières n'étaient cependant pas sans danger pour des navires à vapeur, dans une mer dont la navigation n'était guère connue que des Russes et des Turcs; toutefois, leur utilité était trop bien établie pour que cette considération pût arrêter. Il fallait en effet étudier l'hydrographie de la mer Noire, l'état, l'importance des défenses de tout le littoral russe de cette mer; donner enfin à la marine turque la possibilité de circuler librement dans ces parages. Grâce à l'activité et à l'intelligence dont les capitaines des deux nations firent preuve, les amiraux en surent bientôt assez pour établir un plan d'opérations.

Ce fut à cette époque que, se prononçant enfin, le royaume de Grèce montra quelques symptômes d'agitation et d'hostilité contre la Turquie. Cette résolution décida le vice-amiral Hamelin à rendre le contre-amiral Lebarbier de Tinan à sa destination première et à le renvoyer dans l'Archipel.

La saison des neiges et des coups de vent se passa de la sorte. On pouvait désormais, sans grands dangers, faire entrer les vaisseaux dans la mer Noire. Ce mouvement en avant était d'ailleurs commandé par les circonstances. L'armée russe ne pouvait tarder à s'avancer vers le Sud, et il devenait prudent de se porter sur la côte de la Bulgarie pour soutenir les Turcs si cela devenait nécessaire. Les escadres alliées quittèrent donc Beïcos et, deux jours après, elles mouillèrent à Kavarnah, près du village de Baltchick, quelques lieues au Nord de Varna. Cependant les événements marchaient toujours. La guerre était imminente et, quoiqu'elle ne fût pas encore déclarée, d'im-

menses préparatifs se faisaient en France pour la soutenir
avec la dignité convenable. A la fin du mois de mars, un
corps, il serait mieux de dire une armée expéditionnaire,
fut embarquée sur les vaisseaux de l'escadre de l'Océan
que le vice-amiral Bruat, son commandant en chef, avait
reçu l'ordre de conduire à Toulon; et, cet embarquement
terminé, l'escadre fit route pour les Dardanelles, composée
comme ci-après :

		Canons.		
	mixte	118	*Montebello*.	capitaine Bassière.
				Bruat, vice-amiral.
				Jurien de la Gravière,
				chef d'état-major.
Vaisseaux	à voiles	90	*Suffren*.	capitaine Fabre Lamaurelle.
	à voiles	80	*Ville-de-Marseille*.	— Laffon de Ladébat.
	à voiles	78	*Jean Bart*.	— Touchard.
			Alger.	— de Saisset.
Frégate			*Caffarelli*.	— Simon (Prosper).
Corvettes	à vapeur		*Roland*.	— Bon de la Roncière le Noury.
			Primauguet. . . .	— Reynaud.

Cette escadre arriva à Gallipoli le 17 avril, y débarqua
ses troupes et, à partir de ce jour, il s'établit un mouvement de va-et-vient continuel entre la France, l'Algérie et les Dardanelles, car les envois se renouvelèrent
sans relâche. Située à l'extrémité orientale des Dardanelles, cette ville commande en quelque sorte les deux
places principales de l'empire ottoman, Constantinople
dont elle n'est qu'à 188 kilomètres, et Andrinople qui en
est éloignée de 132. Aussi avait-elle été choisie pour première base stratégique des opérations de l'armée française.
Le 14 avril, le vice-amiral Hamelin reçut la nouvelle
de la déclaration de guerre de la France à la Russie. La
marine eut bientôt l'occasion d'engager la lutte. Peu de jours
auparavant, les batteries d'Odessa avaient fait feu sur un
canot de la frégate anglaise *Furious* envoyée, sous pavillon
parlementaire, pour prendre le consul d'Angleterre et ses
nationaux. Cette agression inqualifiable ne pouvait rester
impunie. Les escadres alliées appareillèrent, élongèrent la

côte de la Turquie d'Europe, et le peu de profondeur de l'eau devant Odessa ne permettant pas aux vaisseaux de s'approcher de cette ville, elles jetèrent l'ancre à quelques milles dans l'Est. Le gouverneur d'Odessa ayant refusé de donner la satisfaction qui lui fut demandée, le 22 avril, les frégates à vapeur le *Vauban*, capitaine de Poucques d'Herbinghem, le *Descartes*, capitaine Darricau, et les deux frégates anglaises également à vapeur, *Tiger* et *Sampson*, se présentèrent devant la ville. Un coup de canon parti de la batterie du port impérial fut le signal du combat. Les frégates ripostèrent, et la canonnade continua vive et soutenue. Quelques heures plus tard, le *Vauban* dut s'éloigner : trois boulets rouges qui s'étaient logés dans ses flancs obligeaient son capitaine à s'occuper activement et exclusivement d'arrêter les progrès d'un incendie qui devenait menaçant. Quatre nouvelles frégates à vapeur, parmi lesquelles une française, le *Mogador*, capitaine Warnier de Wailly, et trois anglaises, *Terrible*, *Furious*, *Retribution*, s'avancèrent alors pour soutenir les premières ; six embarcations anglaises lançant des fusées à la Congrève se joignirent à elles. Le *Vauban* fut promptement en état de reprendre son poste, et il retourna au combat en compagnie de la corvette à vapeur le *Caton*, capitaine Pothuau. Les batteries d'Odessa furent foudroyées (1). A 4ʰ 30ᵐ du soir, la destruction des casernes, des magasins, ainsi que celle de 61 navires qui se trouvaient dans le port, était complète. Un signal ordonna de cesser le feu, afin de préserver la ville du sort inévitable qui l'attendait si la canonnade continuait quelque temps encore ; des flammes s'élevaient, en effet, de tous côtés. A part le *Vauban*, les pertes et les avaries des frégates étaient insignifiantes. La présence des escadres devant ce port étant désormais sans objet, elles appareillèrent et se dirigèrent vers la Crimée : le 28, elles

---

(1) On a estimé à **70** le nombre des canons qui les armaient.

faisaient leur première apparition devant Sébastopol. Dix vaisseaux, huit frégates ou corvettes à voiles et cinq bâtiments à vapeur étaient mouillés sur la rade, mais ils ne firent aucune démonstration. Quatre autres vaisseaux se voyaient dans le port et dans le bassin.

Cependant les jours s'écoulaient et les escadres ne pouvaient rester ainsi, non pas dans l'inaction, car elles acquéraient chaque jour de plus en plus la connaissance de localités jusqu'alors très-imparfaitement décrites, mais elles ne pouvaient continuer ce rôle passif sur les côtes d'un État auquel la guerre était déclarée depuis un mois. Au commencement de mai, deux vaisseaux mixtes et sept frégates à vapeur dans le nombre desquels se trouvaient le vaisseau le *Charlemagne*, capitaine de Chabannes, et les frégates le *Mogador* et le *Vauban*, capitaines de Wailly et d'Herbinghem, formant deux divisions destinées à agir de concert sous les ordres du contre-amiral anglais Lyons et du capitaine du vaisseau français, reçurent la mission d'aller détruire les établissements russes du littoral de la Circassie, pendant que les escadres alliées s'établissaient en croisière en vue de Sébastopol. A quelque temps de là, celles-ci retournèrent à Baltchick, où les appelaient l'arrivée des généraux en chef des armées de terre et la gravité des événements qui se passaient en Bulgarie. Une escadre turque de huit vaisseaux, trois frégates et trois corvettes à vapeur les attendait à ce mouillage. La mission du contre-amiral Lyons et du capitaine de Chabannes n'avait pas un caractère uniquement militaire; ces officiers devaient s'entendre avec les chefs circassiens qui étaient en guerre avec la Russie. Ils ne trouvèrent l'occasion de tirer que quelques coups de canon; l'inspection attentive de la côte leur montra que tous les établissements avaient été abandonnés par les Russes, et plus ou moins détruits. En partant du Sud, Gelendjik, Sotcha, Pitsouda, Bombosi et Soukoum-Kalé n'existaient plus. Redout-Kalé, le point le plus important de la côte orientale de la mer Noire, n'avait pas été évacué ; mais après avoir riposté par un petit nombre de boulets aux bordées qui leur furent tirées, les Russes se retirèrent, et la place fut occupée par un bataillon turc embarqué sur les vaisseaux. Toutefois, continuant leur système de dévastation, ils ne partirent qu'après avoir mis le feu en plusieurs endroits et, le lendemain, la ville florissante de Redout-Kalé n'offrait plus qu'un monceau de ruines et de décombres. Anapa et Soujak étaient les seuls points que les Russes eussent conservés. Les défenses de ces villes étaient telles que les commandants de la division combinée ne purent songer à attaquer ces deux positions. Leur mission était donc terminée ; ils rallièrent les escadres (1).

C'est à cette époque — 4 mai — que la frégate à vapeur anglaise *Tiger* se mit à la côte dans le voisinage d'Odessa. Canonnée par plusieurs pièces d'artillerie qui furent établies de suite en batterie, cette frégate perdit quelques hommes, et entre autres son capitaine. Elle amena son pavillon pour faire cesser ce feu meurtrier.

Aucun fait majeur n'avait encore eu lieu, et cependant les commandants en chef des escadres alliées avaient obtenu des résultats importants. Le port impérial d'Odessa était détruit avec ce qu'il contenait. L'escadre ennemie était bloquée dans Sébastopol. La navigation de la mer Noire était interdite au pavillon russe. Seize forts échelonnés sur les 200 lieues de côte qui séparent la mer d'Azoff de la Turquie d'Asie avaient été abandonnés et détruits. Enfin, et ce n'était pas le résultat le moins considérable, on avait acquis la certitude que la navigation de la mer Noire était possible à toutes les époques de l'année. Mais, à partir de ce moment, la marine perdit sa liberté d'action ; ses mou-

---

(1) Je m'écarte encore ici du plan que je me suis tracé, en n'isolant pas les faits maritimes de la guerre de Crimée. Mais les mouvements de l'armée de mer ont eu, pendant cette expédition, une corrélation telle avec les mouvements de l'armée de terre, qu'il ne m'a pas semblé possible de les séparer.

vements furent enchaînés à ceux de l'armée de terre et sa mission consista, presque exclusivement désormais, à transporter des troupes, des malades, des blessés, du matériel, des vivres et des approvisionnements. Le rôle des armées alliées était tracé. Les Russes attaquaient Silistrie: il fallait se porter sur Varna en toute hâte, pour donner à l'armée turque un appui moral et, au besoin, un appui réel. La marine seule pouvait rendre cette mesure efficace. Son concours ne fit pas défaut. Tous les bâtiments à vapeur français, anglais et turcs se rendirent à Gallipoli et, le 2 juin, les premiers détachements de troupes françaises furent débarqués à Varna. A la fin du mois, le vice-amiral Bruat mouilla lui-même devant cette ville avec son escadre qui portait une division entière de l'armée expéditionnaire. Une seule division fit le trajet par terre. Elle arriva à Varna fatiguée par de longues marches et par les privations, prouvant ainsi l'exactitude de cet axiome de stratégie moderne que, dans les expéditions lointaines, les flottes à vapeur sont devenues les chemins de fer des armées. Le maréchal Saint-Arnaud, qui avait été désigné comme général en chef de l'armée française, appréciant à leur juste valeur les services qu'avait déjà rendus la marine, lui adressa, au nom de l'armée de terre, ses remercîments pour l'activité dont elle avait fait preuve et le concours intelligent et empressé qu'elle n'avait cessé de lui prêter depuis son départ de France. Le maréchal exprima chaleureusement ces sentiments dans un ordre du jour à ses troupes, et il tint à en porter lui-même l'expression au commandant en chef de l'armée navale à bord du vaisseau la *Ville-de-Paris*.

A dater de ce jour, les deux escadres de l'Océan et de la Méditerranée furent réunies en une seule armée navale, dite de la mer Noire, sous le commandement supérieur du vice-amiral Hamelin. Par suite de cette fusion, cet officier général se trouva commander les 15 vaisseaux la *Ville-de-Paris*, le *Jupiter*, le *Henri IV*, le *Valmy*, le *Iéna*, le *Marengo*, le *Friedland*, le *Charlemagne*, le *Montebello*, le *Napoléon*, le *Jean Bart*, le *Suffren*, l'*Alger*, la *Ville-de-Marseille*, le *Bayard* et 14 frégates, corvettes ou avisos à vapeur. Le vice-amiral Bruat, les contre-amiraux Charner et Lugeol étaient placés sous ses ordres (1).

On était en juillet. C'est à cette époque que se déclara le terrible fléau qui devait faire tant de ravages parmi les marins et les troupes. La première division de l'armée de terre fut littéralement foudroyée pendant la fatale reconnaissance de la Dobrutcha. Les frégates et les corvettes à vapeur le *Magellan*, le *Cacique*, le *Descartes*, le *Lavoisier* et le *Pluton* furent envoyées à Mangalia et à Kustenjeh pour prendre les malades et les porter à Varna. Plusieurs milliers de cholériques furent ainsi enlevés. Cette sage et philanthropique mesure préserva cette division d'une ruine complète. Déjà les équipages des bâtiments étaient décimés par cette terrible maladie. Dans cette circonstance, le rôle de la marine fut doublement pénible. A terre, le malade atteint peut être immédiatement enlevé et, jusqu'à un certain point, isolé ; s'il succombe, il meurt loin de ceux au milieu desquels il vivait et souvent sans que ceux-ci le sachent. Il n'en est pas ainsi à bord. La même partie, le même compartiment abrite le bien portant et le malade ; le bâtiment entier est transformé en hôpital, et c'est sous les yeux de ses camarades que l'homme frappé s'éteint sans qu'il soit possible de cacher à l'équipage la funeste moisson de l'épidémie. Or, je l'ai déjà dit, dans la mer Noire, les bâtiments ne durent pas seulement recevoir des hommes valides ; ils eurent souvent la triste et désolante mission de porter des malades. Ce lugubre tableau de mort et les scènes navrantes de cette lutte silencieuse avec un fléau implacable ont été habilement décrits. Je me bor-

(1) Le contre-amiral Lugeol (Jean), récemment promu, avait remplacé le contre-amiral Jacquinot, et le contre-amiral Charner était venu de France après le départ du contre-amiral de Tinan.

nerai à dire, avec l'auteur de ces descriptions (1), que pendant les nombreux voyages que durent faire les bâtiments
pour transporter des cholériques, le moral des marins ne se
démentit pas un seul instant au contact de toutes ces ago-
nies. Avec un courage calme et un profond sentiment
du devoir, les équipages, frappés eux-mêmes, semblaient oublier leurs propres souffrances pour secourir
les malheureux soldats entassés dans les batteries et dans
les entre-ponts. Ce qu'il faut dire aussi, c'est que ces nobles exemples se retrouvèrent partout, dans tous les rangs,
comme dans tous les cœurs, tant que dura l'épidémie.
Je me suis un peu étendu sur ces tristes épisodes de
la grande expédition de Crimée, parce qu'on ne sait généralement pas assez ce qu'il faut de force aux hommes
de mer qui sont obligés de vivre au milieu de la conta-
gion. On ne se rend pas assez compte combien les marins,
chefs comme sous-ordres, doivent constamment faire
preuve de ce courage moral qui agit si puissamment sur les
masses, et qui a été si unanimement exalté, à toutes les
époques de grandes calamités. Ceux-là seuls qui se sont
trouvés à bord d'un bâtiment pendant une épidémie, sa-
vent la position cruelle qui est faite à chacun de ses habitants. A bord, tout se voit, tout se sait. L'atteinte de
la maladie, ses progrès, ses ravages, l'enlèvement des
malheureux qui succombent, leur ensevelissement, leur
immersion, rien ne peut être dissimulé. Dans de pareilles
conditions, lorsqu'elles se prolongent quelque peu, il faut
à l'équipage un moral de fer, et au chef qui suit pas à pas
la marche du mal, qui voit ses moyens d'action diminuer
incessamment, il faut cette puissance de volonté et d'é-
nergie qui fait de l'officier de marine, commandant un
bâtiment, une des plus belles expressions de l'Être que
Dieu a animé de son souffle divin au jour de la création.

_____

(1) Baron de Bazancourt : *la Marine française dans la mer Noire et dans
la Baltique.*

Cependant cette situation ne pouvait se prolonger davantage ; il fallait absolument agir ; un débarquement en Crimée fut décidé. Mais malgré les précautions prises et les moyens de préservation employés, la mortalité allait toujours en augmentant. La position du commandant en chef de l'armée de mer était perplexe. Évacuer les vaisseaux pour les assainir, en mettre les équipages à terre, était le moyen qui s'offrait tout naturellement. Mais il ne pouvait pas laisser la mer libre car, promptement informés de cet état de choses, les Russes n'eussent pas manqué d'en profiter. L'air vif de la mer pouvait produire un bon effet : il prit le parti de mettre sous voiles et de s'éloigner momentanément de ces parages, pour aller chercher au large un air plus pur que celui qu'on respirait sur la côte. Grâce à cette prudente détermination, les ravages du fléau diminuèrent d'une manière sensible. Toutefois les troupes, comme les marins, avaient été décimées et, eu égard à l'époque avancée de la saison, on se demandait si l'expédition de Crimée était encore possible, non qu'il existât aucun doute sur son utilité ; la question d'opportunité seule divisait les esprits. Si dans l'armée de terre française et dans l'armée anglaise des doutes purent se produire, on comprend combien les hésitations durent avoir un caractère plus prononcé encore dans la marine. Ici, en effet, la mission ne consistait pas seulement à prêter à l'armée de terre l'appui des canons des vaisseaux pour favoriser les débarquements, attaquer et réduire les places du littoral ; les vaisseaux étaient pour cette armée un appui tout autant moral qu'effectif ; ils formaient la base de toute opération à entreprendre dans ces pays lointains et, pour ainsi dire, inconnus. Or, au point de vue militaire, l'affaiblissement des équipages par la mortalité et par la maladie qui continuait à faire des victimes, diminuait sensiblement la part possible de coopération de la marine ; au point de vue moral, exclusivement chargée de l'approvisionnement, sans une rade sûre, sans un port connu, elle devait faire ses réserves. Ces appréhensions, le

maréchal Saint-Arnaud ne les ignorait pas. Aussi, dans ce
moment suprême, désira-t-il que les objections et les as-
sentiments se produisissent au grand jour ; que chacun pût
présenter ses observations pour ou contre l'expédition de
Crimée. Les opinions des chefs n'étaient, du reste, un mystère pour personne ; et c'est probablement parce qu'il les
savait contraires à la sienne que le commandant supérieur
assembla un conseil de guerre. Personne n'ignorait que la
très-grande majorité, dans l'armée de terre comme dans
l'armée de mer, disait que l'expédition n'était pas possible. Sur ce point, les Anglais étaient d'accord avec les
Français. On savait : 1° Que les officiers généraux étaient
en grande partie, opposés au départ ;

2° Que les commandants en chef des escadres étaient
d'avis qu'il ne fallait pas aller se jeter, en quelque sorte
en *enfants perdus*, dans un pays dont on ne connaissait
pas encore les ressources. Cette opinion était celle de
presque tous les capitaines et du contre-amiral en sous-
ordre;

3° Que les deux commandants en second ne repous-
saient pas l'idée de l'expédition immédiate, quoique le
vice-amiral français eût écrit, peu de temps auparavant,
que l'entreprise n'était plus possible, et avouât qu'on
allait *courir une aventure ;*

4° Enfin, que le chef d'état-major français demeurait
inébranlable dans l'opinion qu'il avait plusieurs fois
émise sur la possibilité et la nécessité du départ immédiat.

Le 26 août, le maréchal réunit à Varna un conseil de
guerre dont faisaient partie : le feld-maréchal lord Raglan, le vice-amiral Hamelin, le vice-amiral Dundas, le
vice-amiral Bruat, le contre-amiral sir Edmund Lyons, les
généraux Canrobert et Burgoyne, le chef d'état-major général Martimprey, le major général capitaine de vaisseau
comte Bouët Willaumez, et le colonel Trochu. Que se
passa-t-il dans cette mémorable séance ? Il ne m'est pas
donné de le dire. Si l'on en croit la tradition, deux **voix**

s'élevèrent seules avec persistance en faveur de l'expédition; et ces voix, dont une appartenait à la marine française, furent si éloquentes, si persuasives, que le maréchal
Saint-Arnaud se crut suffisamment autorisé à agir de
suite, et il déclara l'expédition de Crimée irrévocable-
ment décidée. On doit s'empresser de le proclamer, si
quelques dissidences s'étaient produites parmi les chefs,
elles disparurent à ce moment solennel; et, dans l'armée
de mer comme dans l'armée de terre, parmi les Français
et chez les Anglais, chacun apporta tout ce qu'il avait
de connaissances et d'activité à l'accomplissement de la
grande œuvre.

Il n'y avait toutefois pas de temps à perdre; il fallait,
de toute nécessité, prendre la mer sans retard. L'embarquement des troupes commença le 31 août; trois jours
après il était terminé et, le 5 septembre, l'armée navale
de la France voguait vers la Crimée sous la protection du
Dieu des armées. Elle comptait :

15 vaisseaux dont 1 à vapeur et 3 mixtes.

11 frégates
14 corvettes ou avisos } à vapeur,

5 grands transports à voiles.

Ces bâtiments remorquaient 49 navires du commerce, et
portaient :

25,200 hommes d'infanterie,

2,000 hommes d'artillerie,

800 hommes du génie,

1,437 chevaux,

68 canons.

L'escadre ottomane, dont le vice-amiral Hamelin avait
bien voulu accepter la surveillance, partit en même temps,
composée de huit vaisseaux à voiles et quatre frégates à
vapeur sous les ordres du Capitan pacha; deux frégates à
vapeur françaises et deux anglaises lui avaient été ad-
jointes. Ces 16 bâtiments et 16 navires du commerce
qu'ils prirent à la remorque, avaient à bord une division

de 7,000 Turcs. D'autres navires du commerce partirent par groupes isolés.

Voici l'ordre dans lequel s'ébranla cette masse considérable de bâtiments. Les vaisseaux, sur deux colonnes, ouvraient la marche, précédés par les deux corvettes à vapeur, le *Primauguet* et le *Caton*, capitaines Reynaud et Pothuau, placées en éclaireurs :

Première escadre.

Canons.

112	*Ville-de-Paris*........	capitaine	Rigault de Genouilly.
			Hamelin, vice-amiral.
			comte Bouët Willaumez, major général.
80	*Charlemagne*.......	capitaine	vicomte de Chabannes Curton.
82	*Jupiter*............	—	Lugeol (Alexis).
90	*Suffren*...........	—	Fabre la Maurelle.
90	*Iéna*.............	—	Rapatel.
74	*Marengo*..........	—	Martin.
116	*Friedland*.........	—	Guérin.
	Néréide, frégate-transport.	—	Malmanche (Charles).

Deuxième escadre.

118	*Montebello*........	capitaine	Bassière.
			Bruat, vice-amiral.
78	*Jean Bart*........	capitaine	Touchard.
88	*Henri IV*.........	—	Jehenne.
			Lugeol (Jean), contre-amiral.
118	*Valmy*...........	capitaine	Lecointe.
80	*Ville-de-Marseille*....	—	Laffon de Ladébat.
74	*Alger*...........	—	de Saisset.
84	*Bayard*..........	—	Borius.
	Calypso, frégate-transport.	—	Dauriac (Alexandre).

Venait ensuite le convoi sous la conduite du contre-amiral Charner, avec les frégates, corvettes et avisos à vapeur, naviguant aussi sur deux lignes (1).

94	*Napoléon*.........	capitaine	Dupouy.
			Charner, contre-amiral

Première colonne.

	Montézuma........	capitaine	d'Elissade de Castremont.
	Vauban..........	—	de Poucques d'Herbinghem.
	Roland..........	—	baron de la Roncière le Noury.
	Cacique..........	—	Guesnet.
	Euménide........	—	Pelletreau.
	Pandore, frégate à voiles.	—	Bouchaud.
	Mégère.........	—	Devoulx.

(1) Il ne partit qu'avec l'escadre anglaise.

Allier, transport à voiles.   —   Jugan.
Infernal. . . . .   —   de Rostaing.
Coligny. . . . .   —   Robin (Alexandre).
Henri IV, vapeur du commerce.

Deuxième colonne.

Mogador. . . . . capitaine Warnier de Wailly.
Ulloa. . . . .   —   Baudais.
Canada. . . . .   —   Maissin.
Magellan. . . . .   —   Kerdrain.
Caffarelli. . . . .   —   Simon (Prosper).
Lavoisier. . . . .   —   Dieudonné.
Girafe, transport à voiles.   —   Cadiou.
Pluton. . . . .   —   Fisquet.
Egptien. . ⎫
Indus. . . ⎭ vapeurs du commerce.

Enfin, répandus sur les flancs, se voyaient comme répétiteurs, les bâtiments aussi à vapeur :

Pomone. . . . . capitaine Bouët (Adolphe).
Orenoque. . . . .   —   Poudra.
Dauphin. . . . .   —   Tabuteau.
Ajaccio. . . . .   —   baron de Martroy.
Descartes. . . . .   —   baron Darricau.
Berthollet. . . . .   —   Dubut.
Mouette. . . . .   —   d'Heureux.

Les Anglais pour lesquels le départ avait été retardé de quelques jours, n'étaient pas encore prêts et ne mirent pas à la voile en même temps que les Français; ceux-ci les attendirent devant les bouches du Danube. Ils rallièrent le 8, et après plusieurs jours d'une heureuse traversée, les trois escadres et leurs convois mouillèrent le 13, entre le village d'Eupatoria et le cap Tarkan, distant de quelques lieues au Nord de la petite rivière l'Alma. Aujourd'hui que ces événements contre lesquels le hasard de tant de circonstances pouvait fatalement se réunir sont des faits accomplis, on ne saurait se rendre un compte exact des inquiétudes, des tourments sans cesse renouvelés qui assaillirent ces heures incertaines et agitées. Que devenait l'expédition, si une de ces tempêtes qu'on disait être si fréquentes dans la mer Noire, était venue assaillir les flottes, soit pendant cette traversée, soit pendant qu'elles étaient agglomérées sur une côte sans abri? Cette éventualité ne se présenta fort heureusement pas. Eupatoria se rendit

sans résistance, le jour même, et la place fut immédiatement occupée. Le lendemain matin, les escadres appareillèrent, et les vaisseaux à voiles, accouplés aux frégates à
vapeur, firent route pour l'Alma, laissant le convoi sur la
rade d'Eupatoria. A $7^h 30^m$, les vaisseaux français mouillèrent devant la plage où cette rivière se jette à la mer,
et qui avait été choisie comme lieu de débarquement.
Et pendant qu'ils se plaçaient sur trois lignes parallèles à
la côte, une division conduite par le vice-amiral Dundas se
dirigeait du côté de la baie de la Katcha, située plus au Sud,
pour opérer une diversion (1). Les chaloupes, les canots
et les chalands furent de suite mis à la mer et le débarquement des troupes commença immédiatement. A $8^h 30^m$, le
pavillon français flottait sur la terre de Crimée. Le transbordement continua sans opposition, soit que les Russes
eussent été trompés par la prolongation de séjour du convoi à Eupatoria, ou par la diversion de la Katcha, soit qu'ils
ne fussent pas en mesure de s'y opposer. De prudentes
précautions avaient, du reste, été prises. Un détachement
de marins-fuséens et d'artilleurs de la marine aux ordres
du capitaine de frégate Dompierre d'Hornoy, avait été
placé sur la falaise qui existe au Sud de la rivière devant
laquelle la frégate le *Descartes*, les corvettes le *Primauguet* et le *Caton*, capitaines Darricau, Reynaud et Pothuau,
s'étaient embossées, aussi près que possible, pour la ba-
layer au besoin. Quatre chaloupes de vaisseau, armées en
guerre, se tenaient en outre aux extrémités de la plage. A 2^h,
les trois divisions de l'armée française étaient à terre avec
leurs bagages, quatre jours de vivres, les chevaux et 50
pièces d'artillerie. A cette heure aussi, les navires du convoi jetaient l'ancre en dedans des vaisseaux. Les Anglais,
de leur côté, avaient commencé à débarquer leurs troupes
à 10^h. Ce 14 septembre fut un beau jour pour la marine ;

---

(1) Le vice-amiral Dundas, par des motifs restés ignorés, ne conduisit pas
cette diversion.

et les officiers, chefs comme sous-ordres, qui avaient dirigé
l'embarquement et le débarquement, eurent lieu de se
montrer satisfaits de la manière dont ces deux opérations
délicates avaient été conduites : aucun incident ne trou-
bla les sages et intelligentes dispositions qui avaient été
prises. La mise à terre des troupes du convoi dut cependant être interrompue avant la fin du jour, parce que le
vent, en s'élevant frais du large, souleva la mer de manière à rendre les abords de la plage très-difficiles. Cette
contrariété fut de courte durée ; le mouvement put être
continué le lendemain, et les soldats embarqués sur les
bâtiments qui avaient fait l'utile diversion à la Katcha,
les Turcs, l'artillerie, les objets du campement et les
vivres furent également transportés à terre. Tout était terminé le 16 au soir. Cinq vaisseaux et trois corvettes à vapeur firent de suite route pour Varna pour aller chercher
les militaires qui y avaient été laissés, des vivres et les approvisionnements nécessaires à une armée à laquelle tout
devait être apporté par mer. Jusque-là, la plus grande
part de travail et d'activité avait appartenu à la marine.
C'est elle qui avait préparé les voies, qui avait exploré
la mer fort peu connue sur laquelle flottait maintenant,
de toutes parts, le drapeau de la France. C'est elle qui
avait pris l'armée ; qui lui avait fait traverser la
Méditerranée, l'Archipel, les Dardanelles, la mer de
Marmara, le Bosphore, l'Euxin, et l'avait déposée, après
une étape à Gallipoli et une autre en Bulgarie, sur
cette terre de Crimée où elle allait acquérir une réputation comparable à celle des vieilles bandes d'une autre
époque. La marine avait eu à accomplir une tâche considérable, et elle l'avait remplie à son honneur ; celle que les
circonstances lui réservaient allait lui imposer une activité plus grande encore : elle sut y joindre un dévouement
et une abnégation absolus et sans bornes.

   Le maréchal Saint-Arnaud avait l'intention de se mettre
en marche le 17, pour se rapprocher de Sébastopol ; mais

les Anglais n'étaient pas encore tous à terre, et il les attendit pendant deux jours après lesquels il alla prendre son
campement auprès de l'Alma. L'armée de mer, qui avait
suivi son mouvement en élongeant la côte, laissa tomber
l'ancre à l'embouchure de cette rivière. Le 20 eut lieu la
bataille d'Alma, début glorieux qui donna aux alliés cette
énergie si nécessaire à des troupes encore sous l'impression du terrible fléau qui les avait assaillies, et cette
confiance, si précieuse lorsque l'on combat isolés, comme
nous l'étions à l'extrémité de l'Europe. Le rôle de la
marine fut fort restreint dans cette mémorable circonstance. Plusieurs bâtiments à vapeur avaient pris position devant la rivière pour appuyer le mouvement en
avant du corps qui devait la franchir dans cette partie;
mais la frégate le *Cacique*, capitaine Guesnet, et l'aviso
la *Mégère*, capitaine Devoulx, qui étaient mouillés entre
elle et le cap Loukoul, apportèrent seuls une coopération utile en empêchant, par leur feu, les Russes de
s'approcher de la mer. Cependant, un corps d'infanterie
de marine qui faisait partie de la troisième division mérita,
par sa belle conduite, une mention spéciale dans le rapport du commandant de cette division. Toutefois, si la
marine ne prit qu'une part secondaire à cette brillante affaire, ce fut par elle que le commandant en chef de l'armée de terre connut la possibilité de traverser l'Alma à son
embouchure même. L'exploration de cette rivière, faite
par le capitaine de frégate de la Roncière le Noury, qui
commandait la corvette le *Roland*, amena la découverte
de la petite barre que le corps du général Bosquet suivit pour gravir la falaise; et certes, les Russes se
croyaient parfaitement à l'abri d'une attaque de ce côté.
On connaît le résultat de la bataille : l'honneur en fut
pour les alliés. Mais ce résultat était sanglant. Les chirur-
giens des bâtiments qui, pendant cette campagne, donnèrent de si nombreuses preuves de dévouement, furent
envoyés aux ambulances pour aider leurs collègues de

IV   23

l'armée de terre ; et comme il n'y avait pas à songer à établir des hôpitaux dans un pays qu'on allait parcourir sans l'occuper, les blessés furent placés à bord des frégates à vapeur et portés à Constantinople. Ce fut un triste et bien douloureux spectacle que celui de l'embarquement dans les canots et sur les bâtiments, puis ensuite, celui de la mise à terre de ces malheureuses victimes de la guerre dont un grand nombre, malgré les précautions prises, ne devaient plus revoir leur patrie. Dans ces lugubres circonstances, les marins donnèrent encore à leurs camarades de l'armée de terre les témoignages les moins équivoques d'une sympathie dont, je me hâte de le dire, leurs chefs surent plus tard tenir compte à la marine.

C'est à cette époque que les Russes, prévoyant une attaque simultanée par mer et par terre contre Sébastopol, forcèrent les alliés à modifier leurs projets, en établissant, à l'entrée même du port, une digue infranchissable de frégates et de vaisseaux coulés. Cette détermination désespérée, qui délivrait les Russes des préoccupations d'une attaque par mer, avait en outre l'avantage de mettre 2,000 canons de gros calibre et au moins 10,000 marins à la disposition du gouverneur de la place. On sait ce qui eut lieu : les alliés furent obligés de changer leur plan de campagne. D'après leur projet primitif, l'armée devait se porter d'abord sur les défenses du Nord de Sébastopol, et après la prise ou la destruction de ces ouvrages, attaquer les fortications du Sud ; ici, la marine avait mission de lui prêter le concours de sa puissante artillerie pour écraser les batteries de mer. La coopération effective des vaisseaux étant désormais impossible, et la destruction des ouvrages du Nord ayant été jugée inutile, l'armée se mit en marche pour contourner la baie et se porter du côté du Sud. L'existence de quelques enfoncements assez bien abrités dans cette partie de la presqu'île de Crimée devait rendre l'approvisionnement plus facile. Dans le but de favoriser cet audacieux mouvement tournant, et pour attirer l'attention des Russes sur un autre point, huit bâtiments à vapeur engagèrent une canonnade à longue portée avec les batteries du Nord de Sébastopol. Pendant qu'il s'exécutait, le maréchal Saint-Arnaud, malade déjà depuis quelque temps, remit le commandement en chef au général de division Canrobert.

Dès que l'armée fut aperçue débouchant vers le Sud, des vivres furent dirigés et débarqués, par les soins du contre-amiral Charner, au Sud du cap Chersonèse, dans la baie de Balaklava, dont les Anglais avaient pris possession, et qui était déjà encombrée de leurs navires de charge. Les Français choisirent la baie, on peut dire jusque-là ignorée, de Kamiesh comme base de leurs opérations ultérieures, et ce fut dans cet endroit, situé dans la partie méridionale, presque à l'entrée de la baie de Sébastopol, que le matériel fut mis à terre (1).

Dès que les communications furent rétablies avec l'armée de terre, la marine dut s'occuper de l'enlèvement des malades; quelques cas de choléra avaient été de nouveau constatés. Un transport à voiles les embarqua à Balaklava et les porta à Constantinople. Tel devait être successive-

---

(1) On était loin alors d'apprécier toute la valeur de cette position. Le contre-amiral Lyons, qui commandait en sous-ordre dans l'escadre anglaise, avait fait naguère l'hydrographie de la mer Noire. D'après lui, Balaklava était la seule baie dans laquelle on pût trouver un abri convenable. Il avait écrit que les navires mouillés à Kamiesh seraient toujours en perdition avec les vents de la partie de l'Ouest. Ce fut là le motif de l'empressement avec lequel les Anglais occupèrent Balaklava. Ils nous y devancèrent, parce que le vice-amiral Hamelin avait accédé à la demande du commandant en chef, de maintenir les escadres dans le Nord de Sébastopol, afin de dissimuler la marche tournante de l'armée, et attirer l'attention des Russes de l'autre côté. L'expérience démontra bientôt combien les appréciations du contre-amiral anglais étaient erronées.

Il paraît que l'honneur de la découverte de la baie de Kamiesh,   car des assertions en contradiction complète avec celles du contre-amiral Lyons constituaient une véritable découverte, — il paraît constaté que l'heureuse chance de procurer à la flotte un abri aussi sûr, aussi convenable qu'on pouvait le désirer, appartient au capitaine de frégate, aujourd'hui vice-amiral, baron Clément de la Roncière le Noury, qui avait eu déjà celle, non moins grande, de trouver le gué de l'Alma. Aucun nom ne convenait mieux à Kamiesh que celui de port de la Providence qui lui fut donné plus tard.

ment le rôle de presque tous les bâtiments : ils allaient être contraints de s'éloigner momentanément du théâtre de la guerre, ceux à voiles avec des malades ou des blessés, les bâtiments à vapeur pour leur donner la remorque. La marine qui, par la nécessité impérieuse des événements, avait à pourvoir à tous les besoins de l'armée de terre, devait rester l'asile obligé de ceux de ses membres qui ne pouvaient pas combattre. Si les marins éprouvèrent parfois de l'amertume dans l'exécution de ces tristes missions, cette impression fut toujours effacée par les plus nobles et les plus généreux sentiments que puisse inspirer le devoir.

Kamiesh, grâce aux soins intelligents et à l'activité peu ordinaire du vice-amiral Bruat qui avait été chargé de ce travail, Kamiesh devint un véritable port dans lequel plusieurs vaisseaux purent trouver un abri, et prit bientôt l'aspect de vie mouvementée qui ne devait plus l'abandonner un seul jour jusqu'à la fin de la campagne. Les arrivages et les départs s'y succédèrent avec rapidité. L'armée, désormais stationnée sur le plateau de Chersonèse, et ne pouvant tirer aucune ressource du pays, reçut avec abondance, par un miracle incroyable de prévoyance incessante, les vivres nécessaires à sa subsistance, et tout ce qui pouvait la protéger ultérieurement contre les cruelles atteintes d'un rude hiver, les tempêtes de neige et les pluies torrentielles de la mauvaise saison.

A quelque temps de là, imitant en cela l'initiative du vice-amiral anglais, le vice-amiral Hamelin qui avait déjà offert au commandant en chef de l'armée de terre le concours des vaisseaux comme diversion, mit à sa disposition des matelots-fusiliers, des pièces d'artillerie, et des matelots-canonniers pour les servir. Cette offre fut acceptée avec empressement, car le général Canrobert avait bien vite aperçu la position d'infériorité dans laquelle il allait se trouver. Il était, en effet, réduit à un parc de siége composé de pièces de 16 et de 24, alors que, par suite de la destruction de leurs vaisseaux, les Russes pouvaient disposer des canons de fort calibre qui les armaient et des canonniers qui étaient à bord. La marine débarqua 10 obusiers de 22 centimètres et 20 canons de 30 n° 1, approvisionnés de 150 coups par pièce, 25 officiers, 18 aspirants, 500 matelots-canonniers, 500 matelots-fusiliers et 30 artilleurs-fuséens. Le commandement du bataillon de fusiliers et celui de la batterie qu devait être armée avec ces pièces furent donnés aux capitaines de frégate Pichon et Méquet (Eugène), auxquels furent adjoints les lieutenants de vaisseaux Pigeard, Chaperon, Roland, de Somer et d'Apat. Le capitaine de vaisseau Rigault de Genouilly prit la direction supérieure de cette brigade navale, et cet officier fut remplacé dans le commandement du vaisseau la *Ville-de-Paris*, par le capitaine de frégate Dompierre d'Hornoy. La position avancée de Kamiesh nécessitait des précautions spéciales. La marine fut autorisée à établir une batterie sur une des pointes de la baie de Streletz-Ka, dans laquelle le drapeau de la France flottait depuis le mois d'octobre. Cette batterie, de 6 canons de 50 et de 4 obusiers de 22 centimètres, était commandée par le capitaine de frégate Penhoat. On lui adjoignit 4 lieutenants de vaisseau, 4 enseignes de vaisseau, 5 aspirants et un chirurgien; 150 matelots-canonniers armèrent cette batterie, et la garde en fut confiée à 150 matelots-fusiliers. Porté alors à 1,300 hommes, l'effectif des marins employés au siége de Sébastopol s'éleva graduellement au chiffre de 2,500. Dans le tracé des tranchées arrêté par le génie, la marine eut la charge de construire et d'armer les batteries n°s 1 et 2, composées de 20 pièces de 30 et de 80, et formant l'extrème gauche de la ligne. Ces travaux durent être faits pendant la nuit, car l'ennemi les contraria par une canonnade en quelque sorte continue. On conçoit quelles difficultés on eut à vaincre pour traîner des pièces d'un tel calibre jusqu'aux emplacements choisis pour l'établissement de ces batteries. On ne saurait trop dire ce qu'il fallut de patience, d'industrie, de volonté et de ténacité, pour parer à tous les événements imprévus qui se présentèrent ; les obstacles furent aplanis, les difficultés furent vaincues, et la marine montra les puissantes ressources qu'offre son personnel.

Dans les premiers jours du mois d'octobre, une division dont la partie française était sous les ordres du contre-amiral Charner, explora la côte méridionale de la Crimée du côté de Yalta. La compagnie de débarquement du vaisseau à vapeur le *Napoléon*, capitaine Dupouy, sur lequel le contre-amiral Charner avait son pavillon, celles des frégates à vapeur l'*Ulloa* et la *Pomone*, capitaines Baudais et Bouët (Adolphe), et de l'aviso à vapeur la *Mégère*, capitaine Devoulx, furent mises à terre sans rencontrer d'opposition et battirent le pays pour se procurer des vivres frais. Cette expédition n'amena aucun résultat : tout le bétail avait été dirigé dans l'intérieur.

Lorsque les batteries de siége furent complétement établies, les officiers généraux des escadres alliées se réunirent à Kamiesh pour examiner dans quelles limites la marine pourrait apporter son concours, le jour d'une action générale. Il fut décidé : « Que tous les vaisseaux alliés, sans exception, prendraient part à l'attaque ;

« Que cette attaque de 25 vaisseaux serait simultanée, les vapeurs se tenant le plus possible hors de portée. »

La place que chacune des trois escadres devait occuper fut aussi arrêtée. Eu égard au barrage du port, cette coopération ne pouvait avoir d'autre caractère que celui d'une diversion. Il n'y avait, en effet, pas d'attaque sérieuse et réellement efficace possible contre des fortifications de la nature de celles qui défendaient l'entrée de Sébastopol. Ces défenses consistaient en batteries en terre, à barbette, établies sur des points élevés, et en forts en pierres casematés, pour les ouvrages à fleur d'eau. Les uns, comme les autres, étaient armés de pièces des calibres marins les plus puissants, et concentraient une masse considérable de feux croisés sur la passe. Ainsi, 216 bouches à feu du côté du Sud et 100 du côté du Nord avaient vue sur tout bâtiment qui se présentait devant le port. A ces moyens formidables, il faut ajouter les difficultés d'approche résultant de l'existence des bancs qui se trouvent à l'ouvert de la baie et qui empêchent les vaisseaux de se placer en ligne à distance convenable. On conçoit combien, dans de semblables conditions, il devait être difficile de développer 25 vaisseaux appartenant à trois nations différentes, si l'on considère surtout que la configuration de la côte ne leur permettait de se rendre à leurs postes que de pointe, et en essuyant le feu d'enfilade de l'ennemi. Jamais, à aucune époque, la marine n'avait eu à attaquer des fortifications si redoutables. A l'issue de cette séance, un memorandum fut rédigé et envoyé aux commandants en chef de l'armée de terre. Voici ce document intéressant :

« Les amiraux des trois flottes, réunis en conférence, aujourd'hui 15 octobre, à bord du *Mogador*, ont résolu :

« 1.º Que pour soutenir l'attaque des armées alliées contre la place de Sébastopol, tous les bâtiments qui composent leurs flottes exécuteraient, en même temps, une attaque générale contre les batteries de mer de cette place et les vaisseaux russes mouillés dans le port ;

» 2º Que les vaisseaux n'ayant chacun, en moyenne, que 70 projectiles par pièce, soit 140 par canon d'un seul bord, les généraux en chef des armées alliées seraient priés de déterminer si tous ces projectiles devaient être dépensés le jour où commencera le feu des batteries de siége, ou le jour de l'assaut, ou enfin répartis, par moitié, entre ces deux jours ;

« 3º Que, pour que cette attaque puisse s'effectuer, il faut que le temps soit maniable et permette aux bâtiments à vapeur de remorquer les vaisseaux à leur poste au feu.

« Fait à bord du *Mogador*, rade de Kamiesh, le 15 octobre 1854.

« Signé : vice-amiral Hamelin, — vice-amiral Dundas, — vice-amiral Achmed Pacha, — vice-amiral Bruat, —

contre-amiral sir Edmund Lyons, — contre-amiral Charner,
— contre-amiral comte Bouët Villaumez. »

La proposition de la marine de canonner les forts et les autres ouvrages de mer, en même temps que les batteries de siége ouvriraient leur feu contre la place fut agréée et, le jour suivant, il y fut répondu, par un avis pressant, que l'attaque commencerait sur toute la ligne, le lendemain 17 à 6ʰ 1/2 du matin. La lettre des deux commandants en chef continuait : « Il importe que les vaisseaux n'emploient que la moitié de leurs munitions, soit environ 70 coups par canon d'un seul bord, réservant l'autre moitié pour les éventualités à venir, notamment pour le jour de l'assaut. »

« Si avant l'épuisement des munitions que la flotte doit employer dans cette attaque, les amiraux remarquaient que le feu des batteries cessât entièrement, il y aurait lieu d'admettre que les généraux en chef ont jugé l'assaut possible et l'ont ordonné. Dans ce cas, le feu des vaisseaux devrait se restreindre à l'étendue du port et des batteries qui bordent la rive Nord. »

Cet avis arriva le 16, dans l'après-midi, au vice-amiral Hamelin qui se trouvait à Kamiesh avec le *Mogador* sur lequel il avait momentanément arboré son pavillon. Dans la répartition qui avait été faite des divers mouillages occupés par l'armée navale, Kamiesh avait été assigné aux vaisseaux à vapeur, parce qu'ils y étaient plus à portée de surveiller les mouvements du port de Sébastopol; les vaisseaux à voiles se tenaient dans la baie de la Katcha. Or, la distance qui sépare ces deux mouillages est de onze milles. Il fallait donc donner des instructions aux bâtiments de ces deux ancrages et les réunir, afin que ceux qui étaient pourvus de moteurs à vapeur pussent, au besoin, prêter assistance à ceux qui étaient réduits à l'emploi unique de leurs voiles. Il fallait préciser les mesures à prendre, pour que chaque vaisseau pût se rendre à son poste sans hésitation. Il fallait surtout,

et avant tout, s'entendre avec les Anglais et avec les Turcs,
à Balaklava et à la Katcha, au sujet des dernières dispositions nécessitées par une attaque simultanée des vaisseaux
des trois nations. On assure que le vice-amiral Hamelin
répondit à l'envoyé du commandant en chef qu'il était impossible de réunir les vaisseaux pour l'heure indiquée, et
que, par suite, l'action ne pourrait pas être simultanée.
Quoi qu'il en soit, laissant des instructions au vice-amiral
Bruat, il se mit en route pour la Katcha. Le lendemain
17, de très-bonne heure, les vaisseaux qui se trouvaient
à ce mouillage mirent sous voiles. Une nouvelle contrariété vint se joindre à celle d'avoir été tardivement prévenu : il faisait calme. Les bâtiments à vapeur présents
sur les lieux prirent les vaisseaux à la remorque, et tous
se dirigèrent vers le Sud. Conformément aux ordres qu'il
avait reçus, et malgré une brume très-épaisse, le vice-
amiral Bruat était sorti de Kamiesh pour se porter à la
rencontre du commandant en chef; toutefois la jonction
des deux divisions ne put avoir lieu qu'après 10^h. Les
vaisseaux anglais et les vaisseaux turcs ne tardèrent pas à
être aperçus ralliant également de leur côté. Le vice-amiral Hamelin signala à l'armée de se préparer au combat
et d'aller prendre le poste qui lui avait été assigné devant
Sébastopol; un autre signal ajouta : « La France vous regarde. » L'attaque des batteries du Sud avait été confiée
aux vaisseaux français; celle des batteries du Nord devait
être faite par les Anglais; deux vaisseaux turcs, en se
plaçant au milieu, réuniraient les extrémités de cette ligne
interrompue et légèrement courbée vers le N.-E. Bientôt
les bombes de l'ennemi éclatèrent dans l'espace et ses
boulets ricochèrent au loin. Sans prendre garde au feu des
Russes, les vaisseaux se développèrent avec calme sous
une grêle de projectiles et prirent le poste qui leur avait
été désigné, avec une précision d'autant plus remarquable,
que les bancs qui forment comme un barrage naturel d'une
rive à l'autre, rendaient cette manœuvre excessivement

délicate (1). La bombarde le *Vautour*, capitaine Causse,
mouillée dans la baie de Streletz-Ka, seule riposta. Le
Charlemagne, capitaine de Chabannes, précédé par la corvette le *Pluton*, capitaine Fisquet, alla jeter l'ancre aussi
près de la côte du Sud que son tirant d'eau put le lui permettre, et à 1,400 mètres de la batterie de la Quarantaine.
Le *Montebello*, capitaine Bassières, au mât de misaine duquel flottait le pavillon du vice-amiral Bruat, le *Friedland*, capitaine Baudin, accouplé au *Vauban*, capitaine
d'Herbinghem, prirent successivement position à côté de
lui. Tous trois répondirent alors au feu de l'ennemi. Il était
1ʰ. Le vaisseau amiral la *Ville-de-Paris*, capitaine d'Hornoy,
remorqué à couple par la corvette le *Primauguet*, capitaine
Reynaud, mouilla ensuite. Puis le vaisseau le *Valmy*, capitaine Lecointe, sur lequel le contre-amiral Lugeol était embarqué, avec la frégate le *Descartes*, capitaine Darricau, le
Napoléon, capitaine Dupouy, vaisseau qui portait le pavillon du contre-amiral Charner, et le *Henri IV*, capitaine
Jehenne, accouplé au *Canada*, capitaine Maissin, joignirent leur canonnade à celle des premiers arrivés, à mesure
que leurs ancres touchèrent le fond. Les autres vaisseaux
formèrent une seconde ligne, endentée avec la première,
dans l'ordre suivant : le *Suffren*, la *Ville-de-Marseille*, capitaines Fabre Lamaurelle et Laffon de Ladébat, le *Marengo*,
l'*Alger*, capitaines Martin et de Saisset, le *Jean Bart*, le
Bayard, le *Jupiter*, capitaines Touchard, Borius et Lugeol.
La frégate la *Pomone*, capitaine Bouët (Adolphe), favorisée
par son moindre tirant d'eau, alla se placer à la droite de
la ligne, à terre du *Charlemagne*. Gênés par la faiblesse
de la brise qui s'était élevée au Sud et par l'intensité de
la fumée, les deux derniers vaisseaux et le *Valmy* ne pu-

---

(1) Aussi le vice-amiral Bruat écrivait-il, au commencement de l'année suivante : « Le port de Sébastopol est protégé contre l'action des flottes, moins
encore par ses formidables batteries, que par les hauts-fonds qui bordent la
côte, ne laissant entre eux qu'un passage étroit de sept encâblures, rétréci par
un plateau de roches sur lequel il n'y a que sept mètres d'eau. »

rent prendre que tardivement leur poste. Lorsque les Anglais et les Turcs eurent occupé la position qui leur avait été réservée, les premiers à 1,000 mètres de l'ouvrage le plus avancé, la canonnade devint effrayante; Français, Anglais et Turcs rivalisèrent d'ardeur et tirèrent, en quelque sorte sans intermittence, jusqu'à 4ʰ du soir. Les vaisseaux français du large appareillèrent alors, l'un après l'autre, et ceux de la ligne intérieure mirent ensuite successivement à la voile; deux heures plus tard, tous regagnaient le mouillage qu'ils occupaient le matin. Dès 3ʰ, le vaisseau anglais *Albion* et la frégate *Retribution* s'étaient retirés, démâtés de leurs grands mâts, et ayant le feu à bord. Le vaisseau amiral *Britannia* avait dû également prendre le large. Les autres vaisseaux anglais et les turcs s'éloignèrent aussi à la nuit.

Matériellement, le résultat de cette attaque fut sans importance notable. Ce n'est pas à une distance aussi grande que celle à laquelle les vaisseaux avaient dû se placer qu'on peut dégarnir des fortifications en granit comme celles de Sébastopol. Et quoique les forts russes portassent des traces irrécusables de la justesse du coup d'œil des canonniers marins, ils n'éprouvèrent que des dommages peu considérables. Mais, ainsi qu'on se l'était proposé, cette diversion fut utile aux assiégeants, car les artilleurs russes employés aux batteries de la marine, entrèrent naturellement en déduction de ceux qui auraient pu être utilisés sur les remparts. Le tir, beaucoup plus facile de l'ennemi, avait produit des effets plus positifs que celui des alliés. Un obus était tombé sur la dunette de la *Ville-de-Paris*, auprès du commandant en chef, alors entouré de son état-major, avait tué un des officiers qui en faisaient partie et en avait blessé quatre autres (1). Le *Mon-*

---

(1) Dans le nombre des derniers se trouvait le lieutenant, aujourd'hui capitaine de vaisseau Grivel, aux communications bienveillantes duquel je suis redevable de quelques particularités intéressantes de cette guerre de Crimée.

tebello avait eu deux fois le feu à bord. Une bombe avait traversé tous les ponts du *Charlemagne* et avait éclaté dans sa machine en faisant des ravages d'autant plus regrettables que l'armée navale n'avait plus qu'un vaisseau à vapeur et deux mixtes. Un boulet qui avait frappé au-dessous de la flottaison avait occasionné au *Napoléon* une voie d'eau qu'on put, par bonheur, étancher. Les autres vaisseaux portaient également dans le corps et dans la mâture des marques non équivoques de la précision des coups de l'ennemi. Les pertes en hommes ne montèrent pas aussi haut qu'on avait pu le craindre.

Les batteries de siége, armées par la marine, acquirent ce jour-là une réputation qu'elles surent conserver jusqu'à la prise de la ville. La batterie n° 1 était commandée par le capitaine de frégate Lescure, qui avait sous ses ordres les lieutenants de vaisseau de Martel et Marivault. La batterie n° 2 avait pour chef le capitaine de frégate Méquet (Eugène), assisté des lieutenants de vaisseau Bianchi et Tricault. La batterie n° 6, dite du fort génois, était dirigée par le capitaine de frégate Penhoat et les lieutenants de vaisseau Rallier et Lévêque. L'état dans lequel ces trois batteries furent mises, le nombre de leurs tués et de leurs blessés, constataient l'importance que l'ennemi attachait à leur destruction. Leurs pertes étaient telles que le général d'artillerie avait dû leur donner l'ordre de cesser de tirer. Les Russes prenant ce silence pour une impossibilité absolue de continuer de combattre, firent une sortie afin d'achever ce que leurs canons avaient si bien commencé. Aperçus à temps, ils avaient été repoussés par les gardes de tranchée et par un détachement de marins conduits par le capitaine de vaisseau Rigault de Genouilly.

Des appréciations de différentes natures ont été portées sur cette affaire du 17 octobre (1). J'ai dit dans quelles

_____

(1) Je n'ai pas l'intention d'examiner la valeur de ces appréciations ; ce serait sortir de mon rôle de chroniqueur. Je ne puis cependant pas clore la re-

conditions s'étaient trouvés les vaisseaux dont la coopération avait été acceptée. Les escadres, en occupant
pendant près de six heures les batteries de mer de Sébastopol, avaient fait tout ce qu'il était possible de faire.
Le nombre des bâtiments à vapeur présents à la Katcha
n'étant pas égal à celui des vaisseaux à voiles qui étaient
à ce mouillage, plusieurs de ceux-ci durent attendre à
l'ancre qu'on leur donnât la possibilité de prendre le large.
En outre, l'opération assez délicate de l'accouplement
des bâtiments demanda aussi du temps, et il eut été imprudent de la faire de nuit. Or, prévenu seulement le 16,
dans l'après-midi, de la résolution prise par les commandants en chef de l'armée de terre d'ouvrir le feu le lendemain au point du jour, le vice-amiral Hamelin ne pouvait matériellement pas avoir rallié ses vaisseaux, s'être
réuni aux escadres alliées, et avoir déployé sa ligne de
combat à l'heure indiquée. L'attaque simultanée était
donc chose impossible. Cet officier général, — et le vice-
amiral Dundas envisageait la situation de la même manière,—ne devait enfin pas oublier que sa mission avait un
double but : combattre, mais aussi sauvegarder les mouvements de l'armée de terre dont les vaisseaux étaient
l'appui indispensable et, en cas de revers, — car il fallait
tout prévoir, — l'unique retraite. Or, en s'approchant davantage des batteries, chose qui, eu égard à la nature du
fond, n'était possible que pour un très-petit nombre de
vaisseaux, on exposait ces vaisseaux à des feux croisés et
plongeants qui les eussent facilement écrasés, et qui eussent mis les remorqueurs dans l'impossibilité de les retirer
de cette position fâcheuse. D'ailleurs, en admettant que
l'artillerie de mer eût réduit les forts à l'impuissance de
continuer le combat, supposition toute gratuite puisque les
canons de cette époque ne pouvaient ouvrir une prompte

lation de ce combat, sans mettre en relief les raisons considérables qui limitè-
rent l'action de la marine dans cette circonstance.

brèche, au delà de 500 mètres, dans une maçonnerie d'épaisseur moyenne, il ne pouvait en résulter d'autre avantage pour les alliés, que celui d'avoir occasionné une perte matérielle plus considérable à l'ennemi, du moment qu'un obstacle sous-marin rendait désormais l'entrée du port inaccessible à leurs vaisseaux. On doit donc dès lors reconnaître que, sous peine de compromettre l'expédition, l'attaque par mer ne pouvait, ne devait être qu'une simple diversion. Quoi qu'il en soit de ces appréciations, voici la lettre que le général en chef Canrobert écrivit au vice-amiral Hamelin, au sujet de cette affaire :

« Devant Sébastopol, 18 octobre 1854.

« Mon cher amiral,

« En rentrant à mon bivouac, je m'empresse de vous
« adresser les remercîments de l'armée, et les miens tout
« particulièrement, pour le vigoureux concours que vos
« vaisseaux lui ont prêté hier. Il ajoute à la dette que nous
« avons, d'ancienne date, contractée envers la flotte, et
« soyez sûr que, le cas échéant, tous s'empresseraient de
« l'acquitter. J'ai appris avec de vifs regrets que vous
« aviez perdu deux officiers de votre état-major et, qu'entre
« tous les vaisseaux, la *Ville-de-Paris* est celui qui a le
« plus souffert ; c'est un honneur qui appartenait au vais-
« seau amiral, et je ne crains pas d'en féliciter vos offi-
« ciers et votre équipage.

« Je ne terminerai pas cette lettre sans vous dire com-
« bien je suis satisfait de l'énergique conduite de vos ma-
« rins à terre et de l'esprit qui les anime.

« Le général en chef,
« *Signé* CANROBERT. »

Quelques jours plus tard, le 23, cet officier général di-sait dans un ordre du jour : « Je signale à l'armée la con-
« duite du détachement de marins que la flotte nous a

« donnés pour auxiliaires; on ne saurait montrer plus
« d'ardeur, plus de vrai courage, et je suis heureux de
« proclamer ici les droits que ces braves gens, qui nous
« ont déjà rendu tant de services à la mer, acquièrent
« dans nos rangs à notre estime et à nos sympathies. »

Enfin, le 9 novembre, il écrivait au ministre de la guerre:
« L'admiration de l'armée tout entière est acquise à la con-
« duite de ces braves gens qui ont lutté, depuis le com-
« mencement de nos opérations, avec une énergie sans
« égale, contre les difficultés les plus grandes qui se soient
« jamais présentées dans un siége : leurs pertes sont
« énormes, eu égard à leur effectif ; et il y a telles de nos
« batteries de marine, comme celle du fort génois, com-
« mandant Penhoat, comme la batterie n° 2, commandée
« par le capitaine de frégate Méquet, qui ont été dix fois
« détruites par un feu supérieur, et qui ont toujours re-
« commencé la lutte avec une incroyable audace. »

A ces témoignages si loyaux et si mérités, le commandant
en chef de l'armée de terre joignit une demande qui
était une preuve irrécusable de la sincérité de son langage.
Il demanda au vice-amiral Hamelin 8 nouveaux canons de
30 n° 1, 2 obusiers de 22 centimètres et 1,000 matelots-
fusiliers. Le commandant en chef de l'armée de mer sa-
tisfit à ce désir, en réduisant toutefois à 600 le nombre
des matelots-fusiliers; ces derniers furent placés sous les
ordres du capitaine de frégate Houssard.

Ainsi que l'a écrit l'écrivain qui a été chargé de perpétuer
le souvenir de la guerre de Crimée, quand on considère d'un
point de vue élevé l'ensemble des opérations militaires de
l'armée de terre dans cette expédition lointaine, ce qui frappe
l'esprit, c'est cet appui constant de la marine à toute heure
et en toute circonstance; c'est cette présence incessante
du pavillon de la patrie, qui apporte la confiance comme
un souvenir vivant du pays. Je l'ai déjà dit, mais on ne
saurait trop le répéter, la vraie base d'opérations de
l'armée expéditionnaire, soit en présence de l'ennemi, soit

dans les campements, sur les différents points du littoral
de la mer de Marmara et de la mer Noire, a toujours été
sur ces boulevards flottants, base mobile, se prêtant à
toute la rapidité des mouvements d'une armée en campagne, et tenant constamment à sa portée, avec une activité
infatigable, les ressources inépuisables dés arsenaux.
C'eût été un curieux travail de suivre ces bâtiments dans
leurs pérégrinations continuelles, et de noter successivement cette multitude d'arrivages en hommes et en approvisionnements de toute nature, qui se renouvelaient dans
la rade de Kamiesh. La marine eût été heureuse de voir
l'auteur de la *Marine française dans la mer Noire* clore son
travail par un exposé du chiffre des hommes, des chevaux,
de la quantité de canons, de vivres et d'approvisionnements de toute espèce qui ont été transportés en Crimée.
C'était la peinture la plus fidèle qu'on pût faire de la part
prise par l'armée de mer à cette mémorable expédition.

A la fin d'octobre s'ouvrit une série de coups de vent;
c'était l'hiver qui commençait. Son approche était une pré-
occupation constante pour le chef qui avait à veiller à la
sûreté de tant de vaisseaux mouillés en pleine côte. Aussi
prit-il le parti de renvoyer en France les trois plus vieux,
le *Iéna*, qui n'avait pas bougé d'Eupatoria où il fut remplacé par le *Henri IV*, le *Suffren* et la *Ville-de-Marseille*. Il
détacha ensuite deux corvettes, le *Coligny*, capitaine Robin
(Alexandre), et la *Tysiphone*, capitaine Lebeau de Montour,
pour donner la remorque, le premier dans le Bosphore,
l'autre dans les Dardanelles, aux frégates et aux vaisseaux
à voiles armés en transports, qui étaient annoncés devoir
apporter des renforts et des approvisionnements.

Le 5 novembre eut lieu la bataille d'Inkermann. Une
batterie de la marine, commandée par le lieutenant de
vaisseau Dubessey de Contenson, y déjoua, par la longue
portée de ses pièces, quelques-unes des combinaisons
de l'ennemi.

Ce même jour, pendant que les alliés livraient la première bataille qui leur était offerte depuis leur arrivée devant Sébastopol, les Russes tentèrent d'envahir la gauche de leurs attaques confiée à la marine. Cette tentative échoua complétement. Arrêtés par les troupes de soutien de ces batteries, les agresseurs, dont le nombre fut évalué à 5,000, furent repoussés et culbutés à l'arrivée de deux détachements de marins commandés, l'un par le lieutenant de vaisseau de Marivault et conduit par le capitaine de vaisseau Rigault de Genouilly en personne, l'autre par le capitaine de frégate Pichon, auquel le capitaine de frégate Penhoat s'était adjoint.

Le 14, une violente tempête compromit tous les bâtiments qui étaient dans la mer Noire. Les vaisseaux mouillés à la Katcha eurent à lutter, pendant plus de vingt-quatre heures, contre un vent violent du S.-O. à l'Ouest qui battait en côte. Ce furent des heures bien pénibles que celles qui s'écoulèrent si lentement pendant la journée et la nuit du 14 et pendant la journée du 15 novembre, d'autant plus pénibles que chacun comprenait que les chances de réussite de l'armée expéditionnaire dépendaient en quelque sorte du salut de la flotte. Enfin, grâce à la bonne qualité des amarres, et aux sages précautions prises par les capitaines, les désastres eurent peu d'importance pour les bâtiments de guerre. Au mouillage de Kamiesh, quoique moins exposés, tous s'étaient également trouvés dans une position fort critique, mais tous avaient tenu bon. A Balaklava, le port choisi par les Anglais comme devant offrir plus d'abri, les angoisses furent plus grandes et le nombre des sinistres plus considérable que partout ailleurs. On a porté à 400 le chiffre des personnes qui y trouvèrent la mort.

Mais si, dans la baie de la Katcha et à Kamiesh, les bâtiments de la marine impériale eurent l'heureuse chance d'échapper à un naufrage qui, pour les premiers au moins, paraissait inévitable, ceux qui étaient à Eupatoria n'eurent pas le même bonheur. Personne n'ignorait qu'un bâtiment

mouillé devant ce village se trouverait en perdition le jour
où le vent soufflerait de l'Ouest avec violence; mais Eupatoria était une position stratégique importante qu'il fallait
absolument conserver, et il y avait nécessité d'y tenir
quelques bâtiments. Dans le moment, le vaisseau le
Henri IV, capitaine Jehenne, les corvettes à vapeur le *Pluton*, capitaine Fisquet, et le *Lavoisier*, s'y trouvaient, ainsi
qu'un vaisseau turc. De ces quatre bâtiments, le *Lavoisier*
seul résista à la tempête. Les deux vaisseaux et l'autre
corvette eurent toutes leurs chaînes rompues, et ils furent
portés et fracassés à la côte. Le *Henri IV* et le *Pluton* ne
perdirent ni un homme ni un canon; tout leur matériel put
être sauvé. A la suite de ce coup de vent, la *Ville-de-Paris*,
le *Friedland*, le *Bayard*, le *Valmy* et le *Jupiter*, qui avaient
fait des avaries plus ou moins considérables, furent renvoyés
dans le Bosphore; les trois premiers ayant perdu leurs
gouvernails, le *Napoléon*, le *Mogador* et le *Descartes* leur
donnèrent la remorque. Le vice-amiral Hamelin arbora
alors son pavillon sur la frégate à vapeur le *Montézuma*.
Le départ de ces vaisseaux nécessitait des mesures de précaution dont on s'occupa de suite. Une forte estacade, qu'on
fermait la nuit de manière à rendre les communications avec
l'extérieur impossibles, fut établie à l'entrée du port de
Kamiesh; deux batteries de 18 canons de 36 furent construites à l'extrémité de ce barrage. Deux autres batteries,
l'une de 4, l'autre de 8 canons de 36 furent aussi élevées
sur les deux pointes les plus avancées de la baie. On vit
bientôt combien ces mesures étaient sages. Le 6 décembre,
vers midi 30^m, une frégate russe et une corvette franchirent l'obstacle qui fermait le port de Sébastopol. L'aviso la
Mégère, capitaine Devoulx, placé en vedette, la corvette le
Caton, capitaine Védel (1) et la bombarde le *Vautour*, capitaine Causse, mouillées toutes deux dans la baie de
Streletz-Ka, se préparèrent au combat. Tandis que la cor-

(1) Le capitaine Pothuau était absent.

vette russe lançait des boulets aux deux dernières, la frégate suivait et canonnait la *Mégère* qui avait pris chasse. L'aviso à vapeur le *Dauphin* sortait en ce moment de Kamiesh avec plusieurs navires du commerce. Au premier bruit du canon, le capitaine Tabuteau largua ses remorques et, sans songer à autre chose qu'à l'appui moral que sa manœuvre pouvait procurer à la *Mégère*, il se dirigea sur la frégate russe et put bientôt ouvrir sur elle le feu de ses deux caronades. La frégate anglaise *Valorous*, qui passait au large, fut en ce moment aperçue venant, à toute vapeur, en aide aux deux bâtiments français : sa présence mit fin à un engagement qui aurait pu leur devenir funeste. La frégate ennemie vira de bord, prit chasse à son tour et, après avoir envoyé une dernière volée au *Caton* et au *Vautour* qui n'avaient pas cessé d'échanger des boulets avec la corvette, elle rentra dans le port, suivie par la *Valorous*, qui n'abandonna la poursuite que quand l'artillerie des batteries russes lui en fit une nécessité. Le *Vauban*, auquel l'état de vétusté de ses chaudières ne permettait plus de rendre de services, fut envoyé en station dans la baie de Streletz-Ka où une estacade fut construite, et son artillerie servit à établir à terre une batterie de 9 canons de 36.

A la fin du mois de décembre, le vice-amiral Hamelin reçut l'avis de son élévation à la dignité d'amiral de France, et de son remplacement dans le commandement en chef de l'armée navale de la mer Noire par le vice-amiral Bruat. Le 24, il fit route pour le Bosphore, aux acclamations des deux escadres, entre lesquelles il avait réussi à maintenir les meilleurs rapports. Depuis quelques jours, le vice-amiral anglais Dundas avait remis la direction de l'escadre anglaise au contre-amiral Lyons.

Bien qu'il eût été tout d'abord facile de prévoir que la guerre avec la Russie aurait son principal théâtre en Orient, les puissances alliées virent bientôt qu'elles ne pouvaient se dispenser d'avoir des escadres dans la mer

Baltique, sinon pour y faire une guerre active, du moins pour surveiller la marine russe, et empêcher la continuation de ses relations avec les pays dont les côtes sont baignées par les eaux des mers intérieures auxquelles on arrive par le Cattégat, par le Sund et par les Belt. Le commandement de l'escadre que le gouvernement français résolut d'envoyer dans ces parages, fut donné au vice-amiral Parseval Deschênes. Cet officier général avait ordre d'établir le blocus du golfe de Finlande, afin d'empêcher les bâtiments de guerre russes, épars dans les différents arsenaux de ce golfe, de se rallier ; d'intercepter tous les secours qui pourraient être envoyés du continent aux îles d'Aland ; de frapper, s'il était possible, un grand coup dont le retentissement se fît sentir jusqu'à Saint-Pétersbourg ; d'atteindre la Russie dans sa flotte ; de détruire ses ports, mais d'épargner aux propriétés privées tout dommage qui n'aurait pas pour objet direct de réduire les ressources navales et militaires de l'ennemi. Cette dernière recommandation avait également été faite au commandant en chef de l'escadre de la mer Noire. La mission que le gouvernement confiait au vice-amiral Parseval présentait de sérieuses difficultés.

La navigation de la Baltique a été considérée, en effet, de tout temps, comme très-difficile et très-dangereuse à cause des courants qui agitent cette mer, des écueils dont elle est parsemée, des îlots sans nombre qui en couvrent la surface, à cause enfin de son peu d'étendue. Ces difficultés devenaient bien plus grandes alors qu'il s'agissait de parcourir dans tous les sens, avec des vaisseaux à voiles, une mer dont toutes les balises avaient été enlevées, dont tous les feux avaient été éteints. De plus, certains passages ne pouvant être franchis que vent sous vergues, l'absence presque complète de bâtiments à vapeur devait augmenter, dans de notables proportions, les contrariétés d'une navigation déjà si périlleuse. Aussi, quoique partie de Brest le 20 avril 1854, l'escadre du Nord ne put-elle atteindre le mouillage de Kiel, sur la côte du Holstein, que le 20 du mois suivant. Voici quelle était sa composition :

	Canons.			
Vaisseaux	90	*Inflexible*.	capitaine	Pironneau.
				Parseval Deschênes, vice-amiral.
				Clavaud, chef d'état-major.
		Tage.	capitaine	Fabvre.
		Jemmapes.. . . .	—	Robin Duparc.
		Hercule.	—	Larrieu.
	80	*Duguesclin*. . . .	—	Lacapelle.
				Pénaud (Charles), contre-amiral.
		Breslaw.	capitaine	Bosse.
	70	*Trident*.	—	Maussion de Candé.
	52	*Zénobie*.	—	Hérail.
		Poursuivante. . .	—	Prud'homme de Borre.
		Virginie..	—	Séré de Rivières.
		Andromaque. . .	—	Guillain.
Frégate	à vapeur	*Darien*	—	baron Didelot.
Corvettes		*Lucifer*.	—	Dispan.
		Souffleur.	—	Moulac.

D'autres bâtiments devaient rejoindre plus tard.

L'Angleterre avait pris les devants. Dès que la déclaration de guerre avait été imminente, elle avait envoyé une escadre avec le vice-amiral Napier dans la Baltique, afin qu'aucun navire russe ne pût rentrer dans les ports lorsque les hostilités seraient dénoncées. Toutefois, le gouvernement français désirant que le pavillon de la France parût sur les côtes de la Russie en même temps que celui de la Grande-Bretagne, avait détaché le vaisseau mixte de 80ᵉ l'*Austerlitz*, capitaine Laurencin, qui s'était joint à l'escadre anglaise. Cette mesure avait eu pour résultat de priver le vice-amiral Parseval du seul vaisseau qui, avec la frégate le *Darien*, eût pu prêter aux bâtiments à voiles une assistance utile pour traverser des passages tels que le Sund et les Belt, que ceux-ci ne peuvent franchir qu'à la condition d'avoir le vent de l'arrière ; aussi y furent-ils arrêtés pendant plusieurs jours. Après un court séjour à Kiel, le vice-amiral Parseval se mit à la recherche des Anglais, et il les rencontra, le 8 juin, auprès de Barosund. L'escadre anglaise de la Baltique pouvait être considérée comme le spécimen de tous les progrès, de toutes les perfections navales de l'époque. Nos alliés avaient choisi pour cette campagne, pendant laquelle leur marine devait constamment marcher côte à côte avec celle de la France, les vaisseaux qui réunissaient le plus d'avantages. Ils avaient compris que si l'emploi des bâtiments à vapeur devait être utile quelque part, c'était certainement dans ces parages. Aussi, presque toute à vapeur, leur escadre n'avait-elle à redouter ni les dangers, ni les lenteurs qui, déjà plusieurs fois, avaient paralysé la nôtre. Elle comptait 13 vaisseaux mixtes et 12 frégates ou corvettes à vapeur ; nous avions 1 vaisseau mixte, 1 frégate et 2 corvettes à vapeur ! Par suite, le vice-amiral Napier était à l'ouvert du golfe de Finlande avant que le vice-amiral Parseval eût traversé la Manche ; et lorsque les deux escadres se trouvèrent réunies, les Anglais et l'*Austerlitz* avaient déjà fait une tentative armée sur la pointe d'Hangod, une reconnaissance sur Sweaborg, pris plusieurs navires, et établi le blocus de tous les ports russes. Les escadres alliées ne restèrent pas réunies : l'exploration et la surveillance des côtes exigèrent leur fractionnement. Le vaisseau à voiles de 82ᵉ le *Duperré*, capitaine Pénaud (Édouard), la frégate de 52ᵉ la *Vengeance*, capitaine Bolle, qui tous deux avaient rallié, et deux autres vaisseaux s'établirent devant Swea- borg avec une division anglaise. Quatre frégates, aussi en compagnie de bâtiments anglais, eurent mission de sur- veiller Revel et le golfe de Bothnie où ils détruisirent plusieurs établissements publics, des approvisionnements et des navires en construction. Enfin, six vaisseaux français et douze anglais, accompagnés de frégates, entrèrent dans le golfe de Finlande pour faire une reconnaissance des dé- fenses et de l'arsenal de Cronstadt dans lequel se trouvaient vingt-cinq vaisseaux ennemis. Les commandants en chef acquirent promptement la conviction que les Russes n'a- vaient pas l'intention de hasarder une bataille navale ; la détermination qu'ils prirent de laisser tomber l'ancre en vue de terre pour se livrer plus commodément à leur exploration, ne les décida même pas à sortir du port.

Quelques mots sur l'arsenal de Cronstadt et sur ses formidables fortifications permettront d'apprécier les résolutions qui furent prises à la suite de cette reconnaissance. L'île de Cronstadt est située à environ quatorze milles dans l'Ouest de l'embouchure de la Néva, rivière sur laquelle est bâtie la ville de Saint-Pétersbourg. Sa longueur est de huit milles du N.-O. au S.-E.; sa largeur est variable, mais n'excède pas trois milles. La ville et l'arsenal occupent la partie orientale. Deux passes conduisent au port; l'une au Nord, au milieu des récifs, se tient à distance de l'île : elle avait été obstruée. Le chenal du Sud est long, sinueux et si étroit, que deux navires ne peuvent s'y engager en même temps. Sept à huit forts le défendent. Les principaux sont construits sur des rochers détachés; ce sont : le fort Alexandre qui a 128 canons sur quatre étages; le fort Pierre Ier, 85 canons; le fort Constantin, de même force ; le fort Risbank qui ne compte pas moins de 190 canons étagés sur quatre rangs, et qui est relié à la côte par un barrage en pierres; le fort Kronslot, de 80 canons. Sur l'île même s'élève le fort Menschikoff, de 80 canons; enfin, à l'Ouest et au Sud de la ville et du port, il existe une redoutable enceinte. En ajoutant les canons des batteries du môle et de l'enceinte, on trouve que Cronstadt pouvait opposer plus de 1,000 canons à une attaque de vive force.

Le vice-amiral Parseval et le vice-amiral Napier, désireux de vérifier eux-mêmes l'exactitude des renseignements qui leur avaient été donnés, s'embarquèrent, le premier sur la corvette à vapeur le *Phlégéton*, capitaine Coupvent Desbois, l'autre sur une corvette anglaise également à vapeur. Cette inspection permit de constater que, dans le Nord de l'île, le fond diminuait progressivement et que les grands navires ne pouvaient pas approcher à deux milles de la côte; que, de l'autre bord, la passe n'avait pas assez de profondeur pour des vaisseaux complétement armés; il y avait à peine six à huit mètres d'eau au delà de la portée des canons des forts. Ils reconnurent que, si la partie occidentale de l'île était moins bien fortifiée que l'autre extrémité, elle présentait cependant encore des défenses assez fortes pour mettre obstacle à un débarquement; enfin, que les fortifications régulières de la ville nécessiteraient un siége et un déploiement considérable de ressources militaires. Les deux commandants en chef tombèrent dès lors d'accord que l'attaque par le Nord et par l'Ouest demandait des troupes et des moyens d'action en dehors de ceux dont ils disposaient; ils ne pouvaient même pas songer à un bombardement, puisqu'ils n'avaient ni mortiers, ni navires installés à cet effet. Ils estimèrent qu'il n'y avait de résultat sérieux à obtenir qu'en forçant le passage entre les forts du Sud, pour attaquer l'arsenal et les bâtiments qui y étaient entassés; mais cette passe étant impraticable aux vaisseaux, à cause de leur grand tirant d'eau, ils ne pouvaient faire cette démonstration. Constituées comme elles l'étaient, les escadres ne pouvaient donc rien tenter de décisif, car une lutte contre la puissante artillerie de Cronstadt, entreprise dans de semblables conditions, devait compromettre sans résultat possible, le sort des bâtiments.

A quelques jours de là, le vice-amiral Parseval apprit que, sur la demande du commandant de l'escadre anglaise, l'attaque des îles d'Aland et notamment de celle de Bomarsund avait été résolue, et que 10,000 hommes, sous le commandement du général de division Baraguay d'Hilliers, allaient être envoyés dans la Baltique. Des bâtiments anglais devaient les transporter. On estimait que ces 10,000 hommes joints aux 2,500 artilleurs et soldats d'infanterie de marine embarqués sur les vaisseaux français, aux garnisons des vaisseaux anglais et aux compagnies de débarquement des deux escadres, donneraient un effectif de 18,000 hommes jugé suffisant pour remplir le but qu'on se proposait d'atteindre. La possession des îles d'Aland devait être le prélude, mais non le but unique des efforts des alliés et, pour obtenir ce résultat, l'action du général Baraguay-d'Hilliers était rendue entièrement indépendante de celle du commandant de l'escadre : celui-ci conservait cependant le droit d'opposer des impossibilités nautiques aux demandes du général en chef de l'armée de terre. Le corps expéditionnaire arriva, le 5 août, sur la rade de Ledsund ; les bâtiments français ci-après avaient été adjoints aux navires anglais qui, seuls d'abord, devaient le transporter.

	Canons.			
Vaisseaux à voiles en transports	90	Tilsitt.	capitaine	d'Estremont de Maucroix.
		Saint-Louis. .	—	Jannin.
Frégates à voiles en transports	52	Cléopâtre. . . .	—	Malmanche (Charles).
		Sirène.	—	Libaudière.
Frégate		Asmodée. . . .	—	Lagarde Chambonas.
Corvettes		Laplace.	—	Caboureau.
		Reine-Hortense.	—	Excelmans.
	à vapeur	Laborieux. . .	—	Maudet (Louis).
		Goëland. . . .	—	Leroy (Antoine).
Avisos		Cocyte.	—	Dubuisson.
		Fulton.	—	Lebris (Edmond).
		Daim.	—	Salaün.

Les îles d'Aland sont situées à l'entrée du golfe de Bothnie dont elles marquent la limite en se prolongeant, par une suite d'îlots rapprochés, très-près de la côte de la Suède. Par leur position géographique, ces îles intéressent également la Russie et la Suède, et ces deux nations s'en sont disputé longtemps la possession. Les îles d'Aland offrent plusieurs bons mouillages, mais d'un accès généralement difficile, à cause du peu de largeur des passes qui y conduisent, et des nombreux écueils dont ces canaux sont parsemés. Dans la prévision de l'attaque de la forteresse de Bomarsund, élevée sur l'île d'Aland, la plus considérable du groupe, la rade de Ledsund, qui se trouve dans le S.-O., avait été choisie pour point de ralliement. Deux passes conduisent à la baie de Bomarsund. L'une, assez facile, se dessine entre l'île de Prestö et celle d'Aland. Les deux tours qui la défendaient et la forteresse construite à l'une de ses extrémités, semblaient indiquer que les Russes la considéraient comme la seule praticable. Les alliés en avaient cherché et trouvé une autre dans le Sud, le long de l'île Lumpar. Ce passage traversait, il est vrai, de nombreux îlots et de dangereux récifs, mais enfin, les bâtiments à vapeur et des vaisseaux remorqués pouvaient s'y engager. Cette voie, qui aboutissait à la partie méridionale de la baie, offrait l'important avantage de permettre d'atteindre le mouillage sans avoir à affronter le feu des batteries ennemies, et de mettre de suite les bâtiments qui la prendraient hors de la portée de leurs canons. Ce fut cette passe, bien étudiée et bien balisée, que suivirent les bâtiments alliés. Lorsque l'attaque de la forteresse de Bomarsund fut décidée, commença pour les équipages le mouvement sans trêve ni repos, à grande distance et dans des conditions exceptionnelles de navigation, du remorquage des navires, du transbordement du matériel, des vivres, et enfin des troupes, mouvement qui devait assurer l'ordre et la rapidité au moment de l'action.

L'île d'Aland est découpée, dans la direction du Nord au Sud, par des bras de mer qui s'enfoncent dans les terres, et dans lesquels se déversent les eaux d'un grand nombre d'étangs joints entre eux par des coupures. Cette disposition permet d'isoler entièrement certaines parties de l'île. C'est ainsi que les abords de la forteresse étaient défendus par un de ces enfoncements et par deux étangs ou marais. On se ferait difficilement une idée de l'aspect désolé qu'offrent ces îles. La baie de Bomarsund est solitaire, encadrée dans un réseau de verdure morne et sauvage. De rares et pauvres cabanes en bois se voyaient seules, éparses çà et là. Le cœur se sentait involontairement saisi de tristesse à l'aspect de ces campagnes qui avaient alors été dévastées par l'incendie. Les fortifications consistaient en un fort et deux tours; une troisième tour, sur l'île Prestö, commandait avec une de celles-ci le passage compris entre les deux îles. Ces défenses étaient assises sur un roc nu et tourmenté, et le fort déployait, au bord même de la mer, une longue façade circulaire à deux étages casematés. Cet immense édifice élevé, ainsi qu'il a été dit, à l'entrée du principal passage qui conduit à la baie, était fermé à la gorge par une simple chemise ; mais, de ce côté, l'accès en était défendu par une petite batterie, aussi à deux étages, et placée au milieu du mur de clôture. Cette forteresse était armée de 140 canons et 3 mortiers. Elle était recouverte par une toiture en zinc percée de lucarnes en guise de meurtrières. Son revêtement extérieur consistait en gros blocs de granit irrégulièrement superposés. Les deux tours qui protégeaient ses approches avaient trente mètres de diamètre, deux étages casematés, et quinze embrasures chacune. Construites également en blocs de granit, elles étaient aussi couvertes en zinc avec lucarnes pour meurtrières. Elles s'élevaient à 900 mètres, l'une au S.-O., l'autre au Nord de la forteresse. La dernière croisait ses feux avec celle de Prestö.

Le 8 août à 3ʰ du matin, les Anglais au nombre de 900 et 2,000 soldats d'infanterie de marine française débarquèrent à la hauteur de Halta, pendant que les troupes de ligne françaises abordaient sans opposition dans le Sud et dans le S.-O. de la baie de Tanvik. Des vivres, les objets de campement et le matériel de siége furent mis à terre ce jour-là. Arrivés les premiers devant la tour du S.-O., les Français l'attaquèrent le 13, avec une batterie armée de pièces de la marine, amenées par les matelots au milieu de mille difficultés de terrain. Le lendemain, elle était prise. Deux jours plus tard, les Anglais faisaient capituler la tour du Nord. Pendant que le général Baraguay d'Hilliers complétait l'investissement de la place, les amiraux en chef des escadres alliées faisaient chercher, jour et nuit, par des embarcations, les fonds qui permettraient aux bâtiments de s'approcher assez pour apporter une diversion utile au moment de l'attaque. Grâce à ces études préalables, les vaisseaux et les frégates à vapeur ci-après purent prendre position, le 15, les deux derniers vaisseaux et les frégates à 2,100 mètres et les deux autres plus en arrière, et ouvrir de suite leur feu contre la forteresse.

	Canons.		
Vaisseaux	90	*Inflexible.*	capitaine Pironneau.
			Parseval Deschênes, vice-amiral.
		Tage.	capitaine Fabvre.
	82	*Duperré.*	— Pénaud (Édouard).
	70	*Trident.*	— Maussion de Candé.
			Pénaud (Charles), contre-amiral.
Frégates à vapeur		*Asmodée.*	capitaine Lagarde Chambonas.
		Darien.	— baron Didelot.

Ce jour-là, les batteries de siége étaient prêtes, et l'attaque put être simultanée. Quatre vaisseaux anglais et plusieurs frégates qui avaient imité le mouvement des Français, firent aussi jouer leurs canons en même temps qu'eux. Nos alliés avaient eu moins de chance que nous dans cette circonstance : une de leurs frégates s'était échouée entre les îles Prestö et Michelsö, et elle faillit être écrasée par le feu de l'ennemi. On put bientôt prévoir que celui-ci ne résisterait pas longtemps à cette triple agression car, pendant que l'artillerie de terre ébranlait les épaisses murailles des fortifications russes, les toitures s'effondraient sous les gros projectiles de la marine; la dégradation des embrasures attestait, du reste, leur puissance et la précision du tir des matelots-canonniers. Cependant la nuit fit suspendre l'attaque. Le vice-amiral Parseval, pensant que la tour de Prestö pouvait gêner les opérations des troupes, et jugeant d'ailleurs utile de couper toute communication avec la citadelle, profita de l'obscurité pour débarquer sur l'île, quatre compagnies de marins dirigées par le capitaine de frégate Lanthéaume, et 500 hommes d'infanterie de marine commandés par le lieutenant-colonel de Vassoigne; 180 matelots anglais s'étaient joints à eux. Cette mesure suffit pour décider le commandant de la tour à capituler. La canonnade recommença le lendemain. Vers midi, un pavillon blanc fut déployé sur la forteresse, du côté de la mer. Les commandants des escadres firent de suite cesser le feu, et chacun d'eux expédia un officier à terre, avec injonction de n'accorder aucune suspension d'armes, et de n'accepter qu'une capitulation pure et simple. Le général en chef du corps expéditionnaire détacha, de son côté, un officier qui entra dans l'enceinte en même temps que les deux autres. Un triste spectacle s'offrit à leurs regards : l'anarchie la plus complète régnait dans l'intérieur ; la garnison révoltée refusait d'obéir à ses chefs. Les uns voulaient se rendre, les autres voulaient continuer le combat et menaçaient de faire sauter la forteresse. Le désordre était extrême ; les cris des soldats couvraient la voix des officiers. Un moment, la révolte devint si menaçante que ceux-ci jugèrent prudent d'augmenter les moyens de défense des parlementaires en leur donnant des pistolets. L'autorité finit enfin par avoir le dessus et le tumulte s'apaisa. Le général Bodisco déclara se rendre à discrétion, et il se constitua prisonnier avec 2,400 hommes qui composaient la garnison.

Aussitôt après la prise de Bomarsund, une exploration fut dirigée sur plusieurs points du littoral. On reconnut que Revel, malgré ses fortifications très-élevées, était plutôt une ville de commerce qu'une place forte ; mais on constata qu'un corps d'armée considérable, campé tout autour, rendait un débarquement impossible. On acquit la certitude que les passes qui conduisent à Sweaborg, non-seulement sont trop étroites pour que des vaisseaux puissent s'embosser en ligne devant les fortifications, mais même que le peu de profondeur des eaux ne leur permettrait pas de s'approcher assez pour donner quelque efficacité à leur tir. L'attaque de Sweaborg n'était donc possible qu'avec des bombardes et des canonnières. Ici encore de nombreuses troupes défendaient les abords de la place. Les Russes avaient compris l'impossibilité de défendre Hango d'une manière fructueuse, et ils en avaient fait sauter les fortifications.

Les alliés ne pouvaient songer à occuper Bomarsund.

Pendant l'hiver, la mer depuis les îles d'Abo qui touchent la Finlande, à la côte de Suède, devient un vaste champ de glace sur lequel les poids les plus lourds peuvent facilement être traînés. Il n'était guère possible par suite, d'empêcher une armée ennemie d'aborder les îles d'Aland, et l'on devait supposer que la Russie n'épargnerait rien pour reprendre possession de Bomarsund. La position de l'île d'Aland permettait, en effet, de croire que l'intention de cette puissance était de créer, à cet endroit, un vaste établissement naval à cheval sur les deux golfes de Finlande et de Bothnie, menaçant la Suède et commandant la Baltique, dans des conditions bien supérieures à celles où se trouvent Cronstadt et Sweaborg. Il n'y avait d'ailleurs pas à songer à remettre la forteresse en état convenable de défense avant la mauvaise saison. Ces considérations décidèrent les gouvernements alliés à ordonner la destruction de cette place. Le 2 septembre, leurs ordres étaient exécutés et des monceaux de matériaux de toutes sortes indiquèrent seuls que les îles d'Aland vaient été fortifiées.

La prise et la destruction de la forteresse de Bomarsund terminèrent la campagne de 1854 dans la Baltique. La mauvaise saison avançait et les commandants en chef des escadres alliées devaient craindre d'être forcés de quitter précipitamment ces parages, dans lesquels la navigation est interdite pendant une partie de l'année. Un motif spécial commandait d'ailleurs impérieusement le départ du corps expéditionnaire : le choléra qui avait déjà fait quelques victimes à bord des bâtiments, apparut de nouveau, et tout retard pouvait aggraver la situation. Les troupes furent donc embarquées, et chaque bâtiment fit route isolément pour France. Le vice-amiral Parseval qui fut, quelques mois plus tard, élevé à la dignité d'amiral de France, quitta également ces mers. Si cet officier général n'avait pas réalisé les espérances qu'on avait conçues tout d'abord, espérances exagérées, fondées entièrement, il faut le dire, sur l'inconnu, on doit reconnaître qu'il avait accompli avec bonheur et avec honneur une navigation des plus pénibles. Bien que placé dans des conditions d'infériorité relative, n'ayant pour agir que des moyens imparfaits, alors que les Anglais tiraient de leurs vaisseaux et des frégates à vapeur des ressources qui doublaient grandement les leurs, il avait montré que l'affabilité et la courtoisie, traits saillants de son caractère, n'excluent pas la persévérance et l'énergie dans le commandement; et cette première campagne de la Baltique a dû rester profondément gravée dans le souvenir de nos voisins d'Outre-Manche, comme mesure de ce qui a peut-être été obtenu de plus remarquable avec des vaisseaux à voiles.

———

Pendant que, dans la mer Noire et dans la Baltique, les escadres de la France et de l'Angleterre attaquaient les places de guerre russes du littoral et leurs forts détachés, les divisions que ces puissances entretenaient dans le Pacifique se portaient vers le Nord, parcouraient la Manche de Tartarie, la mer d'Otchotsk, paraissaient devant les établissements de l'Amérique russe, et troublaient, par les détonations de leur artillerie, la quiétude jusqu'alors si parfaite des habitants de la côte du Kamtchatka (1). C'est au mois de mai 1854, que le contre-amiral Febvrier Despointes, dont le pavillon était arboré sur la frégate de 60° la *Forte*, et qui commandait les forces navales de la France dans cette mer, reçut en même temps que le contre-amiral anglais Price, l'avis officiel de la déclaration de guerre à la Russie, et l'ordre de poursuivre les bâtiments russes qui avaient été envoyés, avec le contre-amiral Poutiatine, pour coopérer à l'organisation des établissements de date récente du fleuve Amour.

———

(1) Les détails qu'on va lire ont été empruntés à des relations françaises et anglaises qui m'ont paru mériter toute créance.

On sait avec quelle persévérance la Russie travaille à étendre ses frontières en Asie, et avec quelle facilité elle a réussi à reculer la limite de ses possessions à l'extrême Orient. La ligne de démarcation du territoire russe et de la Chine, naturellement tracée par la chaîne des monts Yablonnoï et Stavonoï, est représentée actuellement par le fleuve Amour dont les eaux se déversent dans le bras de mer compris entre la côte d'Asie et l'île, aujourd'hui russe, de Sakhalien. Après avoir abandonné, pour ainsi dire, le port d'Otchotsk, dans la mer de ce nom, et fait de Petropovlawsk, sur la côte orientale du Kamtchatka, leur arsenal maritime du grand Océan, les Russes ont créé plusieurs établissements, et construit des villes, tant sur les rives de l'Amour même qu'à son embouchure. Aussi, solidement établis désormais dans le voisinage de la Chine et du Japon, ont-ils cédé dernièrement, sans difficulté, aux États-Unis, les possessions sans importance que les géographes désignaient sous le nom d'Amérique russe, territoire qui n'était pour eux qu'une étape avancée au moyen de laquelle ils ont pu, imitant en cela l'Angleterre, substituer facilement, sur plusieurs points, le pavillon national à celui d'une compagnie commerciale. Aussitôt que les hostilités avaient été dénoncées en Europe, les Russes de ces parages lointains avaient pris leurs mesures contre une attaque probable. Les défenses de Petropovlawsk, déjà très-respectables, avaient été augmentées. La frégate de 44ᵉ Aurora et la corvette de 12ᵉ Dwina s'étaient embossées devant ce port, sous la protection de batteries qui réunissaient 50 canons, et en dedans d'un banc qui les mettait à l'abri d'une attaque sérieuse. La frégate de 60ᵉ Pallas avait été allégée, désarmée, et remontée aussi haut que possible dans l'Amour, et son équipage, devenu disponible, avait servi à renforcer les garnisons des villes du littoral.

Toutes ces dispositions étaient prises lorsque, le 28 août, les Français et les Anglais parurent, en nombre fort restreint, devant la baie d'Avatcha, au fond de laquelle s'élève la ville de Petropovlawsk. Quelque grande qu'eût été leur surprise à la vue des énormes travaux qui avaient été faits pour défendre ce port, l'attaque n'en fut pas moins résolue. Toutefois, une circonstance aussi triste qu'imprévue suspendit un moment l'exécution de ce projet. Le jour même qui avait été fixé pour son accomplissement, le contre-amiral anglais Price se donna la mort. Le contre-amiral Despointes tint immédiatement, à bord de la *Forte*, un conseil auquel assista le capitaine Nicholson que son grade désignait pour commander les forces navales de l'Angleterre. Il fut décidé que l'événement regrettable qui avait motivé la réunion ne devait pas être un obstacle à l'exécution des plans arrêtés. En conséquence de cette détermination, le 31, à 8^h du matin, l'aviso à vapeur anglais de 6e *Virago* remorqua la *Forte*, capitaine de Miniac, et les frégates anglaises de 50e *Pique* et *President* à sept encâblures du fort Shakoff, sous la canonnade soutenue de ce fort et des batteries de la baie. Les frégates ne ripostèrent pas avant de s'être embossées; mais leur tir eut alors une efficacité telle, qu'à 10^h, le feu des Russes était éteint. Les compagnies de débarquement furent de suite mises à terre. Pendant qu'elles enclouaient les pièces de la batterie la plus voisine, elles eurent un engagement assez sérieux avec un petit corps d'environ 200 Russes. Cette opération terminée, elles retournèrent à leurs bords respectifs. La *Forte* et le *President* se rapprochèrent encore d'environ 200 mètres, et le feu des deux frégates fit taire, une seconde fois, celui de l'artillerie ennemie.

Le lendemain, à la suite de renseignements donnés par deux habitants arrêtés sur le rivage, on débattit, en conseil, la question de l'attaque de la ville même de Petropovlawsk. Les avis se partagèrent; cependant, l'opinion des membres partisans de l'attaque immédiate prévalut. 700 marins des deux nations, et quelques soldats anglais, parurent suffisants pour faire cette expédition. La moitié française devait obéir au capitaine de frégate de la Grandière, de la

IV   25

corvette de 30e l'*Eurydice*; le capitaine Burridge, du *President*, commandait les Anglais.

Le 4 septembre au jour, la *Forte* et le *President* qui avaient repris leur ancien mouillage, furent remorquées par l'aviso *Virago* jusqu'à trois encâblures de la plage, afin de protéger le débarquement. Les batteries ennemies ne restèrent pas spectatrices paisibles de ce mouvement; elles canonnèrent vigoureusement ces bâtiments qui purent cependant se placer à la distance qui avait été jugée utile et, dès qu'ils s'y trouvèrent, la *Forte* eut facilement raison de la batterie de cinq canons nommée Gorge, et le *President* réduisit celle de sept canons désignée sous le nom de Saddle. Les compagnies de marins furent de nouveau mises à terre. A peine débarqués, et sans attendre que tout le monde eût rallié, les Anglais escaladèrent, au pas de course, une colline qu'on était convenu d'occuper avant de marcher sur la ville. Entraînés par leur ardeur, quelques-uns s'avancèrent même vers des fourrés épais derrière lesquels étaient embusqués des tirailleurs ennemis qui les accueillirent par une fusillade très-vive. Le capitaine de la Grandière qui s'avançait en ordre de l'autre côté de la colline avec les matelots de la *Forte* et de l'*Eurydice*, arriva fort à propos pour soutenir les Anglais et, réuni à eux, son détachement échangea de vigoureuses décharges de mousqueterie avec l'ennemi. Pendant que cet engagement avait lieu sur les hauteurs, un autre détachement enclouait les canons des batteries et mettait leurs affûts hors de service. Les deux chefs du corps expéditionnaire reconnurent promptement l'inexactitude des renseignements qui avaient été donnés; l'audacieux coup de main qu'ils avaient été chargés de diriger était désormais impossible. Renonçant à surprendre la ville de Petropovlawsk, ils estimèrent ne pouvoir soutenir un combat en règle avec leur faible troupe, et ils lui ordonnèrent de se replier sur le rivage. Les Russes ne cessèrent pas de harceler la colonne franco-anglaise, et ils mirent encore plusieurs hommes hors de combat; les Anglais, particulièrement, éprouvèrent des pertes sensibles. L'embarquement se fit cependant avec ordre. L'artillerie russe avait aussi occasionné quelques dommages aux frégates.

Quarante-huit heures plus tard, les alliés capturèrent deux navires russes chargés de vivres et de munitions. Le premier était l'ANADIR, goëlette de 2 canons; l'autre, le SITKA, grand transport de 800 tonneaux, en portait 12.

A quelque temps de là, le contre-amiral Despointes dont la santé délabrée exigeait un repos qu'il ne pouvait trouver à la mer, surtout dans les circonstances présentes, fit route pour le point central de sa station. Il ne put arriver jusque-là. La *Forte* entra au Callao avec son pavillon en berne : le contre-amiral Febvrier Despointes avait succombé la veille.

ANNÉE 1855.

L'officier supérieur qui prit momentanément le commandement de la division de la mer du Sud, après la mort du contre-amiral Despointes, reçut l'ordre formel de poursuivre les Russes partout où il croirait les rencontrer. Le 14 avril 1855, il se présenta devant Petropovlawsk, en compagnie des Anglais. Mais les autorités de la Sibérie orientale, peu désireuses de tenter une seconde fois le sort des armes, et fidèles d'ailleurs aux traditions de leur pays, avaient entièrement évacué la ville et enlevé les canons qui la défendaient. Les batteries, les magasins, tous les établissements de l'arsenal furent détruits. Les alliés se portèrent ensuite à l'embouchure de l'Amour; n'ayant pas aperçu un seul navire dans ce fleuve, ils se rendirent à Ayan, dans la mer d'Otchotsk et ensuite à Sitka, sur la côte d'Amérique; ils n'y trouvèrent aucun renseignement sur les bâtiments russes. Le premier de ces établissements avait aussi été abandonné; l'autre, tout commercial, fut respecté.

Cette exploration termina l'expédition du Pacifique. Comme compensation aux fatigues d'une navigation difficile et pénible pendant laquelle les équipages avaient été cruellement éprouvés, les alliés n'avaient fait qu'une prise : les Anglais s'étaient emparés d'un navire à bord duquel se trouvait une partie de l'équipage de la corvette russe Dwina, naufragée dans la baie de Simoda.

Cependant la guerre avec la Russie n'était pas terminée, et il était nécessaire de renouveler la notification du blocus des côtes de cet empire dans la mer Baltique, dans les golfes de Finlande et de Bothnie, au moment où la disparition des glaces allait rendre la navigation possible dans ces parages. Le gouvernement français et le gouvernement anglais décidèrent, en conséquence, que des bâtiments des deux nations se rendraient, cette année encore, dans ces mers. Le contre-amiral Pénaud prit cette fois le commandement en chef de la division française, et partit de Brest le 26 avril 1855, avec les bâtiments que voici :

		Canons.		
Vaisseaux mixtes 90		*Tourville.*	capitaine	Le Gallic de Kérizouet.
				Pénaud (Charles), contre-amiral.
		Austerlitz.	capitaine	Laurencin.
		Duquesne.	—	Taffart de Saint-Germain.
Corvette	à vapeur	*D'Assas.*	—	D'Aries.
Aviso		*Aigle.*	—	Millon d'Ailly de Verneuil.

Les instructions du nouveau commandant en chef pouvaient se résumer ainsi : frapper la Russie dans sa flotte, intercepter ses convois et ruiner son commerce.

La division anglaise envoyée dans la Baltique était sous les ordres du contre-amiral Dundas. Arrivée la première, comme l'année précédente, elle fut rejointe par les Français, le 15 juin, devant Cronstadt.

Le contre-amiral Pénaud profita de la circonstance qui l'amenait devant cette île pour examiner de ses propres yeux l'état des défenses de son important arsenal. Il fit cette exploration sur la corvette à vapeur anglaise *Merlin*. Au Nord, il put constater la construction de trois nouvelles batteries, battant la mer des deux côtés et balayant l'île à l'Ouest. Il compta ensuite quinze canonnières à vapeur dans le port. La *Merlin* naviguait à deux milles et demi de terre lorsque, tout à coup, on ressentit une forte secousse, suivie immédiatement d'une seconde sur son avant. Une détonation fut ensuite entendue, et la mer, soulevée un moment tout autour de la corvette, retomba avec fracas, dégageant une odeur très-prononcée de poudre. Ces effets avaient été produits par l'explosion d'une machine sous-marine. Quoique vigoureusement secouée par la commotion, la corvette n'éprouva aucun dommage, et son capitaine put continuer sa mission ; il se borna à ralentir sa marche, afin d'atténuer l'effet des pétards qu'il pourrait encore rencontrer. Quelques minutes étaient à peine écoulées qu'une nouvelle commotion se fit sentir de l'avant et, cette fois, un choc terrible ébranla la *Merlin* dans toutes ses parties. La secousse fut si violente qu'on put croire que la corvette allait couler. Il n'en fut heureusement rien, et elle n'éprouva qu'une avarie sans importance. L'effet principal de la torpille s'était produit sur un endroit de la carène renforcé par une courbe en fer ; celle-ci fut faussée, mais elle présenta assez de résistance pour soutenir le bordé et la membrure du navire. Une caisse en tôle, fixée au fond de la cale par des crochets, et contenant 300 kilogrammes de suif, avait été détachée et projetée à plus d'un mètre au milieu du bâtiment. A quelques moments de là, une explosion pareille eut lieu sur l'avant d'une autre corvette anglaise qui accompagnait la *Merlin* ; celle-ci s'en tira avec autant de bonheur que la première. Le contre-amiral Pénaud continua son exploration, et après avoir contourné la pointe occidentale de l'île, il vit qu'une batterie de 17 canons et deux petits fortins avaient été construits récemment dans le Sud. Après une seconde inspection faite

plusieurs jours plus tard, les deux amiraux en chef décidèrent qu'il fallait définitivement renoncer à diriger une attaque
contre Cronstadt. Pendant cette dernière exploration, un
pétard éclata encore sous la carène d'un bâtiment anglais
sans l'endommager. Des recherches furent ordonnées, et
l'on retira de l'eau un assez grand nombre de ces engins,
au moyen de dragues dirigées par des embarcations.

   L'inspection des commandants en chef se porta alors sur
Sweaborg et sur Revel. Malgré l'existence de sept batteries
sur les îles Bak Holmen, Kungs Holmen et Sandhamn, et
la présence d'un vaisseau à trois ponts et d'une frégate
embossés dans la passe de Gustass Vard, l'attaque de la
première de ces places leur parut possible. Ils reconnurent toutefois qu'il ne fallait pas s'exagérer les résultats qu'on pourrait obtenir au prix de sacrifices sérieux ;
mais ils estimèrent qu'il y avait nécessité de ne pas ac-
croître la confiance que les Russes avaient dans leurs fortifications, en différant plus longtemps de les attaquer
dans leurs forteresses. Bientôt des bâtiments de flottille
expédiés de France vinrent donner au contre-amiral Pénaud
le moyen de mettre ses projets à exécution. Il vit arriver
successivement les

Avisos à vapeur	*Pélican.* . . . . . . capitaine	baron Duperré.
	Tonnerre. . . . . —	Aune.
	Aigrette. . . . . . . —	Mer.
Canonnières à vapeur	*Avalanche.* . . . . . —	Tresse.
de 2 canons de 50	*Dragonne.* . . . . —	Barry.
	Fulminante. . . . . —	Harel.
	Tempête. . . . . . . —	Maudet (Louis).
Canonnières à vapeur	*Tourmente.* . . . —	Jonnart.
de 1 canon de 50	*Poudre.* . . . . . . —	Lafond.
	Redoute. . . . . . . —	Hocquart.
	Tocsin. . . . . . . —	de Léotard de Ricard.
Bombardes à voiles	*Fournaise.* . . . . —	Cuisinier Delisle.
de 2 mortiers de 0ᵐ,32	*Trombe.* . . . . . —	Souzy.
	Torche. . . . . . . —	Cottin.
	Bombe . . . . . . —	Buret.

Une série de mauvais temps entrava les opérations des
marines alliées jusqu'au 9 août. Ce jour-là, à 7ʰ 20ᵐ du
matin, les cinq bombardes françaises mouillées entre les

îles Röuskar et Cröhara, et flanquées de chaque bord de
huit bombardes anglaises, ouvrirent leur feu sur la place,
d'abord à 4,000 et plus tard à 3,600 mètres. Les canonnières s'avancèrent ensuite, et se plaçant en arrière, elles
firent pleuvoir leurs obus et leurs boulets sur l'arsenal.
Les batteries ennemies ripostèrent alors. Pendant que les
défenses principales étaient ainsi attaquées de front, deux
vaisseaux anglais et une frégate opéraient, à droite, une
diversion contre la batterie de l'île Bak Holmen tandis que,
sur la gauche, trois autres frégates anglaises canonnaient
l'île Drumsiö. D'épaisses colonnes de fumée et de flammes
ne tardèrent pas à indiquer que les projectiles de la flottille
causaient de grands désastres dans Sweaborg. Une batterie
de trois mortiers de 0ᵐ,27, improvisée par les soins du
contre-amiral Pénaud sur l'îlot d'Abraham, situé à 2,200
mètres de la place, et dirigée par le capitaine d'artillerie de marine Sapia, donna les meilleurs résultats.
Des explosions successives apprenaient aux alliés les
progrès du bombardement; la destruction marchait
d'un pas rapide. A 6ʰ du soir, les canonnières et successivement les bombardes se retirèrent; mais, après avoir
renouvelé leurs munitions, celles-ci recommencèrent leur
feu, appuyées par des embarcations anglaises qui lançaient
des fusées à la Congrève. Trois nouveaux mortiers furent
installés pendant la nuit sur l'îlot d'Abraham (1), et
le 10, dès que le jour parut, la canonnade reprit, des deux
côtés, avec plus d'ardeur encore que la veille. Ce jour-là
aussi, les explosions se succédèrent avec une rapidité telle
dans Sweaborg, qu'aucun doute ne pouvait exister sur
l'efficacité du tir des alliés. La nuit suspendit de nouveau
l'attaque des canonnières. Le 11, vers 4ʰ du matin, le contre-amiral Dundas ayant proposé au commandant en chef
de la division française de ne pas pousser plus loin le bom-

(1) Il n'y eut cependant que cinq mortiers en batterie ; un des trois placés
la veille avait éclaté.

bardement, celui-ci déclara qu'il ordonnerait de cesser le feu dès que le contre-amiral anglais en aurait fait le signal à ses bâtiments. Ce dernier ayant agréé cette combinaison, l'ordre de cesser de combattre fut donné par le *Tourville* à la flottille française, ainsi que cela avait été convenu.

Pendant les quarante-cinq heures qu'avait duré le bombardement, les bâtiments français et anglais et la batterie d'Abraham avaient lancé 4,150 projectiles, dont 2,828 bombes sur les fortifiations et dans l'arsenal de Sweaborg. Les désastres des Russes étaient immenses. Du côté des alliés, et malgré la canonnade soutenue des batteries russes dont les boulets n'avaient cessé de tomber tout autour des bombardes et des canonnières, les avaries étaient peu considérables, et ils n'avaient pas perdu un seul homme.

Le bombardement de Sweaborg fut la seule opération militaire qui eut lieu dans la Baltique pendant l'année 1855. La mauvaise saison força encore la division navale à quitter ces parages, dans lesquels les pavillons de la France et de l'Angleterre furent cependant aperçus jusqu'au milieu du mois de décembre. Jamais encore aucun bâtiment étranger n'était resté aussi tard dans ces mers.

Le vice-amiral Bruat, qui avait été placé à la tête des forces navales de la France en Orient, possédait à un haut degré l'affection et la confiance de la marine. La fermeté dont il avait donné tant de preuves pendant sa captivité à Alger (1), l'industrieuse et énergique initiative qu'il avait toujours su prendre dans les nombreuses missions qui lui avaient été confiées, son activité bien connue et peu ordi-

---

(1) Le vice-amiral, alors lieutenant de vaisseau Bruat commandait le *Silène* lorsque ce brig se perdit, en même temps que *l'Aventure*, sur la côte de l'Algérie en 1830. (Voir t. IV, p. 266.)

naire, étaient de sûrs garants des services qu'il rendrait dans le poste élevé auquel il était appelé (1). La saison d'hiver pendant laquelle l'armée de terre allait être exposée à toutes les rigueurs du froid et des pluies torrentielles particulières à cette contrée, imposait de grands devoirs à la marine. Un mouvement extraordinaire régna parmi les bâtiments, et la baie de Kamiesh devint un véritable port par les soins intelligents du commandant en chef de l'armée de mer. On ne saurait se faire une idée de la multiplicité des arrivages et des départs de navires transportant hommes et choses. La mer était sillonnée de vapeurs allant prendre ou conduire au large les bâtiments de charge de l'état et les navires affrétés au commerce, par ceux enfin qui surveillaient l'entrée de Sébastopol et la côte. Cette même activité se retrouvait nécessairement partout, dans l'Océan, dans la Méditerranée, dans l'Archipel, dans les détroits, sur toute la route qui conduit de France en Crimée. Dans cette mémorable campagne, la mer Noire perdit son renom sinistre, réputation non pas précisément imméritée, mais certainement exagérée, et entretenue, à dessein peut-être jusqu'alors, par la nation qui avait un intérêt si grand à en faire défendre l'accès aux autres puissances maritimes.

Depuis le débarquement de nos régiments en Crimée, la marine avait, pour ainsi dire, été exclusivement occupée à satisfaire aux besoins multiples de l'armée. C'était une nécessité de premier ordre devant laquelle toute autre considération avait dû s'effacer. Il lui avait fallu pourvoir au transport des troupes, assurer leur subsistance, débarquer le matériel, fournir les munitions nécessaires à toutes

---

(1) L'importance des attributions du chef d'état-major d'une armée navale, en temps de guerre, est telle, que je crois devoir dire ici que le capitaine de vaisseau, actuellement vice-amiral Jurien de la Gravière, déjà chef d'état-major de l'escadre de l'Océan, fut désigné pour remplir ces difficiles fonctions dans l'armée navale d'Orient, après le départ de l'amiral Hamelin et du contre-amiral Bouët Willaumez.

les armes, transporter les malades et les blessés dans les hôpitaux établis sur les rives du Bosphore. Elle avait donné quatre-vingt-dix de ses propres canons pour le siége, et avait construit les batteries qui étaient armées par ces pièces. Pour son compte, elle avait établi de fortes estacades à l'entrée des baies de Kamiesh et de Streletz-Ka et, au moyen d'un aqueduc, elle avait amené, après des travaux aussi pénibles qu'ingénieux, l'eau potable jusqu'à la plage du premier de ces deux havres. Elle allait être bientôt chargée d'une mission qui lui permettrait de soutenir l'armée de terre d'une manière plus efficace et plus flatteuse pour son patriotisme. Le gouvernement français avait compris, en effet, l'utilité d'une expédition dans la mer d'Azoff; et le commandant en chef de l'armée navale qui, plusieurs fois déjà, avait démontré la nécessité d'occuper Kertch et Yéni Kalé, à l'entrée de cette mer, afin de priver les Russes de leurs principales branches de ravitaillement, le vice-amiral Bruat fut invité à proposer un projet.

En attendant que la suite des faits permît de mettre ce plan de campagne à exécution, la marine impériale trouva l'occasion de rendre de nouveaux services devant Eupatoria. Profitant de l'obscurité profonde qui régna pendant la nuit du 16 janvier 1855, les Russes exécutèrent des travaux d'attaque avec cette promptitude qui les distingue si éminemment. Au jour, une lutte sérieuse s'engagea. Mais, grâce à l'ardeur du détachement d'infanterie de marine qui tenait garnison avec les Turcs à Eupatoria, et à la vigueur du feu de trois batteries armées avec les canons du vaisseau le *Henri IV*, l'une commandée par le lieutenant de vaisseau de Las Cases et les deux autres, également par des officiers de vaisseau; grâce aussi à l'active coopération de la corvette à vapeur le *Véloce*, capitaine Dufour de Montlouis, à laquelle s'adjoignirent, plus tard, quatre bâtiments à vapeur anglais, l'ennemi fut obligé de battre en retraite.

C'est à cette époque que se rapporte le naufrage de la *Sémillante* commandée par le capitaine de frégate Jugan. Cette frégate armée en transport, se rendant de Toulon dans la mer Noire avec des troupes et des approvisionnements, se perdit corps et biens dans les bouches de Bonifacio, pendant la nuit du 15 février.

Cependant le retour de la belle saison allait permettre la reprise active des opérations du siége. Voici dans quelle proportion, à la date du 9 avril, la marine allait coopérer à l'attaque. Treize batteries étaient alors armées par elle :

Attaque du bastion central.	Batterie nº 1 — nº 2 — nº 4 — nº 7 — nº 16 — nº 17 — nº 19	Pendant le jour, ces batteries étaient successivement commandées par les capitaines de frégate Ohier et Tricault.
Attaque du bastion du mât.	Batterie nº 10 — nº 11 — nº 11 *bis* — nº 26 *bis*	Pendant le jour, ces batteries étaient commandées successivement par les capitaines de frégate Pothuau et Pichon.
Attaque de Malakoff.	2 batteries commandées par le capitaine de frégate Bianchi.	

Pendant la nuit, ces deux attaques étaient placées sous le commandement du capitaine de frégate de Marivault, chargé spécialement des réparations. Le lieutenant de vaisseau Laurent lui était adjoint.

La batterie nº 1 avait 7 canons de 30 et 9 obusiers de 22 $^c/_m$. Le lieutenant de vaisseau Lebreton de Ranzégat la dirigeait.

Batterie nº 2—8 canons de 30 et 2 obusiers de 22 $^c/_m$; lieutenant de vaisseau Amet.

Batterie nº 4—5 canons de 30; lieutenant de vaisseau Terson.

Batterie nº 7—7 canons de 30 ; capitaine d'artillerie de marine Chevillotte.

Batterie nº 16—6 canons de 30; lieutenant de vaisseau Pigeard.

Batterie nº 17—6 canons de 30; lieutenant de vaisseau Bodot.

Batterie n° 19—4 canons de 30; lieutenant de vaisseau Richard Duplessis.

Batterie n° 10—7 canons de 90; lieutenant de vaisseau Rallier.

Batterie n° 11—2 canons de 30 et 5 obusiers de 22 $c/_m$; lieutenant de vaisseau Bon de Lignim.

Batterie n° 11 *bis*—6 canons de 30; lieutenant de vaisseau Ribourt.

Batterie n° 26 *bis*—9 canons de 30 et 1 obusier de 22 $c/_m$; lieutenant de vaisseau Boch.

Batteries de Malakoff—16 canons de 30; les lieutenants de vaisseau Dubessey de Contenson et de Villemereuil.

Le contre-amiral Rigault de Genouilly avait toujours le commandement supérieur de toutes les batteries armées par la marine (1).

A cette époque aussi, dans le but de forcer les Russes à tenir aux batteries de mer des canonniers qui eussent été employés sur les remparts, il fut convenu que plusieurs frégates françaises ou anglaises se présenteraient toutes les nuits, à l'entrée du port de Sébastopol, tireraient quelques bordées, et prendraient de suite le large. Ces attaques nocturnes furent peut-être la diversion la plus efficace qu'ait faitè l'armée de mer. D'autre part, afin d'apporter quelque soulagement à la batterie de la pointe Est de la Quarantaine, servie par la marine, et qui était accablée par le feu de l'ennemi, les bombardes le *Cassini* et le *Ténare*, capitaines Baehme et Krantz, changeant chaque fois de position, lançaient des bombes, pendant la journée, sur la batterie ennemie du même nom.

Je l'ai déjà dit, le vice-amiral Bruat avait à peine pris le commandement de l'armée navale que déjà, avec cette per-

---

(1) Le capitaine de vaisseau, aujourd'hui amiral et ministre de la marine Rigault de Genouilly, avait été nommé contre-amiral au mois de décembre de l'année précédente.

spicacité qui était une des qualités principales de son active organisation, il avait compris qu'il ne suffisait pas d'attaquer Sébastopol sous ses fortifications mêmes, et qu'il était indispensable de diminuer les ressources des assiégés, en coupant leurs communications avec les pays qui les leur fournissaient. Il avait de suite aperçu l'importance de l'occupation de la mer d'Azoff, et avait offert au commandant en chef de l'armée de terre de faire une expédition dans cette mer (1). Toutefois, le petit passage qui y conduit pouvait être fermé par l'ennemi après que les bâtiments l'auraient franchi et, dans son opinion, les batteries qui commandent le détroit de Kertch devaient d'abord être prises et détruites, afin que les croiseurs ne pussent pas être inquiétés lorsqu'ils reviendraient sur leurs pas. Pour atteindre ce résultat, il jugeait le concours de l'armée de terre indispensable. Le général Canrobert partageait son opinion, mais des événements imprévus, les nécessités naissant des besoins de chaque jour éloignaient sans cesse l'accomplissement de ce projet. Enfin, l'expédition de Kertch fut résolue. Le 3 mai, 11,000 hommes de troupes françaises et anglaises embarquèrent sur les vaisseaux et sur les frégates disponibles et, à la nuit, les deux amiraux en chef appareillèrent et élongèrent la côte méridionale de la Crimée. Vingt-quatre heures après, on distinguait parfaitement le mont Teadir Dagh qui s'élève à l'Ouest de Kaffa. Au moment où l'obscurité allait se faire, des signaux aperçus à bord du *Dauphin* arrivant à toute vapeur arrêtèrent les escadres dans leur marche : cet aviso apportait au vice-amiral Bruat une lettre du commandant en chef de l'armée de terre. Cette dépêche lui enjoignait, en termes précis, et conformément à de nouvelles instructions de l'Empereur, de surseoir à

---

(1) Déjà, longtemps avant, le vice-amiral Hamelin avait insisté, auprès du ministre, sur les avantages d'avoir, le plus tôt possible, une flotille de canonnières capables de pénétrer dans toutes les eaux intérieures, mers et fleuves.

l'expédition convenue et de revenir de suite à Kamiesh. Le
lendemain, vaisseaux et frégates étaient ancrés sur cette
rade. Les Anglais, de leur côté, étaient retournés à Bala
Klava. Les ordres de l'Empereur portaient défense expresse
d'agir avant l'arrivée de renforts qui étaient annoncés. Ils ne
se firent pas attendre ; 22,000 hommes arrivèrent bientôt
et, avec eux, le général de division Pélissier, désigné pour
prendre le commandement en chef de l'armée, à la place
du général Canrobert remplacé sur sa demande. Un con-
tingent piémontais, sous les ordres du général La Mar-
mora, était aussi envoyé pour prendre part aux travaux et
aux combats du siége.

Le projet d'investissement de Sébastopol ayant été
abandonné aussitôt après le débarquement du général
Pélissier, il devenait plus important que jamais d'intercepter les communications de l'ennemi par la mer d'Azoff.
Aussi les commandants des escadres renouvelèrent-ils
l'offre de l'attaque de Kertch, car il ne fallait pas laisser
aux Russes le temps de compléter la défense de la presqu'-
qu'île. Leur proposition ayant été favorablement accueillie,
le vice-amiral Bruat prit personnellement le commandement de trois vaisseaux français, sept frégates, douze corvettes ou avisos et une bombarde, tous à vapeur, sur
lesquels on embarqua 7,000 hommes et trois batteries
d'artillerie. Trente-trois bâtiments anglais commandés par
le vice-amiral Lyons, 3,000 Anglais et une batterie, et
5,000 Turcs avec une une batterie complétèrent l'expédition. Tous ces bâtiments étaient en route le 22 au soir.
Après une navigation de trente-six heures, on aperçut le
cap Takli qui forme l'entrée du détroit de Kertch. Le temps
était magnifique.

Le détroit de Kertch est un passage étroit rendu dangereux par l'existence de plusieurs écueils. Les Russes
avaient augmenté les difficultés de cette entrée en y coulant de grands navires, et en établissant des pétards sous-
marins communiquant avec la batterie du cap Saint-Paul

au moyen de fils électriques. Ils n'atteignirent toutefois
qu'imparfaitement le but qu'ils s'étaient proposé : les navires immergés avaient été entraînés, en grande partie, au
loin, à la débâcle des glaces, et les torpilles furent sans effet
par suite de l'abandon et de la destruction de la batterie
par les Russes eux-mêmes. Lorsqu'on a doublé le cap
Takli, limite extrême de la Crimée, et qu'on entre dans le
détroit, on découvre d'abord la pointe assez rapprochée de
Kamish Bournou, puis le cap Saint-Paul sur lequel existait
alors une batterie de 26 canons. Entre ces deux promon-
toires se trouve la baie de Kamish partagée en deux parties
par une langue de terre qui se dirige du côté du large, et
qui mesure un kilomètre et demi de long sur un kilomètre
en largeur. Cette rade, choisie pour le débarquement, est
entièrement découverte ; elle est entourée de magnifiques
prairies dans lesquelles, par-ci, par-là, s'aperçoivent quelques groupes d'arbres. Les dispositions du terrain sont
telles que la plaine est commandée dans toute son étendue
par le feu des bâtiments embossés devant la plage. Par
suite, le corps qui voudrait s'opposer à un débarquement
se verrait réduit à se tenir sur les plateaux échelonnés au
fond de la rade. Kertch et la baie à laquelle cette ville a
donné son nom, sont de l'autre côté de Kamish.

Le 24, à 11ʰ du matin, les deux escadres laissèrent
tomber l'ancre devant Kamish, et les troupes furent immédiatement mises à terre sans opposition ; toutes étaient sur
la presqu'île à 4ʰ. Pendant que cette opération s'effectuait,
une canonnière anglaise faisait une reconnaissance du côté
du cap Saint-Paul. Elle avait à peine envoyé quelques boulets à la batterie qui le domine, que les Russes en firent sauter les ouvrages. Cette détermination avait une
grande importance pour les alliés. Le détroit de Kertch est
barré, en effet, dans toute sa largeur, par un banc qui
part du cap Panaglia, sur la côte d'Asie, et se prolonge
jusqu'à une très-petite distance du cap Saint-Paul. Il faut
absolument s'engager dans cette passe resserrée pour entrer

dans la mer d'Azoff; et tout bâtiment ennemi qui s'y présentait devait, par conséquent, affronter le feu plongeant
des canons de cette pointe. La batterie d'Ak-Bournou eut
bientôt le même sort que sa voisine. Dès que le débarquement fut terminé, les troupes franchirent la falaise qui sépare
la baie de Kamish de celle de Kertch, et se dirigèrent sur
cette ville sans avoir à tirer un seul coup de fusil; l'ennemi
se retirait à mesure qu'elles avançaient. Pendant qu'elles
opéraient ce mouvement, une canonnade assez vive s'engagea entre un petit bateau à vapeur russe et une canonnière anglaise d'abord, puis entre trois autres navires à
vapeur ennemis et les batteries de Yéni Kalé d'une part
et les avisos à vapeur français le *Fulton*, capitaine Le-
bris, la *Mégère*, capitaine Devoulx, et plusieurs bâtiments
anglais, de l'autre. Le russe poursuivi fut incendié par
son capitaine : il portait le trésor de Kertch. Deux barques chargées d'objets précieux et d'une partie des archives de cette ville restèrent entre les mains des alliés. La
canonnade avec les batteries de terre se prolongea jusqu'à la nuit. La lutte ne devait pas recommencer le lendemain : vers 8ʰ du soir, une forte détonation annonça que
les Russes venaient, encore une fois, de mettre leur système destructeur en pratique ; les ouvrages d'Yéni Kalé
n'étaient plus qu'un monceau de ruines. La ville de Kertch
avait déjà été abandonnée par eux après destruction complète des magasins et des approvisionnements. Le lendemain
matin, les troupes entrèrent dans Yéni Kalé, sans s'être
arrêtées à Kertch, et les avisos à vapeur imitant leur mouvement, mouillèrent devant ce village. Les Turcs y furent
laissés en garnison ; un détachement de marins des deux
nations eut la charge de protéger Kertch contre les exactions des Tartares.

L'entrée de la mer d'Azoff étant libre désormais, il fut
convenu que plusieurs bâtiments légers parcourraient ce
vaste bassin pour s'emparer des navires et détruire les
approvisionnements qui s'y trouvaient. Le capitaine de

frégate Béral de Sédaiges reçut, en conséquence, l'ordre de
visiter tout son littoral avec les avisos à vapeur

Lucifer.	capitaine	Béral de Sédaiges (Casimir).
Mégère.	—	Devoulx.
Brandon.	—	Cloué.
Fulton.	—	Lebris (Edmond).

Ses instructions lui enjoignaient d'agir de concert avec
dix bâtiments anglais qui avaient la même mission. La petite division se rendit d'abord sur la côte septentrionale, à
Berdiansk, le plus considérable des ports de la mer d'Azoff.
Soixante navires, généralement chargés de blé, de grands
dépôts d'approvisionnements de toute espèce et les magasins qui les contenaient furent livrés aux flammes.

De Berdiansk, la flottille se rendit devant Arabat. Cette
ville est une position importante sur la partie de la presqu'île de Crimée baignée par les eaux de la mer d'Azoff.
Placée au point même de départ de la longue langue de
terre à laquelle on a donné le nom de Flèche d'Arabat, et
qui forme la mer Putride, espèce de marécage dans lequel
la navigation n'est possible qu'avec de faibles embarcations, la ville d'Arabat était l'étape principale des nombreux convois que l'armée russe recevait par cette voie.
Attaquer cette ville était donc chose utile ; mais la force de
la garnison limitait le cercle d'action de la flottille, et elle
dut se borner à détruire les fortifications, qui consistaient
en un fort de 30 canons et en deux petits fortins. Ce résultat fut obtenu après une canonnade de deux heures et
demie.

Tout cela n'était que le prélude des pertes que les marines alliées devaient faire subir à l'ennemi. Le commandant de Sédaiges, qui était allé à Kertch avec ses bâtiments
pour faire du charbon, rentra bientôt dans la mer d'Azoff ;
sa division était augmentée des avisos le *Dauphin* et la
Mouette, capitaines de Robillard et Allemand, et de huit
grands canots et chaloupes de vaisseau, placés spécialement
sous les ordres du capitaine de frégate Lejeune. Les An-

glais, qui n'avaient pas eu besoin de renouveler leur combustible, s'étaient portés sur Ghenitchesk et y avaient incendié quatre-vingt dix navires et une quantité considérable de blé. La destruction de Ghenitchesk était le complément obligé de l'attaque d'Arabat. C'est en effet devant cette ville, et presque à la toucher, que s'arrête la Flèche d'Arabat. Ghenitchesk peut donc être considéré comme le port de la mer Putride et le point de départ des communications de la province de Nogais avec la Crimée par la Flèche.

Les deux flottilles se retrouvèrent devant Taganrog, peu loin des bouches du Don. Le 3 juin, cette ville fut attaquée; ses beaux magasins et les nombreux approvisionnements qu'ils contenaient furent détruits. La partie de la ville où la garnison se retira et se défendit eut le même sort.

A Mariapoul, situé entre Berdiansk et Taganrog, les alliés ne rencontrèrent pas de résistance; aussi se bornèrent-ils à détruire les grains et les fourrages qui se trouvaient dans ce port et les magasins qui les renfermaient.

Il en fut de même à Eisk sur la côte d'Asie.

Reconnaissant que la défense d'Anapa devenait désormais fort difficile, les Russes firent sauter les fortifications de cette place.

Depuis le fort d'Arabat jusqu'à l'extrémité de la Flèche qui finit au détroit de Ghenitchesk, des fermes fortifiées sont espacées sur le littoral à une distance de vingt à vingt-cinq kilomètres l'une de l'autre. Les Cosaques qui habitent et exploitent ces fermes, entretiennent un assez grand nombre de chevaux servant de relais à la poste russe, et d'attelages aux chariots qui se rendent par là en Crimée. Depuis la déclaration de guerre, la Flèche d'Arabat était la route que suivaient les munitions et les vivres destinés à l'armée russe. La présence des marines alliées dans la mer d'Azoff était certainement une gêne pour les communications; mais il n'était pas impossible

que des convois se dérobassent à l'action des croiseurs en
rasant de très-près le rivage de la mer Putride. Les commandants des deux flottilles pensèrent qu'il était important de détruire ces postes fortifiés et d'en chasser les
Cosaques. Le *Lucifer*, le *Brandon* et deux avisos anglais
s'embossèrent successivement devant chacun d'eux , et
des détachements de ces bâtiments accomplirent cette
tâche. Une quantité considérable d'approvisionnements
fut détruite ; on abattit tous les chevaux, et bon nombre
de bestiaux furent transportés à bord des navires. Les
Cosaques n'opposèrent pour ainsi dire pas de résistance. Au moment où les marins mettaient pied à terre,
ils déchargeaient leurs armes sur eux et s'éloignaient
ensuite de la vitesse de leurs chevaux. Ce fut là la fin de
ce qu'on peut appeler l'expédition de la mer d'Azoff. La
présence des bâtiments devenait désormais inutile dans
cette mer qui ne possédait plus un seul navire, et par laquelle le ravitaillement de Sébastopol était à peu près
impossible ; ils regagnèrent Kertch. Le séjour des escadres
et du corps expéditionnaire n'était pas davantage nécessaire dans ces parages. On rembarqua les troupes, sauf
quelques détachements qui furent laissés comme garnisons,
et les escadres retournèrent à Kamiesh et à Balaklava. Le
capitaine de vaisseau Bouët resta en observation à l'entrée
de la mer d'Azoff avec la frégate la *Pomone* et plusieurs
bâtiments légers.

Cependant le moment décisif approchait. L'assaut de la
tour Malakoff, considérée comme la position après l'enlèvement de laquelle la défense de Sébastopol n'était plus
possible, avait été décidé. La marine se disposa à prêter,
dans la limite de ses moyens, sa coopération à l'armée de
terre. Dans ce but, les escadres alliées devaient appareiller
et manœuvrer devant l'entrée de Sébastopol, comme si l'on
avait l'intention de renouveler l'attaque contre les défenses
de mer. Mais il était écrit que l'honneur de terminer cette
lutte gigantesque ne devait pas appartenir aux généraux qui

l'avaient commencée. Le maréchal de Saint-Arnaud était
mort peu de jours après la bataille d'Alma. Au mois de
juillet, le feld-maréchal Raglan succomba à une attaque
de choléra. A moins d'un an de distance, les habitants de
Constantinople purent voir passer les navires qui portaient
les dépouilles mortelles de ces deux officiers généraux. Cet
événement retarda encore le dénouement de ce siége mémorable. Les mois qui s'écoulèrent jusque-là furent assez
tristes pour la marine qui avait repris son rôle d'auxiliaire
et, avec lui, sa vie d'activité incessante et de mouvement
sans fin. Comme dans le principe, elle fut employée au
transport des munitions de guerre, des vivres et aussi à
celui des malades et des blessés.

Enfin, la journée du 8 septembre arriva, journée terrible, pendant laquelle, paralysée par la violence du vent
qui, du S.-E. passant au Nord, rendit la mer très-grosse
et la força de rester au mouillage, la marine ne put
prendre qu'une part bien minime aux rudes combats qui
ont mérité à l'armée de Crimée une place si glorieuse dans
les fastes militaires. Les quatre bombardes françaises

Cassini.	capitaine	Baehme ;
Palinure.	—	Moret ;
Sésostris.	—	Saly ;
Ténare.	—	Krantz ;

mouillées dans la baie de Streletz-Ka, joignirent seules,
avec les bombardes anglaises, leur feu à celui des batteries
de siége. Toutefois, si la coopération des bâtiments n'eut
qu'une faible importance, à terre, la marine conserva la
réputation qu'elle s'était acquise. Les attaques du bastion
du mât étaient commandées, ce jour-là, par le capitaine
de frégate Bertier et celles du bastion central par le capitaine de frégate de Marivault. Après une lutte sans précédents, peut-être, dans les annales militaires, le fort
Malàkoff fut enlevé, et Sébastopol se rendit.

Le vice-amiral Bruat ne tarda pas à recevoir la récompense des services éminents qu'il avait rendus pendant

cette guerre. Le 15 septembre, il fut élevé à la dignité d'amiral de France.

Avec Malakoff, la ville de Sébastopol et les forts du Sud de la baie succombaient, mais les défenses du Nord conservaient toute leur force. Il était donc urgent d'intercepter les relations des diverses parties de l'empire avec la Crimée, afin de mettre l'ennemi dans l'impossibilité de prolonger sa résistance dans les forts où il s'était réfugié après la prise de la ville. On avait pu s'assurer que, pendant l'hiver, les communications entre la côte de Circassie et la Crimée se faisaient par le golfe de Taman, entièrement gelé dans cette saison. Les villes de Taman et de Fanagoria étaient donc les bases du ravitaillement des Russes, et l'on pouvait craindre qu'ils ne réunissent sur ce point, et par conséquent près et en face de Yéni Kalé et du cap Saint-Paul, des forces considérables qui deviendraient par ce fait une menace continuelle pour les armées alliées. La destruction de ces postes était le complément naturel des opérations de la mer d'Azoff. Il fut donc décidé que Taman et les établissements de Fanagoria seraient rasés, et le commandant Bouët reçut l'ordre de faire cette expédition avec huit canonnières françaises, quatre anglaises et la moitié des troupes laissées à Kertch. Cette division se présenta, le 25 septembre, sur la côte d'Asie et mit ses troupes à terre, sur la plage de Fanagoria, sans opposition de la part de l'ennemi : cette ville et la redoute qui la défendait avaient été évacuées. Un détachement de cavalerie aperçu dans les terres dut seul être tenu en respect par les projectiles des canonnières. Le lendemain, Taman, située à deux kilomètres de Fanagoria, fut occupée sans plus de difficulté. On transporta de suite au cap Saint-Paul les objets de baraquement qu'on trouva dans ces deux établissements, ainsi que tout ce qui pouvait être utile aux troupes stationnées à Kertch et à Yéni Kalé, et ils furent ensuite livrés aux flammes.

L'attaque du fort de Kinburn avait aussi été jugée in-

dispensable. Ce fort, élevé sur la presqu'île qui sépare
de la mer Noire le bassin formé par les eaux du Bug
et celles du Dniéper, protégeait les communications de
l'armée russe avec Nicolaïef et Kherson. Dans les premiers
jours du mois d'octobre, les escadres alliées allèrent jeter
l'ancre devant Odessa, et les commandants en chef envoyèrent faire des reconnaissances dans le détroit d'Otchakoff et le long de la presqu'île de Kinburn.

Les eaux du Bug et celles du Dniéper, après s'être réunies pour former une sorte de lac qui porte le nom de
liman du Dniéper, s'écoulent ensemble entre Otchakoff au
Nord et Kinburn au Sud, par un canal étroit d'une profondeur variable. Otchakoff, sur la rive droite, est bâtie
au haut d'une falaise d'élévation moyenne, s'avançant à
angle droit vers le Sud, et projetant une pointe basse
au bas de laquelle s'élevait un vieux fort en assez mauvais
état ; une batterie construite dans la falaise complétait la
défense de ce côté. C'est du côté gauche, à l'extrémité
d'une longue langue de sable formée par les alluvions des
deux fleuves, que se trouve la citadelle de Kinburn, battant en même temps le canal intérieur et le large, et constituant ainsi la véritable défense de l'embouchure du
Dniéper. Cette citadelle est un ouvrage à cornes, en maçonnerie, avec parapets en terre, entouré d'un fossé là où
il n'est pas baigné par la mer ; il contient des casernes et
autres édifices dont les toitures apparaissent au-dessus
des remparts. Armé sur toutes les faces, il offre un étage
de feux couverts casematés, surmonté lui-même d'une
batterie à barbette, le tout pouvant présenter un front de
soixante bouches à feu, dont la moitié battant en dehors
sur la mer. A cette époque, cette fortification consistait en
trois ouvrages défensifs. Le premier, le plus rapproché de
la pointe, était une grande batterie blindée ouverte à la
gorge ; ses embrasures étaient tournées vers la passe et
vers le liman du Dniéper, et croisaient leur feu avec
celui des batteries d'Otchakoff. Le second ouvrage était à

environ 200 mètres du premier et communiquait avec lui par une longue caponnière : c'était une batterie en terre, fermée à la gorge, armée dans toutes les directions et renfermant un abri blindé pour les défenseurs. Le troisième, à 300 mètres en arrière, était un fort bastionné avec revêtements en maçonnerie, casemates, fossés et chemin couvert ; il barrait toute la presqu'île, du liman à la mer. Il existait enfin deux batteries dans le N.-O. La garnison habituelle s'élevait à 2,000 hommes. A 600 mètres environ de la forteresse se voyait le village de Kinburn ; il était entièrement battu par son feu. A partir de ce point, la presqu'île s'élargit d'une manière sensible. Ce n'est toujours qu'une plaine de sable couverte d'herbes marines et de lacs salés ; mais à 5,000 mètres, cette plaine se change brusquement en une suite de petites dunes qui se développent sur une largeur de deux kilomètres et s'étendent indéfiniment vers l'Est.

Les escadres quittèrent l'ancrage d'Odessa le 14, pour aller mouiller devant Kinburn. Dans la nuit, les chaloupes-canonnières françaises la *Stridente*, la *Meurtrière*, capitaines Caubet et Lemazurier, la *Tirailleuse*, la *Mutine*, capitaines de Vassoigne (René) et Ollivier (François), et cinq canonnières anglaises entrèrent dans le liman du Dniéper, malgré la canonnade non interrompue des batteries russes, tandis que d'autres canonnières des deux nations prenaient position du côté du large, de manière à croiser leurs feux avec celles de l'autre rive, pour protéger le débarquement, en rendant les sorties de la garnison de la citadelle à peu près impossibles. Au jour, 4,000 hommes de troupes françaises et 3,500 Anglais furent mis à terre, hors de la portée des canons du fort. Cette opération fut contrariée par l'état de la mer, qui était très-houleuse, mais elle eut lieu sans aucun empêchement de la part des Russes. Dans la journée, et pendant que le général Bazaine qui commandait les troupes prenait ses dispositions, les canonnières et les bombardes commencèrent l'attaque. La riposte ne se fit pas atten-

dre. La houle était trop forte pour que le tir eût quelque
efficacité, et lorsque la nuit l'interrompit, aucun résultat
sérieux n'avait été obtenu. La mer étant devenue moins
mauvaise, le feu fut ouvert de nouveau, le 17 à 9ʰ 45ᵐ du
matin, par les

Batteries flottantes cuirassées(1)	*Dévastation.*	capitaine	marquis de Montaignac de Chauvance.
	Lave.	—	de Cornulier Lucinière.
	Tonnante.	—	Dupré.
Canonnières	*Grenade.*	—	Jauréguiberry.
	Flèche.	—	Morier (Hippolyte).
	Mitraille.	—	Bouchet Rivière.
	Flamme.	—	Palasno de Champeaux (Louis).
	Alarme.	—	Hulot d'Osery.
Bombardes	*Ténare*	—	Krantz.
	Cassini	—	Baehme.

Les premières étaient embossées, à une distance de 900
à 1,200 mètres, les autres un peu plus au large avec les
canonnières anglaises. Peu de temps après, les canonnières se rapprochèrent à la hauteur des batteries flottantes. Les batteries de Kinburn ripostèrent avec vivacité.
Vers midi, et au moment où les vaisseaux le *Montebello*,
capitaine Bassière, qui portait toujours le pavillon du
commandant en chef, le *Jean Bart*, l'*Ulm* et le *Wagram*,
les deux derniers de 70 canons, capitaines Touchard, La-
brousse et Larrieu, et six vaisseaux anglais, embossés
beaupré sur poupe, à 1,600 mètres, joignaient leur feu à

---

(1) Les Français avaient seuls des batteries flottantes à Kinburn. Ces bâtiments à vapeur, d'invention toute récente, et qui les premiers ont reçu une
cuirasse, n'avaient été soumis qu'à quelques rares expériences avant de quitter les ports dans lesquels ils avaient été mis en chantier. Aussi, y a-t-il
équité à rappeler les louables efforts que firent leurs capitaines pour hâter le
moment où il leur serait permis de traverser le golfe de Gascogne, la Méditerranée et les autres mers intérieures qui conduisent à la Crimée, malgré
l'appréciation très-restrictive de la commission qui, dans un des ports de l'O-
céan, avait eu à se prononcer sur la question de navigabilité. La réussite la
plus complète couronna leurs efforts; et le 18 octobre, le vice-amiral Bruat
put écrire au ministre de la marine « J'attribue le prompt succès que nous
avons obtenu, en premier lieu, à l'investissement complet de la place par
terre et par mer; en second lieu, au feu des batteries flottantes. » Les
batteries anglaises, construites en même temps que les nôtres, prirent aussi
la mer, mais elles n'arrivèrent pas à temps.

celui de la flottille, les frégates à vapeur l'*Asmodée*, le *Cacique* et le *Sané*, capitaines Cosnier, Guesnet et De-lapelin, placées sous les ordres du contre-amiral Odet Pellion, et six frégates anglaises, entrèrent dans le liman à travers une nuée de projectiles, pour prendre les ouvrages de la presqu'île à revers. Pendant que les vaisseaux et les frégates, les batteries flottantes, les bombardes et les canonnières couvraient le fort d'une pluie de boulets et d'obus, des postes avancés de tirailleurs, appuyés par plusieurs pièces de campagne, dirigeaient de terre sur les embrasures une fusillade soutenue qui éclaircissait les rangs des canonniers ennemis. Après cinq heures de canonnade, la position n'était plus tenable pour les Russes; leur tir allait sans cesse en diminuant, et les flammes qui s'élevaient de toutes parts, indiquaient que le feu s'était déclaré dans plusieurs édifices. A 1ʰ 25ᵐ, les amiraux en chef des escadres firent cesser le combat, d'un commun accord, et envoyèrent sommer le commandant de la place de se rendre; le général Bazaine fit la même démarche. Les conditions offertes ayant été acceptées, le pavillon de la France et celui de l'Angleterre furent de suite arborés sur le fort de Kinburn. Le lendemain, de violentes détonations entendues de l'autre côté du liman, annoncèrent aux alliés que les Russes faisaient sauter les fortifications d'Otchakoff. Le résultat de cette expédition fut la prise de possession de 174 bouches à feu, de munitions de toute espèce, et l'occupation d'une position importante. 1,420 Russes étaient, en outre, faits prisonniers. Grâce à la solidité du blindage métallique des batteries flottantes, les avaries et les pertes des alliés n'étaient pas en rapport avec l'importance des dégâts qu'ils avaient occasionnés. On travailla immédiatement à remettre la citadelle de Kinburn en état, et un régiment français l'occupa. Pour plus de sûreté, les batteries flottantes et six canonnières furent laissées dans le liman du Dniéper sous les ordres du capitaine de vaisseau Pâris. Toutes ces dispositions terminées, les escadres retournèrent devant Sébastopol.

La ville de Sébastopol prise, le séjour à terre de la brigade navale commandée par le contre-amiral Rigault de Genouilly devenait inutile. Les marins rejoignirent leurs bâtiments respectifs où l'ordre du jour suivant les avait précédés :

« Soldats !

« Les braves marins de l'escadre de l'amiral Bruat, descendus à terre pour partager nos travaux et nos dangers, vont nous quitter.

« Les marins russes de la mer Noire, qui n'avaient pas osé se mesurer avec eux sur leur propre élément, ont appris à les connaître devant les murs de Sébastopol.

« Pour vous, vous savez combien, pendant toute la durée de ce siége long et difficile, ils ont donné de preuves de courage, de constance, de résolution dans le service de leurs nombreuses et puissantes batteries.

« C'est avec plaisir et confiance que nous les avons reçus parmi nous, et c'est avec regret que nous voyons arriver le moment de la séparation.

« Une union et une estime réciproques formées sur le champ de bataille nous lient étroitement à ces braves marins, à leurs vaillants officiers, à leur digne chef, le contre-amiral Rigault de Genouilly. Nous les retrouverons, ayons-en l'espérance, et alors comme aujourd'hui, la flotte et l'armée, le matelot et le soldat n'auront qu'une même pensée, la gloire de la patrie, qu'un même sentiment, le dévouement à l'Empereur. »

« Au grand quartier général, 5 octobre 1855.

« Le maréchal commandant en chef,

« PÉLISSIER. »

La saison dans laquelle on se trouvait rendait désormais toute opération active impossible. D'autre part, le renvoi d'une partie de l'armée ayant été résolu, les troupes à rapatrier furent embarquées sur les frégates et sur les vaisseaux désignés pour retourner en France. Le 7 novembre, l'amiral Bruat fit voile lui-même pour le Bosphore, laissant au contre-amiral Pellion le commandement de la division de la mer Noire.

L'expédition de Crimée était terminée. Un armistice, signé au mois de février 1856, amena bientôt la conclusion de la paix définitive.

Un dernier mot. Cette expédition de Crimée qui avait coûté tant de sang à la France et à l'Angleterre, qui avait vu deux généraux en chef des armées de terre succomber aux fatigues et aux maladies qui sont les compagnes inséparables d'une guerre prolongée dans des conditions exceptionnelles, cette expédition devait aussi coûter la vie au dernier commandant en chef de l'escadre française. Cette brillante organisation était à bout de ressources ; et lorsque les exigences du service cessèrent de fournir un aliment à cette âme ardente, les souffrances reprirent possession d'un corps déjà et depuis longtemps rudement éprouvé. Gravement malade dès en quittant le mer Noire, l'amiral Bruat succomba à bord du *Montebello*, avant l'arrivée de ce vaisseau en France.

Ici finit le travail que j'ai entrepris. Rien, mieux que les campagnes de la Baltique et de la mer Noire, ne saurait clore le récit des faits de guerre auxquels la marine de la France a pris part. C'est, en effet, en parlant de ces deux expéditions que l'Empereur a dit, à l'ouverture de la session du Corps législatif qui a suivi la cessation des hostilités : « Je suis heureux de payer un tribut d'éloges « à l'armée et à la flotte. Chacun a noblement fait son « devoir, depuis le maréchal jusqu'au soldat et au matelot. Déclarons-le donc ensemble, l'armée et la flotte ont « bien mérité de la patrie ! » Si le récit des divers épisodes de ces deux campagnes a montré ce que peut la marine française lorsqu'elle agit seule, sous la conduite d'un chef

habile; s'il a prouvé que la force relative de l'artillerie de
mer et des batteries de terre n'est pas ce qu'on l'a dit être
pendant longtemps, il établit aussi, d'une manière incontestable, la puissance des ressources de la France dans
toute action combinée de la marine et de l'armée de terre.

FIN.

NOMS DES OFFICIERS DE LA MARINE

CITÉS DANS LES

BATAILLES NAVALES DE LA FRANCE.

On comprendra les difficultés typographiques qu'a présentées l'impression d'un ouvrage dans lequel les noms propres tiennent une si grande place. Il est donc possible que, malgré le soin apporté à ce travail, quelques fautes aient échappé à la correction. Le lecteur devra recourir à l'index suivant pour la rectification des noms sur l'orthographe desquels il existerait quelque variante.

Bouyer. II. 378.

Brach (chevalier de). II. 7, 39, 45, 71, 73, 74.

Brait. IV. 261.

Bréard. III. 105, 415.

Brédevant. I. 171.

Breignou (chevalier de). II. 81, 121.

Breil de Rays (chevalier de). II. 33.

Bressan (de). I. 111.

Bretel. III. 256, 260, 441.

Breteuil (de). I. 111, 180.

Breton. IV. 193.

Bretteville. IV. 233.

Breugnon (de). *Voy.* Chaudeneau de Breugnon.

Brézé (Armand de Maillé, duc de). I. 99, 101, 102, 280.

Briançon. *Voy.* Grasse Briançon.

Brice. II. 307.

Bridault. I. 199.

Brindejonc Tréglodé. IV. 261.

Briqueville (de). II. 7, 100, 107, 215.

Brissac. I. 76.

Broca. II. 417.

Brocq. I. 98.

Brouard. III. 346, 495.— IV. 15, 118.

Brouzet. IV. 324, 326.

Broves (de). I. 437. — II. 12, 15, 19, 39, 42, 44.

Bruat. IV. 266, 269, 339, 349, 356, 362, 371, 392, 398.

Breuil (de). *Voy.* Turpin de Breuil.

Brueys d'Aigalliers. II. 274.— III. 13, 66, 90, 96. — IV. 206, 217.

Bruillac (Alain). III. 124, 154, 282, 310, 424, 455.

Bruix. II. 277, 287, 410. — III. 7, 154, 187, 223, 279, 295, 321, 324. — IV. 206, 218.

Brun. I. 94.

Brun de Boades. II. 71, 75, 74, 103, 118.

Bruneau Lajonchais. III. 128, 165.

Brunet. III. 317, 325, 423, 426.

Bruni d'Entrecasteaux. II. 127, 133.

Bruyères (comte de). II. 12, 19, 39, 42, 194, 196, 252.

Buch (Jean de) I. 62.

Budes (de). *Voy.* Guéhriant de Budes.

Bueuil (comte de). I. 111.

Buor de Lachenalière. II. 71, 73, 74.

Buratowich, italien. IV. 120.

Bures d'Espineville (Louis de). I. 74.

Buret. IV. 390.

Burgues Missiessy (comte). II. 274. — III. 281, 325, 332, 340, 489.— IV. 2, 85, 117, 152, 166, 177, 210, 221.

Bustambust. I. 246.

Butel. III. 210.

Button. IV. 101.

C

Cabanous. I. 351, 348.

Caboureau. III, 451.

Caboureau. IV. 377.

Cacqueray (de) *Voy.* Valmenier de Cacqueray.

Cadiou. IV. 350.

Calan (de). *Voy.* Lalande de Calan.

Callamand (de). II. 266, 269. — II. 270.

Camas. *Voy.* Filhol Camas.

Cambelon. I. 85.

Cambernon. II, 346.

Cambis. II. 316, 320. — IV. 206.

Cambon. III. 96.

Cammoble. I. 170.

Candé (de). *Voy.* Maussion de Candé.

Cangé (de). I. 90, 93, 97.

Canon. II. 443. — III. 73.

Capellis (comte de). II. 61.

Cardaillac (chevalier de). II. 87.

Carney (comte de). I. 372.

Caro (Nicolas). III. 227, 286.

Caro (Vincent). III. 153.

Caron. III. 418.

Carpentier. III. 36.

Carry. II. 454.

Casa Bianca. III. 96.

Cassard. I. 263.

Cassinière (de). I. 167, 170.

Castagnier. II. 290. III. 61, 190.

Castellan. II. 100, 107, 140, 148, 159 215.

Castellane Majastre (de). II. 100, 107, 141, 155, 162, 215.

Castellet, aîné (de). II. 59, 41, 42, 133.

Castellet. *Voy.* Moriès Castellet.

Castillan (de). II. 100.

Castillon (chevalier de). I. 348, 373, 377.

Castremont (de). *Voy.* Elissade de Castremont.

Casy. IV. 260, 274.

Catteford. II. 425, 432.

Caubet. IV. 407.

Cauchard. III. 588.

Caumont (chevalier de). I. 327, 380.
Caussade. IV. 269.
Causse (Joseph). II. 299.
Causse. IV. 362, 370.
Cavalier. III. 20.
Caylus (chevalier de). I. 289, 292, 299.
Cazenac. I. 90, 94, 97.
Cazotte. II. 299.
Cellié. I. 312.
Chabannes Curton, la Palisse (vicomte de). IV. 335, 341, 349, 362.
Chabert (de). I. 154, 159, 165.
Chabert (marquis de). II. 12, 19, 59, 43, 100, 107, 109, 215.
Chabert (de). III, 353.
Chabert (de). Voy. Roland de Chabert.
Chaboissière (de). I. 171.
Chabons (de). II. 101.
Chadeau de Laclocheterie. II. 22, 53, 77, 98, 140, 147, 215.
Chaigneau. IV. 335.
Chalais (chevalier de). I. 199, 211.
Chambon. III. 155.
Chambonas. Voy. Lagarde Chambonas.
Champeaux (de) Voy. Palasne de Champeaux.
Champigny. I. 177, 199, 251.
Champion. Voy. Cicé Champion.
Champlais. I. 303.
Champmartin. II. 141, 155, 162, 165, 215, 223.
Champmeslin. Voy. Desnos Champmeslin.
Champmeslin. I. 241, 251.
Champorcin (de). Voy. Desmichels de Champorcin.
Chaperon. I. 85.
Chaperon. IV. 357.
Chappelain. I. 141.
Chappelle Fontaine. II. 81.
Chappuy. III. 174.
Charbonnier. II, 363, 425, 452.
Charitte (chevalier de). II. 52, 100, 105, 107, 141, 155, 162, 165, 215.
Charlet. I. 111.
Charmasson. IV. 271.
Charner. IV. 277, 344, 349, 358, 362.
Chartres (duc de). II. 7, 9, 11.
Chassériau (François). III. 255, 457.
Chastellus (commandeur de). I. 90, 94, 97, 100.
Chastenet de Puységur. II. 44.

Chateaumorand (marquis de). I. 199, 211, 242, 251.
Chateauneuf (de). I. 116, 147, 151, 154, 163.
Chateauneuf (de). I. 292.
Chateaurenault (Rousselet, marquis de) I. 108, 169, 190, 192, 198, 203, 211, 220, 226, 233, 241, 282.
Chateaurenault (de). I. 183, 186, 246, 250.
Chateauvert (de). Voy. Beaussier de Chateauvert.
Chateauville. IV. 274.
Chateloger. I. 341, 380.
Chauchard. IV. 295, 327.
Chaudeneau de Breugnon (comte). I. 337, 352, 368, 369, 422, 435.— II. 12, 19, 39, 42, 158.
Chaudière. IV. 292.
Chaumont (chevalier de). I. 163, 180.
Chaunay Duclos. III. 460.
Chautard. II. 457. — III. 20.
Chautard. Voy. Martelly Chautard.
Chauvance (de). Voy. Montagnac de Chauvance.
Chauvin. III. 133.
Chavagnac. I. 341.
Chavagnac (de). II. 61.
Cheffontaines (comte de). IV. 227, 251.
Cherigny (de). I. 177.
Cherisey. II. 52, 159.
Cherval. II. 81.
Chesneau. III. 24, 374, 471.
Chevillotte. IV. 395.
Cheylus (de). I. 292.
Chezac (de). I. 380.
Chieusse. IV. 233.
Choiseul (marquis de). I. 327, 341.
Choiseul Beaupré (de). I 178.
Choisy (de). Voy. Laurens de Choisy.
Chosel. III. 61.
Christy Pallière (Jean de). III. 228, 233, 237.
Christy de la Pallière. IV. 175, 260.
Cicé Champion (comte de). II. 71, 73, 74, 102, 107.
Cillart. Voy. Villeneuve Cillart.
Cillart de Suville. II. 7, 39, 41, 43, 44, 68, 102, 107, 128, 133.
Cilly. Voy. Duhault Cilly.
Ciret. I. 100.
Clairon. I. 240.
Clanen. Voy. Asmus Clanen.
Clanié. I. 220.

Desgouttes (commandeur). I. 177, 180, 198.
Desgouttes (marquis). I. 363, 369.
Desbauteurs. *Voy.* Croquet Deshauteurs.
Deshayes. I. 263.
Deshayes. III. 70.
Deshayes de Lacry (marquis). II. 57, 158.
Desherbiers de l'Etanduère. I. 199, 250, 256.
Desherbiers de l'Etanduère. I. 316, 324.
Desjardins. I. 98.
Deslandes. IV. 58.
Desmarques. I. 268.
Desmartis. II. 329, 358.
Desmichels de Champorcin. II. 12, 19, 39, 43.
Desmoulins. III. 423.
Desnaudais. I. 418.
Desnos Champmeslin. I. 192.
Despagne. IV. 254.
Despointes. *Voy.* Febvrier Despointes.
Desroches (chevalier). I. 85, 96.
Desroches. I. 580.
Des Rotours *Voy.* Angot des Rotours.
Destouches (chevalier). II. 7, 33, 77, 97, 98.
Detchevery. IV. 12.
Devoulx. IV. 349, 353, 358, 370, 401.
Devry. I. 211, 219.
Didelot (baron). IV. 373, 380.
Dieudonné. IV. 350.
Digoine (chevalier de). I. 198.
Dispan. IV. 373.
Dodero, italien. IV. 120.
Dognon. *Voy.* Foucault Dognon.
Doizy. I. 423.
Dombideau (chevalier). II. 219.
Dompierre d'Hornoy. IV. 351, 357, 362.
Donat. II. 364, 410, 420, 421, 422.
Donnadieu. III. 208.
Donnel. I. 425.
Dorcet. II. 14.
Dordelin (Joseph). II. 329, 336, 404, 435. — III. 155, 222, 281, 436, 476, 488. — IV. 207.
Dordelin (Louis). III. 61, 229, 253, 261.
Doria (Aithon), italien. I. 60.
Doria (André), italien. I. 68.
Doria (Philippin), italien. I. 69.
Dornaldeguy. III. 295, 482, 502. — IV. 75, 115.

Dorogne. I. 251.
Doroigne. I. 232.
Dorré. II. 287, 334, 404, 406.
Doudon. II. 117.
Doudoux. II. 455.
Douglas. IV. 274.
Douville. II. 329, 544.
Draveman. III. 34.
Drouault. IV. 134, 180, 250, 232.
Drucourt. I. 371.
Dubessey de Contenson. IV. 368, 396.
Dubochet. III. 24.
Dubois. I. 363.
Dubois. II. 53.
Dubois de Lamotte (comte). I. 275, 309, 319, 326, 341.
Dubot. I. 369.
Dubourdieu. IV. 64, 120.
Dubourdieu (Louis). IV. 553.
Dubourg. IV. 141.
Dubouzet. IV. 336.
Dubreuil. *Voy.* Robert Dubreuil.
Dubuisson. I. 255.
Dubuisson. IV. 377.
Duburquois. III. 501.
Dubut (Jules). IV. 550.
Ducampe de Rosamel. IV. 146, 227, 230, 260, 265.
Ducampe de Rosamel (Charles). IV. 333.
Ducasse. I. 243, 250, 265.
Duchaffault de Besné. I. 316, 338, 352, 370, 434, 435. — II. 7. 55.
Duchaffault. I. 425. — II. 7, 55.
Duchallard (comte). I. 199, 219, 230.
Du Châtel. I. 598.
Duchayla. II. 20, 22, 275.
Duchayla. *Voy.* Blanquet Duchayla.
Duchesnay Lefez. I. 275.
Duchesne. *Voy.* Gouët Duchesne.
Duchezeaux. II. 20.
Duchilleau de Laroche (vicomte). II. 28, 62, 66, 87, 167, 177, 184, 186, 194, 232.
Duclos. I. 108.
Duclos. III. 220. — IV. 119, 169.
Duclos. *Voy.* Chaunay Duclos.
Ducoudray. I. 242.
Ducoudray. *Voy.* Fougeray Ducoudray.
Ducouédic de Kergoualer. II. 55.
Ducouédic de Kergoualer (Charles). IV. 504, 510, 512.
Ducrest Villeneuve. IV. 108, 189.
Dudésert. I. 303.
DuDésert. *Voy.* Dubamel du Désert.

H

Varin. III. 322.

Vaslin. I. 90, 92.

Vassoigne (René de). IV. 407.

Vattier. III. 322. — IV. 117.

Vaudoré. II. 77, 98.

Vaudré (de). I. 108.

Vaudreuil (de). *Voy.* Rigaud de Vaudreuil.

Vaudricourt (de). I. 147, 151, 192, 198.

Vaudrille. I. 235.

Vaugiraud (de). II. 100, 107.

Vaultier (de). 274, 422.

Vaumorant (de). *Voy.* Mallevault de Vaumorant.

Vaunellon. I. 312.

Vedel. IV. 370.

Venancourt (de). *Voy.* Cornette de Venancourt,

Vence. II. 409, 421, 424. — IV. 213.

Vendes Turgot (de). I. 352, 370.

Vendôme (duc de). I. 104, 104.

Vendôme (François de). *Voy.* Beaufort.

Venel (de). I. 373.

Verdille (commandeur de). I. 107, 124.

Verdille (de). I. 108.

Verdun de la Crenne. II. 127, 133.

Verhuell. III. 316, 317, 328, 421. — IV. 213.

Verneuil (de). *Voy.* Millon d'Ailly de Verneuil.

Verninac Saint-Maur, IV. 262.

Vertrieux. *Voy.* Lapoype Vertrieux.

Véru. III. 38.

Vezansay. *Voy.* Laroche Vezansay.

Vézins (chevalier de). I. 259, 260.

Vézins. *Voy.* Laporte Vézins.

Vialis de Fonthelle. I. 224.

Viellard. IV. 179.

Vienne. IV. 280.

Villages (de). *Voy.* Couète de Villages.

Villaret Joyeuse (Alexis). II. 227, 243, 286, 287, 290, 527, 528, 561, 565, 378, 395, 397, 405, 410, 422, 424. — III. 6, 222, 269. — IV. 82, 213, 223.

Villaret Joyeuse (Louis). IV. 260.

Villebrune. II. 97, 98, 99.

Villedieu. II. 314.

Villejégu. *Voy.* Trublet de la Villejégu.

Ville Luisant. I. 232.

Villemadrin. III. 153.

Villemadrin. *Voy.* Lhospitalier.

Villemereuil (de). IV. 596.

Villemoulins. I. 97.

Villeneau. III. 144.

Villeneau (Théodore). IV. 261, 281.

Villeneuve (chevalier de). I. 111.

Villeneuve (Pierre). II. 117. — III. 6, 13, 96, 281, 325, 338, 351, 352, 361, 368, 374. — IV, 213, 221.

Villeneuve. III. 96, 216.

Villeneuve Bargemont. IV. 122, 260.

Villeneuve Cillart (chevalier de). II. 119, 167, 177, 179, 184, 189, 190.

Villeneuve Ferrières. I. 124, 154.

Villeneuve. *Voy.* Ducrest Villeneuve.

Villéon. *Voy.* Puillon Villéon.

Villepars. I. 108.

Villette Mursay (marquis de). I. 154, 159, 163, 177, 198, 211, 250, 282.

Villevielle. II. 278.

Villon. IV. 65, 120.

Vincent. IV. 78.

Vincent. IV. 112.

Violette. III. 332, 336, 496. — IV. 15, 118, 153, 214.

Viviers (de). I. 108, 111.

Vivonne (Victor de Rochechouart, prince de Tonnay-Charente, comte de Mortmart, duc de). I. 111, 147, 151, 163, 281.

Voisin. III. 211.

Vrignaud. III. 455.

W

Wailly (de). *Voy.* Warnier de Wailly.

Warnier de Wailly. IV. 304, 336, 340, 341, 350.

Wibert. II. 311.

Willaumez (Etienne). III. 336. — IV. 2.

Willaumez (Jean-Baptiste). III. 15, 17. 130, 286, 329, 552, 412, 440. — IV. 10. 214.

Wlengels, danois. IV. 117.

Y

Yon. III. 390.

Yssertieux. *Voy.* Laporte Yssertieux.

TABLE DES MATIÈRES.

ANNÉE 1809.

448   TABLE DES MATIÈRES.

FIN DE LA TABLE DES MATIÈRES.

Paris. — Imprimé par E. Thunot et Cᵉ, 26, rue Racine.

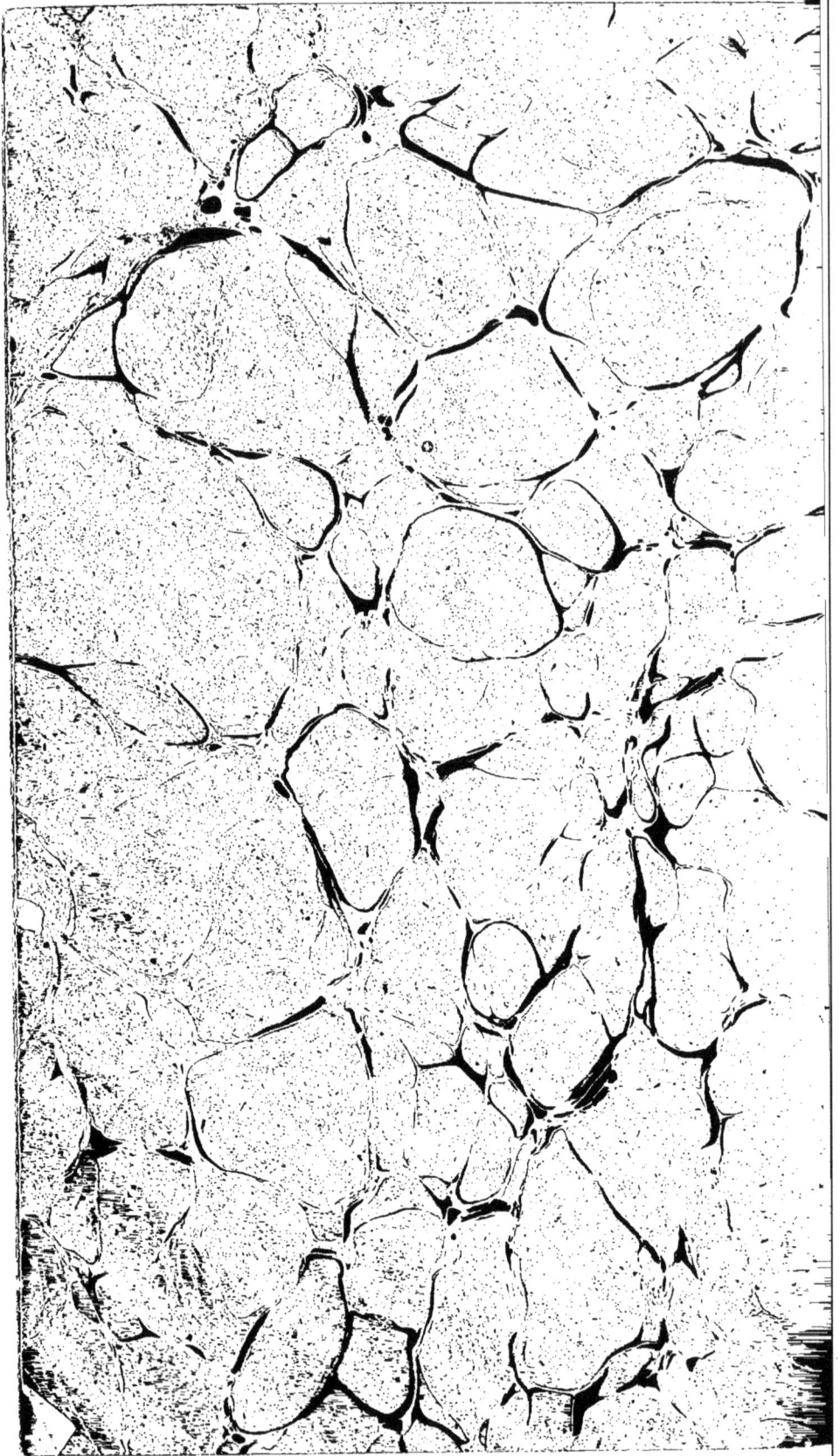

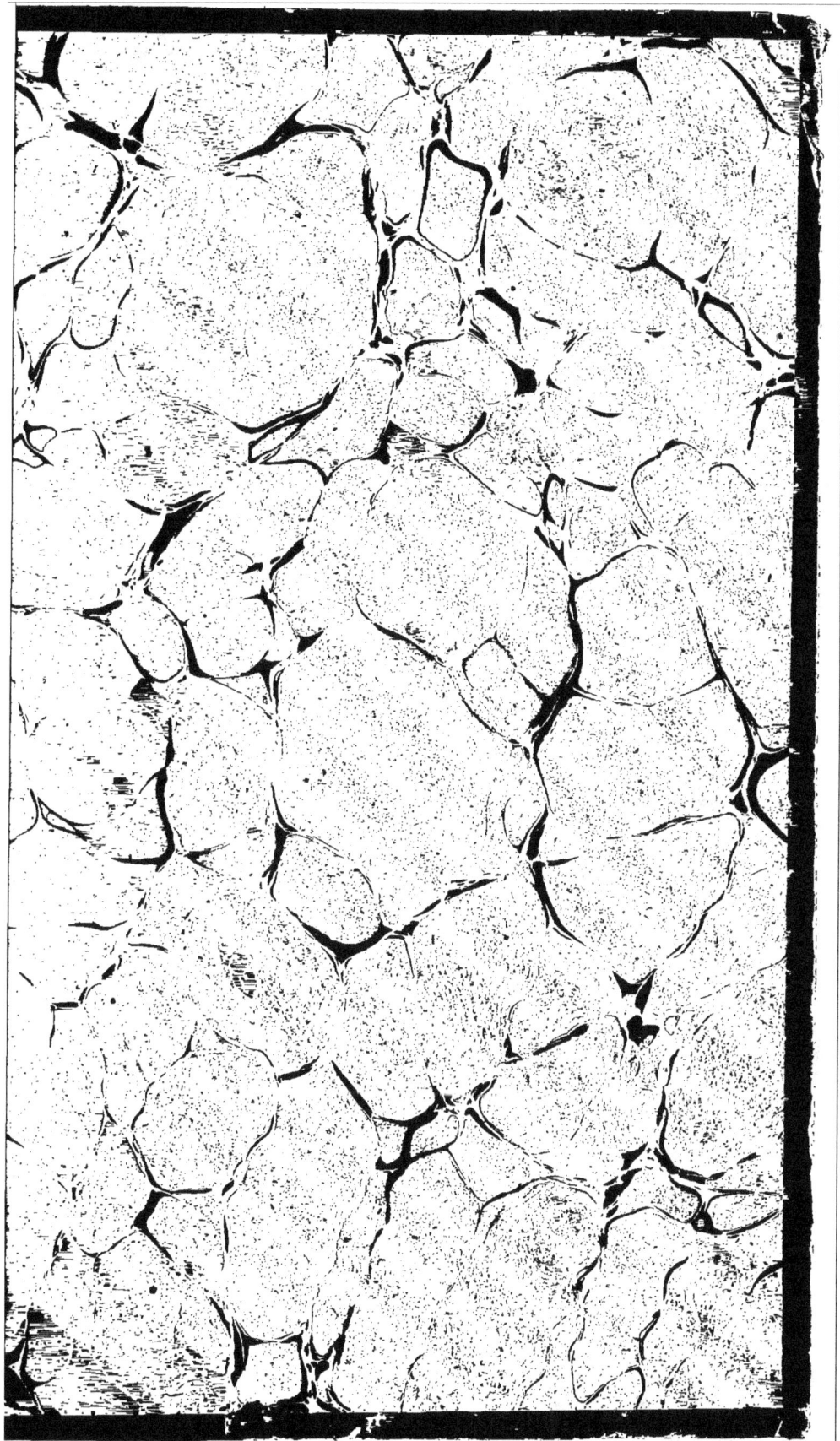

www.ingramcontent.com/pod-product-compliance
Lightning Source LLC
Chambersburg PA
CBHW060949280326
41935CB00009B/671